本书获国家社科基金一般项目"长三角城市群市场一体化多维测度与经济增长效应路径研究"（20BJY059）资助

光明社科文库
GUANGMING DAILY PRESS:
A SOCIAL SCIENCE SERIES

·经济与管理书系·

市场一体化与经济增长

以长三角区域为例

周正柱 | 著

光明日报出版社

图书在版编目（CIP）数据

市场一体化与经济增长：以长三角区域为例 / 周正柱著 . -- 北京：光明日报出版社，2023.12
ISBN 978 - 7 - 5194 - 7681 - 6

Ⅰ. ①市… Ⅱ. ①周… Ⅲ. ①长江三角洲—区域经济发展—研究 Ⅳ. ①F127.5

中国国家版本馆 CIP 数据核字（2023）第 250247 号

市场一体化与经济增长：以长三角区域为例
SHICHANG YITIHUA YU JINGJI ZENGZHANG：YI CHANGSANJIAO QUYU WEILI

著　　者：周正柱	
责任编辑：史　宁　陈永娟	责任校对：许　怡　贾　丹
封面设计：中联华文	责任印制：曹　净

出版发行：光明日报出版社

地　　址：北京市西城区永安路 106 号，100050

电　　话：010-63169890（咨询），010-63131930（邮购）

传　　真：010-63131930

网　　址：http：//book. gmw. cn

E － mail：gmrbcbs@ gmw. cn

法律顾问：北京市兰台律师事务所龚柳方律师

印　　刷：三河市华东印刷有限公司

装　　订：三河市华东印刷有限公司

本书如有破损、缺页、装订错误，请与本社联系调换，电话：010-63131930

开　　本：170mm×240mm	
字　　数：440 千字	印　　张：24.5
版　　次：2024 年 4 月第 1 版	印　　次：2024 年 4 月第 1 次印刷
书　　号：ISBN 978 － 7 － 5194 － 7681 － 6	

定　　价：99.00 元

序　言

我国经过多年的市场化改革，商品和要素流通制度环境显著改善，商品市场化指数已较高，但应该承认，目前国内商品市场分割状态并未完全消除，例如，通过规定歧视性价格、实行歧视性补贴政策，提高本地产品的竞争力；同时劳动力、资本、技术等要素市场化指数较低，市场配置效率不高，与建设高标准市场体系要求还有相当大的差距。为此，2020年4月印发的《关于构建更加完善的要素市场化配置体制机制的意见》，强调破除阻碍要素自由流动的体制机制障碍，扩大要素市场化配置范围，健全要素市场体系，推进要素市场制度建设。2021年3月印发的《中华人民共和国国民经济和社会发展第十四个五年规划和2035年远景目标纲要》明确提出，要加快构建以国内大循环为主体、国内国际双循环相互促进的新发展格局，而扩大内循环的关键就是整合一体化大市场，提高商品与要素配置效率。习近平总书记明确指出，国内大循环是基石，国际市场是国内市场的延伸，充分发挥我国的超大规模市场优势，依托国内大循环吸引全球要素资源，畅通国内大循环，提高要素自由度与配置效率。2022年3月，中共中央、国务院印发《关于加快建设全国统一大市场的意见》，明确提出构建新发展格局，迫切需要加快建设高效规范、公平竞争、充分开放的全国统一大市场，建立全国统一的市场制度规则，促进商品要素资源在更大范围内畅通流动。党的二十大报告指出：构建全国统一大市场，深化要素市场化改革，建设高标准市场体系；完善产权保护、市场准入、公平竞争、社会信用等市场经济基础制度。2022年12月中共中央、国务院印发的《扩大内需战略规划纲要（2022—2035年）》强调把有效市场和有为政府结合起来，充分发挥市场在资源配置中的决定性作用，更好发挥政府作用，破除制约内需增长的体制机制障碍，不断提高要素配置和产品流通效率。因此，加快推进全国统一大市场进程，是新发展阶段全面深化改革和进一步扩大开放的内在要求，是建设以国内大循环为主体、国内国际双循环相互促进的新发展格局必不可少的重要支撑，对优化全国资源合理配置、提高经济发展质量、构建现代经济体系等有着重要意义。但在"人口红利"逐渐消失的大背景下，我国经济增长驱动力不足、结构性问题凸显。因此，加快健全市场体系基础制度，建设现代流通体系，优化生产要素配置，有效提高市场运行和流通效率，促进生产与需求紧密结合；同时坚持供给侧结构性改革，深化劳动力、资本、技术等要素市场化改革，提高要素配置效率，将成为推动"双循环"新发展格局和促进经济可持续增长的关键突破口。

而现阶段，长三角一体化发展战略已上升为国家战略，作为区域一体化前提和基础的区域市场一体化，能够打破地域分割和行业垄断、清除市场壁垒，促进区域内商品和要素的自由流动，提升资源配置效率和优化配置，降低进入壁垒，推动区域一体化大市场形成，其一体化实现具有重要战略意义。但实践表明，长三角区域市场一体化发展存在交易市场同质化竞争激烈、经济发展不平衡、行政技术壁垒严重、协调的体制机制不健全、基础设施建设不足、行业差异较大等问题。为此，2021年6月出台的《长三角一体化发展规划"十四五"实施方案》，明确指出加快破除长三角商品服务跨省域流通的堵点和断点，健全现代物流体系；加快破除制约资源要素跨区域自由流动的体制机制障碍，畅通市场、资源、技术、人才、资本等经济要素循环。因此，促进长三角区域市场一体化进程，加快构建商品和要素无障碍流动、公平竞争的现代经济体系，已成为长三角区域市场经济发展中的重大现实问题。而这一重大现实问题有效解决，将有利于发挥各地区的比较优势，形成具有互相促进、错落有致与梯度有序的区域发展格局；将有利于加快建立统一开放、竞争有序的现代市场体系，推动市场机制在资源配置中从基础性作用向决定性作用转变，从而深入实施区域协调发展战略，探索区域一体化发展制度体系和路径模式，为全国区域一体化发展提供示范；实现高质量发展，要求打破长三角区域内的行政壁垒，使商品和要素资源自由充分流动，促进人才、资金等要素无障碍流动，最终实现跨区域合作的一体化大市场发展格局。

本书具有如下特点：一是注重基础理论研究。本书不仅梳理了关税同盟、共同市场、大市场、新经济地理学等理论，而且深入探究市场一体化形成的理论基础、"3D+T"理论框架下市场一体化的影响机制、技术市场一体化运行机理、城市创新空间关联网络内涵与形成机理、一体化边界效应形成机制分析等，同时依据市场一体化内涵将其拓展为商品市场一体化与劳动力、资本、技术等要素市场一体化，深入分析市场一体化及其细分类型对技术创新、经济增长影响的空间效应、非线性效应理论及传导机制，为实证分析提供理论基础。二是注重总结典型发达国家或区域主要经验。本书系统总结了美国、英国、日本及欧盟等国家或区域的商品流通体系及其一体化，以及劳动力、资本、技术等要素市场一体化发展的主要经验，为我国区域市场一体化发展提供启示与借鉴。三是研究内容翔实，研究主题明确。本书不是笼统分析区域市场一体化发展相关问题，而是基于区域市场一体化内涵理解，将其细分为商品市场一体化及劳动力、资本、技术等要素市场一体化，并以长三角区域为例，围绕长三角区域市场一体化及其细分类型商品市场一体化、要素市场一体化发展相关主题，展开实证研究，同时也反映了区域市场一体化研究的最新进展。四是实践分析具有较强的针对性。本书立足于长三角区域市场一体化及其细分类型商品市场一体化、要素市场一体化发展典型特征、主要瓶颈及缘由解释等分析，从不同角度有针对性地提出促进区域市场一体化及其细分类型商品市场一体化、要素市场一体化发展的对策建议，最后提出总体思路与重点任务。

本书旨在从服务构建新发展格局的战略要求出发，以长三角区域为研究对象，深入分析长三角区域在统筹推进现代商品流通体系建设，促进商品市场一体化及劳动力、资本、技术等要素市场一体化发展上面临的主要瓶颈和障碍等问题，全面揭示长三角区域市场一体化及其细分类型商品市场一体化、要素市场一体化时空演变特征、影响机制及其经济增长效应规律，研究提出促进长三角区域市场一体化发展的总体思路与重点任务，为全国深化要素市场化改革，建设高标准市场体系，从而推动形成全国统一大市场建设提供经验借鉴。希望这一研究成果对促进长三角区域市场一体化进程及形成全国统一大市场发展有所裨益，为全国统一大市场建设提供更好的理论和实践指导。

2023 年 7 月 1 日

3

目 录
CONTENTS

第三篇：长三角城市群市场一体化及其经济增长效应研究

01

研究概述与文献综述

本篇主要包括研究概述和文献综述两章

第一章　研究概述

本章主要阐述选题背景，研究价值，研究内容、重点难点与主要目标，研究思路与方法及创新之处。

第一节　选题背景与研究价值

一、选题背景

区域一体化是习近平新时代中国特色社会主义经济思想的重要组成部分，在治国理政理论和实践中占有极其重要的地位。作为区域一体化前提和基础的市场一体化，能够促进区域内商品和要素的自由流动，降低进入壁垒，推动区域统一大市场的形成，其一体化的实现具有重要战略意义。为此，党的十八届三中全会、十九大报告、二十大报告以及《关于构建更加完善的要素市场化配置体制机制的意见》《关于加快建设全国统一大市场的意见》《长三角一体化发展规划"十四五"实施方案》等政策文件从不同角度都强调加快破除制约资源要素跨区域自由流动的体制机制障碍，畅通市场、资源、技术、人才、资本等经济要素循环。同时经验表明，在市场一体化过程中，以大城市为核心的集群成为区域发展的重要力量。那么，作为世界级六大城市群之一的长三角城市群①市场一体化发展现状与问题是什么？其时空演变格局及趋势如何？市场一体化

---

① 本专著"长三角城市群"特指《长江三角洲区域一体化发展规划纲要》中的"以上海市，江苏省南京、无锡、常州、苏州、南通、扬州、镇江、盐城、泰州，浙江省杭州、宁波、温州、湖州、嘉兴、绍兴、金华、舟山、台州，安徽省合肥、芜湖、马鞍山、铜陵、安庆、滁州、池州、宣城27个城市为中心区（面积22.5万平方公里）"，其中江苏包括南京、无锡等9个城市，浙江包括杭州、宁波等9个城市，安徽包括合肥、芜湖等8个城市。

进程中创新联系与一体化如何测度？其对经济增长的影响有何规律？这些问题均需分析研究，但从现有文献看，系统分析相关重大问题，有赖于理论认识的突破和规制范式的创新。

二、研究价值

（一）学术价值

丰富城市群市场一体化理论内涵，并拓展区域经济理论发展。基于新经济地理学、新区域主义等多理论融合，对长三角城市群市场一体化实践予以理论解释，同时这一实践进一步检验和丰富相关理论发展。

为长三角和全国市场一体化发展提供理论依据。通过城市群市场一体化形成机制、影响机理及经济增长效应等理论探讨，并将运用到长三角城市群实证研究中，揭示其内在机理和发展规律特殊性。

（二）应用价值

通过研究：可以为长三角区域市场一体化水平提升提供决策支持。可以把握长三角城市群市场一体化主要瓶颈与突破路径，有利于打破市场分割、破除行政壁垒，促进商品与劳动力、资本等要素自由流动。同时有利于优化区域资源合理配置；有利于为全国现代化经济体系建设提供实践指导和示范作用。

第二节　研究内容、重点难点与主要目标

一、研究内容

研究内容主要分为三篇，其中第一篇为研究概述与文献综述，其中第一章研究概述，涉及研究背景与意义、思路与方法、内容与目标、创新点等。第二章为文献综述，涉及经济一体化理论基础与概念内涵、测度方法、主要影响因素和效应等方面，以及运用文献计量方法分别对国内外经济一体化领域最新研究动态及趋势进行比较分析。第二篇为长三角区域商品及要素市场一体化研究，其中第三章为流通体系与商品市场一体化，涉及商品流通体系发展现状、问题与对策，长三角区域商品市场一体化发展主要特征、瓶颈与举措。第四章为劳动力市场一体化研究，涉及长三角区域劳动力市场一体化发展现状、主要瓶颈与举措，长三角城市群劳动力价格扭曲程度与影响因素分析，长三角城市群劳动力市场一体化发展的时空演变、区域差异及分布动态演进等内容。第五章为

资本市场一体化研究，涉及长三角区域资本市场一体化发展现状、主要瓶颈与举措，长三角城市群资本流动水平分析等内容。第六章为技术市场一体化研究，涉及长三角技术市场一体化发展现状、问题与对策，基于解释结构模型（Ism 模型）的技术市场一体化影响因素与运行机理研究等内容。第三篇为长三角城市群市场一体化及其经济增长效应研究，其中第七章为长三角城市群市场一体化与边界效应研究，涉及长三角城市群市场一体化水平测度与时空演变特征研究，长三角城市群经济地理特征与市场一体化影响因素研究，长三角城市群一体化边界效应测度与时空演变特征研究等内容。第八章为长三角城市群创新联系与科技创新一体化研究，涉及长三角城市群创新能力时空演变特征与创新都市圈构建研究，长三角城市群创新联系与空间关联网络特征研究，长三角城市群技术创新一体化水平测度研究等内容。第九章为长三角城市群市场一体化经济增长效应研究，涉及长三角城市群市场一体化对技术创新影响的门槛效应研究，长三角城市群市场一体化对经济增长的影响与传导路径研究，长三角城市群市场一体化对经济增长影响空间计量研究等内容。第十章为主要结论与研究展望。

二、重点难点

笔者认为城市群是城市间经济、社会、文化和空间交互耦合作用下形成的区域系统，市场一体化是商品、劳动力、资本等细分市场相互作用的过程，如何分析城市群市场一体化形成机制、影响机理和经济增长效应？如何对相应机制进行检验？如何设计综合指标来体现城市群市场一体化内涵？将是本专著的难点。

对长三角城市群市场一体化多维测度，分析其时空演变特征与趋势，辨析其影响因素，进一步探讨其经济增长效应，并围绕商品、资本、劳动力等市场提出协调措施、协调机制和方式等建议，将是本专著的重点。

三、主要目标

1. 学术目标：在阐述城市群、市场一体化等理论基础上，从共同市场、新经济地理学、新区域主义等多理论融合展开分析，揭示长三角城市群市场一体化形成机制、影响机理、经济增长效应等规律，丰富和拓展区域经济学理论。

2. 实践目标：反映长三角城市群市场一体化发展时空演变态势，厘清其重要影响因素和经济增长效应路径，为提升长三角及全国市场一体化水平提供实践指导。

3. 对策目标：建立完善的长三角城市群市场一体化水平提升策略体系，为我国现代化经济体系基本建成提供对策支持。

第三节　研究思路与方法

一、基本思路

本专著根据市场一体化内涵，将市场一体化细分为商品市场一体化和劳动力、资本和技术等要素市场一体化。因此，本专著在第二篇，以长三角区域为例，重点阐述商品流通、商品市场一体化、劳动力市场一体化、资本市场一体化和技术市场一体化等发展现状、问题与主要对策，以及劳动力要素价格扭曲测度与影响因素、劳动力市场一体化发展演变态势与区域差异、资本流动水平测度、技术市场一体化影响因素及运行机理等内容。在厘清长三角区域市场一体化发展现状及相关理论研究的基础上，第三篇主要围绕长三角城市群市场一体化与边界效应、长三角城市群创新联系与科技创新一体化研究、长三角城市群市场一体化经济增长效应研究等内容展开探讨，最后提出研究展望。

二、研究方法

理论和实证相结合。基于城市群、市场一体化等理论基础，对城市群市场一体化影响机理、经济增长效应路径进行探讨，并运用长三角城市群 2010—2019 年数据进行实证检验。

文献计量法。主要运用共词分析、社会网络分析等方法，对经济一体化等领域最新研究动态进行分析。

"价格法"。借鉴韩庆潇等人（2018）关于价格法研究思路，分别对商品、劳动力、资本等细分市场一体化进行测度。该方法使用三维面板数据（$t \times i \times k$），其中 t 代表时间，i 代表城市，k 代表商品，具体步骤请见第七章第一节"长三角城市群市场一体化水平测度与时空演变特征研究"。

时序全局主成分分析法（Global Principal Component Analysis）。规避了传统主成分分析法只能采用截面数据的弊端，在传统主成分分析法的基础上，将时间序列添加到原始数据表中，从而形成时序立体数据表。该方法的操作流程具体见第八章第一节"长三角城市群创新能力时空演变与创新都市圈构建研究"。

还将运用超越对数生产函数、冷热点分析、Dagum 基尼系数、Kernel 密度估计和 Markov 链、Fh 模型、Ism 模型、引力模型与断裂点公式、空间计量模

型、面板门槛模型、β 收敛模型、Barro 回归模型等方法，具体步骤请见相关章
节内容。

第四节　创新之处

一、理论创新

一是依据市场一体化内涵将其拓展为商品、劳动力和资本市场一体化，实
证分析市场一体化及其细分类型商品、劳动力和资本市场一体化对技术创新、
经济增长影响的机制分析，技术市场一体化影响因素与运行机理研究；二是城
市创新空间关联网络内涵与形成机理、科技创新一体化理论基础与概念模型；
三是市场一体化形成的理论基础与研究框架、"3D+T" 理论框架下市场一体化
的影响机制分析、市场一体化对经济增长影响的空间效应理论分析、一体化边
界效应形成机制分析等。

二、内容创新

仅列举六点：一是关于区域市场一体化影响因素，以及市场一体化对经济
增长的影响，现有的研究较多建立面板计量经济模型，但随着全球化和区域一
体化的快速发展，相邻区域间相互影响，单纯地采用面板计量经济模型对相关
问题进行研究，得出的结果往往忽略了空间因素对其的影响。因此，笔者已运
用空间计量模型，探讨各变量的空间效应。二是关于长三角城市群创新能力的
研究。现有的对城市技术创新的研究，较多文献仅采用如专利授权量单一指标
来表示，但都难以全面反映城市创新情况；在评价对象上，多局限于特定区域
某一时间点上的研究，缺少时空维度上的比较。因此，笔者已从创新投入、创
新产出和创新环境三方面构建长三角城市群创新能力综合评价指标体系，运用
时序全局主成分分析法对 2010—2019 年长三角区域 27 个城市创新能力进行时间
序列综合评价，并运用 ArcGIS 软件展开空间演变特征分析。三是关于长三角城
市创新空间关联网络的研究，目前存在如下不足：从研究方法看，部分学者运
用专利引用、论文合作、技术交易等数据结合社会网络方法对区域创新网络进
行定量研究，但上述关系性数据获取难度较高，且难以从宏观角度表征区域创
新"质量"因子。从研究对象看，现有的研究多以国家或省域或城市间的创新
空间关联网络为研究对象，而以城市群内的城市间的为研究对象较少，尤其以

长三角城市群已拓展为 27 个核心城市为研究对象的几乎没有。从研究维度看，现有的研究主要集中于时间尺度上的静态研究，从时序和空间视角动态研究城市创新联系的则较为缺乏。因此，笔者基于区域创新能力测度结果，以此表示城市创新"质量"因子，并运用引力模型、断裂点公式、社会网络等方法，以 2010—2019 年长三角城市群 27 个核心城市为研究对象，展开创新联系、创新空间关联网络特征及其时空演变特征分析。四是关于市场一体化技术创新效应研究。从现有的文献看，不仅相关研究文献较少，而且相关研究内容也较单一，且研究也仅仅关于消费品市场分割与创新关系的实证检验，不仅缺少理论探讨，而且研究面较窄，难以全面反映市场一体化对区域技术创新的影响。因此，笔者已将市场一体化拓展为消费品市场一体化、劳动力市场一体化、资本市场一体化和总体市场一体化，并引入与城市群市场一体化发展特征有关的人口密度、经济发展水平、市场规模、工业化水平、对外开放程度、技术水平差异等因素为控制变量，详细探讨不同类型市场一体化对区域技术创新产生的影响的差异性和显著性。五是笔者以长三角中心区 27 个城市为研究对象，实证检验市场一体化及其细分类型对区域经济增长的影响，并进一步从经济开放程度、人力资本、消费水平、政府支出规模与社会资本存量等多个路径探讨市场一体化及其细分类型对经济增长影响的传导机制。六是关于一体化的边界效应研究，从现有的文献看，存在如下不足：现有的研究多从省际边界效应角度，而以长三角扩容后的城市群为研究对象，探究省际城市间的边界效应问题较少；现有的研究多从时间维度探究，而同时从时间和空间维度来探讨问题较少。因此，笔者已选取长三角城市群 27 个城市 2010—2019 年的数据，分析新阶段长三角区域的经济增长趋同性，并建立 Barro 回归方程结合重力模型，从省际城市间的边界效应、中心—外围城市一体化边界效应的时间和空间维度，对长三角城市群区域一体化过程中的边界效应进行多阶段测度，进一步分析时空演变特征。

三、方法创新

仅列举五点：一是运用文献计量法，主要运用共词分析、社会网络分析等方法，对经济一体化等领域最新研究动态进行分析。二是运用"相对价格法"，借鉴韩庆潇等人（2018）关于价格法研究思路，分别对商品、资本等细分市场一体化进行测度。三是关于长三角城市群创新能力的评价方法，传统主成分分析方法多用来研究由样本和指标体系构成的截面数据，而对于含有时间序列的面板数据，传统主成分分析仅能逐年单独分析，且由于每年主成分权重的不同而无法对整个时序的数据进行比较和评价。时序全局主成分分析法，规避了传统主成分分析法只能采用截面数据的弊端，在传统主成分分析法的基础上，将时间序列添加到原始数据表中，从而形成时序立体数据表。四是运用探索性空间数据分析方法测算长三角城市群市场一体化影响因素、经济增长效应的中介因素空间自相关性和局部集聚空间格局，进一步建立空间计量模型，分析其空间效应。五是引入门槛模型，运用面板门限回归计量方法对城市群市场一体化影响区域技术创新的门槛效应及其作用特征进行深入分析。

四、结论创新

笔者通过对长三角城市群市场一体化多维测度与技术创新、经济增长的关系研究，得出许多有益的结论。这里仅列举部分章节中的部分创新结论。

第三章第二节"长三角区域商品市场一体化发展特征、主要瓶颈与举措"中，一是长三角区域市场一体化发展呈现的主要特征：商品市场规模呈现扩大态势、电子商务业发展态势良好、市场监管一体化机制初步形成、统一的服务制度逐渐完善和一体化的流通体系建设稳步推进等方面；二是也存在经济发展不平衡、交易市场同质化竞争现象明显、行政技术壁垒阻碍一体化进程、缺乏完善的协调体制机制、对外开放水平不平衡等问题；三是提出要缩小经济差距、优化产业结构、打破壁垒、设立服务机构、提高对外开放程度等助推市场一体化发展的策略。

第七章第一节"长三角城市群市场一体化水平测度与时空演变特征研究"中，一是2010—2019年，长三角城市群商品市场一体化指数呈现波动上升趋势，资本市场一体化指数和市场一体化指数都呈现"M"形波动上升态势，而劳动力市场一体化指数总体上呈现下降态势；二是2010—2019年，上海商品市场一体化和劳动力市场一体化都较低，而资本市场一体化和总体市场一体化程度较高；三是2019年较于2010年，长三角城市群商品市场一体化、资本市场一体化和市场一体化指数呈现空间集聚效应，而劳动力市场一体化空间集聚效应不明显。

第八章第二节"长三角城市群创新联系网络时空演变特征研究"中，一是长三角城市群创新联系总量呈现上升态势，其格局存在明显的"核心"区域与"边缘"区域；二是长三角城市群创新联系网络结构演变存在一定差异性，具体表现为各城市创新联系的边数显著增加，以及东部城市与西部城市的联结边数也显著增加；三是创新中心城市由2010年的2个城市增加到2019年的3个城市，且辐射范围明显扩大。

第九章第一节"长三角城市群市场一体化对技术创新影响的门槛效应研究"

中，一是从长三角城市群整理看，商品市场一体化有促进作用，但不存在门槛效应；劳动力市场一体化与资本市场一体化存在单门槛效应；市场一体化总体，在静态分析中存在双门槛效应，而在动态分析中存在单门槛效应。二是从省内城市群看，江苏9城市的市场一体化及商品市场一体化存在单门槛效应；浙江9城市的劳动力市场一体化存在单门槛效应；安徽8城市的资本市场一体化存在单门槛效应。这些结论对有效提升长三角城市群市场一体化水平及区域技术创新能力有着重要的参考价值和指导意义。

第九章第二节"长三角城市群市场一体化对经济增长的影响与传导路径研究"中，一是市场一体化及其细分类型资本市场一体化对经济增长的影响呈现倒"U"形，商品市场一体化对经济增长影响正向显著，而劳动力市场一体化对经济增长影响不显著。同时经济开放程度和消费水平对经济增长显著正向影响，而人力资本、政府支出规模和社会资本存量对经济增长并不产生影响。二是传导路径分析表明：市场一体化及其细分类型商品市场一体化，分别通过对经济开放程度和消费水平的影响，进而影响经济增长；资本市场一体化通过对经济开放程度的影响，进而影响经济增长。

第二章 文献综述

本章主要从两方面展开文献综述：一是从经济一体化理论基础与概念内涵、测度方法、主要影响因素和效应等方面，系统归纳和总结现有文献；二是运用文献计量方法分别对国内外经济一体化领域最新研究动态及趋势进行比较分析。

第一节 区域市场一体化研究脉络与述评

打破市场分割、促进经济一体化，加快构建商品和要素无障碍流动、公平竞争的现代经济体系，已成为我国市场经济发展中所追求的目标。为此，本节从经济一体化理论基础与概念内涵、测度方法、主要影响因素和效应等方面，系统归纳和总结现有文献，并进行讨论和研究展望。研究表明，区域经济一体化测量方法主要分为单指标评价和多指标综合评价；影响因素主要包括经济、交通地理、制度、信息等因素；效应研究主要包括技术创新效应、经济增长效应和环境效应等，其结论并未得出一致，呈现出线性或"U"或倒"U"形关系；并从区域经济一体化的研究理论、研究内容和研究方法等展开讨论与展望。

一、主要理论基础与概念内涵

首先，主要理论基础。从现有文献看，相关理论主要涉及关税同盟理论（Viner，1950；Meade，1955；Cooper et al.，1965）、共同市场理论（Balassa，1962）、大市场理论（Scitovsky，1958）、自由贸易区理论（Robson，1998）、新经济地理学（Krugman，1991）和新区域主义（Wilfred，1998）等。其中关税同盟理论认为关税同盟带来静态（贸易创造和贸易转移）和动态（规模经济、竞争强化及技术进步等）两种效应，其总效应取决于二者的对比（Viner，1950）。共同市场理论是在基于关税同盟理论基础上，主张促进生产要素自由流动，扩大市场实现规模经济，进而实现经济利益（Balassa，1962）。大市场理论主要通过消除资本、劳动力等自由流动障碍，扩大市场，进而增强竞争获取规模经济效应（Scitovsky，1958）。新区域主义理论是在 20 世纪 50 年代，学术界为应对欧洲城市工业化中出现系列问题而提出的，其主要特征体现在：主张区域空间开放，加强区域合作与联系，综合考虑区域经济、社会、文化等多目标，强调多元主体参与，主张区域间平等协商关系（Eugene，1996；Wilfred，1998）。由此可见，这些理论为区域经济一体化实践发展提供理论指导，尤其近年来，随着新经济地理学和新区域主义理论的发展，不断推进区域经济一体化发展实践。

其次，区域经济一体化内涵。学术界自 20 世纪中叶开始就纷纷展开相关探讨。例如，Viner（1950）讨论贸易一体化收益和解释优惠贸易协定的理论内涵，并将经济一体化效应区分为贸易创造和贸易转移效应。Robson（1998）认为经济一体化从根本上说就是在区域基础上提高资源利用效率。Biswaro（2005）认为经济一体化主要涉及消除关税与非关税壁垒、制定一致对外贸易政策、商品和要素自由流通、统一国家货币政策和接受共同货币等。Kang（2016）认为经济一体化是指由区域协定（区域主义）建立的制度化经济结构和自由贸易及投资驱动的一体化进程（区域化），其中区域主义一词源于国际关系，是指涉及两个以上国家任何形式的制度化区域合作；区域化一词是指在区域内加强贸易和投资。Huh 等人（2018）认为区域一体化是邻近经济体为追求共同经济或政治目标而开展互利经济活动和政策协调的过程，相互通过促进贸易投资、发展基础设施、提高人员流动性、加强区域公共产品供给及政策协调的法律与制度基础等途径，从而实现区域一体化。Mengesha（2019）认为区域一体化的主要动机是促进经济增长，不仅涵盖区域经济一体化，而且还涉及政治、社会和文化等多方面。

再次，市场一体化内涵。市场一体化概念早期是由学者 Vajda 在 1971 年提出的，此后 Machlup（1975）将市场一体化的内涵概述为市场要素的适当流动及商品在产地与市场间价格的一致性。Meyer（2004）和 Minot（2010）认为市场一体化主要有两种形式：垂直市场一体化和空间市场一体化，其中垂直市场一体化是指价格信号从一个营销渠道向另一个营销渠道的传递。Bruszt 等人（2014）认为市场一体化意味着成员国机构应具备执行跨国共同规则的能力；这些规则包括从维护经济自由到多个领域实施协调的法规和政策等。市场一体化程度越深，共同规则对政策领域的监管就越多，实力较强的经济体关心实力较弱经济体的动机就越强（Bruszt et al.，2019）。国内学者在借鉴的基础上，也纷纷对市场一体化展开相关界定。例如，国务院发展研究中心课题组（2005）认为，市场主体行为主要受供求关系的调节，而市场一体化则是实现区域间的市场边界消失，最终达到商品和生产要素能够在不同区域内自由流动的目的。石磊（2006）认为市场一体化本质就是各个区域间建立没有差别、被各个区域公认的制度，减少政府对市场的干预和约束，最终达到商品服务自由流动和配置目的。李雪松等人（2013、2015）把市场一体化分为商品市场一体化、要素市场一体化及服务市场一体化三个维度，并认为市场一体化是多国或多个区域经济整合的状态或过程，反映着贸易壁垒的降低及生产要素的无障碍流动。胡之光等人（2016）将市场一体化的内涵理解为产品和生产要素在地区和行业间的自由流动，最终表现为价格合理和资源配置的有效利用。陈昭等人（2018）将市场一体化分为商品、要素和服务三个细分市场一体化，并认为市场一体化在不同层面上具体表现为共同市场、自由贸易协定和关税同盟等。彭宇光（2019）认为在市场一体化状态下，同质商品和生产要素价格将趋于一致。

学术界也纷纷对市场分割进行界定（银温泉等，2001；Banerjee，2005；吴小节等，2012；夏骥，2014）。例如，王永健等人（2014）认为市场分割既可以是一种行为，也可以是一种状态。其中从状态角度看，指的是人为障碍造成的市场非整合状态。赵儒煜等人（2019）认为市场分割是区域经济转型过程中的一种特殊产物，包括商品与劳动力、资本等要素市场。

最后，相关概念比较分析。综上所述，学者们对经济一体化、市场一体化、市场分割等概念和内涵纷纷给予界定，很难达成一致，但存在以下共识：依据主体不同，一体化主要分为两个层次——国际范围内国家间的一体化以及一国内部各区域间的一体化。其本质都是国家间或区域间实现市场一体化，则各国或各区域可以享受到分工合作所带来的利益，并最终实现提高各个国家或地区的经济实力和竞争实力的目标。同时从现有文献看，相关概念容易混淆，笔者尝试做如下比较分析。

第一，市场一体化和区域一体化。市场一体化概念是指国家或区域内的经济整合情况，而区域一体化则包含市场一体化、科技一体化、交通一体化等。相比较而言，区域一体化内涵更加广泛、复杂及综合。由此可见，市场一体化仅是区域一体化中的部分内容，而区域一体化所包含的范围更加广泛。

第二，市场一体化和经济一体化。经济一体化侧重经济体内的区域均衡发展，如果一个国家市场在资源配置中起决定作用，那么市场机制可以实现区域均衡发展，这时市场一体化和经济一体化内涵差别不大；但如果一个国家的市场机制并不完善，那么单靠市场机制难以实现区域均衡协调发展，需要政府协调来实现经济一体化目标，这时市场一体化与经济一体化的内涵差别就较大。

二、区域市场一体化水平测度

区域经济协调发展的关键在于经济一体化，可以通过结构升级以及加强区域间合作实现提升经济效率的目的。根据区域经济一体化内涵，可以对相关问题展开研究，那么定量测量经济一体化对判断其发展现状，并提出合理化政策建议具有重要意义。

贸易流量法。该方法主要是通过区域间的贸易流量大小变化来判断区域经济一体化水平。例如，McCallum（1995）用来研究美国与加拿大间的贸易量，并得出美加国界线是两国贸易流动天然阻碍的结论。Naughton 等人（1999）通过对中国省际贸易流量研究，认为我国省内市场一体化水平呈现不断提升态势。Yin 等人（2014）采用区域间贸易流量作为衡量区域一体化水平指标，并采用内生经济增长模型研究我国区域经济一体化问题。行伟波（2009）也是利用贸易流法，通过边界效应模型对市场一体化实证分析，结果表明我国国内商品市场一体化已处于较高水平。黄新飞（2013）运用改正后的边界效应模型，估计长三角和珠三角 25 个城市边界效应值。结果表明，我国城市间的市场整合情况取得了一定成效。但 Poncet（2005）研究发现，虽然我国省际贸易量有了很大程度提升，但提升速度低于国际贸易，导致省际贸易量逐渐减少，从而认为我国省际商品存在市场分割。

生产法。该方法主要是利用结果来反推诱因，根据产出结构、产出效率来测度市场一体化指数。例如，Young（2000）采用一个简单的方差分解方法对各省国民收入及国民生产总值各组成部分数据进行处理，得出的结果为国内市场分割情况日益严重。踪家峰等人（2008）认为各地区 GDP 的时间序列数据可以较好地反映经济发展变量间的内在联系，因此采用这一指标来评价京津冀区域一体化，并利用 Granger 因果关系检验来判断区域一体化演变趋势。

价格法。该方法主要从"冰山贸易成本"和"一价定律"出发，根据商品价格的不一致性来衡量市场一体化水平。例如，Ke（2015）基于我国 1995—2011 年 30 个省份的价格指数，实证研究了国内市场一体化与区域经济增长的关系。Federico 等人（2018）对来自西北欧 15 个城市小麦市场价格进行长期跟踪和分析，结果表明反映市场一体化程度的价格波动较大：在 15—16 世纪相当低，而在 17 世纪初有较大提升；从约 1650 年至法国大革命，价格又下将，而在拿破仑战争期间，又再一次上升。因此，到 1870 年左右，欧洲小麦市场一体化程度达到前所未有的水平。郑周胜（2016）对得到的相对价格用一阶差分法，以此来估计丝绸之路经济带国内西北段市场一体化水平。刘方等人（2017）采用相对价格法，以我国 1995—2012 年 31 个省市的数据作为研究对象，对我国市场一体化进行研究。杜茂宝等人（2018）运用价格法，计算出市场一体化分维度价格指数，进一步计算出总市场价格指数，以此来衡量京津冀区域市场一体化水平。邓丽等人（2018）运用相对价格法对省区内部和跨省区经济一体化水平进行测量。陈昭等人（2018）采用相对价格法对商品市场进行测度，对所得到的数据进行取倒数处理，并得到可以衡量市场一体化程度的指数。

经济周期法。该方法主要是通过计算区域经济周期相关程度，进而反映各地区经济波动性，并以此来衡量市场一体化程度的一种研究方法。例如，Tang（1998）利用结构向量自回归模型、利用中国各省份有关数据，研究各省份之间的经济周期相关性，发现周期性和同步性还没有得到统一。Xu（2002）将经济增长的影响因素按照国家、部门和省级三个层面来进行分类，利用省份间的经济周期相似性来衡量中国市场整合情况。许统生等人（2013）以我国 1992—2011 年 30 个省市的数据为研究样本，对其经济周期的同步性进行测度，研究结果表明区域内市场一体化水平没有得到有效提升。刘嘉伟等人（2020）基于经济周期协同性对长三角城市群 1996—2016 年区域经济一体化水平进行动态测量。研究结果表明：自 20 世纪 90 年代以来，长三角区域经济一体化水平基本保持稳定。

变异系数、相关系数等方法。例如，Hurd（1975）通过比较有铁路与没有铁路区域间价格变异系数，证明铁路是市场一体化的主要驱动力。Shiue 等人（2007）根据价格波动性、平均相关系数和回归参差统计量三种不同测量方法，对我国和欧洲市场一体化程度进行比较，结果表明：尽管我国长江下游流域的市场一体化程度比英国低，但我国整体市场一体化程度不低于西欧。Studer（2015）通过设定阈值对市场进行分类，对 1830 年之前的印度小麦市场研究表明：距离小于 35 公里的临近市场平均相关系数较高，而在 70 公里以上距离市场相关系数几乎降至零。Dobado 等人（2015 年）运用方差衡量方法，对日本 18 世纪大米市场一体化进行测度，研究认为日本大米市场一体化那时已相当有成效了。Bernhofen 等人（2016）使用改进的 AR 模型，对华北 80 个城市的小麦和华南 131 个城市的大米市场一体化程度进行测量，结果表明：我国华北和华南大米市场存在市场分割现象。

问卷调查法。该方法主要通过向企业、政府及个人发放事先经过检验后的问卷方式，以得到对市场一体化的直观感受，最后通过量化相应的指标来测算市场一体化水平。如李善同（2004）设计了包含法治、资金、市场、社会以及信用环境五个维度问卷，并把这些问卷发放给企业和相关组织，以此来考察我国地方保护行为，结果表明地方保护主义随时间推移有所减弱，但市场分割形式呈现区域多样化的特征。龚冰琳等人（2005）采用问卷调查法来考察全国各地区域非市场一体化情况，调查结果表明，政府对本地企业地方保护程度有所减弱，但特定行业的地方保护还是十分严格，如烟酒等行业。周国红等人（2007）将企业间是否有合作视为促进市场一体化的重要因素，并对宁波市532家企业数据进行调查。

社会网络分析法。利用空间关联模型对区域内不同主体组成的网络进行经济引力关系分析，由此来判断区域内不同主体间的市场整合情况。例如，阳敏（2017）运用空间复杂网络分析方法，对我国市场一体化空间关联网络展开分析。刘和东等人（2020）利用2009—2017年长三角26个城市相关数据，构建综合引力指标体系，运用修正后的引力模型计算经济联系值，通过网络分析法对一体化水平演变的网络结构特征进行测度。

多指标综合评价法。国际上较为典型测度区域一体化的多指标综合评价法有非洲区域一体化指数和亚洲区域一体化程度综合指数（ARCII）等。其中非盟委员会、非洲开发银行、联合国非洲经济委员会等组织，为了有效检测和评估区域一体化进展程度，于2016年联合发布第一版《非洲区域一体化指数》。该指数包括贸易、生产（区域价值链）、基础设施、人员自由流动、金融和宏观经济五方面一体化，共16个具体指标；该指数主要被用来跟踪成员国在实现区域一体化目标方面的进展情况和监测差距，并依此作出相应的政策调整以更好地实现区域一体化目标（《非洲研究公报》，2015年）。Huh等人（2018）开发了一个衡量亚洲区域一体化程度的综合指数（ARCII），包括贸易投资、货币金融、区域价值链、基础设施和互联互通、人员自由流动、制度和社会融合六个方面26个具体指标，并运用主成分分析法确定权重。研究结果表明：亚洲在贸易投资和人员自由流动方面的一体化程度相对较好，而在制度和社会方面融合得不够好。总体来说，一体化程度亚洲比南美和非洲要高，而比欧盟要低得多。

ARCII与非洲区域一体化指数相比，有两个重要区别：一是ARCII优先考虑区域一体化中跨境投资流动和金融市场互联互通指标。例如，贸易和投资一体化指数反映了外国直接投资流量，符合现有文献中广泛认可贸易和外国直接投资间联系的重要性；货币与金融一体化指数吸收了市场连通性的数量和价格指标，反映了跨境股票和债券投资流动与股票回报的相关性，以及与货币政策传导相关的跨境利差趋同。这些相关指标都没有列入非洲区域一体化指数中。二是综合指数权重确定方法不同。非洲区域一体化指数采用算术平均数来确定各指标和各维度权重，其中所有组成部分在总指数中的权重相等。如果各指标和各维度都不相关，那么这种相等权重确定方法就可以很好地发挥作用，但如果某些指标高度相关，那么将这些权重相等的变量组合在一起可能会导致重复计算，而现实中各指标往往都存在一定程度相关关系的。主成分分析法（PCA）法就能很好地解决指标信息重叠问题，因为它利用数据的相关结构来修正指标间的信息重叠。因此，ARCII 运用 PCA 方法确定权重。

三、区域市场一体化主要影响因素

从现有的文献看，区域市场一体化主要影响因素主要包括经济开放、技术水平、交通地理等市场推动力量的内在因素，以及包括制度、贸易等政府推动力量的外在因素。

经济因素。Combes 等人（2008）在新经济地理理论分析框架下研究产业集聚与市场一体化关系。研究表明，市场一体化与产业集聚间存在先促进后抑制的倒 U 关系。黄新飞（2013）认为不同层次的区域经济一体化是存在一定差异的，因为各个区域的经济发展水平不同、生产技术水平不一致，因此由各个区域经济一体化所带来的经济增长效应势必会比同一区域经济一体化所带来的增长效应大。曹吉云等人（2017）研究认为经济因素是驱动经济一体化的主导因素。Gugler 等人（2019）利用德国和法国发电小时数据，实证分析显示德国和法国电力市场整合因素，主要取决于技术组合和邻近市场的特点，研究还发现高达 31%的价格趋同并不是由套利力量造成的，而是由技术组合中的相似性驱动的。

交通地理因素。例如，Hurd（1975）通过比较有铁路与没有铁路区域间价格变异系数，证明铁路是市场一体化的主要驱动力。Federico 等人（2007）研究认为，意大利由于加大铁路建设力度，使北部市场间的价格差距相应缩小。Brunt 等人（2014）研究发现，18 世纪，道路和运河数量及密度增加使英格兰各个地区间交通更加便利，降低了各个区域间价格波动性及对市场冲击规模。行政事业所引起的收费如高速公路收费也会加剧区域间的贸易壁垒，从而影响市场一体化的发展（陈宇峰等，2014）。Dobado 等人（2015）通过铁路建设前后变化，分析铁路对 19 世纪墨西哥国内一体化影响。洪勇等人（2016）认为影响国内的市场一体化的主要因素之一就是基础设施状况，区域间的基础设施越完备，则地区间的经济交往就会越密切，国内市场整合情况就会越好，并得出了交通基础设施建设与通信基础设施完备对市场一体化具有较好的促进作用的结论。董洪超等人（2020）基于新经济地理学理论，运用动态面板模型，实证分析了铁路、高速公路、普通公路和内河航道等交通基础设施对我国东部、中部、西部等区域市场一体化影响。

　　贸易因素。学者们分析认为贸易因素的变化对促进或阻碍商品市场一体化具有重要影响，例如，Anderson 等人（2004）研究认为贸易成本对商品市场一体化产生重要影响。Jacks（2006）对欧洲研究发现，完全禁止进口或对进口采取保护措施，会提高小麦价格的分散性，并在发生市场冲击后，价格调整速度放慢。Keller 等人（2014）估计，一个州加入关税同盟区可以使其与其他关税同盟城市的小麦价格差距平均缩小 28%，尽管不能将这一下降完全解释为取消贸易壁垒的结果。Chilosi 等人（2015）研究发现，《玉米法》对美国和英国间的价格差距产生了重大影响。罗勇等人（2016）基于 3D 框架视角，运用动态面板模型和系统 GMM 法，实证分析我国省域商品市场一体化影响因素，结果表明：贸易开放呈现非线性影响。

　　制度因素。人们普遍认为制度是经济增长的重要决定因素之一（Helpman，2004；Acemoglu et al.，2005）。但对于制度、文化或其他因素如何诱发某种经济行为，我们仍知之甚少，同时事实也证明，很难描述制度等如何影响经济增长。笔者认为制度影响经济增长的重要机制是增加市场整合。例如，Wolfgang（2016）研究表明：制度对市场一体化的影响大于市场一体化对制度的影响；对市场一体化至关重要的是在体制上改进，而不仅仅是运输成本的下降，但体制改革是通过市场一体化机制来传递的。Celbis 等人（2018）对 2005—2014 年白俄罗斯与欧亚关税同盟（ECU）相关的 118 个地区进行了调研，同时考虑空间关联和动态过程因素，研究欧亚关税同盟（ECU）对白俄罗斯境内区域经济趋同的影响。但 Andrabi 和 Kuelhwein（2010）对此提出了质疑，认为大多数价格趋同可以由共同货币、语言和行政管理等因素来解释。此外，更多研究文献从行政性分权（任志成等，2014）、地方政府实施赶超战略（林毅夫等，2004）、政企职责不分（刘瑞明，2012）、地方官员政治利益（周黎安，2004）、区域利益驱动（曹春方等，2017）等方面分析市场分割形成的制度性原因。

　　信息因素。信息成本在一体化进程中起着至关重要的作用，但对信息成本的度量确实非常困难。例如，Chilosi 等人（2015）运用一个简单模型分析电报对跨大西洋价格差距的影响，结果显示电报减少了价格差距，且影响是显著的。Steinwender（2018）详细探讨了信息传输时间缩短对纽约和利物浦棉花日价的影响。结果显示电报缩小了两地间的价格差异，信息传递速度越快，船舶日平均发货量波动性就越大。

　　总而言之，笔者认为市场一体化往往需要如下条件：一是自然地理条件对市场一体化的限制需要被打破，因此需要建设畅通无阻的交通基础设施以及通信技术；二是各区域间经济合作需要加强，贸易壁垒需要减少、消除，实现商品和生产要素的畅通流动，使本地企业和外地企业得到无差别对待，实现区域间的良性互动；三是建立统一的社会制度，加强顶层设计，对所有区域共同进行规划、布局和管理，实现区域共同进步、联动发展。

四、区域市场一体化主要效应研究

（一）技术创新效应研究

1. 区域创新能力的评价研究

自 1912 年熊彼特提出创新概念以来，相关研究不断扩展，从宏观看，区域创新成为重要的研究主题。一些研究从区域创新的内涵出发，并由空间视角切入，对区域创新能力的测度及影响因素进行探讨分析；研究范围从国家层面逐渐细化到行政区划，并进一步延伸到城市创新及其能力内涵的研究。在此基础上，也有学者从资源整合（Tura et al.，2005）、创新结果（陈劲等，2007）等角度分析城市创新能力相关概念。随着区域创新理论研究的不断深入，目前一般认为区域创新能力是以人力资本集聚为核心，对创新资源进行高效配置并将创新想法向新的产品、工艺和服务转化的综合能力系统（李延喜等，2019）。

关于区域创新能力评价，目前学者们主要有单指标评价和多指标评价，其中单指标主要采用专利申请量、授权量等指标来表示创新能力（杨朝峰等，2015；靳巧花等，2019；孙凯，2019）。为了弥补单一指标无法全面反映创新能力水平的不足，一些学者开始使用多指标评价法进行综合测度（Buesa，2006；Sohn，2016；吕可文等，2017；沙文兵等，2018）。例如，张军涛等人（2011）构建了一个包含自主创新能力、自主创新载体能力和自主创新支撑力的多指标评价体系，通过因子分析法对中国 30 个行政区划的自主创新能力进行测度评价。此外，部分学者从创新的投入、产出等方面构建指标体系，运用特定方法进行加权求和得出创新能力指数来表示区域创新能力（焦敬娟等，2017；周密等，2018）。例如，周密等人（2018）从创新基础、创新投入与创新产出三方面，构建 13 个具体指标，对区域创新能力进行综合评价。郭新茹等人（2019）从创新基础、创新投入、创新产出和创新贡献四方面构建 43 个指标，对 2013—2017 年我国 31 个省级区域（港澳台除外）的创新能力进行比较分析。

2. 关于市场一体化对技术创新的影响研究

从现有的文献梳理看，总体上可以分成如下三个主要层面：一是基于企业层面的微观研究，探讨市场一体化对企业技术创新的影响。张杰（2011）基于 1998—2003 年工业企业微观统计数据，实证分析商品市场分割对我国本土企业创新的影响。结果表明：我国省份间的市场分割抑制了本土企业试图通过扩大市场需求来实现创新功能发挥。Mian 等人（2005）的研究证明了市场分割条件下出现的寻租机会抑制企业通过创新进行盈利的动力。申广军等人（2015）基于 1998—2007 年我国工业企业微观数据，运用双向固定效应模型实证分析市场分割对工业企业全要素生产率的影响，结果表明：市场分割对工业企业全要素生产率提升产生负面影响。Acharyya 等人（2006）运用一个简单的博弈论框架，研究市场一体化是否能促进技术落后国家的创新，研究结果发现：技术创新能力大小取决于两家公司的响应速度及其初始技术差距。刘斐然等人（2020）利用 2007—2017 年我国上市公司数据和省级数据，以市场一体化进程为中介变量，运用面板数据模型实证分析政府创新偏好对企业创新的影响，结果表明：区域市场一体化进程对企业创新显著正向影响；政府创新偏好既直接影响企业创新，又通过市场一体化间接影响企业创新。二是基于产业或行业层面的中观研究，探讨市场一体化对产业技术创新的影响。例如，余东华等人（2009）的研究结果表明：市场分割对产业技术创新能力呈现显著负面影响。Schiff 等人（2004）尝试从产业层面探讨区域一体化对技术扩散和生产率的影响，结果表明《北美自由贸易协定》建立导致墨西哥制造业全要素生产率长期增长，并使其与美国和加拿大的经济增长有所趋同。郭勇（2013）基于 1985—2010 年我国省市数据，实证分析了国际金融危机和商品市场分割对工业结构升级的影响，结果表明：在金融危机前，我国区域市场分割有利于工业结构升级，而在金融危机后，区域市场分割不利于工业结构升级。罗小芳等人（2019）运用价格法测算了 2004—2016 年我国省域商品市场分割指数，并实证分析市场分割对高技术产业技术创新的影响，结果表明：市场分割对高技术产业技术创新呈现显著负面影响。三是基于区域宏观层面，探讨市场一体化对区域技术创新的影响。例如 Yin（2014）研究了省级政府对区域间贸易实行不同限制可能产生的影响，以及这种政策的激励因素，结果显示只要每个地区的技术水平不同，任何形式的经济一体化都会使这两个地区的情况变得更好。Hou 等人（2021）研究发现，市场一体化能够促进区域绿色全要素生产率的提高。这一积极效应不仅直接反映在区域内，而且间接促进了附近地区绿色全要素生产率（GTFP）的增长。此外，市场一体化对效率提高和技术进步也表现出显著的正效应，市场一体化通过它们影响区域绿色全要素生产率。邓峰等人（2019）基于 2004—2016 年 30 个省市面板数据，以创新要素流动为中介变量，运用动态空间计量模型实证分析市场分割对省域创新效率的影响，结果显示：市场分割显著抑制区域创新效率，且创新要素流动中介效应显著。邱洋冬（2020）利用 2001—2016 年 29 个省份数据，首先测度市场分割指数和区域创新指数，然后运用空间计量模型实证分析市场分割对区域创新的影响。结果显示：市场分割显著抑制区域创新。罗芳等人（2020）在2000—2017年长三角26个城市市场一体化及协同创新测度的基础上，分别运用固定效应模型和差分GMM模型比较分析市场一体化对区域协同创新的影响，结果表明：长三角市场一体化呈现"M"形发展且上升特征，市场一体化显著促进区域协同创新发展。

笔者认为市场一体化可以通过多种途径提升技术创新成效。首先，市场一体化进程可以促进要素自由流动，尤其促进技术要素流动和技术溢出效应（Goldman et al.，2016），包括节能减排技术的跨区域应用，进而提高了资源配置效率。其次，市场一体化为培育和发展跨区域技术市场提供了有利条件。最后，区域市场一体化有助于降低创新风险与成本（Zhang et al.，2018）。例如，市场一体化中要素自由流动表现为企业和产业的空间转移和经济活动的集聚和分散，其中企业集聚有利于规模经济发展和集聚外部性。最后，市场一体化有利于促进区域创新机构、区域间企业和地方政府间的技术合作。其中科研院所可以通过市场化实现研发投入和创新收益的共享，从而充分发挥技术创新的减排效应（He et al.，2018）。

（二）经济增长效应研究

从现有文献看，市场一体化对经济增长的影响，学术界并未得出一致的结论，主要表现在如下方面：一是市场一体化有利于经济增长或市场分割有碍于经济增长。例如，付尧等人（2007）基于1978—2000年上海、广东两地的时间序列数据和索洛增长模型，实证分析了劳动力市场分割对经济增长的影响，结果表明：劳动力市场分割有碍于区域经济增长，劳动力受教育程度越高，流动性就越强，对区域经济增长的贡献就越大。李国璋等人（2010）的研究结果表明：财政分权促进经济增长，但由财政分权产生的市场分割削弱这种促进作用。盛斌等人（2011）基于1985—2008年省域面板数据，实证分析贸易开放和市场一体化对经济增长的影响，结果表明：贸易开放和市场一体化对经济增长起促进作用；前者作用随时间推移增强，而后者作用有所减弱，且两者存在替代效应和地区差异。毛艳华等人（2017）分析了珠三角9城市经济一体化对经济增长的影响，结果表明：区域经济一体化程度不断提升，且对经济增长呈现显著正向影响。王磊等人（2018）的研究结果表明：市场一体化和城市化对经济增长产生显著的正向作用，且交互效应明显。邓文博等人（2019）基于2004—2016年长三角区域177个欠发达地级市面板数据，运用双重差分模型（DID）实证分析区域一体化对长三角欠发达地区经济增长效应的影响，结果显示：长三角区域一体化发展有效促进区域内欠发达地区经济增长。杨思维等人（2019）基于2001—2017年粤港澳大湾区数据，运用面板数据模型实证，结果表明：市场分割对大湾区经济增长负面影响显著，且市场分割与对外开放存在显著替代效应。但也有少数学者研究认为市场分割在特定条件下或特定区域内将促进经济增长。例如，祝志勇等人（2020）基于2001—2017年30个省市数据，运用静态计量和动态计量模型实证分析市场分割、地区异质性对经济增长质量的影响，结果表明：商品市场分割与资本市场分割有碍于经济增长质量提升，而劳动力市场分割一定程度上促进经济增长质量提升；市场分割对地区经济增长质量提升影响存在区域异质性。二是市场一体化或市场分割对经济增长影响呈现"U"或倒"U"形等非线性关系。例如，龙志和等人（2012）的研究结果显示：商品市场一体化经济增长效应存在拐点，即随着商品市场一体化水平变化，相对发达地区或落后地区不会一直收益或受损。刘小勇（2013）的研究结果表明：短期内市场分割可能有利于经济增长，但从长期来看，市场分割对经济增长呈现显著负影响。李文洁（2013）的研究结果表明：市场分割对经济增长的影响呈现倒"U"形关系，且大部分省份仍处于拐点的左侧，即经济增长仍收益于市场分割阶段；影响路径因我国加入WTO前后而呈现差异性。宋冬林等人（2014）基于1990—2012年我国四大区域数据分析市场分割对经济增长的影响，结果表明：区域市场分割程度呈现较小态势，但东部区域市场分割程度明显大于其他区域；市场分割对经济增长的影响呈现区域差异性，其中东中部区域均呈现倒"U"形关系，西部区域呈现"U"形关系，而东北部区域影响不显著。高传伦（2017）基于1993—2013年31个省市数据，测算了我国资本市场分割指数，并实证分析了资本市场分割对经济增长的影响。结果显示：我国资本市场分割程度仍然较大；资本市场分割对经济增长的影响呈现倒"U"形非线性关系。陈昭等人（2019）基于2000—2016年粤港澳大湾区数据，分析了商品市场一体化对经济增长的影响，结果表明呈现倒"U"形非线性关系。Hong等人（2019）构建了1997—2015年29个省的国内市场整合年度指数矩阵，并将其与β收敛模型和空间计量经济学相结合，以分析国内市场整合与区域经济增长间的关系，研究结论表明：两变量间的关系，以2004年为临界点，即2004年之前，国内市场整合对区域经济增长存在负面溢出效应趋势；2004年之后，国内市场整合促进区域经济增长，即两者呈现"U"形关系。三是区域经济发展水平差异将影响市场一体化经济增长效应，例如，Keller等人（2016）使用总人口作为19世纪德国每个城市发展水平的代理变量，研究发现其与样本中的其他城市平均价格差距大小呈负相关。景维民等人（2019）的研究结果显示：总体上看，市场分割对经济增长负面影响显著，且对不同经济发展水平地区影响存在差异性。

（三）其他效应研究

关于环境效应研究，如 He 等人（2018）从理论上阐明区域经济一体化对二氧化碳边际减排成本的影响机制，并以我国为背景对二者间的关系进行研究，结果表明：2002—2011 年我国区域经济一体化水平确实在逐步提高；区域经济一体化演进确实有助于二氧化碳边际减排成本增加（在 5% 显著水平上）。Bian 等人（2019）基于资源错配视角，运用动态面板计量经济学方法，分析了市场分割对环境污染的影响，研究结果表明：市场分割对环境污染具有显著的负面影响，且对不同污染物影响具有异质性，其中对二氧化硫（SO_2）、烟尘和悬浮颗粒物（PM2.5）产生了显著的负面影响，而对废水和固体废物的影响不大。Zhang 等人（2020）以长三角区域 18 个地级以上城市 2007—2016 年的面板数据为基础，采用相对价格法计算市场整合程度，并进一步采用动态空间 Panel-Durbin 模型和广义空间两阶段最小二乘法研究了市场整合对环境污染的影响及其机理。研究结果表明，市场一体化程度与二氧化硫、工业废水、工业烟尘三类污染物的排放总量、人均排放量和排放强度均呈倒 U 型曲线关系。

关于政府变革效应研究。Bruszt 等人（2019）探讨了深层次的经济一体化如何推进国家改革，进一步使国家能力发生重大变化。

关于旅游业效应研究。例如，Koh 等人（2017）分析了中亚政治、经济和社会等重要领域合作与区域一体化对旅游业的影响，并评估上海合作组织至今所取得的进展。

关于城市土地利用效应研究。例如，Gao 等人（2019）首先运用数据包络分析（DEA）模型对研究区县级城市土地利用效率进行测度，然后利用引力模型计算了研究期内各县市的对外经济联系总量。在此基础上，运用空间面板模型，评估区域经济一体化对城市土地利用效率的影响。

五、文献述评与展望

综上所述，关于区域经济一体化的概念内涵、水平测度、影响因素及效应的研究，学者们已展开了较广泛探讨，取得了一定成效，但仍需进一步讨论。

（一）研究理论

第一，区域经济一体化的静态与动态效应研究。一般认为，区域经济一体化的早期理论是关税同盟理论，是由 Viner（1950）运用局部均衡分析法，将福利来源分为贸易创造和贸易转移两部分。随后，一些学者拓展了经济一体化的静态效应分析（Meade，1955；Lipsey，1956）。而 Cooper 等学者（1965）引入规模经济、不完全竞争、技术进步效应等，并延伸对自由贸易区分析，开始对经济一体化的动态效应进行分析。值得一提的是，在西方学者对发展中国家的讨论中，区域经济一体化主流理论受到许多批评。例如，Balassa（1962）列举了如大规模经济、技术变革以及一体化对市场结构和竞争、生产率增长、风险和不确定性以及投资活动等影响的动态效应。后来主流理论发展放宽了传统经济一体化理论的一些不切实际假设，例如市场完全竞争的假设，并承认了不完全竞争、规模经济和产品差异化的存在。Jaber（1971）认为经济一体化的动态效应比静态效应更重要，且可能产生更高的经济增长率。Hosny（2013）的许多研究表明，在评估发展中国家间经济一体化必要性时，应强调动态而非静态影响。因此，基于动态效应的区域经济一体化发展研究，将成为重要的研究方向。第二，现有的对新区域主义理论已展开一定程度探讨，但在实际中仍存在许多问题。因此，进一步完善新区域主义理论，以及基于新区域主义理论的区域经济一体化发展特征、机制和实践，也将成为重要的研究方向。第三，现有的关于市场一体化相关问题研究，往往只对商品市场一体化或劳动力市场一体化等单一市场问题展开讨论，难以揭示市场一体化总体情况及不同类型市场一体化发展的比较分析。因此，笔者将根据市场一体化内涵和相关理论，将市场一体化细分为商品、劳动力和资本市场一体化，进一步通过加权获得总体市场一体化，分别探讨长三角城市群总体市场一体化及其细分领域市场一体化发展时空演变特征与趋势，以及对区域技术创新产出的非线性影响。

（二）研究内容

一是关于区域经济一体化影响因素研究。关于区域经济一体化影响因素，现有的研究较多关注制度、经济和自然等因素，但存在些不足：从文化及语言等社会因素，探讨对区域经济一体化影响较少，同时多数学者对经济一体化影响因素的研究方法为建立面板计量经济模型，但随着区域一体化的快速发展，相邻区域间相互影响，单纯地采用面板计量经济模型对经济一体化的影响因素进行研究，得出的结果往往忽略了空间因素对其影响。因此，将文化、习俗等社会因素纳入影响因素，同时探讨各变量的空间效应，将是值得探讨的重要方向。二是关于长三角城市群创新能力的研究。现有的对城市技术创新的研究，较多文献仅采用如专利授权量单一指标来表示，或者同时考虑城市技术创新能力、组织创新能力和政策创新能力等，但都难以全面反映城市创新情况。三是关于市场一体化技术创新效应研究。从现有的文献看，不仅相关研究文献较少，而且相关研究内容也较单一，如市场一体化对技术创新的影响，主要通过全要素生产率分解，实证检验区域一体化对全要素生产效率影响（李雪松等，2017）；再如市场分割对技术创新的影响，主要针对特定产业的技术创新（韩庆潇等，2018；罗小芳等，2019），且研究也仅是关于商品市场分割与创新关系的实证检验，不仅缺少理论，而且研究面较窄，难以全面反映市场一体化对区域技术创新的影响，总体上缺少系统研究。因此，笔者将市场一体化拓展为商品、劳动力和资本等细分类型市场一体化，并引入与城市群市场一体发展特征有关的人口密度、经济发展水平、市场规模、技术水平差异等因素为控制变量，详细探讨不同类型市场一体化对区域技术创新产生的影响的差异性和显著性。四是关于市场一体化经济增长效应，相邻区域间是否存在空间关联性。现有的研究既缺乏机理分析，又缺乏实证研究。因此，对区域经济一体化发展效应研究进行空间计量检验，将是值得探讨的重点方向。

（三）研究方法

贸易流量法难度主要在于针对发展中国家经济一体化水平测度时，研究区域贸易量可能缺乏直接统计，存在数据和方法上的限制；生产法、经济周期法等方法所采取的指标过于简单，难以反映区域经济一体化水平；协整检验是测量市场一体化的自然方法（Devany et al.，1993），但协整方法仅关注两个价格间存在长期关系，即旨在为市场一体化问题提供是或否的答案，而不关注价格间的调整速度，即不关注市场一体化程度如何；调查法能获得企业对市场一体化进程直观感受数据；社会网络分析法主要运用空间关联模型对区域内不同主体所形成网络进行引力关系分析，尤其运用于区域创新空间联系网络特征分析；基于"一价定律"的相对价格法可以利用商品价格信息综合反映商品和要素市场的整合程度（桂琦寒等，2006）；问卷调查法能获得居民对市场一体化进程直观感受数据。因此，笔者将选择运用"价格法"来构造指标对长三角城市群区域消费品市场一体化、资本市场一体化等发展进程进行测度和分析，同时运用社会网络分析法分析长三角城市群空间关联网络特征，并进一步展开问卷调查，反映居民对长三角城市群市场一体化程度的直观感受。

第二节　经济一体化研究热点与趋势比较分析
——基于 CiteSpace 的文献计量研究

笔者以国外 1950—2019 年 CSSCI（社会科学引文索引）数据库和国内 1998—2019 年 CSSCI 数据库中有关经济一体化的研究文献为对象，运用文献计量方法分别对国内外经济一体化领域最新研究动态及趋势进行比较分析。研究发现：首先，发文数量和质量方面，近年来该领域年均发文量国内多于国外，但研究水平和质量国外明显高于国内；发文作者和机构合作情况方面，国内外核心作者群都未形成、不同机构学者间的合作都较少、合作强度都不大等；研究热点与趋势方面，从研究细分领域、研究内容、研究区域和研究方法等比较分析国内外异同点，并对其研究进行展望，区域经济一体化与投资、贸易、经济增长、社会福利等关系研究，展开资本市场一体化、金融市场一体化细分领域方向研究，以及凸显对长江经济带、长江三角洲、一带一路及东亚国家或区域经济一体化研究。

区域一体化，尤其区域经济一体化发展正成为国内外区域研究热点问题之一，及时梳理和总结国内外区域经济一体化发展动态，进而把握未来主要研究方向已显得非常重要。从现有的文献看，学者们已形成了较为丰富的研究成果，但主要采用定性方法，随着相关文献大量出现，仅仅依靠主观判断，研究结果难免出现偏差。为此，笔者将运用更为严谨的、可视化的文献计量方法对经济一体化研究领域展开文献梳理，以期更准确地把握该领域最新研究动态及其演变趋势。

一、国外区域经济一体化研究的文献计量分析

（一）数据来源

数据来源于美国科学情报研究所（ISI）开发的基于 Web 的 WOS（Web of Science）数据库，被认为是文献计量最可靠的数据来源。笔者选取其中的 CSSCI（社会科学引文索引）作为数据来源，并以"逻辑"或（OR）联结；检索条件为：标题＝"Economic Integration"OR 标题＝"Regional integration"OR 标题＝"Market integration"，语种＝（English），文献类型＝（Article），时间跨度＝1950—2019。最终共检索得到 1484 篇相关文献，作为本书的研究数据。

（二）研究概况

1. 发文量分析

由图 2-1 可知，1950—2019 年发文量年均 20 余篇，呈现波动上升态势，总体上可以划分成三个阶段，其中第一阶段 1950—1962 年为研究启动阶段，研究刚刚开始，每年的发文量不足 5 篇；第二阶段 1962—1989 年为研究平稳阶段，每年发文量围绕 10 篇上下波动；第三阶段 1990—2019 年为研究快速增长阶段，由 1990 年的 10 篇上升至 2019 年的 103 篇，年均发文量超过 40 余篇。由此表明，经济一体化相关研究始于 20 世纪 50 年代，随着全球化与区域一体化实践发展，从 20 世纪 90 年代开始，区域经济一体化相关研究文献呈现快速增长特点。

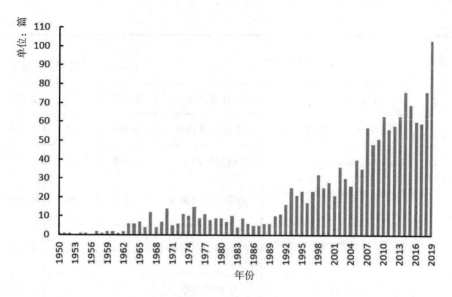

图 2-1 国外经济一体化研究领域发文量分布图

2. 期刊分布分析

由表 2-1 可知，前 10 种期刊的载文量共 225 篇，占全部文献的比例为 15.18%。根据布拉福德定律 $r_0 = 2\ln(e^E * Y)$，可计算核心区数量为 9 篇，因此认为发文量排名前 10 名的期刊位于核心区。从期刊影响因子看，有 9 种期刊影响因子都大于 1，其中《能源经济学》（*Energy Economics*）、《能源政策》（*Energy Policy*）以及《国际组织》（*International Organization*）的影响因子分别达到 5.790、5.693 和 6.094，都是经济学领域权威期刊；从期刊名称看，该领域研究文献多发表在如《世界经济》（*World Economy*）、《国际经济学期刊》（*Journal of International Economics*）、《国际货币金融期刊》（*Journal of International Money and Finance*）以及《国际组织》（*International Organization*）等，多带有"世界"或"国际"字眼。总之，一方面，表明 1950—2019 年，经济一体化领域期刊影响因子总体上较高，反映该领域研究水平较高；另一方面，表明该领域文献多发表在侧重国际研究方向的期刊。

表 2-1 国外经济一体化研究领域高载文量的期刊（前 10 种）

序号	期刊名称		影响因子	文献数	文献占比
1	*Journal of Common Market Studies*	共同市场研究期刊	1.167	44	2.97%

序号	期刊名称		影响因子	文献数	文献占比
2	*World Economy*	世界经济	1.358	33	2.22%
3	*European Economic Review*	欧洲经济评论	2.543	22	1.48%
4	*Applied Economics*	应用经济学	1.178	21	1.42%
5	*Journal of International Economics*	国际经济学期刊	3.448	19	1.28%
6	*Journal of International Money and Finance*	国际货币与金融期刊	2.790	19	1.28%
7	*Energy Economics*	能源经济学	5.790	17	1.15%
8	*Energy Policy*	能源政策	5.693	17	1.15%
9	*International Organization*	国际组织	6.094	17	1.15%
10	*Applied Economics Letters*	应用经济学快报	0.818	16	1.08%

资料来源：作者根据 Web of Science 检索结果整理，文献总数为 1484 篇；以下同。

3. 国家（地区）分布分析

由表 2-2 可知，区域经济一体化研究文献国家（地区）分布，呈现如下特征：一是该领域研究文献主要来自发达国家（地区），其中多数为欧洲国家，排在前 10 名的国家（地区）中仅有中国是发展中国家。二是在文献数量占比方面，其中来自美国文献占比接近 30%，文献最多；来自欧洲国家学者的研究文献占比达 32.01%；来自我国学者的研究文献占比仅为 4.99%，排名第五。由此表明，区域经济一体化研究文献主要来自欧美等发达国家的学者，而亚洲国家的学者对该领域研究总体上较少，其中可能是因为经济发达程度不同、作者研究水平不一、语言障碍等。

表 2-2　国外经济一体化研究文献较多的国家或地区（前 10 名）

序号	国家/地区		文献数	文献占比
1	USA	美国	442	29.78%
2	Germany	德国	157	10.58%

序号	国家/地区		文献数	文献占比
3	England	英国	154	10.38%
4	Canada	加拿大	79	5.32%
5	China	中国	74	4.99%
6	Australia	澳大利亚	56	3.77%
7	France	法国	56	3.77%
8	Italy	意大利	54	3.64%
9	Netherlands	荷兰	50	3.37%
10	Japan	日本	46	3.10%

4. 学科属性分布分析

由表2-3可知，国外经济一体化研究的学科属性分布，排名第一的为经济学，文献占比达57.14%；其次为国际关系学、政治学和企业财务学，分别占比达17.86%、13.81%和10.65%；该领域学科属性分布还涉及环境学、地理学、商业学、法学及区域研究等。由此表明，区域经济一体化研究文献一半以上的为经济学科，随着经济、社会、政治等发展，该领域研究拓展到国际关系学、环境学、地理学、法学等学科。不同学科学术交流有助于开拓思维，从而更好地激发研究创新。因此，从某种意义上说，来自不同学科知识和方法的研究，对推动区域经济一体化研究具有重要作用。

表2-3　国外经济一体化研究的学科属性分布（前10名）

序号	学科类别		文献数	文献占比
1	Economics	经济学	848	57.14%
2	International Relations	国际关系学	265	17.86%
3	Political Science	政治学	205	13.81%
4	Business Finance	企业财务学	158	10.65%
5	Environmental Studies	环境研究	101	6.81%
6	Area Studies	区域研究	89	6.00%
7	Development Studies	发展研究	65	4.38%
8	Geography	地理学	62	4.18%
9	Business	商业学	60	4.04%

续表

序号	学科类别		文献数	文献占比
10	Law	法学	57	3.84%

注：由于经济一体化研究文献存在学科交叉现象，表中的文献总数超过 1484 篇，文献占比总和超过 100%。

5. 高产作者及其合作关系分析

由图 2-2 可知，国外区域经济一体化研究领域高产作者间有一定合作，其中，有两个团队的研究成果较多，如 Liebert M. A.、Madimenos F. C.、Snodgrass J. J.、Sugiyama L. S. 为一个研究团队，学者间合作文章达 10 篇，其研究方向为市场一体化发展对人们生活习惯及身体健康情况的影响，可以发现这几位作者均是在俄勒冈大学（University of Oregon）任职，即同一高校或机构学者的合作会更深入，联系会更密切；同样，学者 Perz S. G.、Castillo J.、Carvalho L. A. 为一个研究团队，学者间合作文章为 5 篇，其研究方向为区域经济一体化发展对基础设施建设及社会生态适应力的影响。同时可以看出，Winters L. A.、Schiff M. 两位作者合作发文量较多，Schjelderup G.、Wu E. 两位作者发文量较多，其他合作相对较少，发文量差异较大，学者间应进一步加强交流与合作。

图 2-2　国外经济一体化研究领域高产作者及其合作图谱

6. 高产科研机构及其合作情况

由图 2-3 可知，国外发文量较多的机构有世界银行（World Bank）、哈佛大学（Harvard University）等，其中哈佛大学、国家经济研究局（NBER）以及经济政策研究中心（CEPR）等机构有合作，但总体上合作成果较少，也有如挪威经济学院和商业广告（Norwegian Sch. Econ. &Business Adm.）、慕尼黑大学（Univ. Munich）以及国际货币基金组织（Int. Monetary Fund）间相对合作较紧密。

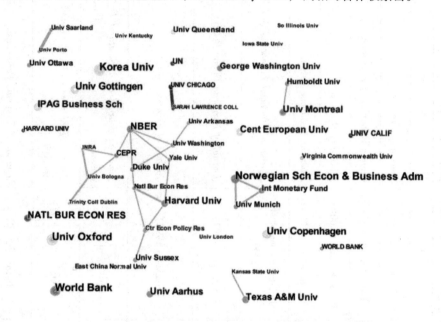

图 2-3　国外经济一体化研究领域高产科研机构及其合作图谱

（三）区域经济一体化研究热点与趋势

1. 高被引文献分析

由表 2-4 可知，在 10 篇高被引文献中有 6 篇文献关注于"市场一体化"，表明该主题是区域一体化研究领域的一个核心问题。同时被引次数排名第二的 Luis 等人（1991）、排名第四的 Alesina 等人（2000）和排名第六的 Scharpf（1997）的文献，分别主要探讨区域经济一体化与内生增长、政治分化和福利国家的关系。由此表明，从高被引文献的统计结果看，关于区域经济一体化研究的重点细分领域为市场一体化，包括资本市场一体化；关于区域经济一体化研究的内容主要包括一体化测度及其与内生增长、政治分化和福利国家的关系，这与国内关于区域经济一体化主题统计结果较为一致。此外，在研究方法上，这 10 篇高被引文献中，多数为实证研究，规范研究相对较少。

表2-4 国外经济一体化研究的高被引文献（前10篇）

序号	文章名称	作者	期刊名称	被引次数	次/年
1	Time-Varying World Market Integration	Harvey (1995)	Journal of Finance	820	31.54
2	Economic-Integration and Endogenous Growth	Luis et al. (1991)	Quarterly Journal of Economics	682	22.73
3	Market Integration and Contagion	Bekaert et al. (2005)	Journal of Business	406	25.38
4	Economic Integration and Political Disintegration	Alesina et al. (2000)	American Economic Review	239	11.38
5	Global Market Integration: an Alternative Measure and its Application	Pukthuanthong et al. (2009)	Journal of Financial Economics	216	18.00
6	Economic Integration Democracy and the Welfare State	Scharpf (1997)	Journal of European Public Policy	197	8.21
7	Predictable Stock Returns in the United States and Japan a Study of Long-Term Capital-Market Integration	Hamao (1992)	Journal of Finance	197	6.79
8	Spatial Market Integration in the Presence of Threshold Effects	Goodwin et al. (2001)	American Journal of Agricultural Economics	187	9.35
9	Characterizing World Market Integration Through Time	Carrieri et al. (2007)	Journal of Finance and Quantitative Analysis	174	12.43
10	How Far will International Economic Integration Go?	Rodrik (2000)	Journal of Economic Perspectives	173	8.24

2. 关键词共现网络分析

笔者通过对1484篇文献的关键词进行统计，并对频次大于等于16的前44个关键词的共现矩阵进行共现网络展示，如图2-4所示。我们知道，在共现网络图中，通过节点大小来判断关键词的共现频次，节点越大，关键词的共现频次越高，节点越小，关键词的共现频次越低；通过节点位置来判断关键词的中心性，即关键词在共现网络图中的位置距离中心越近，该关键词的中心性越强，反之，则关键词的中心性越弱。从图2-4可以发现，"trade""growth""impact""united-states""model"及"model"等关键词节点较大，连线较多，且处于中间位置；"policy""determinants""globalization""convergence""price""cointegration""countries""productivity"及"tests"等关键词节点也较大，连线也较多，处于中间与外围之间位置；"gravity""foreign direct-investment""one price""time-series""investment""immigrants""employment""migration""market"及"politics"等关键词节点相对小些，连线相对少些，且处于外围位置。由此表明，区域经济一体化与贸易、投资、经济增长、移民、政治、职业等密切相关，同时主要运用价格法、协整检验、时间序列、引力模型等研究方法；此外，关键词"united-states"节点大、连线多且位于中间位置，表明区域经济一体化研究文献来自美国的较多，也印证了表2-2"国外经济一体化研究文献较多的国家或地区（前10名）"中美国排名第一的结论。

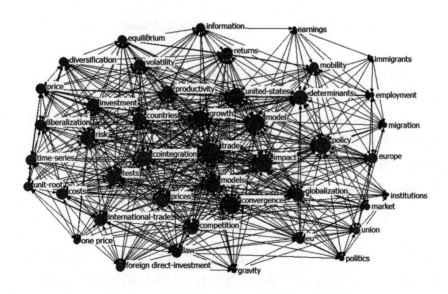

图2-4 国外经济一体化研究领域关键词共现网络

3. 关键词 TimeLine 线知识图谱分析

为反映不同时间内关键词是如何动态演进的，绘制了关键词 TimeLine 线知识图谱（图 2-5）。由图 2-5 可以看出，近年来出现的 "stock market integration" "regional economic integration" "east asia" "financial integration" "employment" "immigrant" "gravity" "time series" 等关键词，反映该领域呈现出新的研究动态，主要表现在：一是关于证券或金融市场一体化研究；二是关于区域经济一体化研究，尤其对东亚区域研究增多；三是关于区域经济一体化与移民、职业等关系探讨；四是引力模型、时间序列等研究方法增多。

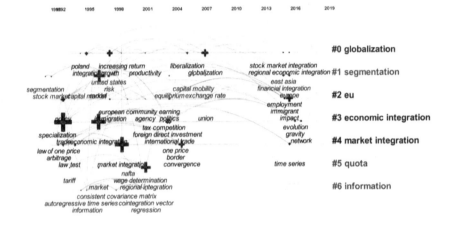

图 2-5 国外经济一体化研究领域文献关键词聚类的 TimeLine 线知识图谱

二、国内区域经济一体化研究的文献计量分析

（一）数据来源

数据收集主要利用中国社会科学引文索引（CSSCI，2019—2020）数据库；同时考虑 1998 年是 CSSCI 数据库建立起始年份且能体现最新研究成果，故时间段选择为 1998 年 1 月 1 日—2019 年 12 月 31 日。考虑有效性，笔者检索篇名中含有 "经济一体化" "区域一体化" 或 "市场一体化" 等，共检索到 1181 篇研究文献。

（二）经济一体化领域研究概况

1. 发文量分析

由图 2-6 可知，1998—2019 年发文量年均近 54 篇，自 1998 年以来，我国经济一体化领域发文量总体上有所波动，其中 1998—2001 年发文量呈现递减态势，由 1998 年的 36 篇减至 2001 年的 20 篇；2001—2010 年发文量总体上呈现增加态势，由 2001 年的 20 篇上升至 2010 年的 92 篇；但 2010—2019 年发文量总体上又呈现减少态势，由 2010 年的 92 篇减少至 2019 年的 54 篇。由此表明，2001 年我国加入 WTO 后，区域一体化成为理论研究热点之一，该领域发文量也呈增加态势；随着 2008 年政府对长三角一体化发展的重视，进一步推进相关理论研究，以至于 2009 年和 2010 年经济一体化研究领域发文量分别达到最多的 92 篇。但自党的十八大以来，相关论文发文量却不增反减，表明相关理论研究有待进一步加强。

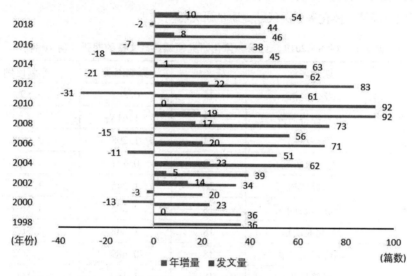

图 2-6　1998—2019 年经济一体化研究领域发文量及增减量分布图

2. 期刊分布分析

由表 2-5 可知，前 10 种期刊的载文量共 228 篇，占全部文献的比例为 19.7%。根据布拉福德定律 $r_0 = 2\ln(e^E * Y)$，可计算得出核心区数量为 9 篇，因而认为发文量排名前 10 名的期刊位于核心区。

从载文数量及影响力看，排名第一的是《亚太经济》，载文量 45 篇，文献比例为 3.89%，其中被引次数最高的是陈淑梅等关于跨太平洋伙伴协议（TPP）、《区域全面经济伙伴关系协定》（RCEP）谈判与亚太经济一体化，总被引次数为 120 次；排名第二的是《世界经济研究》，载文量 28 篇，比例为 2.42%。同时研究发现，高载文量期刊（前 10 种）刊发的论文大多是研究国际经济一体化等相关主题，对国内经济一体化等相关主题的研究相对较少，如《亚太经济》刊发的 45 篇论文中高达 32 篇是研究国际经济一体化的；《世界经济研究》刊发的 28 篇论文中高达 20 篇是研究国际经济一体化的。这也在某种程度上解释了该领域高载文量前 10 种期刊中多达 6 种期刊为研究国际范围议题且影响因子都不高，而高影响因子期刊在该领域载文量相对较少，如《经济研究》载文量仅 6 篇，但其中有 2 篇被引次数较高，分别为刘生龙等人的《交通基础设施与中国区域经济一体化》，被引次数为 399 次，以及徐现祥等人的《市场一体化与区域协调发展》，被引次数为 274 次；《中国工业经济》载文量仅 3 篇；《管理世界》载文量仅 2 篇，其被引次数均较低。由此表明，1998—2019 年经济一体化领域刊发的期刊总体上影响因子不高，反映该领域研究水平还较低，且以国际经济一体化等相关议题研究为主，而以国内经济一体化等相关议题高质量研究相对较少。

表 2-5　1998—2019 年经济一体化研究领域高载文量的期刊（前 10 种）

序号	期刊名称	载文量	影响因子	文献比例
1	亚太经济	45	0.841	3.89%
2	世界经济研究	28	1.616	2.42%
3	经济纵横	24	1.298	2.08%
4	生产力研究	22	0.171	1.90%
5	国际经贸探索	20	1.245	1.73%
6	国际贸易问题	18	2.305	1.56%
7	东北亚论坛	18	1.848	1.56%
8	国际经济合作	18	0.689	1.56%
9	经济地理	18	1.162	1.56%
10	上海经济研究	17	0.969	1.47%

3. 核心作者及其合作情况

根据普莱斯定律计算，可得发文量在 3 篇及以上的作者为核心作者，进行图谱展示（图 2-7），并列出发文量在 5 篇及以上的作者信息，如表 2-6 所示。

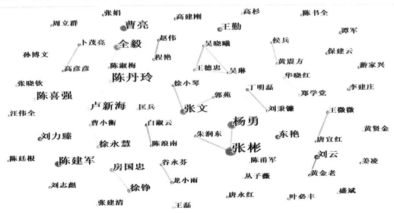

图 2-7　1998—2019 年经济一体化研究领域核心作者及其合作图谱

表2-6 发文量在5篇及以上的作者信息

作者	单位	主要关键词	第一作者篇数	第二作者篇数	总被引频次	平均被引频次
陈建军	浙江大学	区域经济一体化、长三角	8	0	179	22.38
王勤	厦门大学	区域经济一体化、东盟、经济一体化效应	7	0	92	13.14
张彬	武汉大学	经济一体化、贸易效应	3	4	105	15
全毅	福建社会科学院	东亚区域经济一体化、贸易效应	5	1	234	39
杨勇	武汉大学	国际贸易经济、贸易效应	4	2	117	19.5
盛斌	南开大学	贸易经济、亚太经济一体化	5	0	540	108
唐永红	厦门大学	两岸经济一体化、区域合作	5	0	67	13.4
曹亮	中南财经政法大学	区域经济一体化、战略选择	5	0	57	11.4
曹小衡	南开大学	海峡两岸、经济一体化	5	0	51	10.2
李雪松	武汉大学	长江经济带、区域经济一体化	4	1	170	34
刘志彪	南京大学	区域一体化、长三角、区域协调发展	3	2	254	50.8

由图 2-7 可知，该领域有些研究团队，例如，卢新海、陈丹玲、匡兵为一个研究团队，研究方向为区域一体化土地利用效率效应的研究；张彬、杨勇、朱润东为一个研究团队，研究方向为区域经济一体化与贸易效应。通过主要关键词分析可归纳出两个研究主题：第一，经济一体化的影响效应研究，主要的研究学者有陈建军、刘志彪、张彬、杨勇、朱润东、陈喜强等；第二，经济一体化的测度研究，主要的研究学者有李雪松、曹亮、孙博文、卢新海、陈丹玲、匡兵、房国忠、徐铮、张文、徐小琴等。

由图 2-7 分析可知，该领域核心作者共发文量为 219 篇，占比 18.9%，根据普莱斯定律，该领域的核心作者群仍没有形成。即图中显示的研究团队规模都普遍较小，大多数集中于两人或者三人，而且存在一定联系与交流的学者大多数属于同一科研机构，缺乏与其他科研机构学者的联系。

由表 2-6 可知，发文量最多的作者是浙江大学陈建军（8 篇），其中《长江三角洲区域经济一体化的三次浪潮》被引频次较高，为 57 次。厦门大学王勤（7 篇）、武汉大学张彬（7 篇）并列第二，其中王勤研究的主要方向为东盟、经济一体化效应等，其中《东盟区域经济一体化及其效应》共被引 19 次。

4. 高产科研机构及其合作情况

高产科研机构及其合作图谱，如图 2-8 所示，并列出前 10 名高产科研机构信息表，如表 2-7 所示。

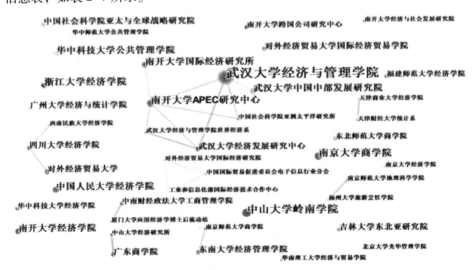

图 2-8　1998—2019 年经济一体化研究领域高产科研机构及其合作图谱

表 2-7 1998—2019 年经济一体化研究领域高产科研机构信息表（前 10 名）

序号	科研机构	发表篇数	被引频次总数	平均每篇被引频次	合作关系机构
1	南开大学	62	1502	24.22	武汉大学
2	武汉大学	39	615	15.76	南开大学
3	南京大学	37	653	17.64	—
4	厦门大学	36	471	13.08	中南财经政法大学
5	中山大学	32	942	29.43	广东商学院
6	中国人民大学	31	504	16.25	—
7	吉林大学	24	236	9.83	—
8	对外经济贸易大学	23	149	6.47	四川大学
9	浙江大学	21	990	47.14	—
10	上海财经大学	20	199	9.95	—

由表 2-7 可知，从发文量看，1998—2019 年经济一体化研究领域发文量最多的科研机构是南开大学，为 62 篇；其次是武汉大学，为 39 篇；排名第三的是南京大学，为 37 篇。从平均每篇被引频次来看，浙江大学最高，平均每篇被引频次达 47.14 次；中山大学次之，平均每篇被引频次为 29.43 次；第三为南开大学，平均每篇被引频次为 24.22 次。因此，发文量前三的科研机构依次是南开大学、武汉大学和南京大学；平均每篇被引频次前三的科研机构依次是浙江大学、中山大学和南开大学。其中浙江大学的陈剩勇等人的《区域间政府合作：区域经济一体化的路径选择》，被引频次为 583 次，表明此篇文章在该领域的研究贡献较大。同时发现，该领域机构间合作相对较少，尤其跨区域机构间合作更少。

（三）经济一体化领域研究热点与趋势

1. 关键词共现网络分析

笔者通过对 1181 篇文献的关键词进行统计，并对前 50 个关键词共现矩阵进行共现网络展示（图 2-9）。从图 2-9 可以发现，"区域经济一体化""经济一体化""区域经济横向化""经济""东盟""美国"等关键词，节点大、连线多，且居于中心位置，表明共现频次高、关联性强和中心性较强；同时"北美洲""一体化""区域合作""中国""东亚""经济全球化"等关键词节点也较大、连线也较多，位于中间与外围之间位置；但"引力模型""经济增长""市场一体化""长江三角洲""跨国公司""劳动力市场""城市群""东亚经济一体化""北美自由贸易区""APEC"等关键词，节点相对较小、连线相对较少，且处于外围位置。由此表明，区域经济一体化与经济增长、跨国公司、区域经济合作等密切相关，其细分领域研究涉及市场一体化、劳动力市场一体化等，研究对象既包括长江三角洲和中国，又包括东盟、美国、北美洲、东亚和城市群等；研究方法主要运用引力模型等。

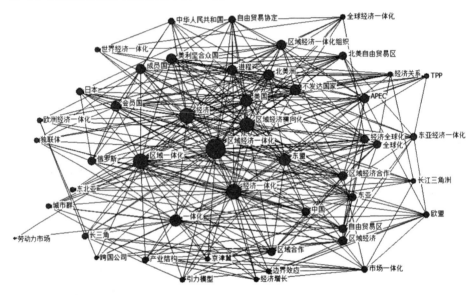

图 2-9　1998—2019 年经济一体化研究领域关键词共现网络（前 50 个）

2. 关键词 TimeLine 线知识图谱分析

为反映不同时间内关键词是如何动态演进的，绘制了关键词 TimeLine 线知识图谱，如图 2-10 所示。

由图 2-10 可知，近年来出现的"比较优势""环境规划""一带一路""绿色发展""城市土地利用效率""区域协调发展""长江经济带""亚太区域一体化"等关键词，表明该领域出现新的研究动态：经济一体化的环境效应研究，经济一体化的区域协调发展效应研究，经济一体化的土地利用效应研究；针对长三角区域、长江经济带、一带一路、亚太区域等特定区域的经济一体化相关问题研究。

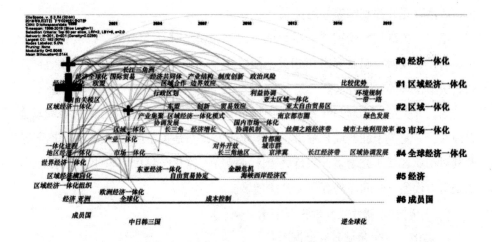

图 2-10　1998—2019 年经济一体化研究领域文献关键词聚类的 TimeLine 线知识图谱

三、主要结论

笔者采用文献计量等方法，分别对国外 1950—2019 年 CSSCI（社会科学引文索引）数据库和国内 1998—2019 年 CSSCI 数据库中有关经济一体化的研究文献最新研究动态进行分析，得出以下主要结论：

（一）国外文献计量分析主要结论

1. 经济一体化领域研究概况

第一，1950—2019 年该研究领域发文数量总体上呈现波动上升态势，20 世纪 90 年代前增长缓慢，而 90 年代后快速增长；经济一体化领域文献质量较高，且侧重发表在国际研究方向期刊；区域经济一体化研究文献主要来自欧美等发达国家的学者，而亚洲国家的学者对该领域的研究总体上较少。

第二，1950—2019 年区域经济一体化研究文献以经济学科为主，兼有国际关系学、环境学、地理学、法学等学科；该研究领域高产作者间合作相对较少，核心作者群还没有形成，团队规模较小；国外发文量较多的机构有世界银行（World Bank）、哈佛大学（Harvard Univ.）以及哥伦比亚大学（Columbia Univ.）等，其中机构间有合作现象，但总体上合作成果较少。

2. 经济一体化领域研究热点与趋势

第一，从高被引文献统计结果看，区域经济一体化研究重点细分领域为市场一体化，包括资本市场一体化；该领域研究内容主要包括测度及其与内生增长、政治分化和福利国家等的关系。

第二，关键词共现网络分析表明，区域经济一体化与贸易、投资、经济增长、移民、政治、职业等密切相关，同时主要运用价格法、协整检验、时间序列、引力模型等研究方法。

第三，关键词 TimeLine 线知识图谱分析表明，该领域呈现出新的研究动态表现在：一是关于证券或金融市场一体化研究；二是关于区域经济一体化研究，尤其对东亚区域研究增多；三是关于区域经济一体化与移民、职业等关系探讨；四是引力模型、时间序列等研究方法增多。

（二）国内文献计量分析主要结论

1. 经济一体化领域研究概况

第一，该研究领域发文数量总体上呈现先降低后上升再下降的变化轨迹，即发文量1998—2001年递减，2001—2010年增加，而2010—2019年又呈现减少态势。

第二，1998—2019年该领域研究水平总体上不高，且以国际经济一体化等相关议题研究为主，而以国内经济一体化等相关议题高质量研究相对较少，兼有国民经济学、金融学、农业经济学等学科；《亚太经济》《世界经济研究》等是该研究领域的主要载体。

第三，该领域核心作者群仍未形成，不同机构间交流较少，合作强度不大；研究主题主要围绕经济一体化的影响效应、测度等展开研究。

2. 经济一体化领域研究热点与趋势

第一，基于关键词共现网络，1998—2019年该领域研究可以归纳为：区域经济一体化与经济增长、跨国公司、区域经济合作等密切相关；其细分领域研究包括市场一体化、劳动力市场一体化等；研究对象包括长江三角洲、中国、东盟、美国、北美洲、东亚和城市群等；研究方法主要运用引力模型等。

第二，基于关键词 TimeLine 线知识图谱分析发现：经济一体化的环境效应、土地利用效应、区域协调发展效应以及针对长江经济带、一带一路、亚太区域等特定区域的经济一体化相关问题研究，已成为该领域新的研究动态。

四、讨论与展望

基于以上国内外区域经济一体化文献计量分析所得主要结论，可以看出国内外该领域研究所呈现出的异同点，并可进一步展望研究趋势。

从发文数量和质量看，国外20世纪90年代前该领域发文量较少，90年代后呈现快速增长态势，年均发文量超过40余篇；国内自1998年统计以来，发文量呈现递减、上升后又下降的波动态势，年均发文量超过50篇。由此表明，近年来，该领域发文量国内多于国外，但从发文期刊影响因子看，该领域的研究水平和质量国外明显高于国内；且该领域以国际经济一体化为主题和欧美国家学者研究较多，而以我国国内经济一体化为主题和我国国内学者研究较少。因此，随着我国区域协调和一体化发展实践，学术界应加强该领域研究，探讨我国区域一体化发展所呈现出的特有规律，进而丰富区域一体化发展理论内涵，进一步推动国内国际区域一体化发展实践。

从发文作者和机构合作情况看，该领域国内外都呈现出核心作者群仍未形成、不同机构间交流较少、合作强度不大等特征。因此，区域经济一体化研究，国内外都应加强学者间、机构间的合作与交流，突破机构、学科领域等方面因素，进一步拓展和深化研究，提升研究水平和质量。

从研究热点与趋势看，主要凸显以下几点：一是从研究细分领域来说，国内外学者都拓展到市场一体化领域研究，而国外突出资本市场一体化、金融或证券市场一体化研究，国内突出劳动力市场一体化研究。二是从研究内容来说，国内外学者都主要围绕区域经济一体化影响因素、测度和效应等方面展开，而国外凸显经济一体化与投资、贸易、经济增长、政治分化、社会福利、移民、职业等密切相关研究，国内最新研究态势凸显经济一体化与环境、土地利用、区域协调、跨国公司等的关系研究。国内外研究内容侧重点不同，可能的原因是：一方面国家或地区间文化特色差异的影响；另一方面经济发展水平差异的影响，欧美国家经济发展到一定水平，由于自身的文化特色，政治分化、社会福利、移民等问题较突出，而国内随着经济一体化发展，经济与环境、土地、区域协调等问题较突出。三是从研究区域来说，国内外都以欧美国家或区域研究为主，但国外对东亚区域研究增多，国内对长江经济带、长江三角洲、一带一路、东盟、东亚等区域研究增多。这可能的原因是随着国际经济形势变化，东亚国家发展态势较好，越来越多国家开始关注东亚地区经济发展，尤其是我国快速发展，近年来提出了各种促进区域经济一体化发展的政策措施，引起国内外学者关注。四是从研究方法来说，国内外学者都主要运用引力模型、价格法等研究方法，但国外凸显运用时间序列数据和协整检验方法。

因此，我国学术界在加强区域经济一体化与环境、土地利用、区域协调等的关系研究同时，可以拓展区域经济一体化与投资、贸易、经济增长、社会福利等的关系研究，即在关注经济发展与社会资源的同时，也要关注经济与民生以及资本市场的关系。在加强细分领域市场一体化研究的同时，可以沿着资本市场一体化、金融市场一体化细分方向展开研究，以此来促进我国资本市场的发展，为我国打开更广阔的贸易空间；在加强对欧美国家或区域经济一体化经验借鉴的同时，可以进一步凸显对长江经济带、长江三角洲、一带一路及东亚国家或区域经济一体化实践研究，探究国内外区域经济一体化发展的异同，以此来更高效地促进我国区域经济一体化发展实践。

02

长三角区域商品及要素市场一体化

本篇主要包括商品流通与商品市场一体化、劳动力市场一体化、资本市场一体化及技术市场一体化等内容

第三章 流通体系与商品市场一体化

本部分主要包括长三角区域商品流通发展的典型特征、主要瓶颈及应对策略研究，长三角区域商品市场一体化发展特征、主要瓶颈与举措等方面内容。

第一节 长三角区域商品流通发展的典型特征、主要瓶颈及应对策略研究

商品流通体系在我国国民经济发展中具有基础性作用。随着长三角一体化发展上升为国家战略，加快推进长三角区域商品流通业高质量发展就显得尤为重要。因此，本书以长三角区域为研究对象，以商品流通等概念内涵与理论基础探讨为基础，从商流、物流、信息流和人力资源流等方面深入剖析商品流通发展中存在的主要瓶颈及其原因，并以美日等发达国家商品流通业发展经验为借鉴，提出应对策略。

一、引言

长三角区域一直都是我国流通产业最发达区域之一，其作为引领长江经济带发展的重要区域，是我国社会经济发展的重要推动力。然而，我们应该清楚地看到，目前长三角区域仍存在现代商品流通体系建设不完善、市场规则不健全、物流成本高、信息流通不畅、地方保护和壁垒仍存在等瓶颈，还没有完全建立起一个畅通无阻、井然有序的商品市场，对商品流通理论研究滞后问题也没有从根本上解决（徐峰，2018）。这些问题难以使长三角区域承担起实现流通现代化而起到"领头羊"作用。随着长三角一体化发展上升为国家战略，构建现代商品流通体系就显得尤为重要。为此，2021 年 6 月出台的《长三角一体化发展规划"十四五"实施方案》指出，加快破除长三角商品服务跨省域流通的堵点和断点，健全现代物流体系。2022 年 4 月中共中央、国务院印发的《关于

加快建设全国统一大市场的意见》明确提出，打通制约经济循环的关键堵点，促进商品要素资源在更大范围内畅通流动。习近平总书记也多次强调，流通体系在国民经济中发挥着基础性作用，为构建国内国际双循环相互促进的新发展格局提供有力支撑。同时，从现有的文献看，关于现代商品流通体系相关研究，主要围绕商品流通企业、商品流通渠道和农村商品流通等微观层面研究的较多，而区域宏观层面的研究较少。因此，本书将以长三角区域为研究对象，深入剖析商品流通体系存在的主要瓶颈及其原因，并以美日等发达国家商品流通业发展经验为借鉴，提出加快推进长三角区域现代商品流通业发展的突破，这将有利于长三角区域构建高效的现代商品流通体系，促进长三角区域一体化发展，进而在全国发挥示范作用。

二、概念内涵与理论基础

（一）概念内涵

商品流通的内涵可以从狭义和广义两方面来理解，其中从狭义角度看，商品流通是指商品从生产领域到消费领域的过程，是商品所有权转移过程（夏春玉，2006）；从广义角度看，不仅包括商品流通，而且也包括要素流通，是商流、物流、信息流从生产领域到消费领域的流动（王先庆，2020）。随着我国商品流通业的发展，出现"商品流通现代化"概念，学者们纷纷给予界定，例如，宋则（2003）认为流通现代化是指实体经济利用信息化带动工业化，凭借提升先进的思想、思维方式、管理理论方法和科技手段，对传统流通模式中的商流、物流、信息流等进行改革，从而提高流通效率。王先庆（2020）将商品流通现代化定义为在互联网、大数据、人工智能等现代科技的基础上，将先进的流通设备、方式和现代化的管理手段运用于商品流通的整个过程中，从而形成数字化、智能化的商流、物流、信息流的流通体系。基于上述对商品流通及其现代化内涵的理解，本书对商品流通内涵的理解，是基于广义视角，还包括流通业人力资源流动，其中商流是商品价值的流动，即商品所有权流动；物流是实体流动的过程，即货物由供应地转移到接受地；信息流主要包括增值经济、协助决策和沟通连接等功能；人力资源流动是指人们在流通领域求职、就业和失业的过程。这四个方面不是孤立和单一的，而是相互作用、相互影响，其中商流的转移离不开物流，同时只有存在商流的物流才具有价值；信息流贯穿于商品流通的各个环境，即无论是货物交易、物流配送与运输，还是吸引高素质人才，都有信息流动；在商品流通过程中，人提供着无形的服务，在某种程度上可以被看作"商品"，且人们也需要有效的就业平台和信息机制来帮助其就业，人力资源包括在商品流通体系内，凸显其在商品流通的重要性。而商品流通现代化就是指利于现代科学技术和先进的管理思想、理念，对商品流通中的商流、物流、信息流和人力资源流动进行科学管理，从而提高效率。

（二）理论基础

交易成本理论。交易双方都有各种各样的需求，所以需要使用一般等价物，如货币来实现商品的交换。因此，交易价值的本质是通过商品价值与使用价值的分离来实现的。威廉姆森（1981）认为，交易成本是在对交易的监督、控制和管理过程中所产生的。张五常（2000）则认为交易成本是在谈判、签订合同和实施制度等过程中产生的各种制度成本。因此，交易成本理论始终贯通于商品流通的整个过程，对商品流通的研究有助于减少渠道成本、降低时间成本和人工成本，从而降低交易成本，有利于现代化商品流通体系构建。

马克思流通理论。"流通本身只是交换的一个特定元素，或作为一个整体的交换。"（白太辉等，2023）这是马克思在阐述生产与交换、分配、消费三者关系时提出的观点。同时，马克思认为，流通理论从物质资料生产过程的角度来研究流通问题，其包含了伴随物质资料交换过程所发生的一切商品、货币、价值和使用价值的流通，马克思还强调"流通不同于直接交换生产物"（王晓东等，2022），只有以货币为中介的持续的商品交换才是真正的商品交换，商品和货币总是在一方退出流通过程后，另一方再进入。

三、呈现的典型特征与存在的主要瓶颈

本书在对现代商品流通内涵的理解基础上，从商流、物流、信息流、人力资源流四方面构建指标，深入分析当前长三角区域现代商品流通发展中呈现的典型特征、存在的主要瓶颈及其缘由解释。

（一）长三角区域商品流通市场中的商流发展情况

影响商品流通市场商流的因素一般有市场规模、市场结构和经营主体等（刘志彪，2021）。其中市场规模表明区域流通发展的总金额和总数量变化情况，一般由社会消费品零售总额和亿元以上交易市场数量来反映；市场结构主要反映市场同质化情况，一般以专业市场和综合市场分别占商品交易市场总数的比值来表示；经营主体是商品流通活动的主要参与者，在交易市场中具体参与交易活动，一般以限额以上批发业和零售业企业年末从业总人数等指标来反映（周京，2015）。因此，本书选取社会消费品零售总额、亿元以上交易市场数量、专业市场占商品交易市场总数的比值等指标来反映长三角区域商品市场商流发展水平变化情况。

1. 市场规模呈现扩大、分散态势，且省市间差异较大

由图 3-1 可知 2011—2020 年三省一市社会消费品零售总额变化情况，其中上海由 2011 年的 6814.8 亿元增长到了 2020 年的 15932.5 亿元，增速为 57.2%；江苏由 2011 年的 15988.4 亿元增长到 2020 年的 37086.1 亿元，增速为 56.9%；浙江由 2011 年的 12028 亿元增长到 2020 年的 26629.8 亿元，增速为 54.8%；安徽由 2011 年的 4955.1 亿元增长到 2020 年的 18334 亿元，增速为 73%。同时由图 3-2 可知，2011—2020 年三省一市亿元以上交易市场数量变化情况，其中上海由 2011 年的 180 个下降到 2020 年的 113 个，降速为 59.3%；江苏由 2011 年的 575 个下降到 2020 年的 420 个，降速为 36.9%。总体上看，2011—2020 年长三角三省一市社会消费品零售总额都增长，表明市场规模呈现不断扩大态势，但省市间差距仍然存在，其中江苏的社会消费品零售总额最大，远远超过其他两省一市，而安徽的社会消费品零售总额增速最快，且于 2018 年超过了上海；但亿元以上交易市场数量呈现下降态势，其中上海下降幅度最大。由此表明，长三角三省一市市场规模虽呈现扩大态势，但市场规模结构已从亿元以上交易市场向中小交易市场转变，即市场规模呈现扩大且分散状态演变特征。

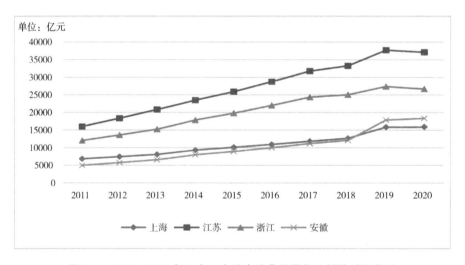

图 3-1 2011—2020 年三省一市社会消费品零售总额的时间序列

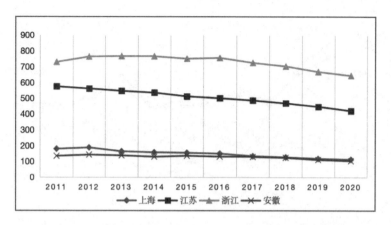

图3-2 2011—2020年三省一市亿元以上交易市场数量的时间序列

产生这一现象的主要原因可能如下：首先，随着长三角区域经济快速发展，商品市场交易更加频繁，从而促进市场规模呈现扩大态势；同时，随着电子商务快速发展，"互联网+市场"的模式使许多线下市场搬到了线上进行交易，缩小了时空差距，这是市场规模扩大的关键因素之一。其次，随着长三角区域市场主体越来越多元化、市场开办方式越来越多样化，例如，区域内政府和民营经济积极进行联合开发等，且公司企业通过出售摊位或店铺来开办市场，使得亿元以上交易市场数量呈现降低态势，交易市场逐渐向中小市场转变。最后，上海亿元以上交易数量下降幅度最大，可能与上海城市功能向周边疏导有关，使得许多大型商品交易市场外迁至上海周边地区。

2. 商品流通交易市场结构相似度高，市场同质化竞争明显

考虑篇幅有限，本书选取2011年和2020年专业市场占比和综合市场占比来反映区域市场结构演变特征（图3-3—图3-6）。由图3-3—图3-4可知，2020年相比2011年，生产资料市场和电器通信器材电子设备市场占比小幅度下降，其中上海和江苏的市场占比下降相对明显，而农产品市场、家具五金及装饰材料市场占比小幅度上升，同样是上海和江苏的市场占比上升相对明显；同时食品饮料烟酒、日用品及文化用品市场、医药医疗用品及器材以及花鸟鱼虫市场等市场份额较低，且变化幅度很小，折线图几乎没有变化。由图3-5—图3-6可知，2020年相比2011年，区域农产品综合市场和其他综合市场占比都呈现上升趋势，而生产资料综合市场和工业消费品综合市场占比变化不大，折线图几乎一致。由此得知，农产品市场在长三角区域的地位依然很重要，商品交易市场结构相似度高，市场同质化竞争明显。但从调查来看，近年来长三角区域也发展了一些特色化的市场，例如上海的糖果巧克力市场、江苏苏北的特色蔬菜产业链等。

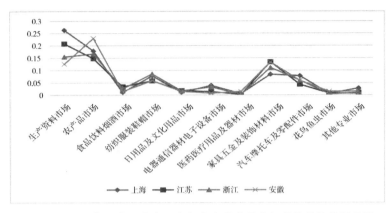

图 3-3　2011 年三省一市专业市场占商品交易市场总数的比值折线图

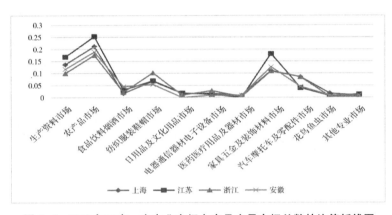

图 3-4　2020 年三省一市专业市场占商品交易市场总数的比值折线图

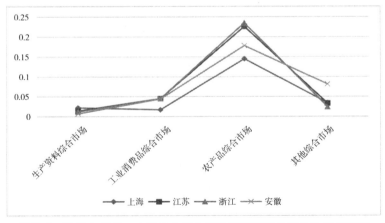

图 3-5　2011 年三省一市综合市场占商品交易市场总数的比值折线图

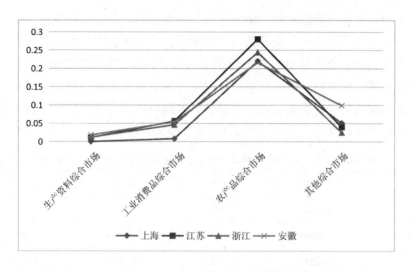

图3-6 2020年三省一市综合市场占商品交易市场总数的比值折线图

市场同质化竞争可能会产生一系列不良后果，有碍于现代商品流通体系发展：一是市场同质化往往会造成资源浪费，一部分区域市场领域会产生过剩的资源，而另一部分区域市场会因资源缺乏而阻碍市场规模扩大，从而有碍于区域间商品和要素流动，不利于区域间资源合理利用；二是市场同质化竞争不利于各区域发挥自身特色产业的比较优势，不利于其发挥领先区域的带动作用，也不利于资源优势互补，加大区域间的差距；三是加剧地方市场分割也是市场同质化产生的后果之一，为了确保本区域产品取得市场利益最大化，当地政府会采取一些政策阻止外地产品进入，从而有碍于商品流通体系发展。

3. 经营主体稳步增加，市场交易活跃程度大幅提升

由表3-1可知2011—2020年三省一市限额以上批发业和零售业企业年末从业总人数变化情况，其中上海由2011年的659743人增加到2020年的1059586人，增长率为61%；江苏由2011年的758358人增加到2020年的1056429人，增长率为39%；浙江由2011年的609624人增加到2020年的845610人，增长率为39%；安徽由2011年的274144人增长到2020年的375069人，增长率为37%。由此可见，2011—2020年长三角三省一市限额以上批发业和零售业企业年末从业总人数都呈现增长态势，其中上海增长幅度最大。同样，由表3-2可知，限额以上批发业法人企业数和限额以上零售业法人企业数2020年相比2011年持续增加。因此，研究结论表明长三角区域市场经营主体不断增多，市场交易活跃程度大幅提升。

经营主体增加为商品流通领域带来有利影响，主要表现在：首先，经营主

体的增加意味着就业岗位增加，由于流通产业点多面广且就业门槛低，成为吸纳剩余劳动力的主要力量，就业队伍不断增大，促进流通产业发展，加快经济提升；其次，许多农产品批发和零售企业的建立，形成大规模的批零一体化，实现直购直销，减少商品流通环节，有利于推进农产品市场一体化；最后，经营主体的增加有利于促进电子商务发展，更多的企业利用电子商务及时了解市场需求、拓展市场业务，从而促进商品流通业快速发展。

表 3-1　2011—2020 年三省一市限额以上批发业和零售业企业年末从业总人数（人）

	上海	江苏	浙江	安徽
2011 年	659743	758358	609624	274144
2012 年	698368	836314	641490	314506
2013 年	778841	1045980	691555	345826
2014 年	829635	994778	739077	373755
2015 年	814670	966473	757248	375488
2016 年	796269	944270	745929	376106
2017 年	822931	937154	782748	373441
2018 年	872262	973242	800946	374208
2019 年	1006561	967767	837972	370180
2020 年	1059586	1056429	845610	375069

表 3-2　2011 年和 2020 年三省一市限额以上批发业法人企业和零售业法人企业

	上海		江苏		浙江		安徽	
	2011 年	2020 年	2011 年	2020 年	2011 年	2020 年	2011 年	2020 年
限额以上批发业法人企业（个）	5521	12666	7399	20743	8670	18851	1096	3305
限额以上零售业法人企业（个）	1629	2828	4865	9946	3324	6106	2201	5087

（二）长三角区域商品流通市场中的物流发展情况

商品流通中的物流发展情况，可以从物流基础设施投入和交通运输里程等方面来反映。为此，参考王颢澎等人（2019）对长三角物流基础设施投入额的研究，本书选取交通运输、仓储和邮政业固定投资额及其人均固定投入来反映区域内物流基础设施投入情况；同时，一般来说，区域交通运输发展情况可以采用运输路线长度、货运量等指标来反映，因此，本书选择公路、铁路、内河航道里程及公路、铁路、水路货运量指标来反映长三角区域交通运输发展情况。

长三角区域物流基础设施投入呈现增长态势，但三省一市间存在明显差异。考虑篇幅有限，本书选取 2011 年和 2020 年长三角区域交通运输、仓储和邮政业固定投资额及其人均固定投入（表 3-3）。由表 3-3 可知，长三角区域交通运输、仓储和邮政业固定投资额指标，其中安徽由 2011 年的 464.8 亿元增长到 2020 年的 2167.8 亿元，增长 4.66 倍，增幅最大；浙江由 2011 年的 1119.2 亿元增长到 2020 年的 4415.6 亿元，增长 3.95 倍；上海由 2011 年的 519.8 亿元增长到 2020 年的 1554.7 亿元，增长 2.99 倍；江苏由 2011 年的 1225.6 亿元增长到 2020 年的 2627.5 亿元，增长 2.14 倍，增幅最小。同样，长三角区域交通运输、仓储和邮政业人均固定投资额也呈现增长态势，其中安徽由 2011 年的 0.08 亿元增长到 2020 年的 0.35 亿元，增长 4.66 倍，增幅最大；浙江由 2011 年的 0.20 亿元增长到 2020 年的 0.68 亿元，增长 3.4 倍；上海由 2011 年的 0.22 亿元增长到 2020 年的 0.62 亿元，增长 2.82 倍；江苏由 2011 年的 0.16 亿元增长到 2020 年的 0.31 亿元，增长 1.94 倍，增幅最小。由此可见，长三角区域交通运输、仓储和邮政业固定投资额及其人均固定投入都呈现增长态势，其中安徽两指标增幅最大，江苏两指标增幅最小。这表明三省一市物流基础设施投资存在一定差异。

表 3-3 2011 年和 2020 年长三角区域交通运输、仓储和邮政业固定投资额及其人均固定投入

	上海		江苏		浙江		安徽	
	2011 年	2020 年	2011 年	2020 年	2011 年	2020 年	2011 年	2020 年
交通运输、仓储和邮政业固定投资额（亿元）	519.8	1554.7	1225.6	2627.5	1119.2	4415.6	464.8	2167.8
交通运输、仓储和邮政业人均固定投资额（亿元）	0.22	0.62	0.16	0.31	0.20	0.68	0.08	0.35

　　三省一市在交通运输、仓储和邮政业固定投资额等方面存在一定差异，其原因可能：一是缺乏推进长三角区域物流基础设施一体化与协调发展的顶层设计，中央和地方政府未能及时变革横向合作制度并应用到长三角区域，从而先进的科学技术、优质的人力资源和充足的资金无法及时进入欠发达区域。二是安徽为更好地融入长三角一体化发展，避免在进程中被边缘化，注重加大物流基础设施建设投入，实现互联互通，加强与其他两省一市分工协作，从而促进商品流通发展。

　　长三角区域公路、内河航道运输路线总体上变化不大，而铁路运输路线增长较快；水路货运量增幅较大，公路货运量总体变化不大，而铁路货运量总体呈现下降态势；且三省一市间存在一定的差异。考虑篇幅限制，选择 2011 年和 2020 年两年指标数据（表 3-4）。由表 3-4 可知，从各指标数值变化看，一是公路里程指标数值变化情况，除安徽由 2011 年的 149535 公里大幅增长到 2020 年的 236483 公里外，其他两省一市指标数值都呈现略微增长态势。二是铁路营运里程指标数值变化情况，其中上海由 2011 年的 461.3 公里增长到 2020 年的 491 公里，增速仅为 6.4%；江苏由 2011 年的 2349.6 公里增长到 2020 年的 4174 公里，增速为 77.7%；浙江由 2011 年的 1779.1 公里增长到 2020 年的 3159 公里，增速为 77.6%；安徽由 2011 年的 3120.8 公里增长到 2020 年的 5287 公里，增速为 69.4%。三是内河航道里程指标数值变化情况，除上海由 2011 年的 2226 公里下降到 2020 年的 1654 公里外，其他三省 2020 年相较于 2011 年，指标数值略微增长。由此可见，近年来，沪苏浙的公里里程及三省一市的内河航道里程指标数值仅呈现略微增长态势，总体上变化不大；而苏浙皖的铁路营运里程及安徽的公路里程指标增长幅度较大，上海的铁路营运里程增长幅度较小。同时由表 3-5 可知，从 2020 年和 2011 年比较来看，长三角三省一市水路货运量增幅都较大，公路货运量呈现略微增长态势，总体上增幅不大；但铁路货运量除江苏呈现增长态势外，沪浙皖都呈现明显下降态势，其中上海和安徽下降幅度分别达 44% 和 38%。从三省一市比较看，上海是以水路运输为货物运输的主要方式，其次是公路运输；而苏浙皖是以公路运输为货物运输的主要方式，其次为水路运输。综上所述，长三角区域铁路里程总体上呈现较快增长态势，但铁路货运量总体上呈现下降态势。

表 3-4   2011 年和 2020 年长三角区域运输路线里程变化

	上海		江苏		浙江		安徽	
	2011 年	2020 年	2011 年	2020 年	2011 年	2020 年	2011 年	2020 年
公路里程（公里）	12084	12917	152247	158101	111776	123080	149535	236483
铁路营运里程（公里）	461.3	491	2349.6	4174	1779.1	3159	3120.8	5287
内河航道里程（公里）	2226	1654	24252	24372	9750	9758	5596	5651

表 3-5   2011 年和 2020 年长三角区域货运量

	上海		江苏		浙江		安徽	
	2011 年	2020 年	2011 年	2020 年	2011 年	2020 年	2011 年	2020 年
公路（万吨）	42685	46051	140803	174624	108654	189582	219467	243529
铁路（万吨）	888	494	7713	8549	4850	4500	12507	7735
水路（万吨）	49389	92294	54012	93467	72872	106194	36439	123239

（三）长三角区域商品流通市场中的信息流发展情况

长三角区域商品流通中的信息流动呈现增强态势，从而有效促进商品流通发展。一般来说，影响信息流的指标主要有电话普及率、互联网宽带接入用户等指标。因此，本书选取电话普及率、互联网宽带接入用户指标来反映信息流情况。考虑篇幅有限，本书选取 2011 年和 2020 年长三角区域电话普及率、互联网宽带接入用户指标间接反映商品流通中的信息流发展情况（表 3-6）。由表 3-6 可知，其中安徽由 2011 年的 75.6 部/百人增长到 2020 年的 107.9 部/百人，增长率高达 42.73%，增长幅度最大；上海由 2011 年的 154.02 部/百人增长到 2020 年的 197.58 部/百人，增长率为 28.28%；江苏由 2011 年的 115.08 部/百人增长到 2020 年的 131.71 部/百人，增长率为 14.45%；浙江由 2011 年的 141.43

部/百人增长到 2020 年的 152.55 部/百人，增长率仅为 7.86%，增长幅度最小。同样，长三角区域互联网宽带接入用户指标也呈现增长态势，其中安徽由 2011 年的 432.6 万户增长到 2020 年的 1864.7 万户，增长 4.3 倍，增长幅度最大；江苏由 2011 年的 1171 万户增长到 2020 年的 3585.7 万户，增长 3.06 倍，增长幅度次之；浙江由 2011 年的 1019.7 万户增长到 2020 年的 2778.9 万户，增长 2.73 倍，增长幅度第三；上海由 2011 年的 493.5 万户增长到 2020 年的 890.1 万户，增长 1.8 倍，增长幅度最小。由此可见，长三角区域电话普及率、互联网宽带接入用户指标都呈现增长态势，其中安徽两指标增长幅度都最大，浙江的电话普及率和上海的互联网宽带接入用户指标增长幅度最小。这表明：近年来随着电话普及率提升和互联网技术快速发展，长三角区域信息流越来越发达，从而促进了商品流通业快速发展。

互联网技术发展利于信息流动，从而推动商品流通业快速发展，其中的原因可能有以下几点：首先，"互联网+市场"模式打破了区域空间界限，使得传统的市场竞争方式发生较大变化，竞争方式变成了以网络店铺为代表的虚拟空间上的竞争，为适应这种情况，商品交易市场得到迅速发展；其次，"互联网+平台"模式可以解决流通企业物流信息系统与供应链各环节的信息系统数据接口问题，从而加强部门沟通与协调，促进信息流通和一体化发展；最后，"互联网+技术"模式可以不断提高现代物流的专业化、智能化和自动化水平，构建高度互联的物流网络系统，加快信息共享。

表 3-6 2011 年和 2020 年长三角区域电话普及率及互联网宽带接入用户

	上海		江苏		浙江		安徽	
	2011 年	2020 年	2011 年	2020 年	2011 年	2020 年	2011 年	2020 年
电话普及率（部/百人）	154.02	197.58	115.08	131.71	141.43	152.55	75.6	107.9
互联网宽带接入用户（万户）	493.5	890.1	1171	3585.7	1019.7	2778.9	432.6	1864.7

（四）长三角区域商品流通市场中的人力资源流动情况

人力资源流动主要是指人们在流通领域求职、就业和失业的过程。因此，本书将选择商品流通业就业人数及其占服务业就业人数比重，交通运输、仓储和邮政业就业人数指标来反映人力资源流动情况。

区域整体商品流通业人力资源呈现绝对增长态势，但在服务业中占比呈现相对递减态势，且省市个体存在差异。考虑篇幅有限，本书选取 2011 年和 2020 年长三角区域商品流通业就业人数及其占服务业就业人数比重来反映区域内流通业就业情况，进而反映流通业人力资源变动情况（表 3-7）。由表 3-7 可知，长三角区域商品流通业就业人数，由 2011 年的 299.9 万人增长到 2020 年的 427.5 万人，增长率为 42.5%，其中江苏省由 2011 年的 75.2 万人增长到 2020 年的 123 万人，增长率高达 63.6%；上海由 2011 年的 105.2 万人增长到 2020 年的 163.1 万人，增长率为 55%；安徽由 2011 年的 36.1 万人增长到 2020 年的 50.1 万人，增长率为 38.8%；浙江由 2011 年的 83.4 万人增长到 2020 年的 91.3 万人，增长率仅为 9.5%。但长三角区域商品流通业就业人数占服务业就业人数的比重，由 2011 年的 24.9% 下降到 2020 年的 22.8%，下降幅度达 8.4%；其中浙江由 2011 年的 22.8% 下降到 2020 年的 18.1%，下降幅度最大，达 20.6%；上海由 2011 年的 39.5% 下降到 2020 年的 33.8%，下降幅度次之，达 14.4%；安徽由 2011 年的 16.6% 下降到 2020 年的 16.4%，下降幅度仅 1.2%，而江苏没有变化。由此可见，从区域整体看，2011—2020 年长三角区域商品流通业就业人数呈现绝对增长态势，但区域商品流通业就业人数占服务业就业人数比重呈现相对下降态势，表明近年来长三角区域商品流通业人力资源发展较快，但相较于服务业整体而言，发展还是滞后的。从三省一市个体看，其中江苏商品流通业就业人数增长幅度最大，而商品流通业就业人数占服务业就业人数比重持平，表明商品流通业人力资源发展状况较好；浙江商品流通业就业人数增长幅度最小，而商品流通业就业人数占服务业就业人数比重下降幅度最大，表明商品流通业人力资源发展状况较差。

表 3-7　2011 年和 2020 年长三角区域商品流通业就业人数及其占服务业就业人数比重

	上海		江苏		浙江		安徽	
	2011 年	2020 年	2011 年	2020 年	2011 年	2020 年	2011 年	2020 年
商品流通业就业人数（万人）	105.2	163.1	75.2	123	83.4	91.3	36.1	50.1
商品流通业就业人数占服务业就业人数比重（%）	39.5	33.8	21.1	21.1	22.8	18.1	16.6	16.4

长三角区域交通运输、仓储和邮政业就业人数总体上呈现增长态势，但其中水上运输业就业人数呈现下降态势。考虑篇幅有限，本书选取2011年和2020年长三角区域交通运输、仓储和邮政业就业人数指标（表3-8—表3-9）。由表3-8—表3-9可知，从不同运输方式就业人数变化来看，水上运输业就业人数总体呈现下降态势，由2011年的152435人下降至2020年的105787人，下降幅度达30.6%；其中上海由2011年的55036人下降到2020年的30266人，下降幅度达45%；江苏由2011年的58471人下降到2020年的39982人，下降幅度为31.6%；安徽由2011年的10859人下降到2020年的7376人，下降幅度为32.1%；而浙江由2011年的28069人略微上升至2020年的28163人，上升幅度仅0.34%。而铁路运输、道路运输等其他运输方式就业人数总体上都呈现上升态势，其中铁路运输由2011年的145587人上升至2020年的158460人，上升率为8.8%；道路运输由2011年的293306人上升至2020年的665409人，增长了1.3倍。由此可见，长三角区域水路运输业就业人数呈现下降态势，但从上文分析可知，水路货运量稳步提高，其中的原因可能有以下几点：一是水路运输企业大多是中小型企业，而这些中小型企业往往存在激励制度不完善等问题。二是水上运输企业多数使用大型船舶，需要专业的水上实用技能人员，培训周期长，往往承受较大的学业压力和心理压力。三是水上运输易受飓风、海浪等自然现象的影响，工作人员面临很大的安全风险。

表3-8 2011年长三角区域交通运输、仓储和邮政业就业人数

	铁路运输业	道路运输业	水上运输业	航空运输业	管道运输业	多式联运和运输代理业	装卸搬运和仓储业	邮政业
上海	29494	39038	55036	57018	110		20035	33022
江苏	48041	93457	58471	9419	10442		9479	35053
浙江	25520	104126	28069	9862	43		16393	38164
安徽	42532	56685	10859	2892			2937	20281
总数	145587	293306	152435	79191	10595		48844	126520

表 3-9   2020 年长三角区域交通运输、仓储和邮政业就业人数

	铁路运输业	道路运输业	水上运输业	航空运输业	管道运输业	多式联运和运输代理业	装卸搬运和仓储业	邮政业
上海	33528	154830	30266	81526	974	95580	34662	46135
江苏	49072	217154	39982	16981	7076	19403	61515	43739
浙江	32929	179187	28163	14416	66	16400	22812	58347
安徽	42931	114238	7376	4005	16	4294	14328	21155
总数	158460	665409	105787	116928	8132	135677	133317	169376

四、日美等发达国家商品流通发展主要经验与启示

（一）日本商品流通主要经验

实现农产品批发市场制度化，促进农产品商品流通发展。众所周知，日本农产品批发市场是比较发达的，且具有较完善的制度，具体做法有以下两种：一是以贯彻生产者和消费者利益为中心思想来建设批发市场，使得中央批发市场从建设开始时就对市场的分布和辐射范围进行系统、科学规划，避免了因农产品的特殊性影响市场价格以及因商品流通效率过低而增加成本，维护了生产者和消费者的利益。二是完善法律法规和市场条例。为了改善批发市场交易混乱的局面，日本政府出台了《批发市场法》并先后经过 4 次修改，地方政府根据中央法规再制定符合本地区的规章条例，促进批发市场的制度化。

完善市场经济制度，提高市场集中度。日本政府以"私有财产制度原则、契约自由原则、自我负责原则"三项基本原则为基础，不断完善市场经济制度，提高市场集中度，主要体现在三个方面：一是提高市场准入和退出的自由度，避免垄断现象产生，确立市场规则，完善市场环境，实现公平竞争。二是通过公开信息和完善保险制度等途径，降低企业风险，维护投资者和消费者利益。三是避免市场竞争过度，确保市场公平竞争，从而完善市场机制。

完善网络化建设，发展现代物流。一方面，日本加速发展"B to C"和"B to B"两种模式的电子商务，早在 2002 年末，日本就有 96.1% 的企业已经完成计算机联网，一半以上的企业开设网页、构建局域网（LAN）等企业内部通信网络和广域网（WAN）等企业之间的通信网络，逐渐完善网络信息化建设。另一方面，通过电子数据交换（EDI）等信息技术应用，实现贸易流通手续的电子化，从而提高物流资源的利用率，加快商品流通速度。同时政府不管是采购办

公用品等小物件，还是采购汽车、飞机等大型设施，都一律通过网络公开信息招标，实现政府采购网络化。

（二）美国商品流通主要经验

加快小企业发展，打破垄断局面。美国政府为了巩固维护国内市场统一，促进市场公平竞争，提高资源利用率，实现商流一体化，具体措施如下：一是完善反垄断政策，严厉打击不正当竞争行为。美国市场倡导以"反对政府干预，倡导市场自由竞争"为主导思想，但自由竞争机制加剧了优势企业与中小企业的差距，造成大企业市场规模不断扩张、中小企业被合并或破产的不良局面，严重威胁市场公平竞争。为了打破这一局面，政府实施系列反垄断政策，例如，《克莱顿法》禁止价格歧视，控制企业合并，明确规定具体垄断行为以及诉讼程序和处罚。二是对小企业采取保护政策。小企业在美国市场起着吸收就业人员、增加就业机会、活跃竞争市场等作用，但与大中企业相比，小企业在市场份额、经济实力和抗风险能力等方面存在很大差距。为了保护小企业，政府先后颁布如《小企业法》等系列政策，例如，实施向小企业提供更多再融资机会、帮助小企业获得信贷资金等扶持政策。

加强批发业为零售企业服务功能，提升服务水平。美国的批发行业将开展零售扶持活动作为一项重要的改革战略，批发企业不仅要向零售企业售卖商品，还应向零售企业提供一系列全方位服务，根据各种零售业态不同要求提供不同服务，例如，促销广告策划、业务技术指导等，从而强化自身功能，更好为零售企业服务。

建立现代信息系统，加快物流接单速度。美国的商品流通企业有一个特点：信息化和标准化；将先进的现代电子信息技术应用于商品流通企业发展中，已成为众多企业的普遍做法。例如，利用计算机，将订单处理系统、库存项目管理系统、配送业务及财务系统有机链接，可以自动更新库中的货物编号，并进一步确定装载顺序与计划成本等，从而使接单的一系列工作能够快速、高效地进行。

加强中小企业人力资源管理，切实提升管理水平。加强流通中小企业人力资源管理，也是美国发展商品流通领域重要举措，具体做法：一是开展具有针对性的人力资源管理咨询和服务工作。中小企业管理局通过其遍布全美机构和社区，向中小型流通企业提供直接服务，帮助他们解决人员管理问题，且区域办事处负责向中小流通企业提供咨询和培训服务。二是中小企业管理局向其提供培训工具和资料，在网上开展培训课程，使其通过网络化、虚拟化的方式切实参与在线培训。

（三）美日等发达国家商品流通发展的主要经验启示

综上所述，美日等发达国家在商品流通领域发展时间较长，已探索出商品流通发展一般规律和做法，主要经验启示如下：一是一般都是以立法形式来保障商品流通各环节的合法性，例如，日本为改善批发市场混乱而出台《批发市场法》，为发展现代物流而提出《新综合物流施政大纲》；美国为反垄断而发布《克莱顿法》，为保护小企业而颁布《小企业法》等。二是将网络化、信息化等技术应用于商品流通各环节，例如，日本构建通信系统，发展电子商务，并运用 EDI、海运货物通关信息处理系统（Sea-NACCS）等信息技术发展现代物流；美国建立信息系统，加快物流接单速度，以及利用线上课程提高企业人力资源管理水平等。

五、发展的应对策略

根据上文分析得出的主要瓶颈，并结合国外典型经验，提出相应的应对策略；通过实施这些应对策略，可以加快长三角区域商品流通业高质量发展，并建立现代商品流通体系，进而促进商品市场一体化进程。

（一）加强市场集聚效应和特色市场发展

针对长三角区域商品流通中市场规模呈现分散状态、市场同质化竞争明显等问题，提出打破行业垄断、加强优势企业发展、加强商品流通市场集中度监测、减少行政干预、优化市场结构及推进创新性技术发展等策略。

多措并举，提升商品流通市场集聚效应。一是打破行业垄断，降低进入壁垒。行业垄断和进入壁垒过高是阻碍长三角区域商品流通市场集聚效应提升的重要原因。一方面，要对国有企业进行更深层次改革，打破其在行业中的垄断局面，逐渐降低准入门槛和放松管制，让民营企业公平参与市场竞争，从而形成相对稳定、竞争效率较高的市场结构；另一方面，地方政府应完善法律规章制度，反对经济性和行政性的垄断，避免经济力量和行政力量过度集中，从而有利于商品流通市场发挥集聚效应。二是加强优势企业发展，避免过度竞争。提升商品流通市场集聚效应，不仅要反垄断，而且还要反对过度竞争。需要制定和实施公平的市场竞争机制，优化市场政策，推动优势企业不断创新，促进优势企业更好更快发展，从而提高市场集中度，进而有效发挥市场集聚效应，避免由过度竞争而造成资源浪费。三是加强商品流通市场集中度监测。可以定期或不定期开展长三角区域商品流通市场集中度监测，并根据监测结果，调整或制定有利于商品流通市场集聚效应发挥的相关政策。

减少行政干预与优化市场结构，促进商品流通市场特色化发展。一是减少行政对市场发展干预。行政干预是造成市场同构和同质化竞争现象的重要原因。因此，需要减少地方行政对长三角区域商品流通市场发展干预，降低市场同质化程度，促进商品流通市场特色化发展。具体来讲，在交易市场建设准入阶段要加强建设规划，严格建设准入门槛，减少行政干预；在交易市场监管阶段，政府应加强对监管部门的支持，同时需要引入市场监管机制；在市场主体退出阶段，要严格按照市场退出机制，避免行政干预。二是优化市场结构。长三角区域由于各地区地理环境、自然资源相似，久而久之产生了市场同质化竞争、资源浪费等问题。为解决这一问题，政府要做好商品流通市场结构优化的整体规划，减少不必要的资源浪费和恶意竞争，合理地合并同质、无序的市场，建设规模较大的专业性、综合性的商品交易市场；同时，流通企业作为市场主体，应积极合并同质企业，以扩大企业规模，提高市场竞争力。三是推进创新性技术发展。充分发挥互联网大数据、人工智能等创新性技术在商品流通市场结构优化、市场结构调整中的作用，并利用创新性技术完善流通企业信息系统，提高流通企业供应链运作效率，进而提升资源利用效率。

（二）加快物流一体化大市场发展

加快推进物流一体化是建设现代商品流通体系的关键。为此，本书提出加强顶层制度设计、打破区域间壁垒、大力发展第三方物流、构建长三角综合运输体系等促进物流一体化发展措施。

加强顶层制度设计，缩小区域物流发展差距。为加快缩小物流基础设施投入及交通运输里程等反映长三角区域物流发展差距，需要政府对长三角区域物流业发展进行顶层制度设计。具体可以成立长三角区域物流发展专业委员会，专门制订长三角区域物流业发展中长期规划，并协调三省一市物流具体发展事宜；同时，中央政府和地方政府也要建立合作机制，并将先进的科学技术、优质的人力资源和充足的资金引入长三角欠发达地区，缩小区域差距，促进物流一体化建设。

打破区域间壁垒，建立统一物流大市场。虽然从短期来看，在长三角区域建立统一的物流大市场，可能会使一些地方利益受到损害，但从长远来看会呈现多方皆赢局面。这需要地方政府从大局出发，及时清理阻碍区域物流发展的政策法规，消除政策壁垒和地方保护主义，并统一物流收费标准和税收政策。同时，对长三角区域物流服务和技术标准进行统一，建立统一的市场信用体系和网上交易平台；分区域建设物流配送中心，并充分发挥物流园区的节点作用，从而才有可能建成有影响力的现代物流体系和形成统一大市场。

构建"互联网+物流"模式，大力发展第三方物流。基于互联网的第三方物流体系构建往往会影响商品流通渠道畅通程度。为此，基于"互联网+物流"模式，可以打破区域空间界限，建立统一的物流市场，从而实现第三方物流市场规模经济。同时，地方物流企业也可以根据实际，积极参与"互联网+物流"模式，大力发展第三方物流，实现物流渠道创新模式。

构建长三角综合运输体系，促进现代物流发展。经过建设，长三角区域的水路、公路、航空运输体系已经较发达，建设以水路为主，公路、铁路、航空运输为辅的、高效低能耗的、低污染的以及合理分工的货运综合集散系统将是发展的重点。大力发展船舶贸易、船舶管理、船舶咨询、船舶供应等配套航运服务，形成长三角区域较为完善的航运服务体系。抓住全球产业转型的重大机遇，建立完善的区域交通网络，加强港口基础设施建设，从而促进现代物流业发展。

（三）加快基于"互联网+"模式的信息流通

"互联网+"模式与市场、平台、信息技术等领域相结合，可以加快商品信息流通速度，推动现代商品流通体系建设。

基于"互联网+市场"模式，加快电子商务发展。一是完善实施政策。长三角区域地方政府可以根据商品流通发展实际，进一步完善电子商务相关政策，从而实现资源优化配置，提升流通业转型速度。地方政府还可以根据当地实际情况出台人才培训、信息开放、物流补贴等优惠政策，更好发挥政府作用，促进当地电子商务发展。二是建立电子商务网络。地方企业根据运营现状，通过合作建立安全的电子商务网络，促进电子商务推广，加快商品信息流通速度，从而提高商品流通效率。三是加强技术创新。加大对互联网移动支付体系的建设力度，加强互联网数字技术创新，推动电子商务与物流配送等行业融合，从而为电子商务的发展打下坚实基础。

基于"互联网+平台"模式，加强物流信息平台建设。通过建设区域物流信息平台，将税务、海关、银行、物流企业等供应链中的所有单位连接起来，物流企业只需要对接物流信息平台，就可以享受"一站式"接入服务，实现整条物流链的信息流通，解决信息壁垒和各部门沟通困难的问题，减少技术投入趋同，使大量的人力和物力得以节省。同时，物流企业可以在信息平台上发布和查询物流运行信息，这不仅能使物流信息流通环节减少，缩短物流运行周期，降低整体运行成本，还能提高整个流通过程的透明度，充分利用闲置物流资源，提高物流规模效益，加快区域物流一体化建设。

基于"互联网+技术"模式，加强流通信息建设。互联网与信息技术的应用，在连锁经营、物流配送等现代流通模式的发展过程中起着越来越重要的作用，有效传递和优化配置物质资源越来越离不开信息资源。因此，要想实现传统流通产业的升级改造，必须加大互联网与信息技术在流通产业中的应用，培养先进信息技术创新型人才，建设信息技术领域高端人才队伍，注重核心技术的研发，充分利用先进的科技手段建立信息网络，加快流通产业之间信息共享，构建"互联网+技术"的信息系统。

（四）加强人力资源发展规划，提高人力资源管理水平

为缓解长三角区域商品流通业人力资源发展滞后于服务业整体人力资源发展状况，提出加强人力资源发展规划、加强现代物流人才培养与引进力度等具体措施。

加强人力资源发展规划，做好人才队伍建设。一是加强商品流通业人力资源发展整体规划。长三角区域商品流通业规模较大、类型较多和范围较广，因此，需要政府对商品流通业的不同规模、不同类型和不同范围，从长三角区域宏观层面上作出统一、整体规划，从而提升其人力资源在服务业整体发展中的水平。二是加强商品流通企业人力资源发展战略规划。一般来说，商品流通企业需求人才可以分为高技能物流人才、物流战略决策人才和企业管理人才，因此，针对不同类型人才特点，商品流通企业本身需要加强人力资源发展差异化的战略规划。其中，对于高技能物流人才发展规划，可以通过校企产教融合办学模式，提升大学生掌握现代化物流知识和先进物流技术能力，从而更好满足市场需求；对于物流战略决策人才发展规划，企业可以向决策层提供如学习交流、出国深造等机会，这样可以拓宽他们的视野，提高他们的决策能力和创新能力；对于企业管理人才发展规划，可以对企业内部员工进行综合培训，或资助有能力的员工出国深造，再进行内部提拔，也可以通过外部招聘引入先进管理人才，提高企业的管理水平。

加强现代物流人才培养与引进力度，促进商品流通业发展。一是构建人才培养机制。员工素质培训在很多大型企业都比较受到重视，但以中小型企业为主的商品流通企业难以提供持续的员工培训。因此，长三角区域商品流通企业应建立真正的人才培养机制，尽快解决培训流于形式、内容缺乏实质等问题。二是拓宽人才供给渠道。"互联网+人力资源"模式使流通企业不再依赖传统线下招聘，拓宽了人才供给渠道。企业根据职位需求，在网络招聘平台发布招聘要求，然后进行严格筛选，确定合适人选，不仅提高企业招聘效率，而且减少了招聘成本。三是加大水路运输业人才培养力度。针对近年来长三角区域水路货运量大幅上升而水路运输企业从业人员大幅下降的矛盾，水路运输企业要建立现代化水运企业制度，制定合理的激励制度，不仅要规划员工职业生涯，而

且还要提高企业的薪酬福利待遇，提升员工归属感和幸福感，使更多的人愿意在水路运输行业就业，从而加快水路运输业发展。四是重视员工的心理需求和个人价值。随着企业管理理念的不断进步，个人价值将得到越来越多的关注，员工心理需求的满足将变得越来越重要。随着"90后""00后"开始主导市场，他们的思想远不同于旧思想，所以只有从根本上改变思想观念，商品流通企业才能有长足的发展。

第二节 长三角区域商品市场一体化发展特征、主要瓶颈与举措

本书围绕长三角区域商品市场一体化发展的困境与策略展开讨论。研究结果表明，长三角区域市场一体化发展呈现的主要特征有：商品市场规模呈现扩大态势、电子商务业发展态势良好、市场监管一体化机制初步形成、市场一体化统一的服务制度逐渐完善和一体化的流通体系建设稳步推进；但也存在经济发展不平衡、交易市场同质化竞争现象明显、行政技术壁垒阻碍一体化进程、缺乏完善的协调体制机制、对外开放水平不平衡等问题。为此，本书提出缩小经济差距、优化产业结构、打破壁垒、设立服务机构等策略。

2019年1月，发布的《长三角区域市场一体化建设合作备忘录》明确提出逐步实现统一市场规则、统一信用治理和统一市场监管的目标。2020年12月，第二次长三角区域合作与发展联席会议上，提出要对标世界水平打造国际一流营商环境，让长三角成为连通两个市场、统筹两种资源的重要载体。那么，长三角区域商品市场一体化发展目前呈现怎样的特征？存在哪些困境与应对策略？

一、商品市场一体化发展呈现的主要特征

（一）商品市场规模呈现扩大态势

一般来说，从社会消费品零售总额及批发、零售市场来反映商品市场发展情况。其中社会消费品零售总额增长可以体现商品市场形势的好转，反映商品购买力的实现程度和人们消费水平（李骏阳，2016；温馨等，2021；张海龙等，2021）。批发市场在实现资源合理配置，提高商品流通效率，带动全国统一大市场形成等方面发挥着十分重要的作用，是我国商品流通的主要渠道，是大宗商品流通的重要方式，一般采用限额以上批发商品销售总额指标来体现批发市场

的商品交易状况（依绍华等，2020；李利华，2020）。零售市场是零售商与消费者间进行商品交易的市场，是全国最先实现市场化的产业，一般采用限额以上零售商品销售总额指标来直观体现零售市场商品交易的情况（叶萌等，2018；苏涛永等，2020）。

由表3-10可知，社会消费品零售总额，上海由2010年的6901.39亿元增加至2019年的15847.55亿元，增长近2.3倍；江苏由2010年的13606.8亿元增加至2019年的37672.51亿元，增长近2.8倍；浙江由2010年的10163.20亿元增加至2019年的27343.81亿元，增长近2.7倍；安徽由2010年的4151.52亿元增加至2019年的17862.05亿元，增长4.3倍多。由此表明，长三角区域社会消费品零售总额呈现增加态势。

同时由表3-10可知，限额以上批发企业和单位商品销售总额，2019年上海、江苏、浙江和安徽分别为110931.32亿元、61407.87亿元、68345.96亿元和9608.32亿元，分别是各自2010年的4.4倍、2.8倍、3.6倍和2.5倍；限额以上零售企业和单位商品销售总额，2019年上海、江苏、浙江和安徽分别为9536.94亿元、11345.31亿元、9752.14亿元和4483.49亿元，分别是各自2010年的2.43倍、2.22倍、2.29倍和3.27倍。由此表明，上海的批发市场不仅规模大，而且增速也最快，而安徽批发市场呈现规模小且增速慢的特征，零售市场规模虽小，但增速最快。

表3-10　长三角三省一市商品市场2010年和2019年主要指标数据①

年份	项目	上海市	江苏省	浙江省	安徽省
2010	社会消费品零售总额（亿元）	6901.39	13606.80	10163.20	4151.52
	限额以上批发企业和单位商品销售总额（亿元）	25208.19	21892.85	19204.58	3773.43
	限额以上零售企业和单位商品销售总额（亿元）	3922.68	5102.04	4267.57	1370.72

---

① 数据均来源于三省一市的统计年鉴，以下同；表中限额以上企业和单位的标准是，批发业年主营业务收入在2000万元及以上；零售业年主营业务收入在500万元及以上的企业和单位。

续表

年份	项目	上海市	江苏省	浙江省	安徽省
2019	社会消费品零售总额（亿元）	15847.55	37672.51	27343.81	17862.05
	限额以上批发企业和单位商品销售总额（亿元）	110931.32	61407.87	68345.96	9608.32
	限额以上零售企业和单位商品销售总额（亿元）	9536.94	11345.31	9752.14	4483.49

商品市场是市场的重要组成部分，商品市场一体化很大程度上降低了中国市场分割程度（刘会政等，2018；苏剑等，2021），具体路径如下所示：其一，由于空间外溢性，某地区商品市场繁荣能够带动其周边商品市场的发展（蔡海亚，2020），各省市的商品市场规模扩大必然能够带动邻近省市交易市场发展。其二，商品市场规模扩大可以减少企业存货（陈乐一等，2014），从产业链终端的销售环节活跃实体交易市场，从而刺激商品的生产和流通，增强产业链条活力，大幅度提升区域间的商品交流频次，最终提升区域市场一体化水平。其三，长三角区域现有交易市场大多是由原有的产业聚集发展而来，因此交易市场集约化经营，将进一步提升交易市场综合性和专业性，扩大区域产业集聚规模，在市场自由调节下突破跨区域交易限制。其四，批发、零售市场的发展，为提高区域内居民消费水平提供了基础，居民的消费需求增加又会刺激区域内交易市场服务水平的提升。此外，交易市场规模化发展，还有利于增加就业机会，促成劳动力跨区域自由流动，提升劳动力市场一体化程度。

（二）电子商务业发展态势良好

根据《2020年中国统计年鉴》数据，2019年，长三角三省一市电子商务销售额总计169325.9亿元，占全国的28%，电子商务采购额总计101275.1亿元，占全国的24.7%。其中上海的电子商务销售额达到20462.4亿元，同比增长17.5%，电子商务采购额达到11367.5亿元，同比增长17.6%；江苏的电子商务销售额达到9873.8亿元，同比增长14.0%，电子商务采购额达到7418亿元，同比增长13.5%；浙江的电子商务销售额达到11482亿元，同比增长29.8%，电子商务采购额达到4005.2亿元，同比增长51.2%；安徽的电子商务销售额达到5569.6亿元，同比增长14.5%，电子商务采购额达到2231.3亿元，同比增长6.1%。

由此表明，长三角区域的电子商务发展态势良好，其中上海的电子商务销售额和采购额都在万亿元以上，电子商务业最发达；浙江由于民营企业众多，其电子商务业增速最快，发展潜力较大；而安徽的电子商务业，不仅规模上最小，而且增长速度也较慢。

电子商务发展态势良好能够助推市场一体化，主要表现在：其一，电子商务发展改变了传统交易方式，打破产品交易空间壁垒，借助统一的线上交易平台实现了产品信息实时互通共享，能够有效促进商品自由流动，有益于区域市场一体化。其二，电子商务丰富了流通业态及产品交易方式，整合线上、线下两种市场的交易途径，简化了交易环节，提升了区域内产业链的运作效率，开拓了市场需求，对大市场建设有着积极作用。其三，长三角区域立体化交通网络已经粗具规模，由于选址的区位优势吸引了众多电商、物流企业落户，这些企业发展布局将进一步推进跨区域商品与要素流通。其四，电子商务发展进一步加快了互联网技术升级速度，推动需求预测技术、交易技术和支付技术等更新，有助于空间互联互通，拓展销售渠道，有益于生产和销售环节对接，从而有利于市场一体化进程。

（三）市场监管一体化机制初步形成

在三省一市监管局的通力合作下，长三角区域产品市场监管一体化机制初步形成，主要表现为产品安全标准形成统一，产品监管区域协同合作加深，产品追溯制度基本确定以及网络监管一体化基本形成等。首先，长三角区域正在逐步统一产品安全标准，具体体现为长三角区域监督抽查产品分类目录，都是参照现有的各类产品标准形成的。其次，进一步加大市场监管的区域合作力度，三省一市共同签署《长三角产品质量安全监管合作备忘录》，明确建立长三角产品质量安全监管信息平台；同时三省一市正在逐步建立完善的产品追溯制度，实现产品跨区域协同监管，并利用区块链技术实现全流程监管。最后，长三角三省一市成立全国首个网络市场监管领域跨区域协作联盟，借助网络平台，推动网络市场监管一体化。

（四）市场一体化统一的服务制度逐渐完善

为促进市场一体化，长三角致力于健全统一的服务制度，为企业简化准入程序，为消费者提供满意服务，并且在法律监管、税收服务、知识产权保护等专业领域推进一体化服务。首先，在企业服务层面，三省一市市场监管部门优化办事流程，简化登记手续；在外资企业准入方面，三省一市政府坚持内外资一致原则；同时试点市场主体异地登记服务制度。其次，在法律监管服务方面，长三角区域在市场监管领域也实现了深度融合，表现为建立统一的法律标准及区域协同执法，提升区域联合执法效能。最后，在税收服务方面，逐渐完善一体化办税机制。为了促进长三角一体化，国家税务总局提出长三角区域要统一税收口径，推动税收数据共用共享，积极打造税收服务、征管和信息共同体。最后，在计量一体化服务方面，三省一市市场监管部门不仅统一计量技术规范，而且还联合推动产业计量云（长三角）平台上线，服务区域产业高质量发展；健全计量会商交流制度，建立区域组织协调机制。

（五）一体化的流通体系建设稳步推进

三省一市国内、国际双循环发展的促进，离不开建设一体化高效流通体系。长三角区域流通体系覆盖程度在全国虽处于领先地位，但仍然难以满足其商品、要素高速流动的需要，而流通体系建设主要表现为交通基础设施建设，并且长三角区域一直在致力于推进区域交通基础设施建设的深度融合。例如，为促进公路运输的一体化，三省一市采取取消各种收费站、打通各种断头路等措施，而且统一规划"断头路"的统一建设。再如，在铁路建设方面，建设"轨道上的长三角"的步伐正在加快，境内高铁网将持续加密。目前，宁淮城际铁路、沪苏湖铁路、沪苏通铁路二期、南沿江高铁等在建项目建设稳步推进，预计最晚于 2024 年完工，这些铁路的建成最终将会实现除舟山外的长三角其他 26 个市"市市通动车"的目标。

同济大学发布的《2020 长三角城市跨城通勤年度报告》显示，长三角的上海、杭州和南京均与周边城市形成了较为显著的跨城通勤联系。在通勤规模上，上海、杭州与周边城市已经形成了较大规模的跨城通勤双向联系，而南京的跨城通勤规模相对较小；在通勤方向上，上海作为全球城市，其中心城区为周边城市提供了难以替代的就业岗位，具有极强的就业吸引力；南京同样体现了对周边城市较强的就业吸引力；杭州与周边地区则呈现了独特的、较为均衡的双向流动特征。这表明长三角城市群的跨区域流通存在着显著的核心—边缘差异，推进一体化建设也就是要发挥核心城市的带动作用并完善交通网络建设。

二、商品市场一体化发展存在的主要困境与缘由解释

（一）区域发展不平衡，经济差距较大

关于衡量区域经济水平发展指标，学术界一般选择人均生产总值和产业结构等指标（干春晖等，2010；任保平等，2019）。因此，本书也将沿用这一方法，选择 2010—2019 年人均生产总值和产业结构指标变化来反映长三角区域经济发展水平差异情况。由图 3-7 可知，上海的人均生产总值由 2010 年的 79396 元增长到了 2019 年的 157279 元，增速为 98.1%；江苏的人均生产总值由 2010

年的 52787 元增长到 2019 年的 123607 元，增速为 134.2%；浙江的人均生产总值由 2010 年的 51110 元增长到 2019 年的 107624 元，增速为 110.6%；安徽的人均生产总值由 2010 年的 21923 元，增长到 2019 年的 58496 元，增长速度为 166.8%。由此表明，2010—2019 年长三角三省一市的经济发展水平总体上呈现上升态势，但经济差距仍然存在，其中上海的人均生产总值远远超过其他三个省市，而安徽的人均生产总值尽管增速最快，但其水平远远低于江浙沪，甚至 2019 年的人均生产总值低于上海市 2010 年的人均生产总值。

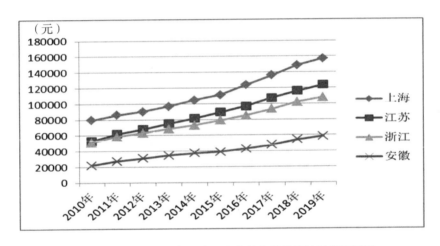

图 3-7　2010—2019 年三省一市人均生产总值的时间序列图

由表 3-11 可知，上海第二产业占比由 2010 年的 41.5% 下降到 2019 年的 27%，而第三产业占比由 2010 年的 57.9% 上升至 2019 年的 72.7%；江苏第二产业占比由 2010 年的 52.8% 下降到 2019 年的 44.4%，而第三产业占比由 2010 年的 41.1% 上升至 2019 年的 51.3%；浙江第二产业占比由 2010 年的 51.6% 下降到 2019 年的 42.6%，而第三产业占比由 2010 年的 43.6% 上升至 2019 年的 54%；安徽的第二产业占比由 2010 年的 48.3% 下降到 2019 年的 41.3%，而第三产业占比由 2010 年的 39.6% 上升至 2019 年的 50.8%。由此表明，长三角三省一市的产业结构存在一定差异，第二产业占 GDP 比重都在降低，其中上海降低幅度最大，到 2019 年仅占 27%，江浙皖也都超过 40%；而第三产业占 GDP 比重都在增加，其中上海增长幅度最大，到 2019 年达到 72.7%，江浙皖也都超过 50%。

表3-11 2010—2019年三省一市第二、三产业占生产总值比重

第三产业占 GDP 比重（%）

	2010 年	2011 年	2012 年	2013 年	2014 年	2015 年	2016 年	2017 年	2018 年	2019 年
上海	57.90	58.60	61.00	63.70	65.30	68.30	70.90	70.70	70.9	72.70
江苏	41.10	42.10	43.10	45.10	46.50	47.60	49.50	49.70	50.40	51.30
浙江	43.60	44.10	45.80	46.70	46.80	48.60	50.30	51.90	53.00	54.00
安徽	39.60	38.20	38.60	39.70	41.00	44.50	46.70	48.60	50.80	50.80

第二产业占 GDP 比重（%）

	2010 年	2011 年	2012 年	2013 年	2014 年	2015 年	2016 年	2017 年	2018 年	2019 年
上海	41.50	40.80	38.40	35.70	34.20	31.30	28.70	28.90	28.8	27.00
江苏	52.80	51.70	50.60	49.10	47.90	46.80	45.30	45.60	45.20	44.40
浙江	51.60	51.10	49.60	48.60	48.90	47.40	45.60	44.40	43.60	42.60
安徽	48.30	50.30	50.40	49.70	48.80	45.50	43.80	42.70	41.40	41.30

上述差异化的经济发展水平对长三角区域市场一体化进程将产生一定的不利影响，主要表现在：其一，经济发展水平存在差异，会引起商品及要素的单向流动，使得技术、资金等资源越发集中流向经济发展水平较高地区，最终会导致经济发展水平较低地区更加缺少技术、资金等支持，加剧区域间发展失衡，且难以通过市场来调节，从而进一步阻碍市场一体化进程。其二，发达地区对优质劳动力的吸引力远大于落后地区，经济差距会加剧落后地区劳动力资源流失，落后地区由于缺少必要的劳动力，经济社会发展水平会更加低下，陷入恶性循环，更加难以融入一体化市场建设中。其三，三省一市经济发展水平差距导致了地方政府对一体化政策的响应态度和响应能力出现差异，一体化政策效能难以有效发挥，同时地方保护主义心态往往产生地方政府各自为政现象，发达地区扩权冲动及落后地区争权冲动也加剧地区间资源冲突，不利于区域一体化进程；其四，由于经济差距，发达地区的基础设施建设、各方面管理体系也都优于落后地区，对一体化政策落实能力高于落后地区，在一体化市场进程中掌握主导权，并处于竞争优势地位，这又进一步扩大差距，不利于市场一体化发展。

（二）交易市场同质化竞争现象明显，不利于市场一体化进程

商品交易市场结构一般可以用专业市场占比及综合市场占比来衡量（荆林波等，2018；周京，2015）。因此，本书也将选择专业市场与综合市场分别占商品交易市场总数的比值来反映长三角区域商品交易市场演变特征。由图 3-8—图 3-9 可知，2019 年相比 2010 年，农产品市场与家具五金及装饰材料市场占比呈现降低态势，而生产资料市场占比呈现上升态势，同时医药医疗用品及器材、花鸟鱼虫、食品饮料烟酒等市场占比都较低，且增幅都不大，折线图极其相似。由图 3-10—图 3-11 可知，无论是 2019 年还是 2010 年，农业品综合市场、工业品综合市场和生产资料综合市场占比排名前三，且波动幅度都不大，折线图极其相似。由此表明，长三角区域农产品市场仍占据较重要位置，商品交易市场同质化竞争问题比较严重。但从调研看，近年来长三角区域也出现如浙江的纺织服装鞋帽、上海的花鸟鱼虫等市场正在呈现特色化发展。

交易市场同质化竞争往往会阻碍市场一体化进程，其中的原因主要有：其一，产业同构是指经济发展状况存在差异的地区间出现的产业结构相同或相似的趋势（刘沛罡，2017），这意味着一部分产品的产能过剩和资源浪费，从而会造成部分领域资源过剩，而另一部分领域产品供给缺失的现象，不利于区域资源的综合合理利用。其二，临近地区的产品同质化竞争，激化了区域市场恶性竞争，也使得各地区的比较优势难以发挥，自身特色产业缺乏政策和资金支持，

不利于资源优势互补，最终造成地区间的"零和博弈"，不利于区域市场融合。其三，同质化竞争还加剧了地方市场分割，为保证本地区生产和流通获利最大化，地方政府往往会采取行政措施、税收手段等来限制外来产品进入本地市场，不利于生产要素的自由流动。其四，产业同构不利于产业规模和产业综合技术效率的提升，也在一定程度上限制了产业结构的调整和技术创新孵化，难以形成技术溢出效应来推动市场一体化进程。

（三）行政、技术等壁垒仍存在，会阻碍市场一体化进程

由于长期历史发展原因，长三角区域仍存在一定程度的行政、技术等分割壁垒，主要表现在如下方面。首先，各地区对行政区划设置存在差异，不同级别的行政区间合作会受到行政区划经济管理权限的限制。例如，上海市是直辖市，南京市、合肥市是省会城市，而宜兴市、东台市、义乌市等是县级市，这些城市的管理权限存在差异，低级别的城市与高级别城市合作会受限。其次，部分地区在政策、标准等方面仍然存在差异，在很多领域的规定都不尽相同，这给统一平台建设也造成障碍。例如，在营业执照申请方面，各地要求材料不同、办理流程不同，这为企业登记带来不便。再次，部分地区仅对本地企业实行税收优惠政策，这会导致其他地区竞争企业的成本相对增加，造成市场不良竞争，有碍于企业跨区域经营。例如，2019 年安徽减免 50% 本省小规模纳税人地方税及附加税。最后，部分地区户籍制度仍较为严格，限制了劳动力要素自由流动，此外由于长三角区域房价过高问题，异地购房压力也限制了劳动力要素自由流动。

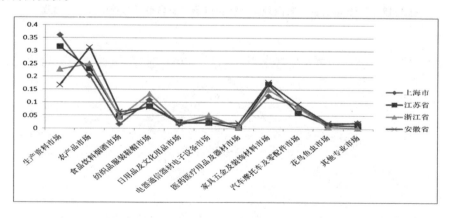

图 3-8　2010 年三省一市专业市场占商品交易市场总数的比值折线图

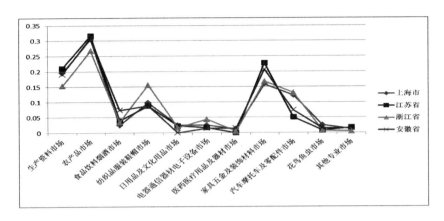

图 3-9　2019 年三省一市专业市场占商品交易市场总数的比值折线图

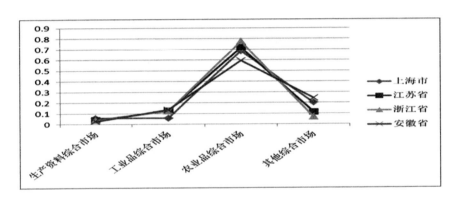

图 3-10　2010 年三省一市四种类型综合市场占交易市场总量的比值折线图

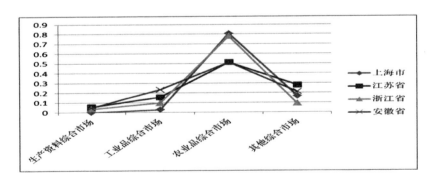

图 3-11　2019 年三省一市四种类型综合市场占交易市场总量的比值折线图

行政、技术等壁垒不利于市场一体化进程，主要是因为市场主体在交易过程中会受到非公平性壁垒限制，自由市场竞争机制难以发挥作用，主要表现在：

其一，现有的行政区划设置，使得企业在跨省、跨市业务中面临各种政府主体，需要办理不同的交接流程和手续，增加了企业行政成本，降低了企业跨区域业务的处理效率，一定程度上降低了企业跨区域合作积极性，而企业主体跨区域流通的意愿不高必然导致了地方市场分割与闭塞，不利于区域市场整合。其二，现阶段地方政府逐渐认识到知识产权保护和技术标准的重要性，根据本地区的技术创新能力和核心技术的掌握情况来制定政策标准和行业规范等，但由于地方技术标准的不同，产品流动面临着不同的技术要求，这往往又会成为区域合作的重要障碍。

（四）协调的体制机制不完善，难以有效促进市场一体化进程

在长三角一体化进程中，不难发现某些领域缺乏完善的协调体制机制。协调的体制机制一般包括决策层、协调层和执行层三个层面，现阶段推进长三角市场一体化在协调层和执行层方面的体制机制还不够完善。首先，现有的体制机制难以落地。长三角区域虽然成立了一些协调机构，例如，长三角城市经济协调会、主要领导座谈会等（这些机构承担的主要职能是规划职能），但是在落实等方面还缺少协调机制。其次，现有机制难以满足现实的多样化需求。在商品、服务流通过程中，难免产生各种组合的跨区域、跨领域办理需求，而在这一方面长三角区域的协调机制还是难以满足的。例如，在跨境电商发展领域，牵涉工商、税务、质检等多部门，这些部门间缺少沟通的体制机制，往往会导致多头管理或缺少管理的现象。再如，在信贷资源跨省流动方面，地区间的资金价格也存在差异，往往导致项目在当地行与异地授信行间缺乏有效的协同，阻碍了信贷资源自由流动。

协调的体制机制不完善，不利于市场一体化进程，主要表现在：其一，协调体制机制不完善，跨区域协调活动难以发挥作用，往往会导致各地区"各自为政"，从本地区利益出发参与市场竞争，造成"囚徒困境"局面。其二，协调机制的主要作用在于更为合理地调配、整合区域内资源，而协调机制的缺位必然会导致资源浪费，不能发挥地方特有资源优势，不利于区域资源利用效率提高，难以提升区域一体化水平。其三，不完善的地方政府利益分配机制，使得一体化成效难以界定，地方从一体化中的得益难以明确，不利于调动各地方积极性，必然不利于一体化政策的长期推进。其四，协调机制不完善难以明确一体化落实中地方成本分摊问题，为维持区域一体化，一体化建设的资金投入不能一直依靠中央政府拨款，而应该借助于长三角区域的财政收入、专项资金拨款等，而三省一市出资比例划定需要专门的权威机构来协调。

（五）对外开放水平差异，有碍于国内区域市场一体化进程

对外开放水平，一般采用外贸依存度和外商直接投资来反映（胡国珠等，2014；李金华，2017；高云虹等，2020），其中外贸依存度可以用于衡量地区经济对国际市场的依赖程度，一般是用进出口总额占 GDP 比重表示。外商直接投资反映地区对外商的吸引程度，能够体现市场的对外开放水平，而加强经济开放程度可显著降低省界屏蔽效应，提高跨省市场整合同时周边外商直接投资会增强区域联系，能够提高区域市场一体化水平（项松林，2015；唐为，2021）。

由图 3-12 可知，2010—2019 年长三角三省一市外贸依存度，江浙沪都呈现下降态势，其中上海由 2010 年的 1.39 下降到 2019 年的 0.89，下降幅度达36%；江苏由 2010 年的 0.76 下降到 2019 年的 0.44，下降幅度达 42.1%；浙江由 2010 年的 0.63 下降到 2019 年的 0.5，下降幅度达 20.6%；而安徽由 2010 年的 0.124 上升到 2019 年的 0.128，上升幅度仅 3.2%。由图 3-13 可知，三省一市当年实际使用外资金额占 GDP 比重，江浙沪都呈现下降态势，其中上海由2010 年的 0.042 下降到 2019 年的 0.029，下降幅度达 31%；江苏由 2010 年的0.048 下降到 2019 年的 0.018，下降幅度达 62.5%；浙江由 2010 年的 0.027 下降到 2019 年的 0.015，下降幅度达 44.4%；而安徽由 2010 年的 0.028 上升到2019 年的 0.033，上升幅度 17.9%。总体上看，长三角三省一市对外开放水平存在一定差异，其中江浙沪由于对外开放水平较高，近年来进出口总额和外商直接投资对经济增长的贡献程度都呈现降低态势，而安徽由于对外开放水平较低，近年来进出口总额和外商直接投资对经济增长的贡献程度都呈现增长态势。由此表明，江浙沪融入长三角区域市场一体化成效明显，而安徽融入成效并不明显。

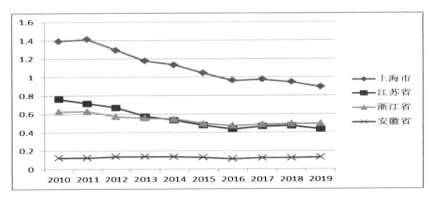

图 3-12　2010—2019 年三省一市的外贸依存度

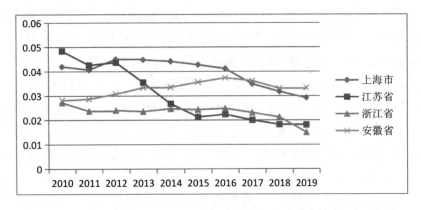

图 3-13　2010—2019 年三省一市的当年实际使用外资金额占 GDP 比重

三省一市的经济开放程度差距阻碍市场一体化，主要表现在：其一，由于某地区的商品流向主要有国内市场和国外市场，不同对外开放程度的城市对区域市场一体化的需求存在差异，其中对外开放水平对经济贡献程度越低的地区，开拓国内市场需求相对会增强，更倾向于借助国内市场来提升贸易水平；而对外开放水平高的地区则更倾向于参与国际竞争，以获取更多和更大的收益及技术附加值，不同的利益追求造成了不同地区对市场一体化追求意愿的差异，最终将外化于市场一体化推进的实践中。其二，由于外商企业、外来投资进入国内市场能够刺激资源流动，不同开放水平的地区对外来资源的吸引力存在差异，这进一步扩大了区域间资源配置的不合理，不利于一体化市场进程，其中对外开放水平较高地区的市场能够吸引更多的外来技术、资金和能源等要素进入，而对外开放水平较低的地区对要素的吸引力较低，这样外来资源加剧了区域性资源流动的两极分化、资源分布不均衡；此外，发达地区和落后地区所吸引外资的结构也存在差异，外资对落后地区的投资更倾向于劳动密集型产业，而对发达地区的投资则会注重技术研发，这将加剧产业布局不合理、经济发展差距、技术水平不均衡等问题，有碍于市场一体化发展。

三、国外主要经验与启示

（一）欧盟市场一体化经验

推进区域经济结构改革，设立结构基金。市场一体化是一个动态发展的过程，随着时间的推进，有更多国家加入欧盟，这些地区的经济社会发展水平大都落后于老成员国，因此阻碍了欧洲市场一体化发展的障碍。为了缓解不同国家经济发展不平衡的问题，1988 年欧共体对地区政策进行改革，设立了结构基金，包括欧洲地区发展基金、欧洲社会基金、欧洲农业保证及指导基金等（叶婷婷，2010）。欧共体设立结构基金旨在促进落后地区的发展和结构挑战，对工业衰退地区进行调整使其成功转型，解决长期持续失业问题等。

建立完善的一体化法律法规体系，区域性商品统一定价。欧洲对统一大市场的规划是以 50 年为限的，这一长远目标的设立为后续市场一体化提供了设想和基础。欧盟产品市场为了减少区域性壁垒，在减少地方保护措施，实行区域性商品统一定价，统一产品标准，建立产品追溯机制等方面进行了政策制定和实施。关税同盟条例大大增加了商品市场的流动性，从而推动商品市场一体化。欧共体各国于 1994 年 2 月协议取消了 6400 多种进口配额，这也大大促进了欧共体内部的商品贸易。

形成信息透明的人才制度，刺激人才流动。为调和就业政策差异和社会福利制度差异的矛盾，欧盟提出搭建完善的信息交换系统，借助欧盟内部流动信息网站，提供职位流动、学习机会、能力认证等相关信息，帮助劳动者在地区间顺畅地迁移（曾凯华，2018）。

（二）美国市场一体化经验

设立跨区域政府机构。为满足都市圈发展和内部合作的需要，学者齐默曼（Zim-merman）提出了"拼凑式方法"（李慧敏等，2020），建议添加辅助的特别地方政府，对一些县、市进行拆分和重组，来推进区域一体化。其中较为典型的就是建立"跨区域政府机构"，即在目标区域设立权威性高于地方政府的跨区域政府机构，为都市圈长期规划、预算编制、咨询提供服务，并且协调地方政府间存在的矛盾。

建立半官方性质的联合组织。由于强调地方政府自治，难以接受高级别的区域协调组织来管理地方，美国在设立跨区政府机构的过程中遭到了地方政府的阻挠，因此提出要建立半官方性质的联合组织，来处理和协调一体化发展，这也更具有弹性，并且致力于整合政府、企业和高校的力量。

设立功能单一的特别区或协调机构。设立单一特别区，可以用于协调不同区域间的利益冲突和资源共享，其独特之处主要表现在管辖范围的可变性以及可以设立权威性较强的专业特别区。具体来说，随着目标范围的变动，特别区可以改变其协调范围。在能源、水利等专业领域一体化方面，可以通过设立特别区来协调区域矛盾。

（三）日本市场一体化经验

中央政府统一立法来保障区域一体化。为保证首都圈的区域协调发展，涉及区域协调发展的事项，都是由日本中央政府统一制定法律来解决问题。此外，日本政府专门出台相关法律法规来明确东京都市圈政府的权利和义务，在法律保障的基础上，都市圈政府可以对圈内特别行政区、城市和农村地区进行统一管理，而不用担心行政权力的划分不明确问题。

设立都市圈整备局负责都市圈发展。日本国会于1956年提出建立都市圈整备局，其实质是推行大都市圈建设的政府执行机构，不仅负责编制大都市圈发展规划，而且还负责协调与土地局、调整局等的关系（张学良等，2019）；其成员是由地方政府和企业领导，以及大学教授组成，这为区域发展提供了政治、资金和专业性等的保障。

分解都市圈功能带动相对落后地区发展。日本随着城市的发展和产业结构调整，逐渐形成了三大都市圈，分别为首都圈、近畿圈和中部圈，其中首都圈的发展水平远高于其他两个都市圈，因此为促进都市圈之间商品、要素的流动，日本开通了连接它们的新干线。日本政府将东京都市圈的部分功能分解出去，以缓解都市圈的发展压力，促进都市圈之间的协调发展，也带动了相对落后都市圈的发展。

（四）英国市场一体化经验

设立"大伦敦议会"协调区域发展。早在1800年，伦敦就形成中心城市和近郊区的城市经济圈，但是由于其分属于众多、不同的行政区划管辖，其一体化协调发展难以顺利展开。为解决行政壁垒带来的问题，1964年建立"大伦敦议会"，主要职能是负责区域的总体协调发展，虽然这在一定程度上促进了一体化发展，但是仍然存在权力分配的问题，而且也存在增加行政级别和行政成本等问题。

分块管理和中央管理相结合。20世纪80年代，为削减机构层级，撤销"大伦敦议会"，而将伦敦市划分成32个行政管理区，实行分块管理（毛艳华，2018）；涉及协调发展和综合发展的区域性事项，则提交至中央政府来统一进行战略规划和相互协调。这一制度既调动了地方政府的主动性，也促进了一体化的发展。

设立各种机制促进区域一体化。英国设立了各种机制来协调区域的发展，专职进行区域统一战略规划，如先后成立"伦敦规划咨询委员会""区域发展机构""大伦敦市政权"等。

（五）国外市场一体化发展的主要启示

综上所述，国外市场一体化都经历了较长时间的发展、磨合和调整，一体化发展模式也存在些共性部分，具体来看：其一，国外市场一体化一般都依托于建立高级别的协调机构来实现，例如，欧洲联盟、美国的"跨区域政府机构"、日本的东京都市圈政府、英国的"大伦敦市政权"等都是一体化的协调机构，其主要职能是从区域整体发展角度来进行战略规划，以协调各地方的发展矛盾。其二，国外区域一体化一般以立法形式来保障一体化的合法性，例如，欧盟的《马斯特里赫特条约》、美国的"洲际协定"、日本的《首都圈整备法》和英国的《大伦敦市政府法案》等都是以法律政策来划定各级政府的权力和责任，旨在明确区域发展的长远目标，减少区域融合过程中的冲突。其三，国外一体化建设都兼顾了地方发展和区域一体化融合，一方面通过细分地方政府权责来鼓励地方经济发展；另一方面则是借助区域协调机构来整合区域要素，建设一体化大市场。

同时由于各区域的地理环境、历史发展和文化背景不同，一体化推进模式也各具特色。其中欧洲一体化借助于欧盟组织的力量，因为欧盟的权力是由各国政府让渡产生的。日本和英国的一体化实施则更加注重政府的作用，这与其历史上长期处于封建社会阶段有关，长期的专制管理使得政府权力较大、政府公信度较高，因此推进一体化更需要政府主体来发挥作用；但日本对中央政府的依赖程度较高，而英国则更加侧重于区域政府职能的发挥。美国由于其邦联制的政体地方权力较大、洲际市场分割更加显著，难以通过政府权力重新划分来促进一体化，而需要借助行业组织、有影响力的团体等非官方性质组织来实施一体化。由此可见，长三角区域推进市场一体化可以通过设立较高级别协调机构、借用法律手段、兼顾地方和区域发展来实现，但也需要兼顾地区特色不断调整一体化政策。

四、商品市场一体化发展主要策略

（一）缩小经济差距，推动区域市场一体化共同发展

经济差距有碍商品和要素的自由流动。因此，为了缩小三省一市的经济差距，推动长三角区域统一大市场建设，提出通过设立结构基金定向帮扶落后地区，缩小城乡发展差距，增强消费拉动作用及创新驱动等措施来实现。

设立结构基金，缓解地方资金短缺矛盾。为减少经济发展不平衡带来的问题，可以设立结构基金，帮助资金短缺地区发展。由于地方财政限额，部分跨区域发展领域面临着资金短缺问题，因此需要预设结构基金来减少资金限制带来的一体化障碍，在实施方面可以由三省一市共同出资，专门用于促进区域协

调发展。

协调城乡发展，缩小城乡发展差距。城乡发展不平衡问题也是阻碍长三角一体化进程的重要障碍，为促进城乡市场一体化，需要总体规划和各地区配合。首先，要完善农村的基础设施建设，保障城乡物质、信息交流。农村地区拥有着丰富的资源但流通受限，需要通达的交通设施和信息交互平台来实现市场一体化。其次，可以建立城乡一对一互助机制，一方面由"先富带动后富"，由富有城镇为落后乡村建设提供资金、技术、经验等方面的支持；另一方面，由农村地区为城市地区提供农产品、电力等资源，来促进双方的经济社会发展。

切实提高收入水平，增强拉动消费作用。居民消费是产品经济价值最终实现环节，为促进经济社会发展，需要切实提高居民消费水平。具体来讲，可以实施积极的就业与创业政策，降低失业率，提高收入水平，同时完善社会保障机制，健全消费者保护机制等。

发挥创新驱动，提高资源配置效率。为实现创新驱动促进经济发展，需要在长三角区域优化创新环境，保障科技要素自由流动，推动科技创新为产业赋能。一方面，在优化创新环境方面，为创新型企业提供宽松的政策和减税措施，以达到帮助科创企业孵化和发展的目的；为创新人才提供便利的落户政策和良好的生存环境，吸引劳动力流入。另一方面，在推动科技创新为产业赋能方面，完善高校、科研院所与企业的合作机制，推进科研成果转化为经济效益。

（二）优化产业结构，推动市场一体化高质量发展

长三角区域在交易市场发展方面，存在产业同构、同质化竞争等现象。为有效解决这一问题，需要政府加强引导，优化产业布局；挖掘地方产业特色，完善产业链条；推动技术创新，提高资源利用效率等。

加强引导，优化产业布局与适当合并交易市场。由于地理临近性，长三角各地区自然资源条件较为相似，而随着经济发展，其优势产业、交通基础设施等方面也存在着相似性，长此以往出现产业同构、无序竞争和产能过剩问题。为解决这一问题，在政府层面，需要进行区域统一产业规划来优化产业布局，减少资源浪费和不必要竞争，包括对现有的交易市场进行整合，引导对小型、无序交易市场合并，建立综合性市场，并且建设专业性交易市场，鼓励产业集聚。同时在企业层面，可以发挥企业的主体作用，对一些同类企业进行合并，以提升竞争力。

挖掘地方产业特色，完善产业链条。长三角三省一市虽然存在产业同构现

象，但也都有其各自的产业特色。首先，可以通过鼓励各地区充分发挥地方比较优势，深化地区专业化分工，发挥相对领先地区的带动作用。其次，优化长三角区域价值链环节空间布局，在上海、苏州等设立总部经济区，而将生产制造、加工以及装配环节向苏北地区、浙江西部地区和安徽等地转移。最后，要发挥区位优势，加快区域内部科技、数字经济和产业融合，形成高质量产业集群，从而全面提高整个区域的经济发展水平。

推动技术创新，提升资源利用效率。推进云计算、人工智能等技术的产业化，发挥其在产业结构调整方面的作用，提高长三角区域资源利用效率。推动高新技术应用，提高企业信息化管理能力，从而提高长三角区域供应链条的运作效率。

（三）打破壁垒，推进区域市场一体化融合发展

提出完善考核机制，健全法律法规，建立统一标准等措施来促进区域融合发展。

明确中央与地方政府职责，协同推进市场一体化发展。一方面，需要中央政府统领，明确区域发展目标。由中央政府成立行政机构或者派出机构，来统筹管理长三角区域一体化发展，做好长远规划并且明确各地区的发展目标，从而提高发展效率。另一方面，需要地方政府明确权责，协同制定落实措施。由三省一市政府通过合作平台，制定统一的跨区域合作措施规划。由于地方政府的逐利性，各地对自身利益的保护会以牺牲区域的利益为代价，为解决这一问题三省一市需要明确自身权责，减少管理的"缺位"和"越位"的现象，提高一体化发展效率。

完善考核机制，提升地方政府合作意识。为打破行政壁垒，需要完善地方政府的考核机制，将地方政府对市场一体化所做的贡献纳入考核标准中，以此来激发地方政府合作积极性，提升地方政府合作意识。将相对落后地区和相对领先地区的合作深入程度定量化，并对达到预期合作效果的地区进行奖励，对未达到预期效果的地区进行批评并提出改进意见。

规范政府行为，健全合作性质法规。虽然现阶段长三角区域已经出台了一系列一体化政策措施，但仍然无法满足一体化市场的建设要求，所以需要进一步健全法律法规体系。首先要加强地方性法规的沟通和融合，为统一大市场建设提供法律基础。同时在法律法规落实方面，形成统一执法标准，做好区域间联合执法计划。法律法规有效落实才能真正发挥区域法律法规作用，从而更好地推动区域市场一体化。

建立市场统一标准，保障区域协同合作。市场不同的标准限制了区域交流，因此有必要统一长三角区域市场的各种标准，例如，市场准入标准、产品质量标准、计量标准等，以推动商品、要素在市场上自由流通。建立健全规范的区域合作体系，完善各行各业的合作标准。做好区域范围内部分商品的统一定价试点工作，例如，对农产品、药品等进行统一定价，以促进商品市场一体化。

（四）设立服务机构，推进区域市场一体化协调发展

借鉴国外典型区域市场一体化发展的先进经验，可以发现建立服务机构是促进区域一体化的必然选择。这些服务机构可以是官方性质的行政机构，也可以是较为松散的联合组织，但其职能都是协调区域一体化进程中的矛盾。

设立官方机构，整体规划区域一体化发展。在长三角一体化进程中，可以借鉴国外经验，设立机构为区域一体化服务。例如，可以借鉴美国经验，设立跨区域政府机构，为区域发展进行规划、统一预算编制和咨询服务；设立管辖范围可变的、专业权威性较强的特别区，来机动性地协调利益冲突；为规避增加行政级别而带来的管理和费用等问题，可以设立临时性的、有特定目的的官方协调机构，人员可以从高校、政府等部门进行借调，既发挥了协调作用，又解决行政级别问题。

组建联合组织，协调具体行业一体化发展。各行业间存在事实上的壁垒，因此需要组建社会性质或者半官方性质的联合组织，来协调具体行业领域的一体化发展。现阶段，我国部分行业已经形成了自律性组织，这些组织目前的职能主要是监管，可以尝试让行业组织参与到一体化建设的规划中，提出专业性建议，并探索性地将落实权力下放到这些组织，使其发挥协调作用。此外，需要完善区域联合监督机制，发挥社会、民众监督作用。

（五）提高对外开放程度，以外部动力推进区域市场一体化进程

三省一市中上海、江苏和浙江都是沿海城市，对外开放程度在全国处于领先水平，但是它们的开放水平并不完全相同，而且与安徽之间存在的开放程度差距较大，因此要进一步对外开放，借助国际市场来推进长三角区域市场一体化。

优化对外贸易结构，提升对外投资效率。现阶段，长三角区域对外投资多以制造业为主，生产的附加价值比较低，而核心技术主要由发达国家所掌握。因此要提升本地区的技术创新水平，以新兴技术参与国际竞争，调整对外投资结构，提升对外投资回报率。

引导外商企业促进长三角市场一体化进程。外商企业进入长三角区域参与

市场竞争，能够激发市场活力，有利于统一市场形成，并且，外商直接投资可以打破市场壁垒，刺激资金自由流动，促进市场一体化进程。

借鉴上海自由贸易试验区等对外开放的先进经验，探索对外开放的新合作模式，提高对外开放水平，最终达到提升国内市场化水平的目的。

第四章 劳动力市场一体化

本部分主要包括长三角区域劳动力市场一体化发展现状、主要瓶颈与举措，长三角城市群劳动力价格扭曲程度与影响因素分析，长三角城市群劳动力市场一体化发展的时空演变、区域差异及分布动态演进，劳动力市场分割的经济效应研究文献。

第一节 长三角区域劳动力市场一体化发展现状、 主要瓶颈与举措

长三角区域劳动力市场一体化发展明显滞后于商品市场一体化，呈现出劳动力市场"招工难"与"就业难"矛盾并存、流动人口的人力资本存量省市间差异明显、劳动力工资水平总体上呈现扩散态势等主要态势，同时也存在差异化的经济发展水平、不合理的产业结构、分割的就业壁垒、不同的社会保障体系、不健全的服务体系等问题。为此，提出缩小经济发展差距，完善区域产业体系，深化户籍体制改革，改善人力资本质量，完善社会保障体系，健全劳动力市场服务体系等重要举措。

2020年8月，长三角一体化发展座谈会上，中科大教授陈雯提出，作为吸纳劳动力的重要阵地，长三角要用自己的"小循环"助推国内"大循环"，强调三省一市齐发力，推动要素跨地域流动，打破区域性壁垒，实现要素最优配置。因此，深入分析长三角劳动力市场一体化存在的主要瓶颈，并针对性地提出政策建议，对加快长三角劳动力市场一体化，乃至经济一体化高质量发展具有重大理论价值和实践指导意义。

一、劳动力市场一体化内涵释义

从现有的文献看，关于对劳动力市场一体化内涵的界定主要有两种代表性

观点。一种观点是从古典经济学视角强调竞争性。早期的国外学者研究劳动力市场主要基于古典经济学角度，即假设劳动力市场具有完全竞争性，市场要素自由流动，工资具有充分弹性，劳动力供求随工资自由调节，最后形成标准化、单一性的工资率。例如，Lewis（1954）提出了劳动力市场"二元结构"模型，提出生产率与工资率双高会致使劳动力无限供给，劳动力从传统部门向现代工业部门大规模转移。Topel（1986）提出的动态均衡模型认为城市间同质劳动力的工资差距与劳动力流动性呈反比关系。Mora 和 Muro（2016）在 Topel 基础上研究大学生工资差距与流动性之间的关系。国内学者早期研究劳动力市场一体化也是以古典经济学观点为出发点。都阳等人（2004）提出劳动力市场一体化是要素跨区域流动与市场竞争的产物。蔡昉等人（2005）假设市场存在分割，提出在要素自由流动的前提下，必将形成单一化工资，即意味着劳动力市场的一体化。陈红霞等人（2016）也认为劳动力市场一体化建立在劳动力要素自由流动基础上。近年来，国内学者逐渐将研究重心从中国整体劳动力市场转移到区域劳动力市场上，例如，刘昊等人（2020）以成渝经济圈为例，通过实证分析得出了生产性与非生产性服务业中劳动要素的流动性越强，劳动力市场越趋于一体化。王海南等（2020）以京津冀为例，研究了私营与非私营部门之间劳动力要素流动性、工资水平对区域劳动力市场的影响。

另一种观点则是从新制度经济学视角强调非竞争性，这种非竞争性体现为劳动力市场分割。新制度经济学家诺斯（North）1981 年提出了"国家悖论"，强调政府干预市场是非竞争性要素，与市场一体化目标既联系又矛盾。Cefalo 等人（2020）利用"LMCI 指数"（就业市场状况指数）研究欧盟地区劳动力市场的分割程度，探讨了青年劳动力就业机会、经济差距与市场分割三者间的影响机理。在劳动力市场一体化进程中，除竞争性因素外，还存在非竞争性因素阻碍一体化进程，如社会体制、劳动政策和就业服务等（Krause et al.，2017；刘瑞明，2012）。韩帅帅等人（2019）基于制度变迁和时空演化视角，研究了中国整个劳动力市场分割的态势，并通过实证分析证实了区域间政策壁垒会显著加剧劳动力市场分割、地区间财政支出分配比例越均衡化，分割程度越小。魏玲玲等人（2020）以京津冀为例，具体探究了行政分割对京津、京冀、津冀三者劳动力市场的影响，得出了行政分割致使劳动力市场显现发散态势。解晋（2021）探讨了地方政府在"锦标赛竞争"模式下，政府转移支付与劳动力市场分割之间的作用机理，实证分析得出了转移支付能够提供给落后地区政策福利，同时也会刺激发达地区的"逆市场"行为，损失劳动力市场的部分整合效应。

综上所述，学者们对劳动力市场一体化界定的差异决定了理论研究重心有所不同，第一种观点主要围绕要素配置效率进行研究，强调完全竞争性下的劳动力自由转移，提出劳动力市场的完全竞争性能够加快区域、行业间工资收敛，从而促进劳动力市场融合；第二种观点则主要围绕制度性公平出发，强调行政性分割与壁垒造成劳动要素流动受阻、劳动要素价格扭曲以及城乡、区域、部门、行业间的职工工资差距扩大，进而加剧劳动力市场分割。但是两种观点也存在共性，即都将单一化的工资率作为劳动力市场分割程度的衡量标准。现阶段，在市场经济体制下，我国劳动力市场竞争性与非竞争性两者并存，区域间、所有制间、部门间的制度性分割比较明显，这也是我国所特有的，劳动力市场分割状况更接近于第二种视角阐述的观点。

二、长三角区域劳动力市场发展态势

1. 劳动力市场"招工难"与"就业难"矛盾并存

劳动力市场合理的求人倍率①是劳动力市场呈现一体化态势的重要迹象，求人倍率反映了一定期间劳动力市场的供需比变化状况。一方面，三省一市人力资源市场目前都面临技能人才用工短缺问题，技能人才的求人倍率持续大于1.5，高级技能人才求人倍率甚至大于2。根据浙江省人社局发布的《2020年全省人力资源供求分析报告》，劳动力市场季均岗位数132.75万个，其中技能人才岗位55.62万个，占比41.90%；根据《2020年安徽省合肥市人力资源市场职业供求状况分析报告》，合肥劳动力市场岗位数约43.96万个，其中对专业技术人员的需求比重同比增加13.68%。另一方面，根据2020年三省一市人社局数据，上海高校毕业生较上年增加1.74万人，增幅为9.91%，就业率却下降了2.1%；浙江高校毕业生较上年增加0.49万人，就业率下降了5.37%；江苏高校毕业生较上年增加2.2万人，增幅为3.91%，但就业率与上年基本持平；安徽高校毕业生较上年增加了0.86万人，增幅为2.54%，就业率同比下降了7.79%。总体而言，长三角区域高校毕业生数量逐年攀升，但就业率处于下滑态势。由此可见，长三角区域劳动力市场"招工难"与"就业难"问题并存。

2. 劳动力市场流动人口的人力资本存量省市间呈现明显差异

长三角区域人口流动的空间形式，以跨省流动为主。一方面，从区域内部三省一市人口流动方向看，上海、南京、杭州、合肥等核心城市是人口流入的

---

① 求人倍率反映了一定期间劳动力市场的供需比变化状况，当求人倍率大于1，反映供过于求；相反，当求人倍率小于1，则表明供不应求。

主要方向，其中上海一直是人口净流入城市，安徽是最大人口输出省。由此可见，长三角区域流动人口流动的城市集聚性、指向性十分显著，流动人口向核心城市高度集聚趋势越发明显。另一方面，根据 2018 年全国流动人口卫生计生委动态监测数据，长三角区域流动人口存在明显差异化的人均受教育年限，在大部分年龄段上，苏浙皖三省流动人口的人均受教育年限明显低于上海市，可见，上海对高技能型人才仍具有明显的"虹吸效应"；根据《安徽统计年鉴 2020》，2019 年安徽省流动人口主要以跨省流动为主，跨省流动人口数占总流动人口的比重 70.0% 以上，其中流向江苏省的占比 30.02%，流向浙江省的占比 25.72%，流向上海的占比 21.79%，而人口流动距离极易引起流动人口受教育的成本增加、损害其受教育的连续性等，进而造成流动人口受教育年限的减少。由此表明，长三角区域流动人口城市间分布并不均匀，且流动人口的人力资本存量存在明显的区域间差距。

3. 劳动力市场内部"收敛"与"发散"趋势并存

为了探讨长三角劳动力市场内部发展态势，现从教育、医疗与社会保障三方面选取了 7 个指标：小学师生比、初中师生比、高中师生比、每万人拥有医疗机构床位数、每万人拥有卫生技术人员数、城乡居民基本养老保险与医疗保险参保人数，并运用各指标的变异系数来反映指标序列内部差异变化情况，指标变异系数越小，则市场一体化程度越高。由图 4-1 可知，首先，从教育角度来看，2010—2019 年长三角区域小学师生比、初中师生比及高中师生比的变异系数整体上呈缓慢上升趋势，其中高中师生比的变异系数相对较大，表明长三角区域三省一市教育方面的内部差距逐渐扩大；其次，从医疗卫生方面来看，2010—2019 年长三角区域每万人拥有医疗机构床位数、卫生技术人员数的变异系数总体上呈现下降趋势，其中每万人拥有卫生技术人员数的变异系数 2010—2014 年呈现先下降后上升的 U 形趋势，而 2014—2019 年又呈现缓慢下降态势，表明长三角区域医疗卫生方面的区域内部差距正在缓慢缩小；最后，从社会保障层面来看，2010—2019 年长三角区域城乡居民基本养老保险与医疗保险参保人数的变异系数总体上呈现扩散趋势，其中 2010—2012 年呈现下降态势，但 2012—2017 年呈现扩大趋势。由此表明，长三角区域内部"收敛"与"发散"趋势并存，内部教育、医疗和社会保障发展并不均衡，其中医疗卫生呈现收敛态势，而教育和社会保障方面均呈现分散趋势。

4. 劳动力工资水平总体上呈现扩散态势，劳动力市场分割加剧

劳动力市场单一的工资率是劳动力市场一体化最直接的衡量标准。为此，选取职工实际平均工资指标，并细化为三个维度：国有单位、集体单位和其他

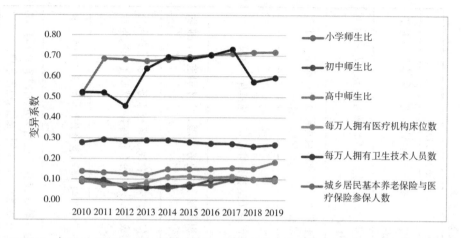

图 4-1 2010—2019 年长三角区域教育、医疗卫生和社会保障指标变异系数变化趋势

单位职工平均工资；同样运用这些指标的变异数据来反映指标序列内部差异变化情况，指标变异系数变大，表明劳动力市场一体化水平提升。由图 4-2 可知，2010—2019 年长三角区域职工平均工资水平的变异系数总体上呈现扩大态势，其中 2010—2012 年呈现下降态势，但 2012—2019 年呈现上升态势；2010—2019年长三角区域集体单位和其他单位的职工平均工资变异系数总体上呈现扩散态势，其中 2010—2015 年集体单位职工平均工资变异系数呈现下滑态势，而2015—2019 年呈现上升态势；2010—2019 年长三角区域国有单位的职工平均工资变异系数总体上呈现减小态势，其中 2010—2015 年呈现下降态势，而 2015—2017 年略微上升后又呈现下降态势。由此表明，2010—2019 年长三角区域集体单位与其他单位的职工平均工资演变态势，与职工平均工资总体的演变态势总体一致，呈现扩散态势，而国有单位职工平均工资呈现收敛态势，因此，长三角区域三省一市的劳动力工资水平总体上呈现扩散态势，劳动力市场分割加剧。

5. 长三角区域省市间"本位主义"尚存

现阶段，长三角协同化发展已上升为国家战略，一体化态势强劲。在顶层设计与地方政府协调背景下，以三省一市层面出台的劳动力市场政策相继落地，主要涉及人才机制、社会保障事务、医疗卫生体系、住房公积金事务、养老服务、异地户籍办理等多个方面，如表 4-1 所示。这些政策的出台将有助于长三角劳动力市场一体化进程，但在制度性分割引起的"锦标赛竞争"下，长三角区域省市间政府仍然存在为了抬高经济绩效，赢得锦标赛，而导致"本位主义"抬头现象，追求自身政绩利益，劳动要素流动受阻，进而阻碍一体化的强劲态势，不容小觑（解晋，2021）。

表4-1 近两年来长三角劳动力市场发展的主要事件、会议及政策一览表

类别	分布地区	时间	事件、会议与政策	主要内容
长三角层面	沪苏浙皖	2019.5.13	《长江三角洲区域一体化发展规划纲要》	以上海、南京、杭州等27个城市为领头羊，辐射整个长三角地区。
	沪苏浙皖	2019.9.24	《长三角人才一体化发展城市联盟章程》	强调人才流动、人才就业、人才政务服务、人才创业等10方面内容。
	沪苏浙皖	2019.11.22	长三角地区人力资源社会保障一体化发展联席会议	旨在加强就业创业、提升社会保险服务、创新人才机制等方面，推动长三角社会保障一体化。
	沪苏浙皖	2020.6.19	《长三角生态绿色一体化示范区医保一体化建设合作协议》《长三角地区跨省基本医疗保险关系转移接续业务办合作协议》	开展异地医保线上结算，推进长三角医保一体化。
	沪苏浙皖	2020.8.20	《长三角一体化发展住房公积金战略合作框架协议》	完善住房公积金服务、业务管理，推动长三角住房公积金一体化。
	沪苏浙皖	2020.11.19	《关于加强长三角区域劳动人事争议协同处理工作备忘录》	在劳动关系信息共享、农民工维权服务、争议协同处理等方面达成共识，两份合作备忘录推动了长三角劳动关系一体化。
	沪苏浙皖	2021.1.5	长三角养老产业协同发展研讨会	旨在深化长三角"41城养老合作"，明确"5+5"十项任务。
	沪苏浙皖	2021.2.19	"一地办理、网上迁移"	三省一市的户籍居民在长三角区域内跨省迁移户口时，在迁入地办理即可，不用在迁出地再办理。

续表

类别	分布地区	时间	事件、会议与政策	主要内容
省市层面	嘉兴	2020.5.17	《嘉兴市服务长三角人才一体化发展行动方案》	提出了5个计划、20个具体实践举措，强化了嘉兴市在一体化中的作用。
	沪苏浙	2020.9.16	《长三角生态绿色一体化发展示范区专业技术人才资格和继续教育学时互认暂行办法》	沪苏浙的技术人才资格与教育学时能够在三地内达到互认互通。
	沪苏浙	2020.10.13	《长三角高校毕业生就业工作合作组织合作协议书》	江浙沪的本科毕业生在三地内跨区域就业，学历与户籍柔性互认。
	沪浙院	2020.11.13	《长三角区域养老一体化服务协作备忘录》	沪浙院强化养老事务机制，均衡养老设施、统一养老信息平台，推进异地养老互认互通。
	上海	2021.1.22	"上海限购令"	外地户口在沪购房，必须连续缴纳社保或个税5年。
	合肥	2021.2.16	"区域性住房限购令"	市区内，本地户口限购2套，外地户口限购1套且购房前需在2年内连续缴纳1年个税或社保。

注：表中政策均来源于三省一市人力资源与社会保障局。

93

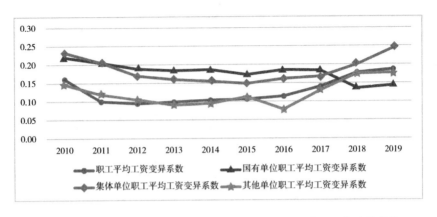

图4-2 2010—2019年长三角三省一市职工工资指标变异系数变化趋势

三、长三角区域劳动力市场一体化存在的主要瓶颈与缘由解释

差异化的经济发展水平制约劳动力市场一体化进程。由表4-2可知，首先，从三省一市人均GDP看，2019年上海人均地区生产总值达到15万多，是江苏人均地区生产总值的近1.3倍，浙江人均地区生产总值的近1.5倍，安徽人均地区生产总值的近2.7倍；而人均GDP增速，上海达到16.5%，江苏和浙江分别仅为7.3%和9.1%，安徽虽达到22.6%，但由于基数较小，增长的绝对额也较少。其次，从城镇、农村居民人均可支配收入看，2019年上海、江苏、浙江和安徽城镇居民人均可支配收入分别是其农村居民人均可支配收入的2.21倍、2.25倍、2.01倍和2.43倍。最后，从居民家庭恩格尔系数看，农村恩格尔系数高于城镇恩格尔系数，尤其上海差距较大。由此表明，长三角三省一市不仅经济发展水平存在较大差距，而且城乡收入差距明显，城镇居民生活水平明显高于农村居民生活水平。

差异化的经济发展水平制约劳动力市场一体化进程，其中的原因主要表现在：一是经济发展水平差异大，直接意味着区域间发展不均衡，会导致地区间工资收入差距拉大、人力资本流动性降低以及劳动力要素资源价格扭曲，不利于区域劳动力市场的整合。二是城乡收入差距大，会严重制约居民消费水平的提升，难以充分挖掘市场消费需求，进而造成经济失衡，阻碍劳动力市场一体化进程。三是在"晋升锦标赛模式"和"唯GDP论"的标杆式经济模式下（徐现祥，2007），地方保护主义抬头，采取各种措施阻止内部资源外流，同时抵制外地资源进入内地市场，导致要素资源无法跨区域自由流动，进一步加剧城市间市场分割。四是近年来长三角城镇化、工业化的发展势头强劲，农村劳动力大规模向城镇转移，但农村劳动力基本上只能从事于工作稳定性差且工薪较低的次要劳动力市场，使得城乡差距拉大，阻碍城乡劳动力市场整合。

表4-2　2019年上海、江苏、浙江、安徽主要经济发展指标

	人均地区生产总值（元）	人均GDP增速（%）	城镇居民人均可支配收入（元）	城镇居民家庭恩格尔系数（%）	农村居民人均可支配收入（元）	农村居民家庭恩格尔系数（%）
上海市	157279	16.5	73615.3	23.4	33195.2	36.4
江苏省	123607	7.3	51056.1	25.5	22675.4	26.2
浙江省	107624	9.1	60182.3	27.1	29875.8	30.6
安徽省	58496	22.6	37540.0	31.2	15416.0	32.7

注：表中数据来源于长三角三省一市统计年鉴。

不合理的产业结构加剧劳动力市场分割程度。一方面，地区间产业结构差异是阻碍劳动力市场一体化发展的重要因素。由表4-3可知，2019年上海第三产业占比达72.7%，而江苏、浙江和安徽第三产业占比分别为51.3%、54.0%和50.8%；江苏、浙江和安徽第二产业占比分别为44.4%、42.6%和41.3%，而上海第二产业占比仅27.0%。由此表明，上海呈现以服务经济为主的"三二一"型产业结构特征；江苏、浙江和安徽呈现以工业和服务业并重的"三二一"型产业结构特征。另一方面，从产业结构相似性看，城市间产业结构"同质化"现象较为突出，尤其是江苏、浙江和安徽三省产业结构"趋同化"现象更为严重，区域内优势产业重合度较高，行业之间"同质化"竞争较为激烈。统计显示，长三角区域半数以上城市将新能源、新材料、节能环保型产业、医药、汽车和高端装备制造业列为率先发展的重点产业；在长三角多个国家级开发区中，都将机械装备、电子信息业、汽车及其零配件产业作为重点发展产业。

不合理的产业结构影响劳动力市场一体化进程，其中的主要原因：一是不合理的产业结构容易造成产业结构的失衡与劳动力就业结构的失调，妨碍产业结构的转换升级与要素配置效率的提高，不利于打造长三角经济升级版，进一步影响劳动力市场一体化发展。二是产业结构的不合理会加剧相对落后行业的要素资源、人力资本的流失，进而引起要素资源价格扭曲，加剧劳动力市场的行业分割和职业分割。三是长三角区域产业结构"趋同化"现象明显，引起优

势产业重合度过高，导致省市间产业结构不合理的"同质化竞争"，极易造成企业微观主体之间的恶性竞争，形成劳动力市场要素资源两极化的现象：热门产业面临要素资源缺乏而坐地起价，而冷门产业面临要素资源过剩而贬值浪费局面，造成资源配置效率整体低下。四是产业结构过于"同质化"也会造成产业结构的失调，不利于长三角区域三省一市形成扬长避短、相互促进的协调关系，阻碍劳动力市场协同发展。

表 4-3　2019 年长三角区域三省一市三次产业结构构成状况

地区	绝对值（亿元）				产业结构（%）			
	上海市	江苏省	浙江省	安徽省	上海市	江苏省	浙江省	安徽省
第一产业	104	4296	2097	2916	0.3	4.3	3.4	7.9
第二产业	10299	44271	26567	15338	27.0	44.4	42.6	41.3
第三产业	27752	51065	33688	18860	72.7	51.3	54.0	50.8

此外，尽管长三角以其优越的经济、地理优势吸引了大量的劳动力资源，但长三角区域劳动力市场仍然存在服务体系不够健全、服务资源分配不均衡、劳动力岗前技能培训力度不够、职业培训体系不统一以及劳动保障监督机制失效等问题。其中不完善的劳动力市场服务体系难以发挥劳动力市场主体的作用，使得要素与市场不配套显现，造成劳动力价格机制运行效率低下，难以提升长三角区域劳动力市场的整体匹配效率。

四、国外劳动力市场一体化进程与启示

（一）国外劳动力市场一体化进程

1. 英国劳动力市场一体化进程

英国的城乡劳动力市场一体化最早起源于由 15 世纪 70 年代的"圈地运动"引起的"强制型的农村融入城市"模式，农民被迫大规模迁入城市，由此农村劳动力市场骤缩，而城镇劳动力剧增。18 世纪中后期，英国政府逐渐重视对劳动力市场一体化的建设。1795 年，英国政府逐渐重视农村劳动力流动受阻问题，出台了一系列便利劳动力迁移的法案，旨在减少劳动力转移限制。1865 年，针对"圈地运动"留下的后遗症——严重的贫民问题，英国出台了《联盟负担法》，从政策层面破除劳动力流动壁垒。自 19 世纪中后期，英国政府开始注重对住房体制、社会保障、土地规划三方面改革，打造了一支专门研究城市人口规划的皇家队伍，相关实施政策也相继落地。20 世纪 80 年代后，英国开始对劳动力市场进行深层次改革，主要包括：工资谈判制度改革、最低工资改革和税收制度改革，并进行积极性劳动力市场政策实践，如提出工作家庭信贷计划，提高劳动力市场的灵活性，加快劳动力市场的收敛速度。2011 年，《把学生置于体系中心》文件明确对高等教育体系的市场化变革，推动高等教育从"象牙塔"向"市场化"转变。

2. 美国劳动力市场一体化进程

美国于 19 世纪初期启动城乡劳动力市场一体化建设，伴随着工业化、城市化和农业现代化同步完成，属于"自发型的农村融入城市"模式。19 世纪 30 年代，西进运动爆发期间，大量美国东部居民向西部迁移。1940—1970 年，美国黑人大迁徙运动兴起，黑人农民由南向北大规模转移，迁入北部工业主要聚集地，在美国农村劳动力大规模的迁移过程中，城乡差距保持稳定，并没有扩大。从 20 世纪中期开始，美国逐渐重视深度革新就业政策，主张健全再就业服务体系、提高社会再就业率、降低失业率与社会福利"养懒人"效应，由此出台了《再就业法案》，主要包括五个方面：基本一揽子服务、集中一揽子服务、自营就业援助、再就业奖励和再就业培训。20 世纪 50 年代，美国政府推行强制性休耕计划，强迫农民迁入城镇进行职业转换，推进城乡协同发展，而城乡一体化正是劳动力市场发展的政策取向。1994 年，在凯恩斯主义理论的背景下，克林顿政府提出《劳动保障法案》，重视职工培训和改革福利制度，并且强调这是一项重新就业制度，而非失业救济制度。20 世纪八九十年代后，美国工会力争通过立法来保障雇员的劳动权益，如《公平劳工标准法案》宣布，自 2016 年 1 月 1 日起，职工最低工资标准将提高至 10.15 美元/小时。

3. 德国劳动力市场一体化进程

德国于 19 世纪三四十年代才启动劳动力市场一体化建设，与英、法、美相比，起步较晚。工业革命的发展是德国城乡劳动力市场统一的原动力，第二产业的发展吸引了农村大量的剩余劳动力。德国除了像英、法、美等国对土地制度、就业制度进行改革外，还侧重于对教育、社会保障、劳动力市场服务体系等方面的统筹改革。19 世纪中后期，德国的工业化和城镇化发展迅猛，对高技能人才需求加大，在工业化和城镇化倒逼下，德国逐渐重视城乡教育体系改革，注重城乡间教育资源分配的均衡化，为此创办了众多职业技术学校，规范普及城乡职业培训，以缩小城乡劳动力的异质性差异。自 19 世纪 80 年代始，德国逐渐意识到社会保障一体化的重要性，1881 年，俾斯麦首相提出要为社会保险立法，以法律形式保护劳动力的基本权益。之后的 10 年间，德国相继为疾病、意外灾难、老年残疾保险立法，成为欧洲首个为社会保障立法的国家。20 世纪 90 年代后，德国联邦政府对劳动力市场实施改革，将劳动力市场细分为经济与产业调整、社会保护和劳动力市场管理三个领域，开发了统一的劳动力市场监测分析系统，实时跟进及分析劳动力市场供求信息，并根据 1969 年出台的《劳动促进法》实施长工激励、短工补贴、进修与转业培训、提前退休等政策，到 21 世纪，改革重心则逐渐转移到就业方面。

4. 日本劳动力市场一体化进程

相较于英、美、德三国，日本的城乡劳动力市场一体化模式有所不同，它是农村城市化、工农业互融模式，农村劳动力更多的是就地转移就业，而非异地迁移。自 20 世纪 60 年代始，日本就已经意识到城乡协同发展的重要性，开始实施农村城市化战略，转变农业生产方式和稳定农产品价格，提高农业生产率及缩小城乡差距。之后，政府还补贴利息，提供农户长期低息或无息贷款，缓解农户的资金周转压力，以实现乡村产业化和规模化经营。20 世纪中期开始，日本政府十分重视普及农村教育，注重成人教育和职业培训指导，充分发挥教育的跳板作用。1945—1955 年，政府相继出台《教育基本法》等三部教育法律，强调提高农村青年劳动力素质教育和技术素养，建立正规化、系统化、全覆盖的农村职业培训体系，促使农村教育和城市教育无缝接轨。2000 年之后，日本劳动力市场改革进入新阶段，强调以立法方式保障职工基本权益，如 2018 年出台的《工作方式改革法案》明确提出，任何单位的劳动力在工时、薪酬、饮食健康、社会保障待遇方面均不得受到歧视性对待。

5. 欧盟劳动力市场一体化进程

破除欧盟内部劳动力的流动壁垒。早在 1957 年，欧盟就出台了《欧洲经济共同体条约》，明确废除欧盟成员国间劳动力转移的体制障碍，促进欧盟间商品、资本、劳动力自由流动。之后，欧共体 12 个成员国还推行统一的"欧洲公民身份"制度，促使所有公民享受均等就业、工资和福利待遇。1997 年，《阿姆斯特丹条约》出台，规定各个成员国的公民凭身份证自由跨域流动，财会人员、医护人员、法律人员、建筑人员等可跨域流动执业。21 世纪之后，欧盟战略范围扩大，欧盟 15 国共同策划了欧盟十年经济发展战略。为实现该战略目标，欧盟 15 国对劳动力跨区域流动问题制订了一系列具体实施计划，主要包括三方面：一是增强区域间劳动力流动性，废除阻碍劳动力流动的制度性法律法规，并以立法形式统一各成员国享有均等的就业、教育、社会保障权利。二是建立统一的职业技术标准，完善职业资格互认体制。三是改善就业信息服务体系，建立集就业信息、岗位流动、资格认证于一体的一站式网站，减少摩擦性失业。

协调欧盟内部社会保障事务。社会保障事务的处理直接关联到劳动者本身，是影响欧盟劳动力市场一体化进程的重要因素。20 世纪中期后，欧盟针对各个成员国间差异化的社会保障事务，从欧盟一体化最高层面出发，出台了一系列包容性法规，强调"协调"而不是"统一"，以避免成员国的"个体行为"产生消极影响。20 世纪末期，欧盟逐渐对内部社会保障事务实施精细化、具体化、灵活化管理，强调在涉及工人工资、劳动合同、集体谈判、社会保障标准、劳动保障监察等方面事务时，理事会应该采用公平的表决机制。除此之外，欧共体还积极推行"渐进性覆盖""参保期可累积结算""社会保障基金比例分担"等原则，扩大欧盟地区养老服务的保障范围，助推社会保障政策在欧盟各成员国得到广泛应用。

制定欧盟共同就业政策。从 20 世纪八九十年代开始，欧盟重视从政策层面改革劳动力市场，并进行了一系列积极的劳动力市场政策实践。其中《德洛尔白皮书》是欧盟首次在政策层面关注各成员国劳动力市场的就业政策，核心理念就是促增长、保就业和增强竞争力。21 世纪后，欧盟更加注重对劳动力市场体系进行深层次变革，一系列就业政策计划密集落地。2002 年，欧盟 15 国在"巴塞罗那会议"中提出要致力于提供更多优质岗位、破除体制障碍、增强劳动力流动性、提高要素整体配置效率等。2008 年，《欧盟经济复苏计划》出台，更加侧重于劳动力技术素质的提高，要求各成员国加强职前指导、技能培训，促使劳动力技术素质和市场需求相互匹配。2012 年，欧盟还制定了"促进就业一揽子计划"和"劳动力市场改革日程表"，努力打破体制、信息壁垒，力争欧盟共同就业战略目标的实现，助推欧盟劳动力市场一体化建设。

（二）国外劳动力市场一体化主要启示

总的来说，一方面，英国、美国、德国、日本以及欧盟地区的劳动力市场一体化模式均有所不同，其中英国是一种"强制型非自发型的农村融入城市"模式，一体化过程中出现了城乡工资持久差距问题，是制度性变迁和工业化驱动的产物；美国是一种"自发型且多种族互融的农村融入城市"模式，一体化过程并没有出现城乡差距扩大问题，驱动力主要是工业革命、外来移民及农业革命；德国是一种"自发型的农村融入城市"模式，一体化过程中出现了严重的城市贫困问题，与英美相比起步较晚，是工业革命驱动下的产物；日本是一种"农村城市化、工农业互融"模式，一体化过程中出现了短暂的城乡差距扩大问题，是工业化和农业现代化共同驱动下的产物；欧盟地区是一种"自发式与协调式互融"模式，由欧共体层面"自上而下"与各成员国"自下而上"共同探索的劳动力市场一体化机制。另一方面，美欧等国外劳动力市场一体化进程也存在共性：一是城乡劳动力市场融合是整个劳动力市场一体化进程的初级发育阶段；二是起步越晚，完成工业化、城市化与劳动力市场一体化的所需时间越短；三是各国都采用了立法方式在政策层面助推劳动力市场一体化进程；四是各国在劳动力市场融合过程中均没有出现由制度性分割引起严重的歧视效应，一体化并没有统一的路径与模式。

五、加快提升长三角区域劳动力市场一体化水平重要举措

（一）缩小经济发展差距，促进区域协同发展

差异化的经济水平差距容易导致长三角经济发展出现结构性失衡，打乱长三角"命运共同体"的战略规划，加剧区域内劳动力市场分割态势，应当强化长三角共同发展理念，实施新的就业导向政策，缩小城乡收入差距，加速一体化建设。

增强城乡"利益共同体"理念。破除地方政府保护主义旧思想，充分发挥市场主体优势，加强城乡协作分工机制，使得城乡间的资源、技术、资金能够得到最佳匹配，形成优势互补、相辅相成的协调机制，以城乡一体化促市场一体化。

强化三省一市协同发展。上海是长三角区域明显隆起的经济高地，要充分发挥上海在长三角城市群中的领头羊优势，同时增强长三角"一张图""一盘棋"和"一体化"的建设理念，实施经济中的"双扶"和"精准扶贫"战略，扶强和扶弱并行，适当加大对经济洼地的倾斜扶持，使其追赶上长三角一体化的快车，以缩小长三角区域间的经济差距。

实施就业导向的新型城乡发展策略。建立以城带乡、以工促农的长效机制，打造城乡产业结构升级版，充分挖掘农村产业增长潜力，推动农业的产业化和规模化经营；扩大就业市场需求，提高农村劳动力从事第二、三产业的比例，使得农民增收，促进区域协同发展。

（二）完善区域产业体系，打破"同质化竞争"僵局

产业结构显著的梯度差异及产业"同质化竞争"问题，容易造成产业结构扭曲，影响长三角一体化发展，应进一步优化产业结构，充分发挥长三角整体联动效应，优化区域间劳动力资源，统筹推进长三角劳动力市场一体化进程。

统一制订产业布局规划，精心绘制长三角产业地图。建立区域内产业布局

规划协调机制及分析评估机制，由多个独立的第三方机构对政府提出的产业布局进行有效评估；打造跨区域产业合作示范基地，深化产业结构战略整合，谋划产业链梯度化布局，助推企业在长三角创新链中找准位置，扬长避短，以"错位竞争"赢得快速发展。

加快创新链与产业链深度融合，助推产业结构优化升级。加快长三角"新基建"步伐，将大数据、人工智能等数字技术广泛运用到传统行业中，促进产业优化升级；充分发挥一体化联动优势，打造区域内集资金链、创新链、人才链、信息链为一体的产业集群，深化地区间、企业间分工与合作关系、竞争与协作关系，降低"产业同质化"程度。

推进产业与机制深度协同，增强区域经济韧性。深化区域间顶层设计机制，跳出"产业—政策"趋同怪圈，打造长三角产业创新生态圈。借鉴美国波士顿城市群做法，构建垂直产业创新平台和跨区域产学研协调组织，实现长三角一体化的创新生态协同；借鉴日本太平洋沿岸城市群做法，打造差异化产业布局，推动长三角区域产业纵深分工；借鉴里尔城市群做法，从顶层设计入手构建长三角一体化协同创新长效机制。

（三）深化户籍制度改革，促进劳动力要素转移

深化长三角区域户籍管理制度改革，破除区域制度差异，增强区域间劳动力要素的流动性，有利于推动劳动力市场的整合。

充分发挥住房公积金制度优势。依托三省一市"一网通办"平台，深化"互联网+政务"在线服务，实现区域内住房公积金缴存信息、社保信息、异地贷款信息、房产信息和预约服务的互联共享，推进三省一市公积金服务事项标准化、协同化，助推长三角住房公积金一体化，促进区域内劳动力要素的自由合理转移。

完善住房租赁市场机制。一方面，建立健全长租房市场体系，有效增加保障性、政策性租赁住房供给，鼓励多元化主体进入住房租赁市场。另一方面，建议出台《长三角区域住房租赁条例》，规范住房租赁市场监管制度，弥补市场机制失灵情况，切实保障流动人口合法权益；建立长三角协同发展机制，打破区域行政壁垒，深化住房租赁事务合作，逐步实现"租购同权"。

按常住人口重新划分城乡人口。实施常住人口登记户口制度，建立教育、医疗、社保、就业等公共基础服务与常住人口直接挂钩机制，推动公共基础资源与常住人口相匹配，使户籍制度恢复其单纯的人口登记统计功能，而非"二元分割"功能，使流动人口的就业、子女教育等方面逐步与户口脱钩，真正实现城乡劳动力平等地位。

（四）提升人力资本质量，改善区域人力资本结构

省市间梯度差异的人力资本存量会导致劳动力资源的配置失当，阻碍长三角人才技术一体化进程，阻碍劳动力市场的融合。应当加大对人力资本的扶持力度，完善人力资本质量，提升人力资本结构，打破区域劳动力市场分割。

加强统筹规划与顶层设计。深化长三角人才机制统筹规划，共同协商制定人才培养与引进政策，建立健全长三角人力资源服务统一平台，完善以"跨域、互认、共享"为特点的人才管理机制，制定重大项目督办制度，破除区域间政策性的人才使用壁垒，助推长三角人才市场一体化。

建立健全人才市场准入机制。从流动人口来看，建立制度化、精细化流动人口管理控制系统，加大流动人口职业素养、技能培训力度，健全流动人口就业与社会保障、教育医疗等挂钩机制，吸引更多的区域外人才流入；从技能型人才短缺来看，政府要加大教育投入力度，创新一体化的人才培养和资质互认，完善高技能人才引进政策，培养中高端人才。

充分发掘老龄人力资源优势。针对长三角区域老龄化呈加剧态势，开发老龄人力资源可以有效起到增加人力资本存量、暂缓劳动力供给不足、改善人力资本结构的作用。完善退休人员再就业政策、健全灵活性延迟退休管理体制，增加老年人职业培训投入，增强老年人工作意愿。

（五）完善社会保障体系，破除区域性壁垒

不同的社会保障缴费标准、不清晰的异地医保政策和不健全的社会保障服务平台会加大省市间社会保障水平的差距，阻碍劳动力跨区域转移。应当健全社会保障管理体制，破除区域性障碍，以社会保障一体化促长三角整体劳动力市场一体化。

畅通三省一市养老保险接续机制，助推"异地养老""多城养老"常态化。随着长三角面临人口老龄化严峻挑战，应当尽快建设三省一市养老服务管理信息共享平台，推进养老服务统一标准建设和加强统一管理，打破养老保险异地转移壁垒，强化异地养老互认互通机制，助推异地养老高质量发展。

构建异地统筹的医疗保险制度，助力医疗保险一体化新格局。实施"互联网+医疗保险"在线结算试点模式，推进三省一市"健康码"互认互通；加快创建异地医保定点互认机构和报销机构，实现就地看病、就地结算，加快建设运营"长三角医院"，提升医疗保险异地衔接水平；充分利用长三角合作机制，破除区域内医疗保险政策不清晰障碍，推进区域内医疗保险政策统一化、标准化和透明化；打造医疗关系跨省转移统一服务平台，提高医疗保

险关系的衔接和转换效率，并进一步扩大保障范围，推动长三角医疗保障协同发展。

借鉴欧盟经验，按照渐进统筹原则推进社会保障一体化。欧盟是在尊重成员国社保制度差异化的基础上，推进社会保障一体化进程。为此，建议中央政府有序统筹各项战略目标的制定，实施统一标准、管理机制和衔接政策；长三角区域地方政府再根据实际情况统筹推进进度，推动社会保障管理从异质性向同质性转变，使得跨区域流动劳动力的社会保障待遇不低于本地劳动力，最终实现区域性一体化。

（六）健全劳动力市场服务体系，增强就业服务功能

不合理的劳动力就业权益维护体制和成人教育培训体系会造成劳动力市场服务体系的不健全，损害就业市场服务功能，导致监督机制的失效。应当加快创新劳动力市场服务机制，形成服务与功能一体化新格局。

搭建劳动保障服务一体化平台，强化就业信息化建设。加快构建集职业咨询、创业指导、职前培训、劳务派遣、失业登记等于一体的服务网络平台，建立就业市场信息实时监测分析系统，精确分析市场供求信息，并合理布局第三方人力资源服务机构，搭建长三角区域就业服务的异地共享长效机制。

借鉴德国经验，构建城乡一体化的长效职业培训体系。加大对农村地区的政策倾斜力度，重视对农村劳动力的成人教育与职业培训，缩小城乡劳动力的异质性差距，提高就业服务的有效性和灵活性，降低农村劳动力的失业率，减小城乡人力资本结构的扭曲度，进而弱化长三角区域城乡工资收入差距，坚持以城乡一体化促劳动力市场一体化。

强化劳动力市场监管体制，保障劳动者合法权益。政府应实施全覆盖和动态化相结合的网络化监督模式，创新劳动仲裁、劳动监察机制，自下而上畅通劳动保障监察举报体系，形成强有力、透明化的社会监督机制，规范劳动力市场准入规则和运行秩序；同时强化对第三方机构的整治管理，严厉惩治中介机构的欺诈行为，将常态化督查与定期整顿相结合，净化劳动力市场运行环境。

第二节 长三角城市群劳动力价格扭曲程度与影响因素分析

基于所有制分割视角，采用超越对数生产函数对 2000—2019 年长三角城市群劳动力价格异质性扭曲程度进行测算，分析其时空演变特征，并进一步实证

分析了劳动力价格异质性扭曲的影响因素。研究结果表明：（1）从绝对价格扭曲来看，国有单位劳动力价格扭曲为正向扭曲，集体单位和其他单位均为负向扭曲；同时绝对价格扭曲呈现出区域聚集的空间态势。（2）从相对价格扭曲来看，其他—国有单位劳动力相对价格扭曲程度最大，集体—国有单位次之，其他—集体单位最小。同时其他—国有单位、其他—集体单位劳动力相对价格扭曲呈现出聚集与分散并存的空间态势，而集体—国有单位呈现出分散的空间态势。（3）从影响因素分析来看，所有制分割对劳动力价格扭曲影响显著，其中国有单位劳动力禀赋对劳动力价格扭曲的抑制作用呈现"V"形特征；集体单位劳动力禀赋对劳动力价格扭曲的加剧作用呈现倒"N"形特征；其他单位劳动力禀赋对劳动力价格扭曲的抑制作用主要呈现逐渐减弱趋势。

一、引言与文献综述

中国市场经过四十余年渐进式改革的不断推进，产品市场价格机制市场化指数已经高达95%以上[①]，市场决定价格机制基本形成。反观要素市场，价格市场化指数较低，政府仍是定价主导者，定价范围广泛，要素市场半市场化、非市场化特征鲜明（金晓梅，2020）。2020年4月9日印发的《关于构建更加完善的要素市场化配置体制机制的意见》，强调深化要素市场配置体制改革，健全资本、劳动力、土地、技术、数据等要素定价体系，完善要素市场运行机制。要素有效配置作为经济学的首要研究对象，而价格机制又是决定要素能否有效配置的关键，因此纠正要素价格扭曲以减少要素配置失当是打造高质量要素市场体系的要点。在"人口红利"逐渐消失的大背景下，我国经济增长驱动力不足、结构性问题凸显，坚持供给侧结构性改革、深化要素市场化改革、提高要素配置效率，将成为深化"十四五"规划、推动"双循环"新发展格局和促进经济可持续增长的关键突破口。长三角城市群作为我国的"领头羊"城市群，其要素市场一体化发展明显滞后，相较于资本、商品市场，劳动力市场分割指数较大，即劳动力市场存在扭曲，意味着劳动力价格在一定程度上也存在扭曲失衡。那么，跻身于世界六大城市群的长三角城市群，近20年来劳动力价格扭曲程度如何？其时空演变态势如何？到底是哪些因素造成了劳动力价格扭曲？弄清这些问题，有助于把握长三角区域劳动力市场发展态势，进而"对症下药"，以提升其要素资源配置效率，实现以长三角"小循环"推动国内"大循

---

① 价格市场化程度超97%——市场决定价格机制基本形成［EB/OL］.中国政府网，2017-08-17.

环"。因此，测度长三角城市群劳动力价格异质性扭曲指数并进一步剖析其影响因素是加快要素市场化改革步伐、助推一体化高质量发展的必然要求。

关于劳动力价格扭曲程度测度，目前主要有三类方法：一是生产函数法，主要包括 C-D 生产函数和超越对数生产函数。例如，Zhu 等人（2020）、赵富森等人（2020）采用 C-D 生产函数法测算了生产要素市场价格扭曲程度，主要包括劳动力、资本及能源要素。吴武林等人（2020）对比分析了 C-D 生产函数与超越对数生产函数两种方法，最终采用拟合度较好的超越对数生产函数测度劳动力市场相对价格扭曲程度。二是生产前沿分析法，主要包括参数化随机前沿法（Stochastic Frontier Approach，SFA）和非参数化数据包络法（Data Envelovement Analysis，DEA）。例如，Skoorka（2000）最先采用 SFA 方法测度了产品市场和要素市场的价格扭曲程度，之后蒋含明（2013）、侯晓晔等人（2021）也利用该方法测算要素价格扭曲指数。而赵自芳等人（2006）、Ouyang 等人（2015）基于 DEA 方法分析了要素市场扭曲造成资本、劳动力资源错配，进而导致要素配置效率损失。三是市场化进程指数法。例如，张杰等人（2011）、赵新宇等人（2020）利用市场化指数构建劳动力市场扭曲指数，进一步算得劳动力价格扭曲指数。关于劳动力价格扭曲程度三种测度方法的比较如表 4-4 所示。

表 4-4　三种测度方法比较

测度方法	优点	缺点
生产函数法	操作简易；可以测算每种要素的价格扭曲指数；可多时序多维度测量	存在函数设定、数据选择偏误，容易导致估计偏差
生产前沿分析法	可多时序多维度测量、不存在函数设定误差	不能测算每种要素的价格扭曲指数；操作复杂；容易出现数据选择误差
市场化进程指数法	操作简易，不存在函数设定、数据选择偏误	不能测算每种要素的价格扭曲指数；测度受时间跨度限制；基本上只能测度省级层面

综上所述，现有的关于劳动力价格扭曲的研究文献已较丰富，为本书研究提供了较好的借鉴思路和启发，但从现有的文献看，还存在以下不足：一是从研究理论基础看，现有研究较多对特定区域劳动力等要素价格扭曲进行测度，

而对劳动力价格扭曲的内涵特征及理论解释涉及较少。二是从研究异质性视角看，现有的研究只有少数学者考虑劳动力的异质性（Vollrath，2009；俞剑等，2018），而大部分学者都是假设劳动力是同质的，忽略了劳动力异质性；同时我国作为典型的后发国家，劳动力市场分割是实行渐进式改革、赶超战略的必然产物，由此逐渐衍生出的制度性所有制分割既是我国劳动力市场特有的现象，又是普遍现象，值得引起重视，但目前基于所有制分割视角来深入探讨劳动力价格扭曲问题较少。三是从研究对象看，现有的对长三角区域劳动力价格扭曲问题的研究，多是基于三省一市层面，而以长三角区域扩容后的城市群包括的27个城市为研究对象，探讨劳动力价格扭曲的时空演变格局较少。四是从研究方法看，考虑到生产前沿分析法操作复杂，难以测算每种要素的价格扭曲指数；市场化进程指数法，基本上只能测度省级层面；而生产函数法能较好测算出每种要素的价格扭曲指数，尤其是改进的超越对数生产函数，具有更多的替代及转换模式。鉴于此，在我国劳动力市场制度性分割、所有制分割显著的情况下，本书将劳动力异质性扭曲纳入超越对数生产函数中，测度2000—2019年长三角城市群27个城市国有单位、集体单位和其他单位劳动力价格的扭曲程度，利用测算结果分析其时空演变格局，并进一步采用计量模型对导致劳动力价格扭曲的影响因素进行回归分析，以把握长三角区域劳动力市场价格机制运行现状、趋势及成因，推动其要素市场化改革与产品市场同步，将"滞后性"转变为"同步性"。相较于现有研究，本书的边际贡献在于以下几点：一是从理论基础看，深入分析劳动力价格扭曲的理论内涵。二是从研究视角看，全书聚焦于所有制分割视角，以所有制分割为抓手，并运用计量模型着重剖析劳动力价格异质性扭曲的影响因素，在一定程度上丰富了劳动力价格扭曲的理论内涵；同时考虑了不同所有制下劳动力的异质性，测度了国有单位、集体单位以及其他单位劳动力价格的扭曲程度，为进一步准确且具体把握要素市场价格扭曲程度提供新的测度视角。三是从研究对象看，将长三角城市群27个城市作为研究对象纳入超越对数生产函数模型，从微观层面为后续对测度区域劳动力价格扭曲程度提供更多的经验。

二、劳动力价格扭曲内涵与缘由解释

新古典经济学认为，在纯粹竞争市场中，要素价格应当等于边际产出，市场中不存在价格扭曲问题，但现实中往往不存在完全竞争理想状态，价格背离于价值的价格扭曲现象普遍存在（宋大强，2020）。中国渐进式改革中长期存在显著的"非对称性"特征，即要素市场化改革明显滞后于产品市场，进一步印证了要素价格"新双轨制"现象，一方面，产品价格逐渐走向市场，市场决定价格机制基本成型；另一方面，劳动力、资本、土地等基本生产要素的定价者依然是政府，劳动力等要素市场普遍且长期存在价格扭曲问题。基于局部均衡理论，劳动力价格扭曲是指劳动要素未达到最优配置，强调经济效率未达到最优时，劳动力价格对价值的偏离（李言等，2020）。同时基于劳动力市场分割理论，当劳动力市场处于割据扭曲状态时，价格机制不能准确反映劳动力禀赋的相对丰裕程度，通常表现为劳动力价格与边际产出价值背离，即存在劳动力价格扭曲现象（王宁等，2015）。尤其对后发国家来说，为加快经济发展步伐实施赶超战略，政府干预经济普遍存在，因此外生性扭曲往往比内生性扭曲更为严重化。二是绝对扭曲和相对扭曲，前者指实际工资与边际生产力的偏离，后者则指两种或两种以上要素绝对扭曲的比值（Priyo，2012；王柄权等，2018）。三是正向扭曲和负向扭曲，前者表示劳动力价格高于劳动边际产出，后者相反（Yang et al.，2018）。

三、劳动力价格异质性扭曲程度评价

（一）测度方法

由表4-4可知，只有生产函数法可以较好测算出每种要素的价格扭曲指数，因此本书采用生产函数法对长三角城市群国有单位、集体单位和其他单位①劳动力价格扭曲情况进行测算，同时借鉴 Yang 等人（2020）、罗德明等人（2012）、吴武林等人（2020）的做法，采用由 C-D 生产函数改进而来的超越对数生产函数，该方法具有更多的替代及转换模式，是目前实证研究中最常用的灵活生产函数，比 C-D 生产函数更具有一般性，并进一步拓展该方法，使其能够测度不同所有制情况下的劳动力价格异质性扭曲程度。

$$Ln\,Y_{it} = \alpha + \beta_s Ln\,S_{it} + \beta_c Ln\,C_{it} + \beta_o Ln\,O_{it} + 1/2\beta_{ss}\,Ln^2\,S_{it} + 1/2\beta_{cc}\,Ln^2\,C_{it} + 1/2\beta_{oo}\,Ln^2\,O_{it} + \beta_{sc} Ln\,S_{it} Ln\,C_{it} + \beta_{so} Ln\,S_{it} Ln\,O_{it} + \beta_{co} Ln\,C_{it} Ln\,O_{it} + \varepsilon_{it} \tag{4-1}$$

其中，下标 i 为地区，t 为年份，Y_{it} 为实际国内生产总值，S_{it} 代表国有单位劳动力投入，C_{it} 代表集体单位劳动力投入，O_{it} 代表其他单位劳动力投入，$\beta_s \sim \beta_{co}$ 为回归系数，ε_{it} 为随机干扰项。

根据式（4-1），可推导出国有单位、集体单位和其他单位劳动力的边际产

---

① 本书中的其他单位包括私营企业、个体、港澳台商投资单位以及外商直接投资单位，其中民营企业从业人数占据主导地位，狭义的民营企业指个体和私营企业，由于研究对象中地级市居多且时间跨度长，各城市民营企业劳动力价格的数据缺失值太多，无法单独提出，因此本研究中的其他单位主要指民营企业。

出计算公式：

$$MP_{s,\,it} = (\beta_s + \beta_{ss}Ln\,S_{it} + \beta_{sc}Ln\,C_{it} + \beta_{so}Ln\,O_{it})\,Y_{it}\,/\,S_{it} \tag{4-2}$$

$$MP_{c,\,it} = (\beta_c + \beta_{cc}Ln\,C_{it} + \beta_{sc}Ln\,S_{it} + \beta_{co}Ln\,O_{it})\,Y_{it}\,/\,C_{it} \tag{4-3}$$

$$MP_{o,\,it} = (\beta_o + \beta_{oo}Ln\,O_{it} + \beta_{so}Ln\,S_{it} + \beta_{co}Ln\,C_{it})\,Y_{it}\,/\,O_{it} \tag{4-4}$$

假设国有单位、集体单位和其他单位劳动力的实际价格为 W_{s_u}，W_{c_u} 和 W_{o_u}，那么绝对价格扭曲指数则为实际价格与边际产出之比，具体计算如下：

$$Dis_{s,\,it} = MP_{s,\,it}\,/\,W_{s_u} \tag{4-5}$$

$$Dis_{c,\,it} = MP_{c,\,it}\,/\,W_{c_u} \tag{4-6}$$

$$Dis_{o,\,it} = MP_{o,\,it}\,/\,W_{o_u} \tag{4-7}$$

其中，$Dis_{s,\,it}$、$Dis_{c,\,it}$ 和 $Dis_{o,\,it}$ 分别表示国有单位、集体单位和其他单位的劳动力绝对价格扭曲指数。如果数值为1，表明劳动力价格不存在绝对扭曲；如果该数值小于1或者大于1，则表明劳动力价格存在正向扭曲或负向扭曲，且数值与1偏离程度越大，表示扭曲程度越严重。三者的相对价格扭曲可表示为：

$$Dis_{cs,\,it} = \frac{Dis_{c,\,it}}{Dis_{s,\,it}} = \frac{MP_{c,\,it}}{MP_{s,\,it}} \times \frac{W_{sit}}{W_{cit}} \tag{4-8}$$

$$Dis_{os,\,it} = \frac{Dis_{o,\,it}}{Dis_{s,\,it}} = \frac{MP_{o,\,it}}{MP_{s,\,it}} \times \frac{W_{sit}}{W_{oit}} \tag{4-9}$$

$$Dis_{oc,\,it} = \frac{Dis_{o,\,it}}{Dis_{c,\,it}} = \frac{MP_{o,\,it}}{MP_{c,\,it}} \times \frac{W_{cit}}{W_{oit}} \tag{4-10}$$

其中，$Dis_{cs,\,it}$、$Dis_{os,\,it}$ 和 $Dis_{oc,\,it}$ 分别表示集体—国有单位、其他—国有单位、其他—集体单位的劳动力价格相对扭曲程度。以 $Dis_{cs,\,it}$ 为例，倘若该值等于1，则不存在相对价格扭曲；若该值大于1，表示集体单位劳动力价格的负向扭曲程度比国有单位严重。

（二）数据来源与说明

本书采取的主要样本数据处理方法如下：实际国内生产总值（Y_{it}）是以2000年为基期折算后的实际值，来源于2001—2020年各城市统计年鉴。国有单位劳动力投入（S_{it}）、集体单位劳动力投入（C_{it}）和其他单位劳动力投入（O_{it}）数据来源于2001—2020年各城市统计年鉴及EPS数据库中关于国有单位、集体单位和其他单位的就业人员数量。国有单位劳动力价格（W_{sit}）、集体单位劳动力价格（W_{cit}）和其他单位劳动力价格（W_{oit}）数据来源于2001—2020年各城市统计年鉴及EPS数据库中关于国有单位、集体单位和其他单位的劳动力平均工资，并根据各城市历年居民消费价格指数（CPI）以2000年为基期进行折算，最终算出劳动力实际价格。

（三）测度结果分析

1. 劳动力价格异质性扭曲程度的对比分析

根据上述测度方法，可以测算出 2000—2019 年长三角 27 个城市国有、集体和其他单位劳动力的绝对价格扭曲指数，并进一步可以测算得出集体—国有单位、其他—国有单位、其他—集体单位劳动力的相对价格扭曲指数，具体结果如表 4-5 所示。

第一，绝对价格扭曲的对比分析。

首先，从国有单位来看，2000—2019 年长三角城市群 27 个城市国有单位劳动力绝对价格扭曲指数均值均小于 1，即存在正向扭曲，且扭曲指数与 1 偏离程度越大，表明正向扭曲程度越严重。从直观排名来看，上海市排第一位；"江苏9 市"中有南京、苏州等 5 个城市排在前 10 位；"浙江 9 市"中有杭州、宁波和温州 3 个城市排在前 10 位；"安徽 8 市"中仅合肥 1 个城市排在前 10 位。由此表明，国有单位劳动力绝对价格扭曲程度呈现"上海>'江苏 9 市'>'浙江 9市'>'安徽 8 市'"的空间特征。其次，从集体单位来说，2000—2019 年长三角城市群 27 个城市集体单位劳动力绝对价格扭曲指数均值均大于 1，即存在负向扭曲，且扭曲指数与 1 偏离程度越大，表明负向扭曲程度越严重。从排名来看，上海市排第二位；"江苏 9 市"中有南京、无锡等 6 个城市排在前 10 位；"浙江 9 市"中有杭州、宁波和温州 3 个城市排在前 10 位；"安徽 8 市"排名均在第十五位之后。由此表明，集体单位劳动力绝对价格扭曲程度大致呈现"上海>'江苏 9 市'>'浙江 9 市'>'安徽 8 市'"的空间特征。最后，从其他单位而言，2000—2019 年长三角城市群 27 个城市其他单位劳动力绝对价格扭曲指数均值明显均大于 1，即存在负向扭曲。同样从排名来看，上海市排第一位；"江苏 9 市"中有镇江和扬州 2 个城市排在前 10 位；"浙江 9 市"中除了舟山之外，其余 7 个城市排名均在前 10 位当中；"安徽 8 市"排名均在第十五位之后。由此表明，其他单位劳动力绝对价格扭曲程度呈现"上海>'浙江 9 市'>'江苏 9 市'>'安徽 8 市'"的空间特征。

综上所述，从绝对价格扭曲指数看，长三角城市群劳动力价格扭曲呈现如下特征：国有单位劳动力的绝对价格扭曲呈现出正向扭曲特征，且除上海、南京和苏州外，其余城市的扭曲指数都超过 0.9，接近 1，表明整体扭曲程度较小。集体单位和其他单位劳动力的绝对价格扭曲呈现出负向扭曲特征，其中集体单位劳动力的绝对价格扭曲指数除上海和南京外，其余城市都小于 1.1，接近1，表明整体扭曲程度较小；而其他单位劳动力的绝对价格扭曲指数各城市都围绕在 1.5 左右，表明整体扭曲程度较大。由此表明，长三角城市群国有单位劳动

表4-5　长三角27个城市2000—2019年劳动力绝对价格扭曲、相对价格扭曲指数均值

城市	绝对价格扭曲指数						相对价格扭曲指数					
	国有单位	排名	集体单位	排名	其他单位	排名	集体—国有单位	排名	其他—国有单位	排名	其他—集体单位	排名
上海市	0.393	1	1.287	2	1.735	1	3.360	1	4.204	1	2.097	1
南京市	0.795	2	1.509	1	1.488	21	3.087	2	4.195	2	1.889	5
无锡市	0.956	13	1.054	7	1.501	19	2.414	10	3.142	17	1.554	18
常州市	0.955	12	1.032	14	1.536	14	2.478	9	3.424	14	1.513	20
苏州市	0.873	3	1.092	3	1.459	27	2.391	13	2.648	20	1.682	13
南通市	0.931	6	1.056	4	1.541	12	2.245	18	3.614	11	2.013	3
盐城市	0.942	7	1.035	12	1.530	16	2.825	3	3.564	12	1.499	21
扬州市	0.953	10	1.041	10	1.549	10	2.216	19	3.297	15	1.807	9
镇江市	0.973	18	1.021	18	1.561	8	2.792	4	3.680	10	1.551	19
泰州市	0.955	11	1.043	9	1.547	11	2.397	12	3.941	4	1.848	6
杭州市	0.916	4	1.054	6	1.557	9	2.565	7	3.908	6	1.833	8
宁波市	0.928	5	1.047	8	1.635	7	2.613	5	4.114	3	2.072	2
温州市	0.945	8	1.055	5	1.641	6	2.311	15	3.938	5	1.941	4
嘉兴市	0.971	17	1.026	15	1.662	3	2.182	20	3.778	8	1.713	10

续表

城市	绝对价格扭曲指数						相对价格扭曲指数					
	国有单位	排名	集体单位	排名	其他单位	排名	集体—国有单位	排名	其他—国有单位	排名	其他—集体单位	排名
湖州市	0.985	22	1.012	22	1.666	2	2.316	14	3.454	13	1.681	14
绍兴市	0.962	14	1.034	13	1.652	5	2.528	8	3.787	7	1.837	7
金华市	0.967	16	1.024	16	1.654	4	2.262	16	3.721	9	1.608	16
舟山市	0.995	25	1.005	25	1.538	13	2.079	26	3.033	18	1.682	12
台州市	0.963	15	1.041	11	1.466	25	2.261	17	3.184	16	0.994	27
合肥市	0.948	9	1.023	17	1.500	20	2.570	6	2.538	25	1.669	15
芜湖市	0.982	21	1.008	23	1.516	17	2.397	11	2.713	19	1.592	17
马鞍山市	0.988	23	1.018	20	1.533	15	1.944	27	2.647	21	1.703	11
铜陵市	0.996	26	1.004	26	1.486	23	2.119	25	2.520	26	1.292	24
安庆市	0.975	19	1.018	19	1.462	26	2.134	23	2.274	27	1.452	22
滁州市	0.978	20	1.015	21	1.516	18	2.159	21	2.626	22	1.411	23
池州市	0.997	27	1.003	27	1.487	22	2.124	24	2.570	23	1.251	26
宣城市	0.991	24	1.006	24	1.480	24	2.153	22	2.548	24	1.272	25

力的实际收入大于边际产出，而集体单位劳动力的实际收入小于边际产出，尤其上海、南京和苏州等城市较为严重；其他单位劳动力的实际收入远低于边际产出，尤其上海、湖州和嘉兴等城市较为严重；"安徽8市"劳动力绝对价格扭曲程度总体上较小。

第二，相对价格扭曲的对比分析。

首先，从集体—国有单位来看，上海排第一位；"江苏9市"中有南京、无锡等5个城市排在前10位；"浙江9市"中有杭州、宁波和绍兴3个城市排在前10位；"安徽8市"中仅合肥排在前10位。由此可见，集体—国有单位劳动力相对价格扭曲程度呈现"上海>'江苏9市'>'浙江9市'>'安徽8市'"的空间特征。其次，从其他—国有单位而言，上海市排第一位；"江苏9市"中有南京、镇江和泰州3个城市排在前10位；"浙江9市"中有杭州、宁波等6个城市排在前10位；"安徽8市"排名均在第十五位之后。由此可见，其他—国有单位劳动力相对价格扭曲程度呈现"上海>'浙江9市'>'江苏9市'>'安徽8市'"的空间特征。最后，从其他—集体单位来说，上海排第一位；"江苏9市"中有南京、南通、扬州和泰州4个城市排名均在前10位；"浙江9市"中有杭州、宁波等5个城市排名均在前10位；"安徽8市"排名均在第十位之后。由此可见，其他—集体单位劳动力相对价格扭曲程度大体上呈现"上海>'浙江9市'>'江苏9市'>'安徽8市'"的空间特征。

综上所述，从相对价格扭曲指数看，长三角城市群劳动力价格扭曲呈现如下特征：其他—国有单位劳动力的相对价格扭曲基数相对最大，27个城市的扭曲指数均大于2.2，反映其他单位相对于国有单位的负向扭曲最为严重；集体—国有单位劳动力的相对价格扭曲基数居中，27个城市的扭曲指数均大于1.9，表明集体单位相对于国有单位的负向扭曲较为严重；其他—集体单位劳动力的相对价格扭曲基数最小，除台州扭曲指数小于1外，其他城市的扭曲指数均大于1.2，说明绝大多数城市存在其他单位相对于集体单位的负向扭曲。由此可见，长三角城市群集体单位和其他单位劳动力价格普遍被低估，且其他单位劳动力价格被低估的程度整体高于集体单位，这种现象在上海、南通、宁波等大城市较为显著，"安徽8市"相对不明显。

（四）劳动力价格异质性扭曲的时空格局

经过上述分析发现长三角城市群劳动力价格明显存在异质性扭曲问题，因此进一步运用ArcGIS软件对长三角城市群国有单位、集体单位和其他单位劳动力的绝对价格扭曲、相对价格扭曲程度进行可视化分析；选取2000和2019年2个时点的数据，利用自然断裂法将劳动力价格扭曲程度分为很高扭曲程度、较高扭曲程度、中等扭曲程度、较低扭曲程度和很低扭曲程度五类。

1. 绝对价格扭曲的时空演变格局

第一，国有单位劳动力绝对价格。由表4-6可知，各类型变化较大的有：2000年"中等扭曲程度"有6个城市，"很低扭曲程度"有7个城市；而2019年"中等扭曲程度"增至8个城市，而"很低扭曲程度"减至5个城市。总的来说，长三角城市群国有单位劳动力绝对价格扭曲呈现如下特征："较高扭曲程度"及以上的地区主要分布于上海和江苏城市；"中等扭曲程度"的地区主要集中于江苏城市和浙江城市；"较低扭曲程度"及以下的地区则主要分布于安徽城市和浙江城市；主要区域呈现出聚集的空间演变特征。

表4-6 2000年和2019年长三角城市群国有单位劳动力绝对价格扭曲程度分类

类型	2000年	2019年
很高扭曲程度	上海、南京	上海、南京
较高扭曲程度	苏州	苏州、杭州
中等扭曲程度	盐城、常州、南通、宁波、温州、绍兴	合肥、无锡、常州、盐城、扬州、南通、宁波、温州
较低扭曲程度	杭州、湖州、嘉兴、金华、台州、合肥、芜湖、滁州、安庆、扬州、泰州	马鞍山、芜湖、安庆、滁州、嘉兴、绍兴、金华、台州、泰州、镇江
很低扭曲程度	无锡、镇江、舟山、马鞍山、铜陵、池州、宣城	湖州、舟山、铜陵、池州、宣城

第二，集体单位劳动力绝对价格。由表4-7可知，各类型变化较大的有：2000年"较高扭曲程度"有3个城市，"中等扭曲程度"有11个城市，"很低扭曲程度"有4个城市；而2019年"较高扭曲程度"减至1个城市，"中等扭曲程度"减至6个城市，"很低扭曲程度"则增至11个城市。总体来看，长三角城市群集体单位劳动力绝对价格扭曲呈现如下特征："较高扭曲程度"及以上的城市主要分布于上海和江苏城市；"中等扭曲程度"的城市主要集中于江苏城市和浙江城市；"较低扭曲程度"及以下的城市则主要分布于安徽城市和浙江城市；主要区域呈现出聚集的空间演变特征。

表 4-7 2000 年和 2019 年长三角城市群集体单位劳动力绝对价格扭曲程度分类

类型	2000 年	2019 年
很高扭曲程度	上海、南京	上海、南京
较高扭曲程度	无锡、苏州、南通	苏州
中等扭曲程度	盐城、扬州、泰州、常州、杭州、宁波、温州、嘉兴、绍兴、台州、合肥	无锡、扬州、常州、南通、杭州、温州
较低扭曲程度	湖州、金华、芜湖、马鞍山、滁州、安庆、舟山	盐城、泰州、镇江、合肥、马鞍山、宁波、台州、舟山
很低扭曲程度	镇江、铜陵、池州、宣城	湖州、嘉兴、绍兴、金华、舟山、芜湖、铜陵、安庆、滁州、池州、宣城

第三，其他单位劳动力绝对价格。由表 4-8 可知，各类型变化较大的有：2000 年"很高扭曲程度"有 3 个城市，"较低扭曲程度"有 5 个城市，"很低扭曲程度"有 5 个城市；而 2019 年"很高扭曲程度"减至 1 个，"较低扭曲程度"则增至 10 个城市，"很低扭曲程度"减至 1 个城市。总体来说，长三角城市群其他单位劳动力绝对价格扭曲呈现如下特征："较高扭曲程度"及以上的地区主要分布于上海和浙江城市；"中等扭曲程度"的地区主要集中于江苏城市；"较低扭曲程度"及以下的地区则主要分布于安徽城市；主要区域呈现出聚集的空间演变特征。

表 4-8 2000 年和 2019 年长三角城市群其他单位劳动力绝对价格扭曲程度分类

类型	2000 年	2019 年
很高扭曲程度	上海、湖州、嘉兴	上海
较高扭曲程度	杭州、宁波、温州、绍兴、金华、台州	宁波、温州、湖州、绍兴、嘉兴、金华
中等扭曲程度	南京、常州、扬州、南通、镇江、泰州、马鞍山、舟山	南京、常州、盐城、扬州、南通、镇江、泰州、马鞍山、舟山
较低扭曲程度	无锡、盐城、合肥、芜湖、滁州	无锡、苏州、合肥、芜湖、铜陵、安庆、滁州、池州、宣城、台州
很低扭曲程度	苏州、铜陵、安庆、池州、宣城	杭州

2. 相对价格扭曲的时空格局

第一，集体—国有单位劳动力相对价格。由表4-9可知，各类型变化较大的有：2000年"很高扭曲程度"仅1个城市，"中等扭曲程度"有9个城市；而2019年"很高扭曲程度"增至4个城市，而"中等扭曲程度"减至3个城市。总体来看，长三角城市群集体—国有单位劳动力相对价格扭曲呈现出分散的空间演变特征："较高扭曲程度"及以上的地区"分散效应"明显，由2000年主要分布于沪苏浙演变为2019年沪苏浙皖三省一市均有分布；"中等扭曲程度""较低扭曲程度"及以下的地区"分散效应"显著，浙苏皖三省均有分布。

表4-9 2000年和2019年长三角城市群集体—国有单位劳动力相对价格扭曲程度分类

类型	2000年	2019年
很高扭曲程度	上海	上海、南京、宁波、台州
较高扭曲程度	南京、常州、苏州、盐城、宁波、温州、金华、芜湖	无锡、盐城、泰州、杭州、金华、合肥、池州、宣城
中等扭曲程度	无锡、南通、湖州、绍兴、台州、舟山、安庆、滁州、宣城	苏州、湖州、安庆
较低扭曲程度	扬州、镇江、泰州、嘉兴、合肥、铜陵、安庆	扬州、南通、镇江、常州、温州、嘉兴、绍兴、舟山、铜陵
很低扭曲程度	杭州、马鞍山	马鞍山、芜湖、滁州

第二，其他—国有单位劳动力相对价格。由表4-10可知，各类型变化较大的有：2000年"较低扭曲程度"有9个城市，"很低扭曲程度"有3个城市；而2019年"较低扭曲程度"减至6个城市，而"很低扭曲程度"增至6个城市。总的来说，长三角城市群其他—国有单位劳动力相对价格扭曲呈现出聚集和分散并存的空间演变特征："较高扭曲程度"及以上的地区"聚集效应"明显，由2000年多分布于江苏城市和浙江城市演变为2019年多分布于上海和江苏城市；"中等扭曲程度"的地区"聚集效应"明显，由2000年多分布于江苏城市和安徽城市演变为2019年多分布于浙江城市和安徽城市；"较低扭曲程度"及以下的地区由2000年沪苏浙皖三省一市均有分布演变为2019年分布于浙苏皖三省，"分散效应"仍明显。

表4-10 2000年和2019年长三角城市群其他—国有单位劳动力相对价格扭曲程度分类

类型	2000年	2019年
很高扭曲程度	苏州、南通、常州、嘉兴	上海、苏州、宁波

续表

类型	2000 年	2019 年
较高扭曲程度	南京、扬州、宁波、湖州、绍兴	无锡、盐城、常州、镇江、泰州、马鞍山
中等扭曲程度	盐城、泰州、金华、芜湖、安庆、滁州	嘉兴、绍兴、金华、芜湖、安庆、滁州
较低扭曲程度	上海、镇江、杭州、温州、台州、马鞍山、铜陵、池州、宣城	南京、南通、杭州、温州、铜陵、宣城
很低扭曲程度	无锡、舟山、合肥	扬州、湖州、台州、舟山、合肥、池州

第三，其他—集体单位劳动力相对价格。由表 4-11 可知，各类型变化较大的有：2000 年"很高扭曲程度"有 6 个城市，"较高扭曲程度"与"中等扭曲程度"均有 5 个城市；而 2019 年"很高扭曲程度"减至 3 个城市，而"较高扭曲程度"与"中等扭曲程度"均增至 7 个城市。总体上看，长三角城市群其他—集体单位劳动力相对价格扭曲呈现出聚集和分散并存的空间演变特征："较高扭曲程度"及以上的地区"分散效应"明显，上海、江苏、浙江和安徽均有分布；"中等扭曲程度"的地区"聚集效应"显著，由 2000 年多分布于浙江城市演变为 2019 年多分布于江苏城市；"较低扭曲程度"及以下的地区"聚集效应"显著，主要分布于安徽城市和浙江城市。

表 4-11　2000 年和 2019 年长三角城市群其他—集体单位劳动力相对价格扭曲程度分类

类型	2000 年	2019 年
很高扭曲程度	上海、南京、南通、合肥、马鞍山、嘉兴	上海、宁波、嘉兴
较高扭曲程度	无锡、扬州、苏州、常州、舟山	扬州、苏州、南通、杭州、温州、绍兴、湖州
中等扭曲程度	泰州、宁波、温州、湖州、绍兴	南京、无锡、盐城、常州、镇江、泰州、合肥
较低扭曲程度	盐城、杭州、金华、台州、芜湖、铜陵、安庆、滁州、池州、宣城	金华、台州、舟山、芜湖、铜陵、安庆、滁州、池州、宣城
很低扭曲程度	镇江	马鞍山

四、劳动力价格异质性扭曲的影响因素分析

（一）模型设定

经过上述测度发现，在不同所有制下，2000—2019 年长三角城市群劳动力价格明显存在异质性扭曲，那么是哪些因素造成了劳动力价格异质性扭曲？本书接下来实证分析影响劳动力价格异质性扭曲的因素。

计量模型构建具体形式如下：

$$Dis_{it} = \alpha_0 + \beta_1 \, state_{it} + \beta_2 \, collective_{it} + \beta_3 \, other_{it} + \gamma \, K_{it} + \lambda_i + \varepsilon_{it} \qquad (4\text{-}11)$$

其中，下标 i 为地区，t 为年份，Dis_{it} 为被解释变量，代表劳动力价格整体扭曲指数；α_0 为常数项，$\beta_1 \sim \beta_3$ 为回归系数，$state_{it}$、$collective_{it}$、$other_{it}$ 分别代表国有单位劳动力禀赋、集体单位劳动力禀赋、其他单位劳动力禀赋，γ 代表控制变量系数，K_{it} 代表控制变量集，λ_i 代表城市的固定效应，ε_{it} 代表随机扰动项。

（二）变量选取与数据来源

本书实证研究基于 2000—2019 年长三角城市群 27 个城市市级层面数据，数据主要来源于各城市统计年鉴以及 EPS 数据库。

本书的核心被解释变量是劳动力价格扭曲指数（Dis），包括国有单位劳动力价格扭曲指数（Sld）、集体单位劳动力价格扭曲指数（Cld）以及其他单位劳动力价格扭曲指数（Old），通过上述测度方法得出。核心解释变量为所有制分割，包括国有单位劳动力禀赋（$state$）、集体单位劳动力禀赋（$collective$）和其他单位劳动力禀赋（$other$）。具体来说，采用国有单位从业人数占城镇从业人数的比例、集体单位从业人数占城镇从业人数的比例、其他单位从业人数占城镇从业人数的比例衡量所有制。

控制变量，由上述测度结果分析可知，长三角城市群劳动力价格异质性扭曲程度存在显著的区域差异性，而区域差异与各城市的经济、产业结构、人力资本、政府行为以及开放程度等紧密相关，由此本书选取经济增长（$lnRGDP$）、产业结构（$third$）、人力资本（$lnpers$）、政府干预（gov）以及外商直接投资（FDI）衡量其区域差异性。具体来说，采用人均 GDP 衡量经济增长；采用比较有代表性的第三产业从业人员占总从业人数的比例衡量产业结构；采用高等学校在校生人数衡量人力资本；采用各地方政府财政支出总额占 GDP 的比例衡量政府干预；采用各城市实际使用外商直接投资额占 GDP 的比例衡量外商直接投资。主要变量的描述性统计如表 4-12 所示。

表 4-12　主要变量的描述性统计

变量	观测数	均值	标准差	最小值	最大值
Dis	540	1.174	0.037	0.984	1.225
Sld	540	0.921	0.154	0.103	1.037
Cld	540	1.058	0.112	0.990	1.736
Old	540	1.544	0.081	1.190	1.736
state	540	0.378	0.185	0.085	0.896
collective	540	0.058	0.058	0.001	0.583
other	540	0.495	0.236	0.015	0.820
lnRGDP	540	10.602	0.853	8.273	12.201
third	540	0.463	0.128	0.166	0.773
lnpers	540	10.914	1.263	6.510	13.685
gov	540	0.114	0.054	0.009	0.527
FDI	540	0.037	0.027	0.002	0.201

（三）估计结果与回归分析

1. 基准回归

本研究采用 stata16.0 对模型方程式（4-11）进行估计，首先为了保证数据的平稳性，采用了 LLC、IPS、Fisher-ADF 以及 Fisher-PP 对所有变量进行面板单位根检验。在此基础上，进行了固定效应模型（FE）和随机效应模型（RE）回归，并进一步做 Hausman 检验，结果得出 P 值<0.05，所以拒绝原假设，采用固定效应模型。由此，本研究采用固定效应模型（FE）作为基准回归模型。

表 4-13　回归估计结果

解释变量	（1） FE	（2） RE	（3） SYS-GMM
L. Dis *state*	−0.128**	−0.160***	0.886*** (0.028) −0.083***
	(0.064)	(0.061)	(0.027)
collective	0.541***	0.448***	0.143***

续表

解释变量	（1） FE	（2） RE	（3） SYS-GMM
	（0.143）	（0.141）	（0.051）
other	−0.050***	−0.032**	0.004**
	（0.016）	（0.015）	（0.002）
lnRGDP	−0.011***	−0.010***	−0.002
	（0.003）	（0.003）	（0.001）
third	−0.069***	−0.076***	−0.013**
	（0.015）	（0.015）	（0.006）
lnpers	0.009***	0.002	−0.001
	（0.003）	（0.003）	（0.001）
gov	−0.025	−0.011	−0.008
	（0.029）	（0.028）	（0.012）
FDI	0.192***	0.213***	−0.055
	（0.047）	（0.047）	（0.065）
_ *cons*	1.232***	1.293***	0.177***
	（0.034）	（0.032）	（0.050）
N	540	540	513
R^2	0.187		
AR（1）			−1.876 （0.061）

解释变量	(1) FE	(2) RE	(3) SYS-GMM
AR（2）			0.284 (0.777)
Sargan Test			15.612 (0.408)

注：L. 代表相关变量的滞后一期；AR（1）、AR（2）和 Sargan Test 括号内为 P 值，其余括号内均为 t 值；以下同。

从 FE 的估计结果来看［见表 4-13"（1）FE"列］，所有制对劳动力价格扭曲的影响显著，具体来说，国有单位劳动力禀赋的系数为 -0.128 且在 5% 的水平上显著，说明国有单位劳动力禀赋丰裕削弱了劳动力价格扭曲。这是由于规模经济和社会口碑"双重效应"凸显的国有企业承担着吸纳就业、提供社会保障等社会责任，能够得到更多政策性福利，且多数国有企业具有垄断性质①，一定程度上改善了劳动力价格扭曲；集体单位劳动力禀赋的系数为 0.541 且在 1% 统计水平上显著，说明集体单位劳动力禀赋丰裕却加剧了劳动力价格扭曲。一方面，传统集体经济处于计划经济边缘"生存"的困境，融资困难，经济处于萎缩状态，没有技术和资本优势，更多依靠劳动力；另一方面，集体经济市场化改革滞后，产权制度体系不健全，"名为集体所有，实则职工空有"的模糊产权关系尚存，劳动关系紧张，加剧了劳动力价格扭曲；其他单位劳动力禀赋的系数为 -0.050 且在 1% 统计水平上显著，说明其他单位劳动力禀赋丰裕削弱了劳动力价格扭曲。可能是因为民营企业一般以中小型企业为主，具有规模小、经营体制灵活、市场应变性强等优势，是我国内贸流通的主力军，创造了大量就业岗位，前期需要吸引大批劳动力②，这有助于缩减城乡差距、经济高地与经济洼地之间的差距，改善劳动力价格扭曲。控制变量方面，经济增长、产业结

---

① 与过去相比，现在的国有企业主要集中在电力、燃气、石化等带有垄断性质的行业部门之中。

② 2020 年 9 月 10 日，中国民营企业 500 强峰会在全国工商联机关举行，市场监管总局表示：改革开放以来，我国民营经济主体超 1.26 亿，占市场主体总量的 95% 以上，是数量最大的市场主体，吸纳了 80% 以上的城镇劳动就业，参见市场监管总局：民营经济主体超 1.26 亿 吸纳 80% 以上就业［EB/OL］. 央视网，2020-09-10.

构和政府干预的系数均为负，说明与劳动力价格扭曲成反比，有助于改善劳动力价格扭曲，人力资本和外商直接投资的系数为正且显著，说明与劳动力价格扭曲呈现正相关关系，容易加剧劳动力价格扭曲。

2. 进一步分析：动态面板回归

鉴于本研究选取的城市数据属于短面板数据，同时考虑到内生性问题，采用系统矩估计（SYS-GMM）进一步估计，具体结果见表 4-13 "（3）SYS-GMM"列。首先检验模型设定的有效性，从序列自相关检验可知，AR（1）的 P 值小于 0.1，同时 AR（2）的 P 值大于 0.1，这说明不存在二阶序列自相关。此外，Sargan 检验得出 P 值大于 5%，表明工具变量选取有效，不存在过度识别问题，由此模型设定基本合理。其次，从 SYS-GMM 估计结果可知，滞后一期的劳动力价格扭曲指数对当期的劳动力价格扭曲指数的正向影响在 1% 的水平上显著，反映出当期劳动力价格扭曲指数与前期之间存在明显的"传递效应"，因此本研究进一步构建动态面板模型对 SYS-GMM 估计结果进行分析是必要的。相较于基准回归，其他单位劳动力禀赋对劳动力价格扭曲的系数符号由负转为正，且仍在 1% 统计水平上显著，说明其他单位劳动力禀赋丰裕反而加剧了劳动力价格扭曲。可能是尽管劳动力禀赋丰裕，但当中农村剩余劳动力占了很大比例，劳动力素质总体较低，不能满足中后期民营企业经济攀升的发展需要，只有小部分从事于资本、技术密集型企业，多数从事于技能要求低、工资低、耗时长的劳动力密集"压榨员工型"企业，而这类企业中广泛存在职工实际工资水平低于边际产出、劳资关系紧张等问题，并不利于缓解劳动力价格扭曲。控制变量方面，人力资本和外商直接投资的系数符号由正转为负，说明与劳动力价格扭曲成反比，可能是人力资本质量的提升以及高质量 FDI 的引进改善了劳动力价格扭曲。

（四）稳健性检验

本书主要采用以下三种方法进行稳健性检验：出于对所有制异质性的考虑，将样本分解为国有单位、集体单位和其他单位三方面，具体结果见表 4-14（1）—（3）列。为了排除极端值对基准回归结果的影响，对劳动力价格扭曲指数上下各 1% 分位的观测值进行缩尾处理，具体结果见表 4-14（4）列。由于基准回归只能反映所有制分割对劳动力价格扭曲的平均边际效应，为了厘清不同分位点数所有制分割对劳动力价格扭曲的不同边际效应，本书采取分位数回归方法，主要选取了 10%、25%、50%、75% 和 90% 五个分位点数进行回归估计（如表 4-15 所示）。三种检验方法下，国有单位劳动力禀赋的系数仍为负显著，集体单位劳动力禀赋的系数仍为正显著，其他单位劳动力禀赋的系数仍为负显著，核心解释变量的研究结果与基准回归一致，说明基准回归结论具有稳健性。

表 4-14 稳健性检验：异质性检验与缩尾处理估计结果

解释变量	(1)	(2)	(3)	(4)
	Sld	Cld	Old	缩尾处理
state	−0.117*	−0.018**	−0.482***	−0.126**
	(0.070)	(0.126)	(0.163)	(0.062)
collective	0.727***	1.134***	1.215***	0.526***
	(0.156)	(0.280)	(0.362)	(0.138)
other	−0.052***	−0.161***	−0.040**	−0.046***
	(0.018)	(0.032)	(0.042)	(0.016)
lnRGDP	0.001	−0.015**	−0.020**	−0.011***
	(0.004)	(0.006)	(0.008)	(0.003)
third	0.099***	−0.160***	−0.147***	−0.066***
	(0.016)	(0.030)	(0.038)	(0.015)
lnpers	−0.002	0.015**	0.015*	0.009***
	(0.004)	(0.007)	(0.009)	(0.003)
gov	0.004	0.011	−0.089	−0.023
	(0.032)	(0.057)	(0.074)	(0.028)
FDI	0.002	0.360***	0.215*	0.184***
	(0.051)	(0.092)	(0.119)	(0.045)
_cons	0.878***	1.126***	1.694***	1.232***
	(0.037)	(0.067)	(0.087)	(0.033)
N	540	540	540	540
R^2	0.140	0.242	0.081	0.188

表 4-15 稳健性检验：分位数回归估计结果

解释变量	(1)	(2)	(3)	(4)	(5)
	10%	25%	50%	75%	90%
state	−1.480***	−0.178***	−0.275***	−0.276***	−0.496***

续表

解释变量	(1)	(2)	(3)	(4)	(5)
	10%	25%	50%	75%	90%
	(0.115)	(0.011)	(0.022)	(0.015)	(0.004)
collective	1.496 ***	0.149 ***	0.792 ***	0.899 ***	0.651 ***
	(0.120)	(0.030)	(0.082)	(0.004)	(0.005)
other	−0.266 ***	−0.012 ***	−0.014 *	−0.014 **	−0.007 ***
	(0.029)	(0.004)	(0.008)	(0.006)	(0.001)
lnRGDP	−0.026 ***	0.006 ***	0.051 ***	0.017 ***	0.011 ***
	(0.003)	(0.001)	(0.006)	(0.002)	(0.000)
third	−0.281 ***	−0.078 ***	0.167 ***	0.042 ***	0.044 ***
	(0.064)	(0.004)	(0.019)	(0.009)	(0.001)
lnpers	−0.079 ***	−0.015 ***	−0.014 ***	−0.005 ***	−0.007 ***
	(0.007)	(0.001)	(0.002)	(0.000)	(0.000)
gov	0.737 ***	−0.027 ***	−0.726 ***	−0.218 ***	−0.277 ***
	(0.085)	(0.007)	(0.077)	(0.007)	(0.003)
FDI	0.038	0.306 ***	−0.506 ***	−0.148 ***	−0.226 ***
	(0.068)	(0.023)	(0.053)	(0.002)	(0.005)
N	540	540	540	540	540

五、结论与政策建议

本书通过超越生产函数法测算了长三角城市群 27 个城市 2000—2019 年国有单位、集体单位、其他单位劳动力价格扭曲指数，并对其绝对价格扭曲和相对价格扭曲的时空演变进行了深入分析，并进一步实证分析了劳动力价格异质性扭曲的影响因素，主要得出以下结论：

第一，从绝对价格扭曲来看，国有单位劳动力价格扭曲为正向扭曲，扭曲程度最小，集体单位和其他单位均为负向扭曲，前者扭曲程度小于后者。同时绝对价格扭曲呈现出区域聚集的空间态势。第二，从相对价格扭曲来看，其他—国有单位劳动力价格相对扭曲程度最大，集体—国有单位次之，其他—集体单位最小。同时，其他—国有单位、其他—集体单位劳动力相对价格扭曲呈现出聚集与分散并存的空间态势，而集体—国有单位劳动力相对价格扭曲呈现出分散的空间演变特征。第三，从影响因素分析来看，所有制分割对劳动力价格扭曲影响显著，其中：国有单位劳动力禀赋的系数显著为负，集体单位劳动力禀赋的系数显著为正，其他单位劳动力禀赋的系数显著为负。同时，根据分位数回归系数可知，随着劳动力价格扭曲指数加大，国有单位劳动力禀赋对劳动力价格扭曲的抑制作用呈现先减弱后加强的"V"形变化态势；集体单位劳动力禀赋对劳动力价格扭曲的加剧作用呈现先减弱后加强再减弱的倒"N"形变化特征；其他单位劳动力禀赋对劳动力价格扭曲的抑制作用大体呈现逐渐减弱的变动趋势。

基于此，本书提出如下政策建议：第一，针对测度得出长三角城市群劳动力价格异质性扭曲程度存在显著的区域差异，首先要打破长三角区域内部的行政分割，消除三省一市发展不平衡的制度性隐患。其次，充分发挥上海、南京以及杭州等经济更为发达的城市的辐射带动效应，从经济基础层面实质性提升经济洼地的收入水平，同时健全劳动者与企业效益挂钩的长效机制，加强工会力量，缩减雇员与经理层的收入差距，从区域层面和企业层面共同发力改善劳动力价格扭曲。第二，政府应将政策由差异化转变为普惠化，弥合国有、集体经济与民营经济三者之间的所有制隔阂，摘掉企业固有的所有制标签，发挥各类资本最大效能，实现经济总量最大化，扩大中等收入群体阶层，实质性提升基层劳动者收入。第三，纵深推进国有企业改革，以"要素市场化"为着力点，全面提倡市场化用工，完善市场化准入、退出机制，同时规范国有企业的工资体系，提高非垄断行业劳动力工资，缩小两部门间收入差距。第四，破除传统集体企业仍处于计划经济边缘"生存"的困境，深化集体企业改制改革，铲除"名为集体所有，实则职工空有"的模糊产权关系，保障职工基本权益。第五，坚持民营企业只能壮大而不能弱化，构建"亲"上加"清"政企关系，最大化降低民营企业制度性成本，同时健全人才柔性流动机制，加强职工技能培训，完善薪资激励长效机制，解决人才稀缺、人才难留与工资扭曲难题。

第三节 劳动力市场一体化发展的时空演变、区域差异及分布动态演进

在根据相对价格法对 2005—2019 年长三角城市群劳动力市场一体化水平测度的基础上，采用冷热点分析、Dagum 基尼系数、Kernel 密度估计和 Markov 链进一步考察其时空特征、区域差异及动态演进特征。研究发现：（1）长三角城市群劳动力市场一体化水平呈现"逐渐上升—波动下降"的非线性特征，且呈现"'浙江 9 市' > '江苏 9 市' > '安徽 8 市' > 上海市"的分布特征。（2）劳动力市场一体化发展具有较强的空间集聚态势，热点区域由江苏城市逐渐向上海、浙江城市扩散，而冷点区域主要集聚于安徽城市。（3）区域差异总体上呈现"缩小—扩大"的演进态势，其中上海区域内差距最大，"浙江 9 市"区域内差距最小，且区域间差异是区域差异的主要来源。（4）长三角城市群劳动力市场一体化水平演变呈现明显的"俱乐部趋同"特征与"马太效应"，同时处于高水平地区的劳动力市场一体化发展呈现正向空间溢出效应。

一、引言与文献综述

在"人口红利"逐渐消失的大背景下，我国经济增长驱动力不足、结构性问题凸显，坚持供给侧结构性改革、深化要素市场化改革及提高要素配置效率，将成为深化"十四五"规划、推动"双循环"新发展格局和促进经济可持续增长的关键突破口。一方面，我国要素市场化改革依然滞后，劳动力自由流动严重受阻，劳动力要素配置效率存在很大提升空间，劳动力市场一体化能够再次释放逐渐消失的人口红利；另一方面，劳动力市场分割会阻碍产品、要素市场化改革进程，而劳动力作为关键生产要素，其配置效率的提升不仅能够提高劳动生产率，而且有助于提高其他生产要素的配置效率，进而推动整个市场经济的新增长。为此，2020 年 4 月 9 日印发的《关于构建更加完善的要素市场化配置体制机制的意见》，强调深化要素市场化体制机制改革，健全劳动力、资本等要素定价体系，矫正要素资源错配失衡问题，提升要素市场一体化水平，从源头上畅通国民经济循环。

而现阶段，长三角一体化发展战略已上升为国家战略，要素市场一体化作为区域一体化的重要组成部分，能够提升区域内要素流动自由度，降低进入壁垒，推动区域统一大市场形成。为此，2021 年 6 月出台的《长三角一体化发展

规划"十四五"实施方案》，明确提出进一步破除制约要素跨区域自由流动的体制机制障碍，畅通市场、资源、技术、人才、资本等经济要素循环。而长三角区域要素市场中，劳动力市场化改革滞后于商品、资本市场，且劳动力市场的分割指数较大，这显然有碍于长三角一体化；同时经验表明，在区域一体化过程中，以大城市为核心的城市群已成为拉动区域经济增长的重要引擎，城市群劳动力市场一体化发展逐渐成为众多学者的研究重点（刘昊等，2020）。因此，在此背景下，深入分析长三角城市群劳动力市场一体化程度、地区差距及其动态演进趋势，有助于揭示长三角城市群劳动力市场一体化的发展现状与演变规律，对推进长三角区域劳动力市场协调发展具有重要意义，达到以自己的"小循环"来促进国内"大循环"的战略目标。

关于劳动力市场一体化理论的研究，最早追溯到古典经济学派，他们强调竞争性，认为劳动力市场是完全竞争市场，劳动力供需通过工资自由调节到达平衡，不同劳动力市场最终形成统一的工资率。例如，Topel（1986）基于动态均衡模型研究发现，在劳动力自由流动的机制下，劳动力流动自由度与工资差异成反比，与劳动力市场一体化成正比。David 等人（2021）以欧洲劳动力市场为例，提出劳动力跨域自由流动能够促使不同劳动力市场的工资率趋同，加快区域间劳动力市场融合。国内较早对劳动力市场一体化理论的研究也是建立在古典经济学意义上，认为劳动力市场融合是市场竞争的必然产物（都阳等，2004）。事实上，古典经济学派观点是建立在成熟市场经济基础上，现实中并不存在完全自由竞争市场，由此产生的新制度经济学派强调非竞争性，这种非竞争性表现为劳动力市场分割。同时，我国作为典型的后发国家，劳动力市场分割是经济转型中实行渐进式改革、赶超战略的必然产物，由此逐渐衍生出的制度性分割，是我国劳动力市场特有的现象。例如，赵金丽等人（2017）指出劳动力市场普遍存在体制、政策等非竞争性因素，不同劳动力市场的工资差异是这种非竞争性的直观表现。财政分权、地方官员的政治晋升及地方保护主义等制度因素被认为是造成我国劳动力市场分割、抑制劳动力市场一体化进程的主因（王海南等，2021；解晋，2021）。

关于劳动力市场一体化水平的测度研究，主要包括生产法、贸易流量法和价格法。生产法基于生产角度，通过分析生产效率、产出结构等方面的差异来衡量劳动力市场一体化水平，但其在逻辑上不足以准确说明指标与市场一体化的关系（韩帅帅等，2019）。贸易流量法根据贸易流量的大小评判市场一体化程度，区域间贸易量增加意味着市场一体化程度提升，但难以剔除规模利益和资源禀赋对贸易量变化的影响（陆铭等，2009）。随着研究的深入，无论是生产法还是贸易流量法都存在弊端，而价格法包含的信息量更大，价格变动与市场一体化直接相关，通过价格变动，既能考察产品市场一体化程度，又能测算劳动力、资本等要素市场一体化程度（刘劲睿等，2021）。在此基础上，相对价格法不仅能够直接观察时序变化情况，而且考虑到了劳动力异质性特征，能够综合不同部门、不同行业测算出不同地区、不同类型劳动力市场的一体化水平，逐渐成为主流方法（赵金丽等，2017）。

关于劳动力市场的时空分布及地区差异研究。例如，陈红霞等人（2016）、陈立泰等人（2017）利用绝对平均偏差方法衡量劳动力市场一体化发展的地区差距，前者研究发现京津冀劳动力市场分割程度呈现扩大化，且北京的分割程度最大，天津次之，河北最小；后者研究发现长江经济带劳动力市场分割程度呈现"长三角区域>中三角地区>成渝地区"的分布差异。王莹莹等人（2017）从空间分布视角入手，研究发现上海劳动力市场一体化水平呈现由中心向外围递减的演变规律。王海南等人（2020）基于所有制视角，研究发现京冀劳动力市场一体化程度最高、京津次之、津冀最低。上述研究揭示出地区间劳动力市场发展存在一定的空间非均衡性。

综上所述，现有的关于劳动力市场一体化研究已较丰富，为本研究提供了借鉴与启发，但仍存在以下不足：第一，现有的研究多是基于三省一市层面，而以长三角扩容后城市群 27 个城市为研究对象，探讨劳动力市场一体化水平的时空演变问题较少。第二，现有的研究多运用标准差、绝对平均偏差、变异系数等方法测算区域劳动力市场一体化差异，这些方法存在代表性差、滞后性及片面性等缺点，未能精细化测算区域差异，而 Dagum 基尼系数不仅能够测算地区差距，并进一步分解地区差距及来源，同时还能解决样本间的交叉重叠问题。第三，现有的研究还停留在时序变化的静态演进分析，缺乏动态演进分析，难以全面揭示劳动力市场一体化的静动态演变特征，而关于区域变量分布动态演进，其中分布动态法是学术界最常用的方法，主要包括核密度估计和 Markov 链估计（Quah，1996；郭美晨，2020）。鉴于此，本书在利用相对价格法对2005—2019 年长三角城市群劳动力市场一体化水平进行测度的基础上，采用冷热点分析描述劳动力市场一体化程度冷热区域的空间分布状况，并借助 Dagum 基尼系数方法揭示劳动力市场一体化水平的区域差异及来源，同时运用 Kernel 密度估计、Markov 链等非参数估计模型进一步刻画其分布动态演进规律，以全面深入阐释长三角城市群劳动力市场一体化程度的空间非均衡性及分布动态特征，为推动城市群劳动力市场协同发展提供决策依据。

二、研究方法与数据说明

（一）研究方法

1. 相对价格法

关于劳动力市场一体化水平测度的方法多种多样，众多学者采用相对价格法，其理论基础是萨缪尔森的冰川成本模型（Samuelson，1964），已广泛应用于测算劳动力市场一体化程度。本书借鉴马草原等人（2021）、单爽（2021）的研究方法，采用相对价格法测算长三角城市群劳动力市场一体化水平。具体测算步骤如下。

第一步。假设 i 与 j 代表两个地区，k 表示行业，P 表示价格，Q_{ijt}^k 则代表 i 与 j 两地间同一行业劳动力平均工资在同一时期的相对价格，则两地间不同时期的相对价格变动表示为：

$$\Delta Q_{ijt}^k = \ln\left(\frac{P_{it}^k}{P_{jt}^k}\right) - \ln\left(\frac{P_{it-1}^k}{\ln P_{jt-1}^k}\right) = \ln\left(\frac{P_{it}^k}{P_{it-1}^k}\right) - \ln\left(\frac{P_{jt}^k}{P_{jt-1}^k}\right) \tag{4-12}$$

第二步。为剔除劳动力异质性、市场环境差异等造成地区间劳动力工资的相对波动，对 $|\Delta Q_{ijt}^k|$ 求平均值 $\overline{|\Delta Q_{ijt}^k|}$，两式相减得到相对价格 q_{ijt}^k：

$$q_{ijt}^k = |\Delta Q_{ijt}^k| - \overline{|\Delta Q_{ijt}^k|} \tag{4-13}$$

第三步。计算仅包含地区间市场分割因素的相对价格 q_{ijt}^k 的方差 $VAR(q_{ijt}^k)$，表示 i 与 j 两地在 t 时期的市场分割指数。

第四步。按城市进行合并，得到各城市与其他城市之间的劳动力市场分割指数 $VAR(q_{it})$：

$$VAR(q_{it}) = \left[\sum_{i \neq j} VAR(q_{ijt}^k)\right] / N \tag{4-14}$$

第五步。由于市场分割与市场一体化是反向关系，由此可得劳动力市场一体化指数：

$$INTEG_{it} = \sqrt{1/VAR(q_{it})} \tag{4-15}$$

2. 冷热点分析

Getis-Ord Gi * 统计（冷热点分析）能够避免过度关注低值或高值要素，能够识别具有统计显著性的冷热点区域的空间分布情况，有助于反映长三角城市群劳动力市场一体化程度的空间分布格局，其计算公式为：

$$G^* = \frac{\sum_{j=1}^{n} W_{ij} x_j - \bar{X} \sum_{j=1}^{n} W_{ij}}{S\sqrt{\dfrac{\left[n\sum_{j=1}^{n} W_{ij}^2 - \left(\sum_{j=1}^{n} W_{ij}\right)^2\right]}{n-1}}} \tag{4-16}$$

其中，$\bar{X} = \dfrac{\sum\limits_{j=1}^{n} X_j}{n}$，$S = \sqrt{\dfrac{\sum\limits_{j=1}^{n} x_j^2}{n} - (\bar{X})^2}$，$W_{ij}$ 表示城市 i 和城市 j 的空间权重，n 为城市个数。

3. Dagum 基尼系数及分解方法

Theil 指数和 Dagum 基尼系数是目前测度区域差异的两种主流方法，由于 Dagum 基尼系数方法同时具有精准测算区域差距，分解区域差距及其来源的优点，已广泛应用于测算区域差异（陈景华等，2020）。具体计算方法如下：

$$G = \left(\sum_{j=1}^{k} \sum_{h=1}^{k} \sum_{i=1}^{k} \sum_{r=1}^{k} |y_{ji} - y_{hr}| \right) / 2 n^2 \bar{y} \tag{4-17}$$

$$G_{jj} = \left(\frac{1}{2 \bar{Y_j}} \sum_{i=1}^{n_j} \sum_{r=1}^{n_j} |y_{ji} - y_{jr}| \right) / n_j^2 \tag{4-18}$$

$$G_w = \sum_{j=1}^{k} G_{jj} P_j S_j \tag{4-19}$$

$$G_{jh} = \left(\sum_{i=1}^{n_j} \sum_{r=1}^{n_h} |y_{ji} - y_{hr}| \right) / n_j n_h (\bar{Y_j} + \bar{Y_h}) \tag{4-20}$$

$$G_{nb} = \sum_{j=2}^{k} \sum_{h=1}^{j-1} G_{jh}(P_j S_h + P_h S_j) D_{jh} \tag{4-21}$$

$$G_t = \sum_{j=1}^{k} \sum_{h=1}^{j-1} G_{jh}(P_j S_h + P_h S_j)(1 - D_{jh}) \tag{4-22}$$

$$D_{jh} = (d_{jh} - p_{jh}) / (d_{jh} - p_{jh}) \tag{4-23}$$

$$d_{jh} = \int_0^{\infty} d F_i(y) \int_0^y (y - x) d F_h(x) \tag{4-24}$$

$$p_{jh} = \int_0^{\infty} d F_h(y) \int_0^y (y - x) d F_j(x) \tag{4-25}$$

G_{jj}、G_{jh} 分别表示区域内、区域间基尼系数，$y_{ji}(y_{hr})$ 表示 $j(h)$ 地区各城市的劳动力市场一体化水平，$\bar{y}$ 表示劳动力市场一体化水平均值，k 表示样本地区个数，n 表示城市个数，D_{jh} 表示 j、h 区域间劳动力市场一体化水平的相对影响，d_{jh} 表示区域间劳动力市场一体化水平之差，p_{jh} 表示超变一阶矩。基尼系数主要包括区域内差异 G_w、区域间差异 G_{nb} 和超变密度 G_t，即 $G = G_w + G_{nb} + G_t$。

4. 非参数估计方法

一是 Kernel 密度估计。核密度估计属于非参数估计方法之一，可以揭示研究对象的分布动态演化趋势。本书采用高斯核函数对 2005—2019 年长三角城市群劳动力市场一体化程度进行分布动态估计，其中 X_{it}、$\bar{X_t}$ 表示独立同分布的观测值及其均值，

h 表示带宽，$f(X_t)$ 为第 t 年随机变量 X 的密度函数，$K(\cdot)$ 为核密度函数。

$$f(X_t) = \frac{1}{nh}\sum_{i=1}^{n}K\left(\frac{X_{it} - \bar{X}_t}{h}\right) \tag{4-26}$$

二是 Markov 链分析。马尔可夫链是一种随机过程，可以反映各城市劳动力市场一体化水平发生相对转移的概率。本研究采用 Markov 链进一步分析，在传统 Markov 链的基础上纳入城市间空间因素形成空间 Markov 链，将传统 $L \times L$ 维的转移矩阵分解为 $(L \times L) \times L$ 的转移概率矩阵。

（二）数据说明

本书研究对象为长三角城市群的 27 个城市，行业类型按照各城市统计年鉴资料中 19 类行业划分标准，同时考虑到年鉴中行业分类在 2005 年发生了较大调整以及各城市就业人员平均工资数据的可得性，研究时段设为 2005—2019 年，运用相对价格法测算得出各城市 2005—2019 年的劳动力市场一体化指数。

本书数据主要来源于 2006—2020 年沪苏浙皖三省一市的统计年鉴及其各城市统计年鉴和 EPS 数据库，个别缺失数据采用线性插值法补齐。

三、长三角城市群劳动力市场一体化的水平测度及事实描述

（一）时间序列分析

根据公式（4-12）—公式（4-15）测度了 2005—2019 年长三角城市群劳动力市场一体化程度，表 4-16 报告了 2005—2019 年长三角城市群 27 个城市劳动力市场一体化水平的测度结果，图 4-3 报告了 2005—2019 年长三角城市群及其各区域劳动力市场一体化水平的变动态势。

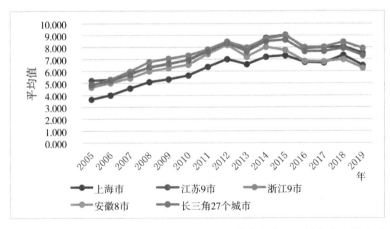

图 4-3　2005—2019 年长三角城市群及其各区域劳动力市场一体化水平的变动态势

表4-16 2005—2019年长三角城市群27个城市劳动力市场一体化水平的测度结果

城市	2005 年	排序	2010 年	排序	2015 年	排序	2019 年	排序	均值
上海市	3.642	23	5.647	25	7.321	24	6.490	18	6.007
南京市	3.726	22	6.779	19	7.970	17	7.292	14	6.738
无锡市	4.423	16	6.946	16	8.329	14	8.754	5	7.317
常州市	5.552	7	7.314	10	9.943	8	9.031	3	7.927
苏州市	4.557	14	7.131	11	9.430	10	8.783	4	7.676
南通市	6.767	4	7.791	4	10.477	4	7.328	13	8.301
盐城市	3.866	20	5.738	24	6.970	25	6.845	16	5.801
扬州市	6.609	5	6.796	17	10.300	6	6.246	19	7.503
镇江市	7.189	1	7.407	7	10.223	7	7.387	12	8.044
泰州市	4.385	17	6.630	21	7.824	18	5.896	21	6.327
杭州市	3.586	25	6.779	18	8.133	16	7.848	11	6.856
宁波市	3.817	21	8.527	1	8.583	13	8.618	7	7.617
温州市	6.489	6	7.382	9	10.390	5	8.424	8	8.196
嘉兴市	7.045	2	6.962	15	10.537	1	10.036	1	8.457
湖州市	5.269	8	6.982	14	9.611	9	8.135	10	7.677

续表

城市	2005 年	排序	2010 年	排序	2015 年	排序	2019 年	排序	均值
绍兴市	4.676	13	6.735	20	8.248	15	6.057	20	6.836
金华市	4.900	11	7.796	3	10.482	3	8.410	9	8.138
舟山市	4.468	15	7.402	8	8.589	12	8.708	6	7.335
台州市	3.551	26	7.992	2	7.547	20	7.027	15	6.979
合肥市	7.008	3	7.777	5	10.503	2	9.723	2	8.626
芜湖市	5.118	9	7.022	13	7.604	19	5.804	23	6.684
马鞍山市	4.908	10	7.606	6	8.960	11	6.644	17	7.644
铜陵市	4.847	12	7.039	12	7.367	22	5.560	26	6.764
安庆市	3.453	27	5.095	27	6.395	27	5.371	27	5.300
滁州市	3.616	24	5.412	26	7.337	23	5.564	25	5.779
池州市	3.978	19	5.931	23	6.481	26	5.856	22	5.695
宣城市	4.385	18	6.454	22	7.417	21	5.638	24	6.562

注：限于篇幅，仅列出部分年份的测度结果，排序和总体均值。

由表4-16和图4-3可知，首先，从区域总体层面看，2005—2019年长三角城市群劳动力市场一体化水平呈现2005—2015年逐渐增加、2015年后下降的倒"U"形的演变特征，整体上仍处于上升态势。其次，从市域个体层面看，一是依据均值，排名前5名的城市是合肥、嘉兴、南通、温州和金华，排名后5名的是上海、盐城、滁州、池州和安庆。二是依据具体年份，2005年劳动力市场一体化程度排名前5名的城市是镇江、嘉兴、合肥、南通和扬州，排名后5名的城市是上海、滁州、杭州、台州和安庆。2019年劳动力市场一体化程度排名前5名的城市是嘉兴、合肥、常州、苏州和无锡，排名后5名的城市是芜湖、宣城、滁州、铜陵和安庆。三是依据排名波动情况，部分城市整体上比较稳定，如泰州、温州、合肥、滁州和安庆等，但也有部分城市具有较大的波动性，如宁波由2005年的3.817上升到2019年的8.618，排名由2005年的第二十一名上升到2019年的第七名；无锡由2005年的4.423上升到2019年的8.754，排名由2005年的第十六名上升到2019年的第五名，表明劳动力市场一体化水平得到提升；但芜湖由2005年的5.118下降至2019年的5.804，排名由2005年的第九名下降至2019年的第二十三名；铜陵由2005年的4.847下降至2019年的5.560，排名由2005年的第十二名下降至2019年的第二十六名，表明劳动力市场一体化水平明显下降。最后，从省域层面看，各区域劳动力市场一体化水平总体上呈现"逐渐上升—波动下降"的演变特征，且呈现"'浙江9市'>'江苏9市'>'安徽8市'>上海市"的分布特征。比较而言，从劳动力市场一体化指数的平均增速看，上海劳动力市场一体化指数由2015年的3.642上升至2019年的6.490，年均增长5.21%，增长幅度最大；"浙江9市"劳动力市场一体化指数由2005年的4.819上升至2019年的7.916，年均增长4.28%；"江苏9市"劳动力市场一体化指数由2005年的5.230上升至2019年的7.507，年均增长2.90%；"安徽8市"劳动力市场一体化指数由2005年的4.664上升至2019年的6.270，年均增长2.30%，增长幅度最小；"长三角27城市"劳动力市场一体化指数由2005年的4.883上升至2019年的7.314，年均增长3.32%。由此可见，一方面，2005—2019年长三角城市群劳动力市场一体化水平总体上呈现倒"U"形的演变特征，其中浙江和江苏省内城市多数增幅较大，且水平较高，而安徽省内城市多数呈现下降态势，且水平较低，反映出长三角区域劳动力市场一体化发展中存在显著的空间非均衡性；另一方面，"安徽8市"劳动力市场一体化水平及增幅均低于长三角27个城市整体水平，且存在陷入低水平困局的迹象，表明"安徽8市"劳动力市场有待进一步融入长三角区域。

（二）空间差异分析

冷热点分析（Getis-Ord Gi*）指数能够揭示出长三角城市群劳动力市场一体化程度冷热区域的空间分布状况。本书借助 ArcGIS 10.8 选取观测期始末年绘制成表 4-17。2005—2019 年长三角城市群劳动力市场一体化程度空间分布不均衡，尽管城市之间呈现聚集特征，但空间上显著存在极化差异问题。从具体年份来看，2005 年，热点区域共有 8 个城市，其中江苏多达 6 个城市，且在 95%及其以上置信度的热点区域共有 4 个城市，即热点区域主要集中于江苏省内城市；冷点区域共有 10 个城市，其中浙江和安徽分别有 6 个城市和 4 个城市，即冷点区域主要分布于浙江省内城市和安徽省内城市。到 2019 年，长三角城市群劳动力市场一体化的整体空间格局变化较大，其中热点区域呈现扩大态势，逐渐向上海、宁波、台州和温州等沿海城市扩散，由 2005 年的 8 个城市增至 2019年的 12 个城市，浙江有 7 个城市进入了热点区域，表明浙江区域劳动力市场一体化水平明显有所提升；同时，冷点区域虽然整体数量上保持不变，但分布区域发生了显著变化，由 2005 年主要分布于浙江、安徽省内城市演化为主要分布于安徽省内城市，并向江苏扩散，这也表明安徽省内城市的劳动力市场一体化水平并未得到实质性提升，没有赶超邻近地区。另外，值得注意的是，置信度达 99%的冷点区域呈现明显收敛趋势，置信度在 95%及其以下的冷点区域呈现明显扩散态势，表明中低程度的劳动力市场一体化水平有所提升，但热点区域显著扩大化，体现出长三角城市群劳动力市场一体化发展水平仍然存在空间极化差异。这种区域间劳动力市场一体化发展水平的聚集差异部分可归因于城市的经济发展水平、就业机会等，江浙沪地区经济发展速度快，就业机会多，人口虹吸效应显著，通常是区域劳动力市场一体化发展的热点区域，而安徽经济相对落后，就业机会少，人才流失较严重，往往是冷点聚集区域。

表 4-17　2005、2019 年长三角城市群劳动力市场一体化程度冷热点区域分类

类型	2005 年	2019 年
冷点-99%置信度	宁波、金华、安庆、池州	池州
冷点-95%置信度	杭州、绍兴、舟山	马鞍山、铜陵、安庆、宣城
冷点-90%置信度	台州、滁州、宣城	南京、扬州、盐城、合肥、芜湖
非显著性区域	上海、盐城、南通、常州、温州、湖州、嘉兴、芜湖、铜陵	镇江、泰州、杭州、金华、滁州
热点-90%置信度	扬州、合肥、马鞍山	南通、宁波、温州、台州

类型	2005 年	2019 年
热点-95%置信度	南京、苏州、镇江	上海、常州、嘉兴、绍兴、舟山
热点-99%置信度	无锡、泰州	无锡、苏州、湖州

四、长三角城市群劳动力市场一体化水平的区域差异及分解

为进一步探讨长三角城市群劳动力市场一体化发展的区域差异，运用 Dagum 基尼系数及其分解方法对 2005—2019 年长三角城市群劳动力市场一体化程度的总体差异、区域内差异、区域间差异以及超变密度进行测算并分析，具体结果见表 4-18—表 4-20。

（一）区域总体差异分析

表 4-18 反映了 2005—2019 年长三角总体层面劳动力市场一体化水平的差异及其演变特征。从长三角区域总体层面看，基尼系数分布在 0.0576—0.1345，存在一定的空间非均衡性特征。从区域差异的变化趋势看，基尼系数总体上呈现"下降—上升"的演变态势，2005 年基尼系数为 0.1345，随后逐渐下降到 2012 年 0.0576 的最低点，年均下降率达到 7.15%，表明此阶段内劳动力市场发展不均衡的现象有所缓解。2012 年之后，基尼系数开始上升，到 2019 年增至 0.1070，年均增幅达到 6.60%。与前一阶段相比，2012 年之后长三角区域劳动力市场一体化发展不均衡现象呈现扩大化，反映长三角区域劳动力市场存在分割现象，可能是因为三省一市在户籍制度、就业政策、人才互认等方面仍存在本位主义思想。

（二）区域内差异分析

表 4-18 刻画了长三角城市群劳动力市场一体化发展区域内差异及其演变特征。从均值来看，2005—2019 年四大区域劳动力市场一体化水平的区域内差异均值呈现"上海市>'安徽 8 市'>'江苏 9 市'>'浙江 9 市'"特征。从演变趋势来看，上海地区劳动力市场一体化水平的基尼系数呈现波动上升态势，区域内基尼系数年均增长率达到 24.56%，表明上海地区劳动力市场一体化发展的内部差异在波动中呈现扩大化。"江苏 9 市""浙江 9 市"和"安徽 8 市"基尼系数均呈现"下降—上升"的变化特征，与 2005 年基期相比，三个区域的内部差异主要表现为缩小化趋势，区域内基尼系数年均下降率约为 2.69%、3.18%和 1.53%。从波动幅度来看，上海地区和"浙江 9 市"的基尼系数波动幅度相对较大，"江苏 9 市"和"安徽 8 市"基尼系数的变动较为平缓。总之，

对比四个区域可以发现，上海区域劳动力市场一体化发展的区域内差异最大，"浙江9市"最小，表明上海区域内劳动力市场发展不平衡最为严重，而"浙江9市"劳动力市场发展协同性相比最好；对"江苏9市"和"安徽8市"而言，"安徽8市"区域内不平衡明显更为严重化，这可能与皖南、皖北经济发展水平差距过大有关，皖南多数城市隶属于长三角城市群，在经济、就业、社会保障等方面受到的政策照顾要远多于皖北。

表4-18　长三角城市群及四大区域劳动力市场一体化水平的基尼系数

年份	总体	区域内基尼系数			
		沪	苏	浙	皖
2005	0.1345	0.0570	0.1328	0.1320	0.1194
2006	0.1101	0.0470	0.1057	0.1012	0.1095
2007	0.0960	0.0770	0.0914	0.0797	0.0968
2008	0.0740	0.0650	0.0631	0.0442	0.0812
2009	0.0652	0.0790	0.0488	0.0350	0.0804
2010	0.0639	0.0720	0.0425	0.0431	0.0803
2011	0.0721	0.0800	0.0610	0.0417	0.0954
2012	0.0576	0.0850	0.0423	0.0208	0.0904
2013	0.0616	0.1950	0.0526	0.0213	0.0854
2014	0.0722	0.1000	0.0659	0.0446	0.0820
2015	0.0884	0.1010	0.0752	0.0658	0.0846
2016	0.0878	0.1620	0.0722	0.0710	0.0779
2017	0.0970	0.1190	0.0828	0.0736	0.0862
2018	0.1043	0.1810	0.0984	0.0615	0.1023
2019	0.1070	0.2670	0.0791	0.0691	0.0920
均值	0.0861	0.1125	0.0743	0.0603	0.0909

注：首先，沪表示上海市，苏表示"江苏9市"，浙表示"浙江9市"，皖表示"安徽8市"；其次，计算组内差距时，上海市单独一个城市无法进行测度，为了有效测度上海区域内差异，本书选取中心城区徐汇区和杨浦区、半中心区半郊区浦东新区以及郊区青浦区和奉贤区共5个区来衡量。

（三）区域间差异分析

表4-19展示了长三角城市群劳动力市场一体化发展区域间差异及其演变特征。总体上，沪—苏、沪—浙和沪—皖的区域间差异主要表现为波动下降态势，而苏—浙、苏—皖和浙—皖的区域间差异则主要呈现出"下降—上升"的演变特征。具体来看，沪—苏和沪—皖的区域间差异在2005—2012年比较接近，但之后沪—皖的区域间差异波动幅度更大，二者区域间差异整体上均呈现收敛态势。苏—皖和浙—皖的区域间差异水平大致相当，2015年之后明显呈现扩大化，二者区域间差异水平始终超过其他区域。沪—浙的区域间差异呈现"波动下降—短暂回升"的趋势，区域间基尼系数从2005年的0.1478下降至2019年的0.1194，年均下降率约为1.28%。苏—浙的区域间差异较小，呈现"下降—上升"的演变态势，总体上仍表现为收敛态势，2019年的区域间差异水平为0.0856，较2005年年均下降率为2.54%。由此表明，2005—2019年长三角城市群劳动力市场一体化发展区域间差异按降序依次为浙—皖、苏—皖、沪—浙、沪—苏、苏—浙和沪—皖。其中值得注意的是，安徽省内城市与江苏、浙江省内城市的区域间差异较大，而与上海区域间差异较小。其中的缘由可能是，上海作为长三角区域一体化的"龙头"，对安徽地区的扩散效应较苏浙更强，沪皖经济联系程度得到增强。

表4-19 四大区域劳动力市场一体化水平的区域间基尼系数

年份	区域间基尼系数					
	沪—苏	沪—浙	沪—皖	苏—浙	苏—皖	浙—皖
2005	0.1790	0.1478	0.1296	0.1383	0.1393	0.1288
2006	0.1393	0.1467	0.1247	0.1053	0.1140	0.1114
2007	0.1228	0.1389	0.1028	0.0887	0.1007	0.1036
2008	0.1083	0.1465	0.0968	0.0660	0.0772	0.0870
2009	0.1061	0.1439	0.0958	0.0539	0.0703	0.0781
2010	0.1033	0.1341	0.0896	0.0485	0.0693	0.0794
2011	0.0991	0.1092	0.0941	0.0560	0.0847	0.0826
2012	0.0906	0.0997	0.0957	0.0346	0.0748	0.0702
2013	0.0868	0.1019	0.0768	0.0430	0.0788	0.0767
2014	0.1024	0.0993	0.0755	0.0609	0.0873	0.0793
2015	0.1105	0.1097	0.0583	0.0729	0.1094	0.1076

续表

年份	区域间基尼系数					
	沪—苏	沪—浙	沪—皖	苏—浙	苏—皖	浙—皖
2016	0.0942	0.1011	0.0580	0.0750	0.1047	0.1114
2017	0.1058	0.1070	0.0639	0.0833	0.1175	0.1221
2018	0.0900	0.0924	0.0972	0.0899	0.1256	0.1367
2019	0.0859	0.1194	0.0836	0.0856	0.1323	0.1590

（四）区域差异的来源及其贡献

表4-20揭示了长三角城市群劳动力市场一体化发展区域差异的来源及其贡献。从贡献率来看，首先，区域间差异贡献所占比例最大，总体上呈现波动上升态势，由2005年的24.71%上升至2019年的52.73%，上涨了28.02个百分点，尤其是2014年之后，区域间差异的贡献率显著超过区域内差异、超变密度。其次，区域内差距总体上呈现微降态势，区域内差异的贡献率在26%左右，从2005年的30.06%下降至2019年的22.90%，下降了7.16个百分点。最后，超变密度①总体上呈现波动下降态势，从2005年的45.23%下降至2019年的24.37%，下降了20.86个百分点。总之，从分解结果可以发现，区域间差异是总体差异的主要来源，相较于区域间差异，区域内差异、超变密度对劳动力市场一体化发展区域差异的贡献较小，不是造成区域差距的主因。因此，要解决长三角城市群劳动力市场一体化发展的区域差异问题，应当着重从缩小沪苏浙皖四地区域间差距的角度采取有效措施。

表4-20　基尼系数分解结果

年份	贡献			贡献率（%）		
	区域内差异	区域间差异	超变密度	区域内差异	区域间差异	超变密度
2005	0.0404	0.0328	0.0597	30.06	24.71	45.23
2006	0.0329	0.0211	0.0507	29.91	19.99	50.10
2007	0.0277	0.0280	0.0323	28.85	30.63	40.53
2008	0.0190	0.0300	0.0118	25.66	47.56	26.77

---

① 超变密度主要用于识别区域之间的交叉重叠问题，例如"浙江9市"劳动力市场一体化水平明显高于"安徽8市"，但"浙江9市"劳动力市场一体化水平较低的城市可能低于"安徽8市"劳动力市场一体化水平较高的城市。

续表

年份	贡献			贡献率（%）		
	区域内差异	区域间差异	超变密度	区域内差异	区域间差异	超变密度
2009	0.0162	0.0256	0.0080	24.90	52.41	22.69
2010	0.0165	0.0212	0.0104	25.81	50.02	24.17
2011	0.0198	0.0164	0.0191	27.43	26.87	45.69
2012	0.0149	0.0110	0.0100	25.88	25.93	48.20
2013	0.0155	0.0241	0.0062	25.11	45.87	29.02
2014	0.0195	0.0215	0.0180	27.00	32.60	40.39
2015	0.0232	0.0315	0.0210	26.23	41.87	31.90
2016	0.0229	0.0324	0.0206	26.05	44.90	29.05
2017	0.0251	0.0360	0.0226	25.85	43.46	30.68
2018	0.0265	0.0448	0.0178	25.43	45.58	28.99
2019	0.0245	0.0417	0.0168	22.90	52.73	24.37

五、长三角城市群劳动力市场一体化水平的分布动态演进

（一）Kernel 密度估计

本书采用 Kernel 密度估计方法对长三角城市群劳动力市场一体化发展地区差距的分布位置、形态以及延展性等方面进行阐述，具体结果如图4-4—图4-8所示。

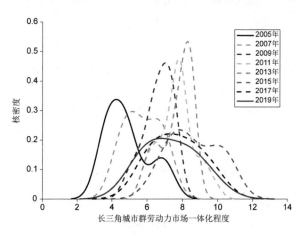

图4-4 长三角城市群整体劳动力市场一体化水平的分布动态

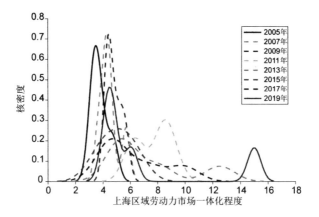

图 4-5　上海区域劳动力市场一体化水平的分布动态

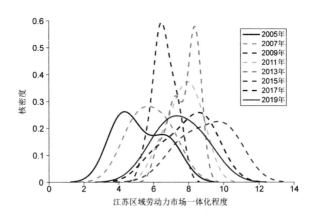

图 4-6　"江苏 9 市"劳动力市场一体化水平的分布动态

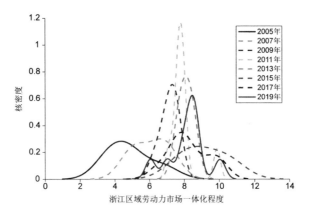

图 4-7　"浙江 9 市"劳动力市场一体化水平的分布动态

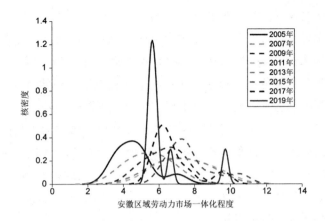

图 4-8　"安徽 8 市"劳动力市场一体化水平的分布动态

　　图 4-4 所示为长三角城市群整体劳动力市场一体化水平的分布动态演进图。从分布位置看，核密度曲线中心 2005—2013 年呈现右移，2013—2019 年呈现左移，表明长三角城市群整体劳动力市场一体化水平呈现先增后降的倒"U"形的非线性特征；从分布形态看，波峰峰值呈现"上升—下降"趋势，波峰宽度主要表现为"缩小—扩大"的演进特征，表明长三角区域劳动力市场一体化发展差距呈现扩大化趋势；从分布延展性看，2015 年开始核密度曲线表现出右拖尾现象，2019 年分布曲线相较于 2015 年整体向左移动，左侧拖尾向左延伸，右侧拖尾向右延伸，区域内差距具有扩大化趋势；从波峰数量看，一些年份出现了"主峰+右侧峰"的分布格局，意味着长三角域内存在极化现象，表明长三角域内存在劳动力市场一体化水平相对较高的城市数量增多，以及劳动力市场一体化水平上升较快的城市与上升较慢甚至下降的城市差距变大。

　　图 4-5 所示为上海区域①劳动力市场一体化水平的分布动态演进图。从分布位置看，核密度曲线中心 2005—2011 年呈现右移，2011—2019 年呈现左移，表明上海区域劳动力市场一体化水平呈现先增后降的倒"U"形的非线性特征；从分布形态看，波峰峰值呈现"上升—下降—上升"趋势，波峰宽度主要表现为"缩小—扩大—缩小"的演进特征，与 2005 年相比，区域内劳动力市场一体化发展差距并未得到有效缩减；从分布延展性看，观测末期存在右侧拖尾现象，区域内差距具有扩大化态势；从波峰数量看，由观测初期的一个主峰一个侧峰演变为观测末期的一个主峰两个侧峰，表明上海区域劳动力市场一体化水平呈

---

　　①　上海市单个城市无法进行核密度估计，因此"上海区域"特指前文中所选取的中心城区：徐汇区和杨浦区；半中心区半郊区：浦东新区；郊区：青浦区和奉贤区共 5 个区。

现较为明显的梯度效应，两极分化现象显著。

图 4-6 所示为"江苏 9 市"劳动力市场一体化水平的分布动态演进图。从分布位置看，核密度曲线中心 2005—2015 年呈现右移，2015—2019 年呈现左移，表明"江苏 9 市"劳动力市场一体化水平呈现先增后降的倒"U"形的非线性特征；从分布形态看，波峰峰值呈现"上升—下降—上升"趋势，波峰宽度主要表现为"缩小—扩大"趋势，表明"江苏 9 市"劳动力市场一体化水平的差距呈扩大化态势；从分布延展性看，2015 年开始存在右侧拖尾现象，之后右侧拖尾现象减弱，表明区域内差距呈现缩小趋势；从波峰数量看，由观测初期的一个主峰一个侧峰演变为观测末期的一个主峰，表明"江苏 9 市"劳动力市场一体化发展无明显极化现象。

图 4-7 所示为"浙江 9 市"劳动力市场一体化水平的分布动态演进图。从分布位置看，核密度曲线中心 2005—2015 年呈现右移，2015—2017 年呈现左移，2017—2019 年呈现右移，表明"浙江 9 市"劳动力市场一体化水平呈现"上升—下降—上升"的非线性特征；从分布形态看，波峰峰值呈现"上升—下降—上升"趋势，部分年份的波峰宽度具有扩大趋势，但区域差异总体上仍是缩减的，尤其是在 2015 年之后明显收敛；从分布延展性看，2015 年存在右侧拖尾现象，之后右侧拖尾现象明显减弱，表明区域内差距显著缩小；从波峰数量看，2019 年明显存在多峰形态，主峰左侧出现新侧峰，表明区域内有劳动力市场一体化水平较低的城市崛起，同时主峰右侧又有侧峰，且与主峰较近，表明浙江区域内存在发展相近的"小俱乐部"，这些城市更倾向于在小区域内协调发展。

图 4-8 所示为"安徽 8 市"劳动力市场一体化水平的分布动态演进图。从分布位置看，核密度曲线中心 2005—2013 年呈现右移，2013—2019 年呈现左移，表明"安徽 8 市"劳动力市场一体化水平呈现先增后降的倒"U"形的非线性特征；从分布形态看，波峰峰值呈现"下降—上升"趋势，部分年份的波峰宽度呈现扩大化，但区域差异总体上仍是缩减的，尤其是在 2013 年之后；从分布延展性看，多数年份存在右侧拖尾现象，2015 后有所减弱，表明区域内差距具有缩小趋势；从波峰数量看，安徽区域在 2015 年之前，其核密度曲线主要是单峰形态，之后开始出现双峰形态，2019 年出现明显多峰形态，观测期内呈现"收敛无分化"向"两极分化"再向"多级分化"演变的态势，区域内显著存在极化现象。

（二）Markov 链分析

为进一步揭示长三角城市群劳动力市场一体化发展的具体转移特征，采用 Markov 链对劳动力市场一体化发展的动态演进规律进行深入分析。本书遵循四分位数法原则将长三角城市群 27 个城市的劳动力市场一体化水平划分为Ⅰ、Ⅱ、Ⅲ和Ⅳ四个等级，分别代表低水平、中低水平、中高水平和高水平，运用 Matlab 得到了传统与空间 Markov 链转移概率矩阵（表 4-21）。

表 4-21 长三角城市群劳动力市场一体化水平的 Markov 链转移概率矩阵

空间滞后类型	$t_i/(t_i+1)$	n	Ⅰ (<25%)	Ⅱ (25%~50%)	Ⅲ (50%~75%)	Ⅳ (>75%)
无滞后	Ⅰ	93	0.742	0.237	0.022	0.000
	Ⅱ	96	0.115	0.594	0.292	0.000
	Ⅲ	96	0.000	0.156	0.521	0.323
	Ⅳ	93	0.000	0.022	0.215	0.763
Ⅰ	Ⅰ	61	0.820	0.164	0.016	0.000
	Ⅱ	29	0.000	0.759	0.241	0.000
	Ⅲ	9	0.000	0.111	0.778	0.111
	Ⅳ	0	0.000	0.000	0.000	0.000
Ⅱ	Ⅰ	24	0.583	0.417	0.000	0.000
	Ⅱ	34	0.088	0.559	0.353	0.000
	Ⅲ	18	0.000	0.167	0.500	0.333
	Ⅳ	12	0.000	0.000	0.167	0.833
Ⅲ	Ⅰ	5	0.600	0.400	0.000	0.000
	Ⅱ	14	0.214	0.429	0.357	0.000
	Ⅲ	33	0.030	0.455	0.515	
	Ⅳ	40	0.000	0.025	0.100	0.875
Ⅳ	Ⅰ	3	0.667	0.000	0.333	0.000
	Ⅱ	19	0.263	0.526	0.211	0.000
	Ⅲ	36	0.000	0.278	0.528	0.194
	Ⅳ	41	0.000	0.024	0.341	0.634

注：无滞后的情况即传统 Markov 链转移概率矩阵。

首先，从传统和空间 Markov 链转移概率矩阵来看，两个矩阵中对角线上的转移概率均明显低于非对角线上的转移概率，表明长三角城市群劳动力市场一体化水平演变呈现明显的"俱乐部趋同"特征，且跨越式的俱乐部趋同可能性均极小，基本上不能实现跨等级转变。其次，两个矩阵中各等级对角线上的转移概率均呈现出低高水平阶段大于中间阶段的演变特征，体现了长三角城市群劳动力市场一体化发展存在"马太效应"，即处于高水平阶段的城市具有一定的稳定性，而处于低水平阶段的城市容易长期陷入低水平困局，致使两极分化问题突出。最后，当考虑空间滞后等级时，等级 Ⅰ 的稳定概率分别为 82.00%、58.30%、60.00% 和 66.70%；等级 Ⅱ 的稳定概率分别为 75.90%、55.90%、42.90% 和 52.60%；等级 Ⅲ 的稳定概率分别为 77.80%、50.00%、45.50% 和 52.80%；等级 Ⅳ 的稳定概率分别为 0、83.30%、87.50% 和 63.40%。由此得出以下结论：一是长三角城市群劳动力市场一体化水平受到邻域空间滞后等级的影响，维持原状态等级不变的概率和不同等级之间转移的概率在传统和空间 Markov 链转移概率矩阵中均发生了明显变化，表明观测期内长三角区域劳动力市场一体化水平并未达到稳定阶段。二是当邻域空间滞后等级为 Ⅱ 时，高水平阶段向下发生转移的概率由 21.50% 下降至 16.70%；当邻域空间滞后等级为 Ⅰ 时，高水平阶段向下发生转移的概率下降为 0，表明低等级邻域滞后类型对高水平阶段城市的负面影响有限，即"高水平垄断"现象仍然存在。三是当考虑邻域空间滞后等级时，低水平阶段向中低水平阶段转移的概率分别为 16.40%、41.70%、40.00% 和 0；中低水平阶段向中高水平阶段转移的概率分别为 24.10%、35.30%、35.70% 和 21.10%；中高水平阶段向高水平阶段转移的概率则分别为 11.10%、33.30%、51.50% 和 19.40%，均呈现出先上升后下降的倒"U"形演进特征，验证了长三角城市群劳动力市场一体化水平演变明显呈现出"俱乐部趋同"特征，即与高等级类型劳动力市场一体化水平地区相邻有助于提升本地区的劳动力市场一体化水平，存在一定的空间正向溢出效应，但对劳动力市场一体化水平较低的城市来说，当其与邻域水平差距过大时，这种正向的空间溢出效应会被削弱。

六、结论及政策建议

本书在对 2005—2019 年长三角城市群 27 个城市劳动力市场一体化水平测算的基础上，采用冷热点分析和 Dagum 基尼系数分析了长三角城市群劳动力市场一体化发展的时空格局与区域差距，并采用 Kernel 密度估计和 Markov 链非参数模型对长三角城市群劳动力市场一体化发展的动态演进规律进行了估计，结论如下：

第一，长三角城市群劳动力市场一体化水平总体上呈现"逐渐上升—波动下降"的非线性特征，且呈"'浙江9市'>'江苏9市'>'安徽8市'>上海市"的分布特征。

第二，长三角城市群劳动力市场一体化发展存在较强的空间集聚态势，热点区域由江苏城市逐渐向上海、浙江城市扩散，冷点区域主要集聚于安徽城市。

第三，长三角城市群劳动力市场一体化水平在2005—2019年区域差距呈现"缩小—扩大"的演进态势，上海区域内差距最大，"浙江9市"区域内差距最小，近年来区域间差异按降序依次为浙—皖、苏—皖、沪—浙、沪—苏、苏—浙和沪—皖，且区域间差异是总体差距的主要来源。第四，长三角城市群劳动力市场一体化水平演变呈现明显的"俱乐部趋同"特征与"马太效应"，同时处于高水平地区的劳动力市场一体化发展具有正向空间溢出效应，但对劳动力市场一体化水平较低的城市来说，当其与邻域水平差距过大时，这种正向的溢出效应会被削弱。

基于此，本书提出以下政策建议：第一，充分重视劳动力市场发展的空间不均衡问题，强化顶层设计，完善全局视域下的劳动力市场一体化发展机制。首先，探索更高规格的长三角政策协同机制。实施"双扶"和"精准扶贫"战略，扶强和扶弱并行，适当加大对劳动力市场一体化水平较低地区的倾斜扶持，以保障各地劳动力市场协同发展。其次，强化区域间与区域内的良性互动，增强空间联动性。搭建长三角"跨域、互认、共享"的协作互助平台，促进劳动要素跨域自由流动，提升区域要素资源整合能力及配置效率。最后，强化政府履职能力，释放自我发展潜力。深挖造成区域差异的深层次原因，认清发展差距，找准自我定位，最大限度地释放区域经济潜力。

第二，充分发挥区域间协同效应，基于各区域的区位优势，实施因地制宜的劳动力市场一体化水平提升战略。具体而言，"浙江9市"和"江苏9市"作为劳动力市场一体化水平较高的地区，要注重高技能人才的发展机制，便利高技能人才跨域流动，以优化产业结构、要素资源配置等方式促进区域劳动力市场一体化向更高水平迈进，最大程度发挥高水平地区的溢出效应；上海应充分发挥其"龙头"带动作用，努力将极化效应转化为扩散效应；"安徽8市"作为中部地区劳动力禀赋丰裕，要提高对劳动力指向型FDI的准入门槛，健全劳动力要素价格体系，发挥外资企业对当地经济增长、劳动力市场协调发展的促进作用。

第三，优化区域要素资源配置，统筹城市群劳动力市场协同发展。优化要素资源的布局及配置，促使劳动力要素跨地域自由流动，实现区域内城市间深度合作。如上海应协调市区劳动资源分布，健全郊区的人才引进与培养机制，以提升区域整体劳动要素配置和使用效率，降低区域劳动力市场分割程度。"江苏9市"应着力提升区域人力资本结构，南京、苏州等城市着重打造"高教之城"，健全跨域人才使用机制，以人才技术一体化促劳动力市场一体化。"浙江9市"应进一步提高劳动力市场产业协同度，嘉兴、宁波等城市着重打造先进制造业产业集群，以产业集群为载体将行政边界模糊化，借此充分发挥扩散效应。"安徽8市"应加强城市间联系，形成"以点带面"的空间格局，如合肥较域内其他城市在经济、交通、地理方面具有显著的比较优势，要充分发挥其对周边要素资源和人才的辐射和集散作用。

第四节　劳动力市场分割的经济效应：研究综述与展望

我国要素市场一体化明显滞后，相比于商品、资本市场，劳动力市场分割较为严重化，而要素配置市场化改革作为"十四五"规划改革的重要突破口，显然，劳动力市场的滞后性是不合理的。本书基于文献回顾法，对劳动力市场分割的经济效应方面的文献进行梳理和分析。研究发现：劳动力市场分割会加剧工资扭曲、妨碍社会充分就业，不利于经济平稳运行；劳动力市场分割也会削弱人力资本存量、减缓企业技术创新进程，不利于经济可持续发展；劳动力市场分割还会降低企业出口竞争力、抑制高质量FDI流入，不利于经济内外联动发展，最终有碍于经济迈入高质量发展阶段。后续研究可从劳动力异质性、不同要素市场分割的交叉性、数字经济情境等方面做进一步拓展。

1994—2007年，我国实施以市场与要素"两头在外、大进大出"为特征的国际大循环模式，经济对外依存度逐年攀升，2003年超过50%，2006年已超60%（史卫等，2021）。随着大国竞争愈加复杂激烈，经贸形势不确定性增强，我国参与国际经济大循环的发展模式在需求和供给层面上均受到挑战，需求层面上，全球经济增长放缓，国家间"存量"竞争激烈；供给层面上，我国的人口红利逐渐消失，环保压力加大，资源浪费加剧，要素配置效率偏低。为此，2021年3月颁布的《中华人民共和国国民经济和社会发展第十四个五年规划和2035年远景目标纲要》强调，要"加快构建以国内大循环为主体、国内国际双循环相互促进的新发展格局"。习近平总书记明确指出，国内大循环是铺路石，国际市场是国内市场的延伸，充分发挥国内市场的超大规模市场优势，依托国内大循环吸引全球要素资源，应当积极整合劳动力市场，畅通国内大循环，提高要素自由度与配置效率。同时，要素配置市场化改革作为我国"十四五"规划改革的关键突破口，而我国要素市场一体化明显滞后，相较于商品、资本市场，劳动力市场的扭曲程度较为严重（宋大强、皮建才，2020）。因此，深入研究劳动力市场分割对经济可能产生的负面影响，并针对性地提出政策建议，对加快要素市场一体化和经济一体化发展具有现实意义。

一、劳动力市场分割逻辑与研究框架

劳动力市场分割是与劳动力市场一体化相对立的概念，由于社会性、制度性等内外生因素的制约，劳动力市场被划分为多个领域。一方面，从理论逻辑看，目前国内外学者研究劳动力市场分割主要基于古典经济学和新制度经济学两个视角：一是古典经济学学派将劳动力市场分割归因于劳动者供给方的异质性，强调技术分割，其政策含义是加快提升人力资本存量，降低人力资本受教育程度上的异质性以促进劳动力市场融合（Cefalo et al., 2020；赖德胜、苏丽锋，2020）；二是以市场分割理论为代表的新制度经济学学派则归因于市场需求方的差异，强调制度性分割，其政策含义是倡导市场良性竞争模式，完善政策体制以加速劳动力市场的收敛（Cho、Choi，2017；王海南、崔长彬，2021）。另一方面，从我国劳动力市场实践来看，自 20 世纪 50 年代始，我国逐步实施工业化赶超战略，大量农村剩余劳动力涌入城市，第一、二产业结构变化凸显，农村劳动力面临自身技术素质低下和二元户籍的"双重挤压"，大部分只能从业于次要劳动力市场，城乡劳动力市场普遍存在分割。改革开放后，经济增长势头越发强劲，技术壁垒与户籍壁垒的双重挤压效应有所减弱，劳动力流动自由度有所提升，但在"晋升 GDP 锦标赛"的标杆式经济模式下（解晋，2021），地方政府采取措施阻止内部优质资源外流，同时抵制外地资源进入本地市场，要素自由流动仍旧困难、要素配置效率总体不高。伴随着社会变迁，劳动力市场逐渐衍生出新的分割形式：地域分割、产业分割、所有制分割以及部门分割等（刘易昂，2015）。总之，工业化赶超战略、人力资本的异质性、城乡二元户籍体制和地方保护主义等因素共同促成了我国劳动力市场分割及其加剧。

在厘清劳动力市场分割逻辑的基础上，笔者梳理文献发现已有的研究劳动力市场分割的文献主要集中于：水平测度（Adair、Bellache，2018；单爽，2021）、影响因素（Qi、Liang，2016；韩帅帅、孙斌栋，2019）两方面。但是，近年来部分国内外学者逐渐重视劳动力市场分割对经济产生的负面效应。例如 Ma（2018）探讨了劳动力市场行业分割对中国农民工与城镇居民工工资差距的影响，证实了行业分割会拉大城乡差距。蒲艳萍等人（2020）在Ma的基础上进一步探究了在行业、所有制、职业、区域等多重分割下城乡劳动力的工资差距。我们还应该注意到，我国作为典型的后发国家，且要素市场化改革明显滞后于产品市场，劳动力市场分割是实行渐进式改革、赶超战略的必然产物，加上市场与企业、政府、社会息息相关，因此劳动力市场分割与就业、企业竞争力、区域经济绩效等方面必然存在关联。以上研究表明，劳动力市场分割及其产生的经济效应正逐渐成为国内外学术界的重要议题，但鲜有学者全面、系统地梳理劳动力市场分割的经济效应，本书尝试在这一方面有所突破。

　　进一步梳理文献发现，劳动力市场分割主要从工资、就业、人力资本、创新、出口以及外商直接投资（FDI）六个方面影响经济高质量发展（如图4-9所示）。具体来说，工资结构合理、社会充分就业是经济平稳运行的基本保证；人力资本结构优化、技术创新进步是经济可持续发展的强劲"发动机"；企业出口竞争力增强、高质量FDI流入则是经济内外联动发展的"润滑剂"。因此，为了降低甚至消除劳动力市场分割以促进经济高质量运行，深入研究劳动力市场分割的经济效应十分必要。

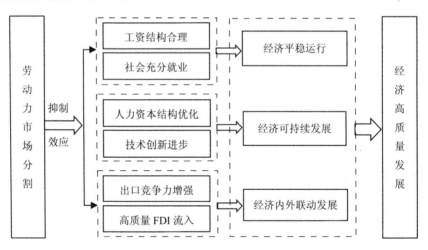

图4-9　劳动力市场分割影响经济高质量发展的作用机制

二、劳动力市场分割的经济效应

（一）经济平稳运行的基本保证：工资结构合理与社会就业充分

1. 劳动力市场分割的工资扭曲效应

改革开放40多年以来，市场经济体系逐步完善，居民收入和工资水平得到显著提升，但不可否认的是，实际工资低于劳动边际生产率的工资扭曲现象仍旧普遍存在（李言、樊学瑞，2020）。现有研究表明我国要素市场尚未完全实现市场化，导致劳动力、资本等要素市场扭曲（金晓梅，2020），劳动力要素市场扭曲必然对工资结构产生影响。劳动力市场分割对工资扭曲的影响机制主要有以下两点：

一是劳动力市场分割阻碍劳动力跨域转移，挤压了工资空间溢出效应，抑制了劳动力实际工资水平的提升；显著拉大工资差距。一方面，劳动力市场"制度性"分割引起城乡分割、职业分割、地域分割、部门分割等，拉大了工资差距。例如，Mora 和 Muro（2015）通过采用随机马尔可夫链，研究发现哥伦比亚劳动力市场地域分割明显拉大了城市间高校毕业生的工资差距。Lehman 和 Pignatti（2018）研究发现劳动力市场分割拉大了非正式部门与正式部门之间的工资差距。国内学者蒲艳萍等人（2020）采用 Neumark 和 Brown 分解方法，研究发现劳动力市场多重分割显著拉大了城乡工资差距，且城乡工资差异呈现"东部>中部>西部"的演变特征。另一方面，劳动力市场"歧视性"分割造成种族歧视、户籍歧视、性别歧视等，有碍于工资差距的缩减。Ndobo 等人（2018）提出由于种族歧视的影响，外来移民基本上只能从事于低技能劳动力市场，难以进入薪资高、福利待遇好的主要劳动力市场。钟若愚、屈沙（2019）利用分类评定模型（Logit）和 FFL 分解方法，证实了户籍歧视是公有制单位中城乡工资差距存在"粘地板效应"的主因。Kim（2017）考察了韩国女性劳动力在初级和二级劳动力市场的工资差异，研究发现性别歧视是男女工资出现差距的主要原因，同时初级劳动力市场的性别工资差距比二级劳动力市场更大。王玉辰（2021）基于行业角度，通过中国家庭收入调查（CHIPS）数据，研究发现性别歧视是扩大行业性别工资差距的主因。从本质上而言，工资水平取决于市场调节的劳动力供需比，但劳动力市场多重分割造成劳动力跨域流动藩篱，致使供求信息不对称问题突出，既不利于劳动力与岗位的最佳匹配，也不利于劳动力向上或跨域进行职业转换，容易造成摩擦性失业和结构性失业，进而拉大工资差距。

二是劳动力市场分割会影响劳动力供给水平，进一步制约要素投入结构与产出水平，进而影响劳动边际生产率；劳动力市场分割阻碍劳动边际生产率的提高，加剧了工资扭曲。劳动力市场分割对劳动边际生产率的作用机制可以从投入与产出两个角度进行阐释。首先，从投入角度而言，劳动力市场分割导致劳动力流动受阻、劳动力价格扭曲等，造成劳动力与岗位匹配失衡，降低了要素配置效率，致使劳动边际生产率产生损失。例如，Grossman 和 Helpman（2018）提出了劳动力市场分割导致劳动力技能和部门技能水平存在结构性错配，有碍于劳动生产效率的整体提升。黄晶、王琦（2021）研究发现消除技能与无技能劳动力之间的工资差异，很大程度上缓解了劳动力匹配失衡，有助于劳动边际生产率的提升。耿献辉等人（2021）研究发现劳动力市场分割严重制约劳动边际生产率及配置效率的提升，改善劳动力市场扭曲可使经济效率平均提升16.55%。其次，从产出角度而言，劳动力市场分割造成劳动力要素流动受阻，且难以投入高效率地区，造成要素资源错配失衡，抑制了企业对劳动力资源的获得与积累，降低了企业产出水平，有碍于劳动边际生产率的提升。例如，陈永伟、胡伟明（2011）研究发现劳动力市场扭曲导致实际产出与潜在产出之间产生的缺口约为15%，进而影响劳动边际生产率。李建平等人（2019）利用三部门动态一般均衡模型与Tobit计量模型，研究发现近10年我国劳动力市场扭曲造成的劳动产出损失约为3%。李俊青、苗二森（2020）研究发现在劳动力市场分割的局面下，要素错配导致劳动生产率以及全要素生产率下降，致使市场吸纳过多低效率企业，挤压了企业的整体产出效率，最终阻碍经济体增长。

综上所述，劳动力市场分割显著妨碍了劳动力自由转移，拉大了工资差距，制约工资水平的实质性提升，同时劳动力市场分割影响要素投入结构与产出水平，对劳动边际生产率起到抑制作用，致使工资扭曲呈现扩大化，不利于经济体的健康运行与高质量发展。

2. 劳动力市场分割的就业效应

近年来，我国经济增长势头越发强劲，如图4-10所示①，2010—2020年GDP平均增长率为7.19%，成绩喜人，处于高速增长向高质量转型阶段，但就业市场并未同步，2010—2020年我国城镇登记失业率10年间上升了0.14个百分点，城镇登记失业率总体均值保持在4%左右，城镇失业人数在900—1200万区间内波动，总体上呈现扩大趋势，而新增就业人数自2014年开始逐年递减，2018、2019及2020年甚至负增长，这显然有悖于经济规律。究其原因，主要因素之一是劳动力市场分割逐渐由城乡分割向地域分割、产业分割、部门分割、所有制分割蔓延，劳动力流动阻力变大，就业市场信息不对称突出，就业市场扭曲程度加剧，城镇失业人数居高不下。劳动力市场分割对就业的影响机制主要体现在以下两点。

第一，由于劳动力市场存在所有制壁垒，要素流通渠道受阻，工资缺乏弹性，加剧劳动力价格扭曲，引起"隐性失业"。从所有制分割视角出发，与国有企业相比，民营企业经营规模小、资金也相对紧缺，因此，民营企业一般倾向

---

① 数据来源于《中国统计年鉴2020》。

图 4-10　中国 2010—2020 年城镇失业情况及新增就业人员情况

于采用利润最大化原则来确定劳动力要素的投入数量，提供行业内富有竞争力的工资，以便在市场竞争中游刃有余。而国有企业除了自身的生产经营外，还肩负着维持社会稳定、吸纳就业的责任，本着社会责任吸纳了大量失业人口，将"公开性失业"强制转为"隐性失业"，即国有企业吸收了大量原本处于失业状态的劳动力，意味着劳动力价格是存在扭曲的，这是一种低效率就业，并非可持续的就业举措，实质上有碍于社会充分就业。如果深化国有企业工资体系改革，降低其高工资率至一个合理的区间，同时民营企业拥有足够强的吸纳就业能力，那么民营企业将有能力吸纳国有企业释放出的"隐性失业"人口（盛仕斌、徐海，1995）。鉴于此，倘若要素资源在国有企业与民营企业之间能够得到重新分配，同时国有企业的工资率下降至合理区间，劳动力价格的扭曲程度降低，在民营企业仍能吸纳国有企业产生的"隐性失业"人口的前提下，社会有效就业人口将会显著增加。由此表明，整合劳动力市场，改善劳动力要素价格机制，均衡所有制单位间的人力资本存量，有助于将部分"隐性失业"者转变为有效就业者。

　　第二，劳动力市场分割引起就业结构扭曲失衡，加剧大学生"知识失业"和女性"就业歧视"问题。一方面，劳动力市场多元化分割下，出现大学生"知识失业"。我国的高校毕业生就业模式逐渐从计划经济体制下"包分配"模式演变为市场经济体制下"双向选择、自主择业"模式，高校毕业生"知识失业"是市场经济发展的阶段性产物。近年来，我国高校毕业生数量攀升，呈现供大于求的市场状态，"高学历失业""人才高消费"现象普遍存在，即高校毕业生接受了高等素质教育，却未能顺利进入主要劳动力市场，导致个人教育投资回报率降低，减弱工作意愿，损害社会生产力（寇宗来，2012）。劳动力市场分割对高校毕业生"知识失业"的主要影响如下：首先，城乡分割附带严重的二元户籍色彩，致使农村出身的高校毕业生在北上广深等一、二线大城市的主要劳动力市场中遭遇就业歧视。其次，所有制分割下，高校毕业生倾向于稳定性高的体制内工作，情愿走上考公务员的"独木桥"，也不愿意从事体制外工作，就业选择域变窄。最后，行业分割直接凸显了行业工资差距和社会地位，高校毕业生一般偏好于薪酬、地位和热度三高的垄断型国企，但其岗位有限，就业竞争大。另一方面，劳动力市场多元化分割引起性别分割，加重女性"就业歧视"顽疾。佟孟华、于建玲（2017）采用 Brown 分解方法测算女性进入不同部门的概率，研究发现部门分割加剧了性别歧视，而性别歧视是拉大性别工资差距的主因。刘志国、宋海莹（2018）基于所有制分割视角，实证分析发现非国有企业部门的性别工资差异呈现扩大化，而国有企业部门呈现收敛化。除此之外，有学者还提出了学术劳动力市场也存在性别分割，主要从学术发表、成本和管理主义三方面论证了学术劳动力市场分割下的性别歧视现象（吕文晶等，2018）。

总而言之，无论是由劳动力价格扭曲引起的"隐性失业"，还是尚存的大学生"知识失业"和女性"就业歧视"问题，都表明劳动力市场仍然存在割据，不利于社会充分就业这一目标的实现。

（二）经济可持续发展的强劲"发动机"：人力资本结构优化与技术创新进步

1. 劳动力市场分割的人力资本效应

现阶段，我国正处于工业 4.0 时代，服务经济发展迅猛，加大了对技能人才的需求，高技能人才面临严重短缺，人力资本的提升对整个经济结构能否顺利转型升级具有举足轻重的作用。然而，劳动力市场分割降低劳动力的自由流动度，导致职业更换成本增加、就业机会锐减、摩擦性失业增多，在一定程度上有碍于人力资本存量水平的提升。

第一，劳动力市场分割对人力资本投资水平具有双向效应。从经济学视角而言，就业者所处的劳动力市场环境很大程度上决定了一个理性人是否会进行人力资本投资（刘瑞明，2017）。大量研究已经证实了中国劳动力市场普遍存在地域分割、城乡分割、行业分割、性别分割等多重分割，在这种情况下，劳动力跨域流动受阻，地区间人力资源积累、人力资本投资差距悬殊，导致人力资本配置效率降低，人力资本结构难以整体提升，进而影响人力资本投资。但也有少数学者提出，劳动力市场分割对弱势劳动力群体具有一定的保护作用（吕新军、代春霞，2019）。这主要体现在：一方面，男性劳动者拥有的就业机会更多，更换职业的可能性更大，市场分割对男性劳动者更换职业的阻挠力度反而更大，降低了人力资本投资对男性劳动者的激励程度，引起人力资本投资水平下降。另一方面，在城乡分割情形下，与城镇劳动力相比较，农村劳动力技能水平低，基本从事于低技能、低薪、竞争力低的工作，劳动力市场分割在一定程度上反而维护了其工作的稳定性。总的来说，劳动力市场分割对人力资本投资水平具有双向效应，其中负面效应占据主导地位，但对弱势劳动力群体而言，一定程度上起到反向激励作用。

第二，劳动力市场分割对人力资本投资回报率的影响具有异质性。这种异质性主要体现在两方面：一方面，对女性劳动力与农村劳动力这两类弱势劳动力群体而言，他们基本上从事于技能低、流动性差的次要劳动力市场，更换职业面临高风险、高成本，基本上不更换工作，劳动力市场分割反而维护了其工作的稳定性，有助于提升其人力资本投资回报率，而男性劳动力、城镇劳动力等优势劳动力群体技能水平高、流动性强、就业机会丰富，劳动力市场分割会降低他们在市场中自由配置的效率，进而损害其人力资本投资回报（龚刚敏、江沙沙，2019）。另一方面，对高校毕业生而言，在劳动力市场制度性分割、所有制分割显著的情况下，大部分高校毕业生初次就业偏好于政府青睐有加的国有企业，退而选择民营企业（刘瑞明，2012）。多数研究证实了短期内民营企业的高校毕业生人力资本投资回报率高于国有企业的，长期结果相反（刘志国、Ma，2016；李路路等，2016）。其中的缘由主要体现在：从短期来看，薪资高、福利高、社会地位高的国企是大学生就业的"香饽饽"，而近年来我国高校毕业生一直供过于求，毕竟国企岗位有限，意味着民营企业以相对更低的工资获得了与国有企业基本同质的劳动力，民营企业的人力资本投资回报率要胜过国有企业。但从长期来看，与国有企业相比，民营企业的软硬件设备相对不足，致使其缺乏人力资本投资的激励，难以充分挖掘高校毕业生的就业潜力，不利于人力资本投资长期收益率的提升。

总之，尽管劳动力市场分割对部分群体的人力资本投资具有一定的保护作用，但整体上负面效应仍占据主体位置。劳动力市场分割既不利于一个理性人进行人力资本投资，又不利于人力资本投资回报效益的整体提升，有碍于人力资本结构的转换升级，阻碍经济体增速的攀升。

2. 劳动力市场分割的创新效应

创新是一个企业，一个地区，乃至一个国家持续发展的血液，它的重要性不言而喻。党的十九大报告明确指出要加快建设"创新型国家"，助推经济增长由"要素驱动"转向"创新驱动"，释放新一轮经济增长潜能。然而，劳动力市场分割阻碍创新要素、创新人才跨域流动，造成生产要素配置效率低下，有碍于企业创新活力与创新效率的提升。

第一，劳动力市场分割对企业创新具有双向效应。一方面，劳动力市场分割导致劳动力价格扭曲，削弱了企业进行创新的积极性，降低了企业的创新效率。例如，李平、季永宝（2014）提出劳动力市场分割造成劳动力价格扭曲，进而导致企业 R&D（Research and Development，简称 R&D）投入被挤占，劳动力市场扭曲与企业创新有着显著的抑制效应。白俊红、卞元超（2016）运用反事实方法研究得出，如果劳动力市场不存在扭曲，企业创新效率将提升10.46%。其中的逻辑关系主要体现在：首先，劳动力市场分割引起劳动力价格扭曲，挤压了劳动者及其对后代的人力资本投资，加剧高素质技能人才流失，致使企业创新绩效难以实现实质性提升（安孟、张诚，2020）；其次，劳动力市场分割容易引起劳动力价格扭曲，造成要素价格信号传递失真，市场机制难以根据价格信号实现要素的最优配置，抑制了企业生产率及创新效率的提高；最后，在要素市场化改革明显滞后，劳动力等关键生产要素的定价权由政府控制的情况下，劳动力市场扭曲容易滋生寻租关系，而这种寻租关系带来的收益会抑制企业自主创新的动力，进而阻碍企业创新效率的提升。另一方面，劳动力市场分割也会倒逼企业进行创新。从短期来看，由劳动力市场分割引起的劳动力价格扭曲能够给企业带来低成本优势，促使企业的规模报酬在短期内呈现扩大化，有助于企业的资本积累、生产经营及创新活动。但从长期来看，劳动力价格扭曲制约了高技能人才的供给，由于高端人才的匮乏，企业无法顺利转型升级，在激烈的市场竞争中极易被淘汰出局，企业会意识到提升人力资本存量水平的重要性，组织职工强化技能培训学习等，以增强企业的创新能力。

第二，劳动力市场"制度性分割"显著，加大了企业创新的阻力。地方政府片面追求"锦标赛竞争"取胜引发劳动力市场"制度性分割"，会加大企业创新的阻力。要素资源的定价权一般由地方政府掌握，企业为了顺利获得要素资源及相关政策补贴，往往会主动找政府建立寻租关系（Luo et al., 2011）。同时，政府对企业提供的政府补贴实际上是一种信号传递中介，它暗含了该企业发展前景光明，提示投资者可以放心投资（杨洋等，2015）。借助政府补贴这一信号传递中介，有利于企业在短期内募集创新资金，同时也是响应政策的表现，有益于企业生产与创新。具体来说，对提供大量就业机会和税收的国有企业而言，往往与行政垄断直接挂钩，政府给予的补贴力度较大，但国有企业更偏好于扩大市场规模而非进行研发，其创新惰性较大（Aghion et al., 2012）。而对民营企业来说，民营企业在要素资源积累、人力资本、社会信任等方面明显不如国有企业，实际上民营企业对政府补贴的渴望比国有企业更为迫切，换句话说，民营企业更需要政府补贴这种信息传递中介来证明自身进行 R&D 活动的可行性和稳健性。然而，劳动力市场分割容易导致信号传递失真，且分割程度越大，信号的迷惑性越大。其中的缘由主要是，制度性分割促使企业通过公关方式获取政府补贴，而企业得到的政府补贴大部分用于维系与政府的关系，只有少部分真正用于进行 R&D 活动，严重抑制了企业创新的动力。

总的来说，劳动力市场分割对企业创新主要以负面效应为主，导致企业进行研发创新的动力不足，降低企业的创新竞争力。同时，值得我们注意的是，适度的劳动力市场分割能够刺激企业进行创新，最大程度上释放企业创新活力，实现"数量型"经济增长向"质量型"经济增长转变。

（三）经济内外联动发展的润滑剂：企业出口竞争力增强与高质量 FDI 流入

1. 劳动力市场分割的出口效应

改革开放 40 余年以来，我国创造了令人瞩目的"出口奇迹"，其中一个重要的外部动因就是，要素市场化改革的滞后性引起劳动力要素价格扭曲，由此产生的低劳动力成本转变为出口优势，刺激了本土企业扩大出口。值得我们思考的是，基于劳动力要素价格扭曲刺激的出口行为是否可持续？是否能够真正增强中国企业出口竞争力？

第一，劳动力市场分割有碍于企业出口竞争力的提升。首先，我国各地区经济发展水平、要素禀赋等显著存在差异，经济上互补性显著，这种互补性很大程度上依赖于要素跨域自由流动来实现，而劳动力市场分割阻碍要素自由流动，要素配置达不到最优，损害企业的规模报酬与生产效率，进而削弱了企业的出口竞争力（王明益、戚建梅，2017）。其次，劳动力市场分割对企业出口具有"自选择"效应和"学习"效应（Melitz，2003；刘竹青、佟家栋，2017），即在不存在劳动力市场分割的情形下，高生产率的企业偏向于选择出口以扩大规模，同时学习并引进先进技术与高端人才；而在存在劳动力市场分割的情况下，高生产率的企业偏向于选择不出口，而低生产率的企业面临内地门槛壁垒抬高、竞争力加大，倾向于选择出口，加上低生产率的企业本身存在人力资本、技术水平上的瓶颈，只能获得相对有限的学习溢出效应，出口效应整体上并不显著。最后，还有研究认为，劳动力市场分割对外资企业出口的激励程度远小于本土企业，但我国本土企业的出口效应并没有显著提高（张杰等，2011），可能是本土企业对国际市场的知悉程度相对不高，致使出口的规模与效益不成正比，而我国劳动力市场分割普遍存在，劳动力价格被人为压低，在这种情况下，外资企业充分利用了我国低劳动力成本优势，出口效应显著。

第二，劳动力市场分割对国有企业和民营企业的出口具有异质性效应。出于对 GDP 绩效的考虑，地方政府更偏好于规模经济凸显的国有企业，无论是资金、技术还是人才资源，国有企业都能够获得更多的政策倾斜。尽管劳动力市场分割引起的劳动力价格扭曲能够给企业带来低劳动力成本优势，但这种成本优势还不足以吸引国有企业选择出口，由此国有企业的出口意愿并不高（张杰等，2013）。相反，民营企业受所有制壁垒的挤压，不能享受与国有企业均等的政策福利，为了减轻"挤压效应"，需要利用这种成本优势来扩大出口，同时因为响应政府大力支持的"走出国门"能够获取一定的政府补贴，民营企业的出口意愿更高。由此表明，劳动力市场分割对民营企业出口的激励程度大于国有企业，且企业出口的动力与政府、所处的劳动力市场环境直接相关。

综上所述，在我国货物出口总额位居世界第一的今天①，我们应该意识到受到劳动力市场分割刺激的企业出口行为是不可持续的，企业出口建立在本土劳动力价格扭曲的基础上，本土企业应得贸易收入被国外投资者"分一杯羹"，必然损害了国内要素所有者的利益。

2. 劳动力市场分割的 FDI 流入效应

随着我国对外开放程度的不断深化，"引进来"已成为推动经济发展不可或缺的一部分，且"引进来"逐渐从"数量型"演变为"质量型"，更加注重可持续、高质量的经济增长。那么，劳动力市场分割到底是促进还是阻碍了 FDI 流入？有学者提出，劳动力市场分割是地方政府吸引外资的手段之一，劳动力市场分割导致劳动力价格扭曲，放宽了 FDI 流入的门槛（周杰琦、汪同三，2017）。

第一，劳动力市场分割对 FDI 流入具有双向效应。一方面，市场经济初期，我国农村残留了大量剩余劳动力，城乡分割普遍存在，城乡工资差距悬殊，劳动力价格严重扭曲。另一方面，低劳动力成本能够帮助地方政府获得引进 FDI 的比较优势，地方政府为了能够顺利实现 GDP 绩效目标，会人为压低劳动力价

---

① 据 2021 年中国海关总署数据，我国货物出口总额从 2001 年的 2.20 万亿元增加到 2020 年的 17.93 万亿元。2020 年我国货物出口总额占世界货物出口总额的 15.8%，排名稳居世界第一。

格，而劳动力指向型 FDI 对劳动力成本较为敏感，这对劳动力指向型 FDI 的流入具有巨大的吸引力。值得注意的是，低劳动力成本与 FDI 流入呈现先上升后下降倒"U"形的非线性关系。从短期来看，低劳动力成本能够降低外资企业的生产成本，这无疑对劳动力指向型 FDI 的流入具有"虹吸效应"①，表明劳动力市场分割为 FDI 的流入提供了便利。但从长期来看，低劳动力成本与 FDI 的流入并不完全成正比，甚至呈现反比关系，劳动力市场分割对 FDI 的流入起到阻碍作用。其中的原因主要有：一是低廉的劳动力成本意味着可能存在劳动力价格扭曲，劳动力实际工资低于正常值，长期极易减弱劳动者工作意愿，降低劳动生产率，进而阻碍 FDI 流入。二是劳动力价格扭曲从侧面也反映出该地区的制度健全性不够，表明投资存在隐性风险，这在一定程度上会抑制 FDI 的流入效应。

第二，不同地区 FDI 流入的类型存在异质性特征。分地区来看，不同地区 FDI 流入的类型存在异质性。东部地区经济更为发达，其制度健全性较高，隐性的投资风险较低，市场需求庞大且高端人才云集，FDI 流入效应较强，吸引了大量市场导向型、技术指向型 FDI 流入；中西部地区经济相对落后，制度健全性较低，投资存在潜在风险，FDI 流入效应较弱，但其自然资源、低价劳动力丰富，由此，基本上是劳动力指向型、原料指向型 FDI 流入。但我们应该注意到，建立在劳动力市场分割基础上的原料指向型、劳动力指向型 FDI 的流入是短期、不可持续的，它们带来的经济体增长是短暂的。这是因为一国或地区的资源有限，且劳动力价格长期扭曲会损害劳动力工作意愿，造成社会生产力的损失。

总而言之，劳动力市场分割确实便利了 FDI 的流入，有助于经济体在短期内快速增长。但是，通过劳动力市场分割吸引的 FDI 大部分都是瞄准了我国低廉的劳动力成本，当周边邻近国家的劳动力价格低于我国时，劳动力指向型 FDI 企业便会从我国迅速撤离，而外资的撤离将对当地经济产生较大的负面影响。

三、主要结论、政策建议与研究展望

（一）主要结论

本研究通过相关文献回顾和梳理，得出以下结论：①劳动力市场分割的工资扭曲效应与就业效应不利于经济平稳运行。在工资扭曲效应方面，劳动力市场分割通过阻碍劳动力跨域转移、挤压工资溢出空间、制约要素投入结构与产

---

① 我国低廉的劳动力吸引了大量外国直接投资，但这些劳动力要素的回报往往与其价值不对等。

出水平等造成工资结构扭曲。在就业效应方面，劳动力市场多元化分割容易引起"隐性失业"、加剧大学生"知识失业"和女性"就业歧视"问题。②劳动力市场分割的人力资本效应与创新效应对经济可持续发展主要产生消极影响。在人力资本效应方面，劳动力市场分割对人力资本投资具有双向效应，其中负面效应占据主导地位，但对弱势劳动力群体起到一定的保护作用。在创新效应方面，劳动力市场分割对企业创新具有抑制和反向激励双向效应。同时，劳动力市场"制度性分割"加大了企业创新的阻力。③劳动力市场分割的出口效应与 FDI 流入效应整体上有碍于经济内外联动发展。在出口效应方面，由劳动力市场分割刺激的企业出口行为并不可持续，有碍于企业出口竞争力的实质提升。在 FDI 流入效应方面，劳动力市场分割与 FDI 流入存在倒"U"形非线性关系，且建立在劳动力市场分割基础上的 FDI 流入具有地区异质性。总体而言，劳动力市场分割会加剧工资扭曲、妨碍社会充分就业，不利于经济平稳运行；劳动力市场分割也会削弱人力资本存量、减缓企业技术创新进程，不利于经济可持续发展；劳动力市场分割还会降低企业出口竞争力、抑制高质量 FDI 流入，不利于经济内外联动发展，最终有碍于经济迈入高质量发展阶段。

（二）政策建议

基于以上主要结论，提出如下建议：

①政府应当制定差异化积极性劳动政策，消除异地劳动力歧视，畅通劳动力跨域流动渠道；搭建全国统一的信息化劳动服务平台，破除劳动力市场的供求信息不对称，缓解劳动力市场分割与工资扭曲问题。②深化工资体制改革，纠正劳动力定价机制，将"隐性失业"人口转化为有效就业人口；高校毕业生应当树立基层就业观，抛弃"社会精英"情结，同时政府健全以"跨域、互认、共享"为特点的人才管理机制，破除歧视性人才使用壁垒；加强反就业性别歧视监督机制建设，维护女性劳动力的合法权益，逐渐削弱性别歧视。③破除劳动力市场上的地域与性别歧视，加大财政对农村劳动力、女性劳动力在教育、职业培训等方面的投入力度，促进农村劳动力"市民化"，强化男、女性劳动力就业平等理念，保证人力资本投资收益的整体提升。④完善政企间长效监督机制，挤压寻租空间以减少寻租行为，倡导"亲""清"的新型政商关系；加快破除所有制壁垒，变国有企业的创新惰性为创新活力，赋予民营企业创新足够的扶持力度与安全感。⑤持续深入推进更高水平的对外开放，倒逼国内劳动力市场体系进一步完善，只有苦练"内功"才能拥有更为强有力的"外功"，坚持以扩大内循环为引擎，助推构建国内国际相互促进的"双循环"新格局。

（三）研究展望

从现有的文献看，还需要从如下方面展开拓展研究：①进一步考虑劳动力市场分割的异质性影响。在劳动力市场分割逐渐由城乡分割向区域、行业、部门分割等多重分割蔓延的局面下，劳动力的异质性特征不可忽视，同时以大城市为核心的城市群俨然已成为拉动国民经济增长的重要引擎，城市群层面劳动力市场分割逐渐成为众多学者的研究重点（刘昊、祝志勇，2020）。为此，基于不同的产业维度（如制造业、生产性服务业与高新技术产业）、所有制维度（如国有企业、民营企业与外资企业）等，进一步研究城市群层面上劳动力市场分割的经济效应。②进一步挖掘不同要素市场分割的相互影响。目前，大多数研究集中于某一特定要素市场的分割及其经济效应，而忽略了不同要素市场之间存在的交叉性。事实上，要素之间存在替代效应，因此某一要素市场分割也将影响其他要素的配置。例如，Hsieh 和 Moretti（2019）研究发现，各城市对本地住房的限制性供给政策会阻碍劳动力跨域流动，加剧就业错配，不利于劳动力市场一体化发展，即土地要素市场分割会影响劳动力市场分割。反过来，劳动力流动也会影响地区间土地指标的跨域分配。因此，未来研究不应局限于某一特定要素市场，应当考虑劳动力、资本、土地、能源、数据等不同要素市场分割之间的交互性作用。③探索在数字经济情境下的研究。当下，数字经济已经成为经济增长的重要形态，一方面，大数据、人工智能、机器人等技术进步对中低端技能劳动力造成强烈冲击，这类劳动者的现有技能难以与新技术带来的岗位的技能需求相匹配，部分劳动者存在失业风险，未来可以深入探讨数字经济对高技能、中低技能劳动力市场分割的影响。另一方面，未来大数据、人工智能、机器人等快速发展，人机协作完成各项实践任务将成为日常操作，人机协作将成为社会一种新的生产关系与生产方式。因此，在数字经济时代背景下，人机协作的差异化管理、工作伦理准则、投入产出水平等对劳动力市场分割的影响都值得深入探讨。

第五章　资本市场一体化

本部分主要包括长三角区域资本市场一体化发展现状、主要瓶颈与举措，长三角城市群资本流动水平分析等内容。

第一节　长三角区域资本市场一体化发展现状、主要瓶颈与举措

本书基于资本流动的视角，对资本及其流动、资本市场一体化等内涵进行解析，并运用全社会固定资产投资、银行资金流动、政府转移支付、社会融资结构、外商直接投资等指标，深入分析长三角区域资本市场一体化发展现状、问题与对策。研究结论表明：长三角区域资本市场一体化发展存在协调机制不完善、现有的银行管理体制不健全、政府竞争与行政壁垒并存等问题，并提出建立完善的制度化协调机构、健全银行管理模式、完善政府相关政策、优化投资环境、推动上市公司发展等政策建议。

随着长三角一体化进程推进，资本市场一体化发展越来越受到人们的关注。因为资本要素只有通过有效流动，才能创造价值，也才能实现其价值增值的目的。为了有效推动资本市场一体化发展，上海的"十四五"规划中明确提出建立长三角资本市场服务基地，引导资本更好地服务于科技创新和实体经济。但目前关于长三角一体化的专题研究，较多地关注产业、城乡、基础设施等一体化（章茂龙，2007），而关于资本市场一体化的内涵与特征、长三角资本市场一体化发展现状、问题与主要对策等问题的专题研究还较少，尤其是从资本流动的视角来研究资本市场一体化问题。因此，本书将在系统总结国外资本市场一体化主要经验基础上，从资本流动的视角探讨长三角资本市场一体化发展现状与对策，有助于推进长三角资本市场一体化进程，实现资源的合理配置，促进长三角区域经济的高质量发展。

一、相关概念内涵的理解

关于资本及其流动的内涵理解，英国经济学家诺思（1691）首先提出资本概念，认为资本拥有者从中获得的收益就叫利息，而利息只不过是资本的租金。后来亚当·斯密、李嘉图等学者纷纷给出界定，其中斯密（1776）在《国富论》指出，资金是一项可以获利的资产，由于国外情况的不确定性，资本家一般宁愿在国内投资。李嘉图（1817）主张从现实的生产关系中去理解各种生产活动的形式、条件，包括把人类最原始的工具也定义为资本；认为资本流动的动机是相对比较优势原则。Clark（1899）认为，一个社会一般都有劳动和资本两种生产力，共同创造并参与分配财富。20 世纪 60 年代，Samuelsen 在《经济学》中指出："资本或资本性产品包括那些生产出的耐用产品，这些产品在进一步生产时作为生产型投入。"曼昆（1998）认为资本主要包括物质资本和金融资本，其中金融资本通常以货币形式存在。徐可（2011）认为现代资本的演变产生人力资本、社会资本等收益不确定且计量困难。刘高慧等人（2018）认为在资本概念基础上添加自然属性为自然资本，由自然界控制且具有升值空间和增值潜力。总之，本书将资本理解为能够给所有者带来价值增值的价值，主要是指金融资本，包括全社会固定资产投资、银行资金流动、政府转移支付、社会融资规模、外商直接投资、股票和债券市场融资、企业跨区投资等，但不包括知识资本和人力资本。而资本流动是指在利益驱动下，为了追求利润最大化，资本从边际收益较低的地区流向较高地区，从而实现资本空间位置转移和资源动态变化。

关于资本市场一体化的内涵理解，学者们纷纷给出自己的界定，例如，Ballasa（1962）认为资本市场一体化可以被定义为一种状态或过程。William F-Shepherd（1994）将现有的资本市场一体化归为基于资产流动性和基于资产替代性两类。方林佑等人（1998）认为资本市场一体化的前提是区域内经济协调发展，参与区域资本市场一体化的主体主要是金融机构，通过对金融要素合理组合与优化，从而实现区域金融资本功能整合与效率最大化。《亚洲金融一体化研究》课题组（2006）考虑到资本市场一体化意味着不同国家或地区通过进入国际资本市场，更广泛、更有效地分配和利用资源金融竞争与合作，而日益加深的金融联系逐渐使一国或一地区形成统一的有机体。总之，本书认为随着资本市场一体化进程推进，阻碍资本流动的因素逐渐减少，金融机构可以跨区自由经营，从事金融资本的交易活动不受限制，资本市场交易环境逐渐得到优化。

综上所述，一方面，资本在区域间流动时，一般来说总是流向经济活跃、资本收益高的地区，与此同时，政府通过制定经济发展政策，给予优惠，积极引导资金流动，从而促进区域经济结构优化。另一方面，资本和资本流动是区域经济增长，也是资本市场一体化的主要动力，推动区域资本市场一体化需要建立有效的协调与合作机制，使资本可以自由流动，资本得到科学配置，从而促进资本市场一体化（罗斯特，1960）。

二、长三角区域资本分布及流动现状

（一）资本流动的总量分析

为从整体上判定资本流动的方向性和规模性，我们试图推算三省一市资本流动的总量和流向量。现在社会中资金的流动将引导物质商品流动，即"物随钱走"（郭金龙等，2003）。本书将通过国民经济账户来计算长三角三省一市商品流动的方向和规模，其计算方法为：

$$\omega j = \alpha j - \beta j (j = 1, 2, 3, 4) \tag{5-1}$$

其中 αj 是在国民经济账户中按照支出法计算的第 j 省（市）货物进出口净值；βj 是根据海关统计年鉴计算的第 j 省（市）按货源地与目的地统计的对外进出口商品净值；ωj 则表示第表示第 j 省（市）商品进出口净值减去对外进出口商品净值，就得到第表示第 j 省（市）商品流动的总体方向和规模；按此方法，计算得出长三角区域商品流量的总规模和方向，即得到反向的资本流量总规模和流向，如表 5-1 所示。

表 5-1 2010—2019 年长三角区域资本流动（单位：亿美元）

	上海	江苏	浙江	安徽	长三角合计
2010	116.33	111.93	−72.41	20.75	176.60
2011	179.72	179.07	−33.09	17.20	342.90
2012	239.28	291.68	−45.09	58.45	544.32
2013	237.96	325.56	23.84	48.86	636.22
2014	226.05	281.41	76.98	39.63	624.07
2015	77.85	150.33	−110.05	47.20	165.33
2016	48.30	140.95	−22.38	15.32	182.19
2017	101.82	217.93	25.09	−18.50	326.34

	上海	江苏	浙江	安徽	长三角合计
2018	224.19	268.58	-22.75	-40.17	429.85
2019	377.40	326.54	73.33	-30.00	747.27

由表5-1可知，2010—2019年，上海由2010年流入的116.33亿美元增加到2019年的377.40亿美元，增长2.24倍，合计流入资本为1822.43亿美元；江苏由2010年的111.93亿美元增加到2019年的326.54亿美元，增长1.92倍，合计流入资本为2293.98亿美元；但浙江除2013年、2014年、2017年和2019年为资本流入，其他年份都是资本流出，合计净流出106.53亿美元；安徽在2010—2016年为资本流入，而在2017—2019年为资本流出，合计净流入158.74亿美元；整体上，长三角区域由2010年的176.60亿美元增加到2019年的747.27亿美元，增长3.23倍，合计流入4175.09亿美元。总体上看，2010—2019年长三角区域为资本流入地，其中上海、江苏和安徽呈现资本流入态势，而浙江呈现资本流出态势，安徽2017—2019年也已呈现资本流出状态。这种资本流动规模和方向差异，反映了地方经济发展的差异，其中上海和江苏资本流入规模较大，经济增长较快；而安徽资本流入规模较小，浙江资本呈现净流出状态，经济增长较缓慢。

（二）资本流动的分量分析

1. 全社会固定资产投资

用货币表示的固定资产投资，是指在一定时期内，企业为建设或购置固定资产而付出的工作量和相关成本的变化（马金金，2018）。而全社会固定资产投资是以货币形式投入，全面反映固定资产投资的规模、速度、比重和方向（孔丽，2019）。因此，本书采用全社会固定资产投资指标，该指标不仅影响整个区域的经济增长率，也影响经济发展模式和经济产业结构。如图5-1所示。

由图5-1可知，上海全社会固定资产投资总额由2010年的5317.67亿元增长到2019年的8012.22亿元，增长1.51倍，年均增长16.8%；江苏全社会固定资产投资总额由2010年的21643.02亿元增长到2019年的58766.90亿元，增长2.72倍，年均增长30.17%；浙江全社会固定资产投资总额由2010年的12376.04亿元增长到2019年的36702.87亿元，增长2.97倍，年均增长32.95%；安徽全社会固定资产投资总额由2010年的11849.43亿元增长到2019年的35631.85亿元，增长3.01倍，年均增长33.41%。由此表明，2010—2019

年，上海全社会固定资产投资总额占长三角全社会固定资产投资总额的比重最小，且增速最低；而江苏全社会固定资产投资总额占比约为 50%，比重最大，且增速较快；安徽全社会固定资产投资总额占比较大，且增速最快。

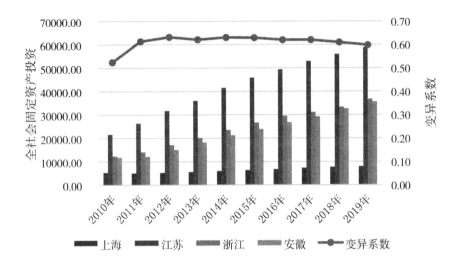

图 5-1　2010—2019 年长三角三省一市全社会固定资产投资总额及变异系数的演变态势
（单位：亿元）

同样由图 5-1 可知，三省一市 2010—2019 年全社会固定资产投资总额变异系数①总体上呈上升趋势，由 2010 年的 0.52 增长到 2019 年的 0.60，增长约 15.4%，表明长三角区域三省一市全社会固定资产投资总额的内部差距呈现扩大态势，市场分割加剧。

2. 银行资金流动

银行的同业拆借市场虽是银行资金流动的重要渠道，但数据难以获得，因此，这里主要分析银行的存贷差变化②；从某种意义上说，存款可视为区域产出价值，而贷款则视为区域投入价值，存贷差为正表示区域内银行资本流出，反之，表示银行资本流入（彭文斌，2008），具体如图 5-2 所示。

---

① 运用变异系数来反映指标序列内部差异变化情况，指标变异系数越小，则市场一体化程度越高，反之，则市场分割加剧，以下同。

② 存贷差变化即存款余额减去贷款余额，其中存款余额以年末金融机构人民币各项存款余额计，贷款余额以年末人民币各项贷款余额计。

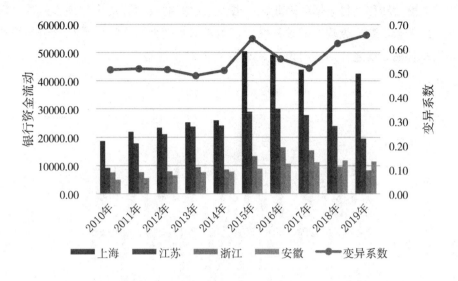

图 5-2　2010—2019 年长三角三省一市存贷款差额及变异系数的演变态势

（单位：亿元）

由图 5-2 可知，上海的银行存贷差由 2010 年的 18707.95 亿元上升到 2019 年的 42537.54 亿元，增长 2.27 倍，年均增长 25.22%；江苏的银行存贷差由 2010 年的 9212.14 亿元上升到 2019 年的 19507.97 亿元，增长 2.12 倍，年均增长 23.56%；浙江的银行存贷差由 2010 年的 7543.75 亿元上升到 2019 年的 8292.84 亿元，增长 1.10 倍，年均增长 12.22%；安徽的银行存贷差由 2010 年的 4993.72 亿元增加到 2019 年的 11456.47 亿元，增长 2.29 倍，年均增长 25.49%。2010—2019 年，长三角三省一市银行存贷差都为正，表明三省一市都为银行资金流出地；上海的银行存贷差最大，表示有大量资金由上海流出；浙江的银行存贷差较小，且增速最慢；安徽的银行存贷差虽较小，但增速较快。

同样由图 5-2 可知，2010—2019 年三省一市银行的存贷款差额指标的变异系数呈现波动上升态势，由 2010 年的 0.51 增长到 2019 年的 0.65，增长约 27.5%，表明长三角区域三省一市银行存贷差指标的内部差距呈现扩大态势，银行资金流动市场分割加剧。

3. 政府财政补贴

一般情况下，我国政府通过直接投资、财政转移支付、优惠政策补偿等方式实现对金融资本控制（曹肖婷，2007），其中财政转移支付是上级政府向下级政府分配收入的一种方式，政府对资金分配控制力较强（牟小慧，2015），且难以获取财政转移支付数据。因此，本书采用地方财政预算支出与地方财政预算收入之差来反映上级政府财政补贴，若为正值，则表明该地区是从政府预算获得财政补贴；反之，则表明该地区上缴上级财政（曹肖婷，2007），如图5-3所示。

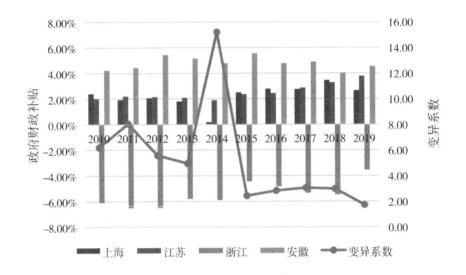

图5-3　2010—2019年长三角地方财政预算支出与收入之差及变异系数的演变态势
（单位：亿元）

上海的地方财政预算支出与收入之差由2010年的429.31亿元上升至2019年的1014.18亿元，增长约2.36倍，年均增长26.22%；江苏的地方财政预算支出与收入之差由2010年的834.20亿元上升至2019年的3771.19亿元，增长约4.52倍，年均增长50.23%；浙江的地方财政预算支出与收入之差由2010年的-1687.53亿元下降至2019年的-2214.63亿元，下降约1.31倍，年均减少14.58%；安徽的地方财政预算支出与收入之差由2010年的523.79亿元上升至2019年的1681.72亿元，增长约3.21倍，年均增长35.67%。

由此表明，2010—2019年上海、江苏和安徽都获得政府财政补贴，为政府预算资金流入地，而浙江为政府预算资金流出地。

同样由图5-3可知，2010—2019年三省一市的地方财政预算支出与收入之差的变异系数呈现波动下降态势，由2010年的6.18下降至2019年的1.98，下降幅度较大，表明长三角区域三省一市地方财政预算支出与收入之差的内部差距呈现减小态势，呈现一体化发展态势。

4. 社会融资规模

一般认为，地区社会融资规模可以较全面地反映出当地金融系统为当地整体实体经济提供资金的能力，通过加强金融与经济之间的良性互动，可以使地区经济结构的转型和优化升级加速，缩小地区经济发展差距（盛松成，2014）。为了比较长三角区域三省一市社会融资规模演变特征，本书从 wind 数据库中查得 2013—2019 年的社会融资规模数据，而缺少 2010—2012 年数据，如图 5-4 所示。

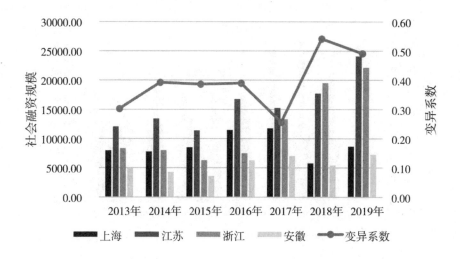

图 5-4　2013—2019 年长三角三省一市社会融资规模比较及变异系数的演变态势
（单位：亿元）

由图 5-4 可知，上海的社会融资规模由 2013 年的 7964.00 亿元上升到 2019 年的 8642.05 亿元，增长约 1.09 倍，年均增长 18.09%；江苏的社会融资规模由 2013 年的 12070.00 亿元上升到 2019 年的 24103.64 亿元，增长约 1.99 倍，年均增长 33.28%；浙江的社会融资规模由 2013 年的 8345.00 亿元上升到 2019 年的 22161.79 亿元，增长约 2.66 倍，年均增长 44.26%；安徽的社会融资规模由 2013 年的 4969.00 亿元上升到 2019 年的 7255.43 亿元，增长约 1.46 倍，年均增长 24.34%。由此表明，江苏的社会融资规模最大，其次是浙江和上海，安徽的社会融资规模最小。

同样由图 5-4 可知，2013—2019 年三省一市社会融资规模的变异系数呈现波动上升态势，由 2013 年的 0.30 增长到 2019 年的 0.49，增长约 63.3%，表明长三角区域三省一市社会融资规模的内部差距呈现扩大态势，社会融资规模市场分割加剧。

5. 外商直接投资

外商直接投资（FDI）是当前资本要素国际化的主要表现形式之一，是衡量资本流动规模的常用指标（安瑞，2015）。FDI 不仅可以提高生产率、促进技术进步和创造就业，而且还可以通过垂直溢出、水平溢出和竞争效应来缩小区域间的技术差距。外商投资结构的调整，对适应产业转移，提升价值链，促进区域比较优势动态转化，具有重要意义。

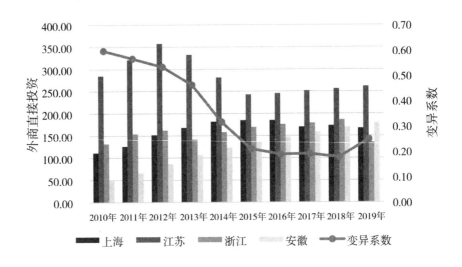

图 5-5　2010—2019 年长三角三省一市实际使用外资金额及变异系数的演变态势
（单位：亿美元）

由图 5-5 可知，上海实际使用外资金额由 2010 年的 111.21 亿美元上升到 2019 年的 167.26 亿美元，增长约 1.50 倍，年均增长 16.71%；江苏实际使用外资金额由 2010 年的 284.98 亿美元下降至 2019 年的 261.24 亿美元，减少约 8.33%；浙江实际使用外资金额由 2010 年的 132.26 亿美元上升到 2019 年的 135.59 亿美元，增长约 1.03 倍，年均增长 11.39%；安徽实际使用外资金额由 2010 年的 50.14 亿美元上升到 2019 年的 179.37 亿美元，增长约 3.58 倍，年均增长 39.75%。由此表明，2010—2019 年实际使用外资金额，上海持续保持较快增长速度，而浙江呈现波动略微增长态势，江苏则呈现波动下降态势，安徽虽绝对值最小，但增长速度最快。

同样由图 5-5 可知，2010—2019 年长三角三省一市外商直接投资的变异系数总体上呈现下降态势，由 2010 年的 0.58 下降至 2019 年的 0.28，下降幅度较大，表明长三角区域三省一市外商直接投资的内部差距呈现减小态势，一体化进程加快。

6. 股票和债券市场融资

Oprea 等人（2018）研究认为资本市场对经济增长产生积极影响的主要因素有股票市场资本化、资本流动性等。Orlowski（2020）研究认为欧盟一体化的股票和债券市场将提供资本融资渠道，改善资本配置，帮助缓解市场和系统性风险，并最终促进反周期、持续的实体经济增长。根据 wind 数据库，截至 2020 年底，A 股上市公司达 4140 家，其中上海共有上市公司 372 家，占比近 9%，总市值 7.65 万亿元；江苏共有上市公司 481 家，占比 11.6%，总市值 6.2786 万亿元；浙江共有上市公司 517 家，占比 12.5%，总市值 6.2786 万亿元；安徽共有 126 家上市公司，占比近 3%，总市值 1.9 万亿元。长三角三省一市 2019 年非金融机构融资结构如表 5-2 所示。

表 5-2　长三角三省一市 2019 年非金融机构融资结构表

	融资（亿元）	贷款（%）	企业债券（%）	股票债券（%）
上海	8642.05	44.32	31.77	4.66
江苏	24103.64	68.81	13.02	1.20
浙江	22161.79	69.90	12.09	1.50
安徽	7255.43	71.59	7.34	1.24

由表 5-2 可知，2019 年长三角三省一市非金融机构融资情况，上海融资量为 8642.05 亿元，其中贷款、企业债券和股票债券分别占比为 44.32%、31.77% 和 4.66%；江苏融资量为 24103.64 亿元，其中贷款、企业债券和股票债券分别占比为 68.81%、13.02% 和 1.20%；浙江融资量为 22161.79 亿元，其中贷款、企业债券和股票债券分别占比为 69.9%、12.09% 和 1.5%；安徽融资量为 7255.43 亿元，其中贷款、企业债券和股票债券分别占比为 71.59%、7.34% 和 1.24%。由此表明，目前长三角区域非金融机构直接融资占比远低于间接融资，在直接融资中，企业债券融资占比远大于股票融资占比。

7 总部经济发展

一般来说，区域总部经济集聚加快，全球资源配置能力就会增强，而反映总部经济发展情况一般用外资研发中心、跨国公司地区总部和投资公司指标。根据 Oracle 数据库，2010—2019 年长三角三省一市总部经济发展情况如表 5-3 所示。

表5-3 2010—2019年长三角三省一市总部经济发展（单位：个）

	外资研发中心				跨国公司地区总部				投资公司			
	上海	江苏	浙江	安徽	上海	江苏	浙江	安徽	上海	江苏	浙江	安徽
2010年	39	47	41	48	13	7	9	7	89	60	62	63
2011年	44	52	55	54	18	7	9	10	118	74	81	79
2012年	47	62	59	72	21	7	10	11	135	85	83	89
2013年	63	82	99	78	28	10	14	15	143	86	110	89
2014年	85	95	110	85	34	12	15	16	156	115	112	90
2015年	109	107	123	108	38	17	15	17	172	146	125	115
2016年	117	112	132	110	45	17	17	17	186	148	135	159
2017年	138	119	139	135	49	17	21	18	197	150	145	188
2018年	156	151	155	138	52	19	21	19	234	168	168	189
2019年	173	157	157	141	58	21	21	21	258	184	181	191

由表 5-3 可知，首先，上海外资研发中心由 2010 年的 39 个增加到 2019 年的 173 个，增长 4.44 倍；江苏外资研发中心由 2010 年的 47 个增加到 2019 年的 157 个，增长 3.34 倍；浙江外资研发中心由 2010 年的 41 个增加到 2019 年的 157 个，增长 3.83 倍；安徽外资研发中心由 2010 年的 48 个增加到 2019 年的 141 个，增长 2.94 倍。其次，上海跨国公司地区总部由 2010 年的 13 个增加到 2019 年的 58 个，增长 4.46 倍；江苏跨国公司地区总部由 2010 年的 7 个增加到 2019 年的 21 个，增长 3.00 倍；浙江跨国公司地区总部由 2010 年的 9 个增加到 2019 年的 21 个，增长 2.33 倍；安徽跨国公司地区总部由 2010 年的 7 个增加到 2019 年的 21 个，增长 3.00 倍。最后，从投资公司看，上海投资公司由 2010 年的 89 个增加到 2019 年的 258 个，增长 2.90 倍；江苏投资公司由 2010 年的 60 个增加到 2019 年的 184 个，增长 3.07 倍；浙江投资公司由 2010 年的 62 个增加到 2019 年的 181 个，增长 2.92 倍；安徽投资公司由 2010 年的 63 个增加到 2019 年的 191 个，增长 3.03 倍。由此表明，三省一市总部经济呈现快速发展态势，总部经济模式有效促进长三角资本市场一体化进程（程思利等，2009）。

三、国外资本市场一体化进程与启示

（一）国外资本市场一体化进程

1. 美国资本市场一体化发展的历程

资本市场早期发展阶段。第一个历史时期是 1929 年以前，是美国资本市场形成与探索阶段。这一时期，股市投资市场具有较强的投机性，中小投资者利益难以得到有效保护。19 世纪后期，美国资本市场发展迅速，但由于缺乏有效监管，内幕交易和市场操纵较严重。因此，20 世纪初，成立了联邦储备银行，政府开始对华尔街进行干预，并通过《1916 年克莱顿法案》。

罗斯福新政，颁布一系列法律规范。第二个历史时期是 1929—1954 年，民主党人罗斯福执政后开始对经济与华尔街加强干预（《1933 年银行法》《1933 年证券法》《1934 年证券交易法》《1938 年马洛尼法》《1939 年信托契约法》《1940 年投资顾问法》等法律法规先后颁布），对证券发行、交易与欺诈，银行的存款保险制度，公共机构管制，投资行为与监管等作出明确规定，有效促进资本流动和一体化市场形成。

美国资本进入现代投资时代。第三个历史时期是 1954 年至今，美国资本市场飞速发展。1958 年由于股票收益率首次低于长期政府债券收益率，成长投资和价值投资思想逐渐融合，形成现代投资理念，从而为资本市场稳定与健康发展提供有利条件。

2. 日本、泰国等资本市场一体化进程

忧虑意识与金融危机的驱动。1997 年金融危机爆发从泰国开始，随后迅速扩散至韩国、菲律宾、日本等。随着危机加剧，日本率先提出成立亚洲货币基金组织，帮助成员国从资本市场中获取流动性资金，共同推进金融体系改革。但由于"道德风险"，最后，这项倡议遭到反对。同年 12 月，举行"东盟+3"合作会议，主要讨论如何应对金融危机、发展东亚地区经济等问题。从总体上看，1997 年亚洲金融危机给东亚带来了机遇。金融危机后，东亚地区形成了"东盟+3"的区域对话与合作模式。东亚区域合作不同于传统区域合作，始于金融合作。

政府主导下金融合作倡议的发展。2000 年，在"东盟+3"财长会议上发布了《清迈倡议》，为东亚货币合作奠定了基础，并决定在《清迈倡议》框架内建立新的区域货币合作机制，核心是区域自救机制，其政府的领导是金融一体化的政治基础。由"清迈计划"到"清迈倡议多边化"，将原本较为分散的双边援助货币互换协议升级为统一的自救货币池，为东亚货币合作奠定了良好的基础。

后危机时期金融一体化发展机遇。2015 年发布《推动共建丝绸之路经济带和 21 世纪海上丝绸之路的愿景与行动》报告，正式公布"一带一路"发展路线图。深入推进金融市场与金融机构合作，加强区域金融监管，开展货币互换合作，在"互联互通"和东亚地区合作的大背景下，加快东亚国家电信支付、清算和结算体系建设，推进商业银行网络化布局，统一各国核算标准，促进贸易和投资便利化。

3. 欧盟资本市场一体化进程

早期的欧盟资本市场初步发展。20 世纪 60 年代中期，欧盟明确提出取消各国资本跨境流动时的各种限制，允许国外的金融机构进入国内的资本市场进行金融竞争；70 年代中期颁布《第一号银行令》，确立监管成员国间银行跨境金融活动的原则。因此，早期的欧盟资本市场，在开放银行市场和促进信贷机构监管一体化两阶段的推动下，成员国国内资本市场逐步向一体化发展。

中期的单一资本市场基本建成。1983 年 4 月，欧盟发表的《金融政策白皮书》，呼吁成员国完善地区储蓄和投资分配机制，并于第二年发表关于内部建立统一大市场的报告，旨在消除成员国间的资本流动障碍，并建立共同金融服务市场。1985 年，欧盟通过《建立内部统一大市场白皮书》，提出到 1992 年底，消除有关物质、技术、资金等方面的障碍，基本建成统一大市场，并发布一系列立法措施。

后期的资本市场深度发展。1957 年，法国、德国等六国共同签署了《欧洲经济共同体条约》和《欧洲原子能共同体条约》，且于 1958 年 1 月生效，为巩固和深化区域内资本的稳定和有效流动，进而促进共同金融服务市场的发展，创造了更为有利的货币金融环境。1999 年欧盟执委会颁布了欧盟金融服务一体化行动计划，整合了银行批发市场、证券投资业和零售保险业市场，在区域内深入开展资金交易、资本投资和融资市场。同年，阿姆斯特丹、布鲁塞尔和巴黎三个证交所建立股票联合交易平台，成为欧洲大陆最大的股票、债券和金融衍生品交易所，并签订了新的股票、债券和金融衍生品交易协议。另外，欧盟还加强了资本风险协调监管计划，以便在资本市场一体化进程中重新考量资本风险，以建立更加公平的金融竞争秩序，提高货币和金融手段的流通效率。

（二）国外资本市场一体化发展的主要启示

总的来说，美国、东亚和欧盟等地区资本市场发展的主要经验有：第一，完善的法律法规体系为资本市场一体化发展，从合法性上提供了强有力支撑。例如，罗斯福新政时，美国就银行、证券、投资和信托等方面先后颁布多部法律法规；欧盟早在 20 世纪 70 年代中期就颁布《第一号银行令》。这些法律法规完善了资本市场的投资、监管等体系，有效促进资本流动，从而助推经济增长。第二，区域资本市场协调发展制度的建立为资本市场一体化发展，从体制上提供了完善的保障。例如，金融危机后，东亚地区形成了"东盟+3"的区域对话与合作体制；欧洲联盟、美国的"跨区域政府机构"等。这些机制和机构的建立，为区域资本市场合作与交流提供了有效途径，从而助推资本市场一体化进程。

五、提升长三角区域资本市场一体化水平重要举措

（一）健全银行管理模式，提升信贷资金运行质量

一是改善我国银行监管模式，调动商业银行积极性。一方面，混业经营已成趋势，需要优化金融监管模式。目前的区域经济一体化背景，客观上促进了金融监管从分业监管和机构监管向混合监管和职能监管的转变，其中职能监管是指某一特定金融活动由相同的监管者实施监管。另一方面，考虑各商业银行的利益，调动其积极性。长三角区域资本市场一体化进展缓慢，其真实原因是在一体化进程中没有考虑到各商业银行的利益。所谓条块分割、同行竞争等因素，只是表象，并非影响金融一体化的主要因素。二是完善银行融资机制，提高信贷资金运行质量。着重培养一批具有明显产业优势的骨干企业，为银行和企业创造良好的发展环境。同时银行要注重信贷投放与风险防控，实现自身健

康、协调、可持续发展，同时带动全国经济快速增长。三是壮大金融机构，提倡金融创新。推动长三角区域金融一体化发展，金融机构必须壮大，金融制度改革必须深化，金融创新能力必须提升，金融市场体系必须得到完善。与此同时，支持长三角区域企业到证券市场上市融资，完善公司治理结构，积极发展股权投资。

（二）完善政府相关政策，引导资本市场一体化

一是规范税收优惠政策。实施优惠的税收政策，是增强招商引资优势的重要举措。实行差别税率、减免所得税等，是国际通行做法。例如，企业进口材料进行免征税费，对有条件的企业，特别是国有大中型企业实施技术改造项目所需进口的仪器、设备等，在一定期限内免征进口关税。二是引入优质外资资源。长三角区域对 FDI 引进十分重视，但吸引外资的无序竞争正在日益加剧，因此必须对招商引资政策进行适当调整。首先，规范土地优惠和其他招商引资政策，取消各种管制措施保证资本自由流动。要允许资本在区域内自由流动，长三角区域在外汇管理、基础设施建设等方面，可签订同等优惠条款，避免损害地区整体利益。其次，密切关注产业发展规划与实际情况，引进优质外资，降低外资企业所得税税率，鼓励外商投资。

（三）优化投资环境，提高资本流动效率

一是大力加强基础设施建设。基础建设是影响当地企业生产和销售的关键因素，可以大大提高企业产品的运输便利程度和促进地方间资本流动，降低交通费用，增加贸易自由度，当地政府要从整体上改善投资环境，巩固长三角的区位优势，加快信息化步伐。对资本流动环境进行优化，不仅可以大大降低资本流动的风险和成本，而且可以促进区域经济协调发展，有利于长三角区域资源优化配置。

二是全力创新优化投资软环境，加强信用环境建设。在投资软环境方面，政府应不断提升服务质量，营造有法可依、有法必依的市场环境，让投资者体验到公平、合理的市场环境。首先，营造宽松的法治环境。制定外商和民营工业投资政策，逐步放宽对外商和民营工业投资领域的限制，构建多层次、多样化的适应外商投资和民营经济发展需要的银行和证券市场体系。逐渐消除对民营企业发行股票、债券融资的一些政策限制，降低政策成本。逐渐放宽甚至取消对私营企业融资和发行债券的政策限制。其次，完善长三角区域非银行金融机构体系，提高政府工作效率和服务质量。确保投资于该地区的资金能够留在当地，为当地经济增长提供资金保证。最后，改善信用融资平台，减少信用风险。从长远发展看，商业信用越高，就越受各方资本追捧。长三角区域自然资

源丰富，区位优势明显。因此，地方政府积极地完善中小企业信用融资平台，同时加强对违约企业的惩罚，可以大大降低信用风险，从而吸引更多的资金。

三是坚持"市场主导，政府推动"的资本市场一体化发展策略。积极消除行政壁垒，具体地说，地方政府在长三角资本市场一体化进程中能够发挥的作用主要集中在以下几个方面：优化金融发展环境；构建区域金融市场；建立区域信用制度；加强经济金融联系和沟通，改善信息不对称状况；消除金融风险，保障地方金融安全等。

（四）推动现有上市公司发展，积极培育上市公司资源

为了保障经济持续快速发展，长三角区域应充分认识资本市场在促进经济结构转型和区域经济发展中的独特作用。首先，实行分类指导，增强融资能力。政府以市场运作为主，大力推进分类调整和兼并重组，增强上市公司再融资能力。其次，完善体制机制，提高上市公司管理水平。完善法人治理结构，真正形成权力机关、决策机关、监管机关与经营者相互制衡的运行机制。要强化上市公司体制、机制和管理创新，建立健全激励与约束机制，规范控股股东行为，切实提高公司规范水平。最后，拟上市公司作为资本市场重要后备力量，对其积极做好培育工作。切实加强组织、协调和政策支持，对拟上市企业改制中出现的不规范行为，要依法依规予以妥善处理。

第二节　长三角城市群资本流动水平分析

本书基于一体化背景下，将 Fh 模型拓展成非线性面板平滑转换回归 PSTR 模型，实证分析 2010—2020 年长三角城市群储蓄率对投资率影响的门槛阈值、动态变化及区域差异，进而间接回答资本流动性是增强还是减弱的问题。研究结果表明：（1）储蓄率对投资率的影响系数总体上呈现波动上升态势，表明长三角城市群资本流动程度减弱，资本市场分割呈现加剧态势。（2）储蓄率对投资率的影响呈现非线性，具有显著的门槛特征，且表现为倒"U"形曲线形态。（3）各城市储蓄水平呈现明显的不均衡，储蓄率对投资率的影响表现出一定的差异性，表明各城市资本流动水平具有异质性。这些结论对制定推动长三角城市群资本流动及其一体化进程政策，以及对促进长三角城市群经济的可持续发展具有重要的指导作用。

一、引言与文献综述

近年来，资本市场不断在优化资源配置、建设创新型国家等方面发挥了不可替代的作用，有效地推动了经济转型发展。但金融管理体制不完善、信用系统建设滞后等原因，严重阻碍了资本跨区域流动。而现阶段，长三角一体化已成为国家战略，而作为其重要组成部分的资本市场一体化进展缓慢，仍存在协调机制不完善、现有的银行管理体制不健全、政府竞争与行政壁垒并存等问题。为此，2021 年 6 月出台的《长三角一体化发展规划"十四五"实施方案》指出，加快消除制约资源要素跨地区自由流动的体制和制度障碍，疏通市场、资源、技术、人才、资本等经济要素；引导金融机构遵守法律法规，完善联合授信机制，促进资本市场跨地区有序流动。同时，经验表明，在区域一体化进程中，以大城市为核心的集群发展已成为区域发展的重要力量。在此背景下，本书运用 Fh 模型的非线性拓展方法间接探讨长三角城市群资本流动是增强还是减弱？长三角资本流动的动态演化特征？如何加快推动长三角城市群资本流动与一体化进程？这对提高长三角城市群资本流动水平，促进资本市场一体化发展具有重要的理论和实践指导意义。

关于资本流动的内涵理解，学者们纷纷提出各自的观点。例如，Baltzer 等人（2008）研究认为金融资产即使存在差价，也会由于套利而最终趋同。Hui（2021）认为，由于资本市场收入的不确定性和信息的不对称性特征，预期的投资收益和风险会改变投资者的资本流动和方向，从而在一定程度上决定资本流动的规模和方向。Ding（2021）认为，在新古典增长理论中，由于资本收益减少的影响，资本从资本劳动比相对较高的富裕地区流向资本劳动比相对较低的贫穷地区。Poshan 等人（2021）研究发现，资本市场一体化可以减小资本流动的波动性，从而提高区域对金融冲击的抵御能力。而国内学者如许周港等人（2015）认为，资本流动是指资本从一个经济单位转移到另一个经济单位，用于生产活动以获取利润，从而维持和增加资本或规避风险。牟小慧（2016）指出，只有当区域资本流动的未来收益大于成本时，资本才会从利润率低的地区流向利润率高的地区。叶淑云（2019）指出，资本流动是为了寻求更大的回报或更好的投资机会而在区域之间进行的资本分配。总之，现有的关于国内资本流动内涵的理解，一般是资本在国内各地区、各行业之间的自由流动；市场力量决定了该地区金融资本的最优配置结果，资本逐利性使得资本在区域内流动，消除了区域内资本流动的系统性障碍。

关于资本流动程度测度研究，从现有的文献看，主要运用 FH 方法间接测度资本流动强弱。一方面，多数学者以储蓄对投资影响的线性假设为主展开相关研究。例如，Feldstein 等人（1980）首次提出 Fh 模型，利用储蓄率与投资率之间的相关性来衡量区域资本流动水平，并利用该模型的边际投资倾向 β 来衡量经合组织国家的资本流动。Helliwell 等人（1999）利用 Fh 模型，研究加拿大资本流动，并将其与经合组织国家测得的 β 系数进行对比。研究表明：在加拿大内，β 系数接近 0，而同期经合组织国家的 β 系数接近 1。Yoshihiro 等人（2009）根据 1980—2007 年全国各省收集的数据对 Fh 模型进行评估，研究表明，我国国内资本流动存在高、低并存的趋势。Ginama 等人（2018）实证检验了经合组织国家的 FH 之谜，研究结果表明经合组织国家确实存在 FH 之谜。Murthy 等人（2020）研究认为拉丁美洲 β 系数较小，表明资本流动程度相对较高，并应用面板误差修正模型的替代估计量，进一步验证结果稳健性。而国内学者如焦成焕（2014）运用 Fh 模型，对上海郊区近十年的资本流动进行了综合评价，结果表明，上海郊区资本流动性较高，资本流量逐年增加。洪勇（2016）运用 Fh 模型和 1978—2012 年我国省级面板数据，对我国省际资本市场流动进行研究，结果表明，投资储蓄系数较高，省际资本流动性相对较低。杨贵军等人（2017）分别运用无条件下的 Fh 模型和有条件下的 Fh 模型，对京津冀区域资本流动活跃程度进行测度，研究结果表明京津冀区域资本流动性增强，经济增长和政府干预都有利于区域资本流动性增强。王振兴（2018）将该 Fh 模型应用于我国东部、中部、西部和 30 个省份进行计算，根据 β 系数，研究发现：我国资本流动强度呈缓慢上升态势，其中东部、西部和中部区域资本流动活跃程度依次递减。另一方面，也有少数学者以储蓄对投资影响的非线性假设，开展相关研究。例如，Fouquau 等人（2008）运用 PSTR 模型，估算 24 个经合组织国家 1960—2000 年的 β 系数，研究结果表明：储蓄率与投资率的关系为非线性关系，β 系数值范围为 0.5~0.7，且开放程度、政府干预等因素对 β 系数估计有显著影响。Bineau 等人（2020）研究结果表明，储蓄率与投资率之间存在长期协整关系，但非线性模型表明存在短期不对称效应，不存在长期不对称效应。Hacıoglu 等人（2021）研究发现经合组织国家的国民储蓄对国家投资的影响呈现非线性。国内学者如张东辉等人（2010）将 Fh 模型拓展成面板门槛模型来检验我国资本流动程度，深入分析储蓄率对投资率的影响。罗国民等人（2017）研究认为，国内投资与储蓄之间的关系是非线性的，中国不同省份的资本流动情况迥然不同。

关于储蓄与投资之间关系的研究，经济学家试图解释决定 FH 系数的影响因素。例如，Murphy（1984）与 Baxter 等人（1993）证明了国家规模与 FH 系数呈正相关关系。Harberger（1980）进一步解释为经济规模较大的国家投资所需要的资金可以通过国内储蓄获得，这导致储蓄和投资之间存在着显著的相关性；然而，Kim（2001）对经合组织中 19 个成员国进行的研究发现，FH 系数与国家规模没有显著相关性。随后，Bahmani-Oskooee 等人（2005）研究发现，FH 系数与贸易开放程度呈负相关关系，即贸易开放程度高的国家较易获得外部融资，从而减少投资对国内储蓄的依赖；但 Amirkhalkhali 等人（2007）对 23 个经合组织国家的研究表明，FH 系数与贸易开放程度间难以得出负相关的结论。封福育（2021）基于 FH 之谜及相关研究，并根据获得的省级数据，通过建立、评价和验证模型，分析了区域间资本流动的关系。此外，Fouquau 等人（2007）对 24个经合组织国家进行了非线性研究，发现 FH 系数的大小也与经常账户余额、经济增长等因素有关。总之，有多种因素影响着 FH 系数，且研究结论并非完全一致。

综上所述，学术界已运用 Fh 模型开展关于资本流动程度测度的研究，为本书的研究提供一定的借鉴意义，但从目前现有的文献看，仍存在一些不足：一是现有的运用 Fh 模型对资本流动的研究，多数是在线性框架下展开的，而在现实经济中，储蓄不仅直接作用于投资，而且还可能通过经济开放程度、交通基础设施等变量间接影响投资，对这种投资与储蓄复杂的影响关系用简单的线性关系来分析，可能导致研究结果的较大偏差，且没有考虑变量的异质性问题。二是现有的研究主要是以国家、省域层面的资本流动为研究对象，很少以市域层面资本流动为研究对象，尤其缺乏对长三角城市群资本流动程度的研究。因此，鉴于投资对储蓄影响的复杂性和不确定性，本书将基于基础 Fh 模型，引入非线性。考虑到非线性面板平滑转换回归模型（PSTR 模型）能够有效地描述面板数据的截面异质性，并揭示变量间的非线性关系，本书试图建立 PSTR 模型并考虑控制变量，如经济开放程度等，对 2010—2020 年长三角城市群资本流动程度进行测度，分析储蓄对投资影响的门槛效应以及不同城市间的差异，进而揭示长三角城市群资本流动水平演变特征。

二、理论分析

（一）Fh 模型基本思想及其适用性分析

Feldstein 和 Horioka 在 1980 年时，就构建了储蓄对投资的影响关系模型来测度区域间资本流动程度，该模型被称为 Feldstein-Horioka 模型，即 Fh 模型。其核心思想为：储蓄与投资之间的相关系数，它被称为"流动性指数"，其相对大小可以反映资本流动水平；在开放的环境下，某地区的投资不仅来自该地区的储蓄，也来自其他地区的储蓄，该地区的储蓄与投资之间的相关性很低，接近于 0，表明区域资本流动性强；相反，在封闭的环境中，某地区的投资只能来自该地区的储蓄，此时 β 接近于 1，表明区域资本流动性弱。因此，后来，学者们利用 Fh 模型对其他地区的资本流动性进行了测算，测算结果往往与实际结果相差甚远，这被称为 "FH 之谜"。学者们对 "FH 之谜" 原因进行分析，一般认为由于国际资本流动受到经济总量、汇率变动及利率差异等的影响，Fh 模型的适用性受到学者们的质疑，但国内区域资本流动，由于不必考虑上述因素，使 Fh 模型的可靠性提高了，更多地利用该模型来估计区域内资本流动。

（二）储蓄对投资影响的理论分析

无论是在封闭的环境中还是在开放的背景下，储蓄和投资都是资本市场分析的基本要素。两者之间的关系和转换机制是影响资本市场短期稳定和长期增长路径的重要力量。

根据传统宏观经济理论，开放条件下资本跨区域流动是经济由封闭向开放转变的基本规律。在短期宏观经济稳定方面，开放背景下的跨境贸易可以在内部储蓄和内部投资不平等的情况下实现短期供求平衡和宏观经济稳定；为了实现长期增长，在对外开放的背景下，资本形成过程可以消除内部储蓄的限制，实现经济快速增长。

根据新古典经济增长理论，假设储蓄和投资间的转换率为 1，经济中的所有储蓄都转化为投资，其中一部分用于改善人均资本所有权，即资本深化；另一部分用于为新增人口提供均量的资本设备，即资本广化。根据这个理论，资本从低回报流向高回报。

根据 Feldstein 等人（1980）的研究发现，一个国家的经常账户余额相当于从国民储蓄中扣除国内投资，如果资本市场完全一体化，资本流入或流出将弥补经常账户赤字或盈余，通过测试储蓄和投资之间的相关性，则可以评估一国国际收支账户的资本市场流动水平。

根据李嘉图的收入分配理论，储蓄代表贷款资本的供给，投资代表贷款资本的需求，根据萨伊的 "供给自动创造需求" 的原则，储蓄的增加自然会转化为投资的增加。储蓄与投资间存在着一致的因果关系，即储蓄与投资的一致性原则（邓映翎，1991）。

基于上述分析，储蓄率对投资率的影响，难以以线性关系来准确反映，其影响的复杂性往往具有非线性关系（图5-6）。

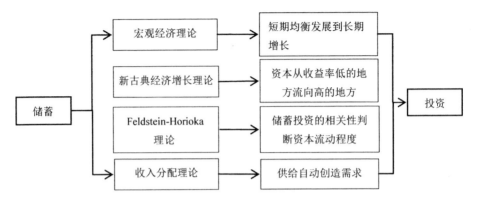

图 5-6　储蓄对投资影响的理论分析

三、模型设定与变量选择

（一）模型设定

参考 Feldstein 和 Horioka（1980）的研究，建立面板数据模型，如式（5-2）所示：

$$\left(\frac{I}{Y}\right)_{it} = \alpha + \beta \left(\frac{S}{Y}\right)_{it} + \varepsilon \tag{5-2}$$

以上为 FH 基础模型，其中 i 为地区，t 代表时间，$\left(\frac{I}{Y}\right)_{it}$ 是投资率，$\left(\frac{S}{Y}\right)_{it}$ 是储蓄率；β 是系数，其值越接近 0，资本流动越强；相反，β 值越接近 1，资本流动就越弱，储蓄将完全转化为该地区投资。根据 Fh 模型，考虑控制变量的模型如式（5-3）所示：

$$\left(\frac{I}{Y}\right)_{it} = \alpha_i + \beta_0 \left(\frac{S}{Y}\right)_{it} + \beta_i X + u_{it} \tag{5-3}$$

式中 α_i 表示个体固定效应，u_{it} 表示误差项，$\beta_i X$ 表示控制变量和回归系数的乘积矩阵。

然而，式（5-3）中未考虑各城市储蓄异质性问题所带来的非线性影响（冯照桢等，2016），为有效缓解式（5-3）的异质性和非线性问题，本书将上述模型拓展为非线性面板平滑转换回归模型（PSTR）。该模型最早由 Gonzalez 等人（2005）提出，源自 Hansen（1999）构建的面板门槛模型（PTR），其中，"平滑转换"概念强调任何事物发展都应该是连续、渐进的变化过程。该模型放宽了阈值两侧呈现线性关系的假设，将连续转换函数代替 PTR 模型中的离散示性函数（齐红倩等，2018），使模型参数能够随转换函数的变化进行平滑非线性转移，是对 PTR 模型"门槛突变"基本概念的模型升级。该 PSTR 模型可以捕捉截面单元的异质性和变量间的非线性关系，并获得阈值（门槛值），是面板数据非线性分析的重要工具之一。基于 PSTR 模型，将式（5-3）进一步扩展如下：

$$\left(\frac{I}{Y}\right)_{it} = \alpha_i + \beta_0\left(\frac{S}{Y}\right)_{it} + \beta_1\left(\frac{S}{Y}\right)_{it}\left(\left(\frac{S}{Y}\right)_{it};\ \gamma_j,\ c_j\right) + \beta_i X$$

$$+ \sum_{j=1}^{r}\beta_j X\left(\left(\frac{S}{Y}\right)_{it};\ \gamma_j,\ c_j\right) + u_{it} \tag{5-4}$$

式（5-4）中，$\left(\left(\frac{S}{Y}\right)_{it};\ \gamma_j,\ c_j\right)$ 是以 $\left(\frac{S}{Y}\right)_{it}$ 为转换变量的连续转换函数，限制在 0 到 1 之间；对特定的 $\left(\frac{S}{Y}\right)_{it}$ 而言，地区 i 在该 t 时期有效回归系数，可以表示为 $\beta_0 + \beta_1\left(\left(\frac{S}{Y}\right)_{it};\ \gamma_j,\ c_j\right)$；通常使用 Logistic 形式的设置来确定转换函数：

$$\left(\left(\frac{S}{Y}\right)_{it};\ \gamma_j,\ c_j\right) = \left(1 + exp\left(-\gamma_j\prod_{j=1}^{m}\left(\left(\frac{S}{Y}\right)_{it} - c_j\right)\right)\right)^{-1} \tag{5-5}$$

式（5-5）中，c_j 是转换函数的位置参数，γ_j 用于确定转换的平滑度。在上述设置下，$\left(\frac{S}{Y}\right)_{it}$ 对 $\left(\frac{I}{Y}\right)_{it}$ 的影响系数，即对 FH 系数（β 值）可以表示为：

$$\frac{\partial\left(\frac{I}{Y}\right)_{it}}{\partial\left(\frac{S}{Y}\right)_{it}} = \beta_0 + \sum_{j=1}^{r}\beta_1\left(\left(\frac{S}{Y}\right)_{it};\ \gamma_j,\ c_j\right) + \sum_{j=1}^{r}\beta_j X\frac{\partial\left(\left(\frac{S}{Y}\right)_{it};\ \gamma_j,\ c_j\right)}{\partial\left(\frac{S}{Y}\right)_{it}}$$

$$\tag{5-6}$$

在实际运用中，一般 $m = 1$ 或者 2 即可[①]，对 PSTR 一般的模型设定如下：

$$y_{it} = \alpha_i + \beta_1 x_{it} + \sum_{j=1}^{r}\beta_j x_{it\ j}(q_{it}^{(j)};\ \gamma_j,\ c_j) + u_{it} \tag{5-7}$$

上式中，r 代表转换函数的个数，另外，如果对所有的 j 来说，$m = 1$，$q_{it}^{(j)} = q_{it}$ 且 $\gamma_j \to \infty$，则式（5-7）退化为 $r+1$ 区制典型的面板门槛回归（PTR）；当 $\gamma_j \to 0$ 时，无论 m 的数值是多少，式（5-7）将转换为线性固定效应模型（González et al.，2020）。因此，式（5-7）可用于剩余异质性的诊断检验。当 $j(q_{it}^{(j)};\ \gamma_j,\ c_j)$ 在 0 和

[①] Gonzalez 等人（2005）指出，在实际应用中，考虑 $m=1$ 和 $m=2$ 两种情形就足以刻画常见的参数变异性。

1 之间平滑转换时，这意味着模型在低区制（$j(q_{it}^{(j)}$; γ_j, c_j) = 0）和高区制（$j(q_{it}^{(j)}$; γ_j, c_j) = 1）之间转换（冯照桢等，2016）。

（二）模型检验与参数估计

通常在估计参数之前进行异质性检验，即通过判断是否存在异质性来解释 PSTR 模型的适用性。如果存在异质性，则使用 PSTR 模型进行估计是合理的，反之，则认为模型可以在线性框架下估计。对于式（5-7），原假设为 H_0：$\gamma = 0$ 或 H_0：$\beta_1 = 0$。SSR_0 的定义将用于确定线性固定效应模型的残差平方和，SSR_1 为两体制 PSTR 模型的残差平方和，进一步构造了拉格朗日乘数检验统计量 LM 和 LMF，以及似然比检验统计量 LRT，并通过 LM、LMF、LRT 检验模型是否具有非线性特征（高新伟等，2021）。

$$LM = (SSR_0 - SSR_1) / SSR_0 \tag{5-8}$$

$$LMF = [(SSR_0 - SSR_1)/mK] / \{SSR_0/[TN - N - m(K + 1)]\} \tag{5-9}$$

$$LRT = -2[log(SSR_0) - log(SSR_1)] \tag{5-10}$$

分析模型的非线性特性成立后，式（5-7）中参数（β_0, β_1, γ, c）使用固定效应估计和非线性最小二乘法（简称 NLS）进行估计，首先，通过估计固定效应消除个体固定效应的影响；其次，通过 NLS 估计确定参数值；最后，进行非保留异质性检验，以研究非线性模型是否完全描述所有的平滑转移机制。笔者以 MATLAB 软件为工具进行了测试和计算，并对相应的结果进行了分析。

（三）变量说明及数据来源

被解释变量。参考赵岩等人（2005）、王定星（2015）及其他学者的文献，本书选取各城市的资本形成总额（总投资）与 GDP 比值作为投资率，以代表城市投资水平作为解释变量。

解释变量。参考 Bottazz 等人（2002）、杨贵军等人（2018）及其他学者的文献，本书将选取城市 GDP 减去该城市最终消费支出计算得出总储蓄，与该城市 GDP 之比得到城市储蓄率，为解释变量，也是本书的门槛变量；同时考虑到为了充分保证结论的稳健性，本书将选取各城市金融机构存款资金存量总额与 GDP 总额之比作为存款率，作稳健性分析。

控制变量。

一是经济开放程度（$open_{it}$）。陈丰华等人（2021）的研究指出，经济开放程度对产业结构的创新转变有积极的推动作用，在区域经济发展过程中，对外开放能够引进新的投资额，并能产生资本流动效益，增强区域资本流动能力，从而促进区域经济发展，同时，还会对消费、投资以及进出口贸易等产生影响。本书借鉴刘玮等人（2006）及其他学者的文献，采用进出口总额与 GDP 比值来衡量区域经济开放度。

二是交通基础设施（$transport_{it}$）。马光荣等人（2020）研究了交通基础设施对区域间资本流动的影响，实证研究结果表明，促进跨区域资本流动是交通基础设施影响经济增长和区域经济差距的重要渠道。参考高敏雪等人（2019）及其他学者的文献，利用货运量与 GDP 比值来衡量交通基础设施。

三是工业资金流动（$industry_{it}$）。昌忠泽等人（2019）基于偏离份额法对工业投资进行了检验。结果表明：不论是从三大产业视角来看，还是从分省视角来看，资本总生产率的增长率都主要来源于关键产业或各省产业的内部经济增长效应。本书参考陈璋等人（2014）及其他学者的文献，采用工业总值与 GDP 比值这一指标来衡量工业资金流动。

四是政府干预（$government_{it}$）。研究表明，政府干预可以通过提高要素生产效率来影响要素价格与配置，从而影响资本流动与经济增长（李飞跃，2012）。内生经济增长理论认为，政府在公共服务、基础设施建设和教育等方面的公共财政支出能够有效地推动区域经济增长；同时，财政支出规模反映了政府对地方经济发展的调控程度。根据其他学者的文献，地方一般公共预算财政支出与 GDP 比值用于衡量政府干预。

表 5-4 变量说明

变量类型	变量指标	测度指标	符号
被解释变量	投资率	总投资/GDP	$\left(\dfrac{I}{Y}\right)_{it}$
解释变量/ 门槛变量	储蓄率	（GDP-最终消费）/GDP	$\left(\dfrac{S}{Y}\right)_{it}$
控制变量	经济开放程度	进出口总额/GDP	$open_{it}$
	交通基础设施	货运量/GDP	$transport_{it}$
	工业资金流动	工业总值/GDP	$industry_{it}$
	政府干预	地方一般公共预算财政支出/GDP	$government_{it}$

注：最终消费包括居民消费和政府消费。

（四）数据来源与描述性统计

相关数据主要来源于《中国城市统计年鉴》和各个城市统计年鉴等，其描述性统计如表5-5所示。

表5-5　变量描述性统计

变量	样本	均值	标准差	最大值	最小值
$\left(\dfrac{I}{Y}\right)_{it}$	297	0.726	0.280	1.389	0.227
$\left(\dfrac{S}{Y}\right)_{it}$	297	0.485	0.152	0.725	0.061
$open_{it}$	297	1.065	1.715	9.644	0.045
$transport_{it}$	297	0.000	0.001	0.003	0.000
$industry_{it}$	297	0.428	0.079	0.712	0.185
$government_{it}$	297	0.100	0.057	0.310	0.020

四、实证分析

（1）模型检验

根据 Gonzalez 等人（2005）、Colletaz 等人（2006）及其他学者在使用 PSTR 模型时检验程序，首先，对面板数据进行异质性检查，进而决定采用线性回归模型还是采用 PSTR 模型。由表5-6可知，在1%的显著性水平下，无论 m 取1或2的值，三个检验统计量都接受了非线性关系的备择假设，并且指示变量之间确实存在非线性关系，这也证明采用 PSTR 模型的合理性。其次，应进行非保留异质性试验，以确定转移函数的最优个数。如表5-6所示，在显著性水平为1%时，三个检验统计量都接受转移函数个数为1的初始假设，因此，该模型转移函数的最优个数为1。最后，根据 AIC 和 BIC 值最小准则，选取位置参数。测试结果表明，$m=1$ 时的 AIC 和 BIC 值都低于 $m=2$ 时的 AIC 和 BIC 值，$m=1$ 时非线性特征更显著。因此，在本书中，最终确定转移函数和位置参数的个数都为1，则 $r=1$，$m=1$。

表 5-6 异质性检验与非保留异质性检验

检验类型	假定条件	检验统计量	$m=1$	$m=2$	结论
异质性检验	$H_0: r=0$ $H_1: r=1$	LM	29.353 *** (0.000)	32.775 *** (0.000)	选用 PSTR 模型
		LMF	5.806 *** (0.000)	3.219 *** (0.001)	
		LRT	31.074 *** (0.000)	34.942 *** (0.000)	
非保留异质性检验	$H_0: r=1$ $H_1: r=2$	LM	7.560 (0.182)	16.630 * (0.083)	转移函数最优个数 $r=1$
		LMF	1.314 (0.259)	1.464 (0.154)	
		LRT	7.668 (0.175)	17.164 * (0.071)	
		AIC	-4.783	-4.772	$m=1$
		BIC	-4.624	-4.599	

注：括号内为对应的 p 值。

（二）模型估计结果分析

1. 门槛效应的静态特征分析

根据参数估计的结果，当 $r=1$，$m=1$ 时，采用非线性最小二乘法估计模型，由表 5-7 可知，各变量都通过了 10% 的显著性水平检验，储蓄率对投资率的影响是非线性的，其门槛值为 0.6972，当储蓄率低于 0.6972 时，转换函数为 $\left(\left(\frac{S}{Y}\right)_{it}; \gamma_j, c_j\right) \rightarrow 0$，PSTR 模型将处于低机制状态，储蓄率对投资率的影响系数为 0.0978，即储蓄率每提高 1%，投资率提高 9.78%；当储蓄率达到 0.6972 时，转换函数为 $\left(\left(\frac{S}{Y}\right)_{it}; \gamma_j, c_j\right) = 0.5$，储蓄率对投资率的影响系数为 0.0208（0.0978-0.1541×0.5），此时储蓄率每提高 1%，投资效率提高 2.08%；当储蓄率高于 0.6972 时，转换函数为 $\left(\left(\frac{S}{Y}\right)_{it}; \gamma_j, c_j\right) \rightarrow 1$，此时 PSTR 模型将处于高机制状态，储蓄率对投资率的影响系数变为 -0.0563（0.0978-0.1541），即储蓄率每提高 1%，投资率就会降低 5.63%。因此，储蓄率对投资率的影响呈现先升后降的倒 "U" 形关系。由此可见，当储蓄率低于门槛值 0.6972 时，储蓄率对投资率具有正向影响，且影响系数随着储蓄率增加而增大，表明随着储蓄率增加，资本流动减弱，进而不利于资本市场一体化进程；当储蓄率高于门槛值 0.6972 时，储蓄率对投资率具有负向影响，且影响系数随着储蓄率增加而减小，表明随着储蓄率增加，资本流动增强，进而有利于资本市场一体化进程。同时由表 5-5 可知，2010—2019 年长三角城市群储蓄率均值为 0.485，低于门槛值 0.6972。因此，当前在长三角城市群资本市场一体化推进中，应鼓励民间扩大投资，降低储蓄率，从而促进资本流动和一体化进程。

表 5-7　PSTR 模型参数估计结果

	线性部分	转移函数
$\left(\dfrac{S}{Y}\right)_{it}$	0.0978* （1.6533）	0.1541** （-2.3338）
$open_{it}$	0.0070* （1.6454）	-1.5483*** （-7.1953）
$transport_{it}$	-12.0923* （-1.6409）	-818.5458*** （-9.0728）
$industry_{it}$	-0.8930*** （-4.6722）	2.4689*** （9.0385）
$government_{it}$	0.7413*** （4.5074）	-1.5653* （-1.6561）
位置参数		0.6972
平滑参数		8.9766

注：括号内为参数估计的 t 统计量。

由表 5-7 可知，各控制变量对投资率的影响都通过了 10% 的显著性水平检验，表明各变量对投资率的影响是非线性的。同时为了更清晰地描述长三角区域储蓄率对投资率的非线性影响，我们在考虑控制变量的情况下，绘制出长三角城市群储蓄率与影响系数的折线图。由图 5-7 可知，此时储蓄率对投资率的影响系数都是正的，且具有倒 "U" 形特征；我们不妨将储蓄率水平低于门槛值称为相对低资本流动，而把储蓄率水平高于 0.6972 称为相对高资本流动。据此，我们认为在相对低资本流动情况下，储蓄率对投资率存在递增的正向效应；在相对高资本流动情况下，储蓄率对投资率具有递减的正向效应。总体而言，储蓄率与投资率之间存在着复杂的非线性关系，具有明显的阶段性。

2. 门槛效应的动态特征分析

利用 PSTR 模型，本书进一步分析储蓄率对投资率的影响随时间变化的动态特性。参考齐红倩等人（2018）及其他学者的相关文献，先计算出长三角城市

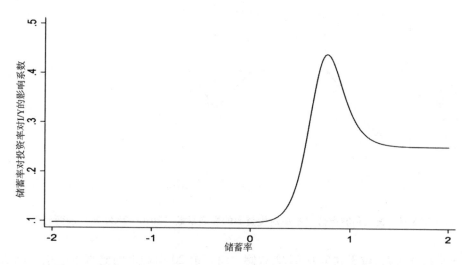

图 5-7 考虑控制变量情况下长三角城市群储蓄率与影响系数的折线图

群各城市历年储蓄率对投资率的影响系数值，并进行汇总平均化，得出忽略区域差异的影响系数。由图 5-8 可知，2010—2020 年长三角城市群储蓄率对投资率的影响系数总体上呈现波动上升态势，其中 2010—2013 年和 2015—2020 年影响系数上升，而 2013—2015 年影响系数下降，表明尽管 2013—2015 年长三角城市群资本流动程度加强，在一定程度上促进资本市场一体化进程，但 2010—2020 年长三角城市群资本流动程度减弱，资本市场一体化水平没有提升，资本市场分割呈现加剧态势。其中的原因可能是：一方面，从我国现有的银行管理体制看，央行实施的大区行政管理体制，商业银行实施的总分行制，以及信用体系建设滞后等，都有碍于资金流动。以信用制度建设为例，尽管地方政府间已发表《共建信用长三角宣言》，明确要求"建立和完善有关信用的区域性法规，逐步形成统一的社会信用制度"，但建立统一的社会信用制度工作进展缓慢。另一方面，长三角区域的实体经济部门仍存在两种显著的结构失衡，一是横向结构不平衡，表现为传统产业和高新技术产业获得的资金不平衡；二是纵向结构不平衡，表现为长三角区域储蓄不能有效转化为区域投资。

3. 门槛效益的区域差异分析

利用式（5-4）计算长三角城市群 2010—2020 年各城市储蓄率对投资率的影响系数；由表 5-8 可知，一方面，从影响系数看，各城市储蓄率对投资率都呈现显著正向影响，且影响差异较大，表明各城市间的资本流动较弱，资本市场一体化进程缓慢；另一方面，从储蓄水平与阈值 0.6972 比较看，在长三角城市群中，上海、南京、杭州、宁波、合肥、苏州、芜湖 7 个较发达城市的储蓄

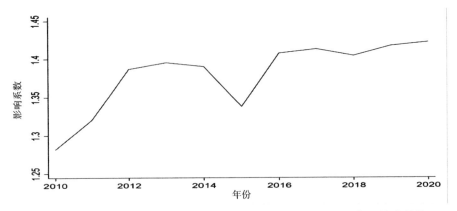

图 5-8　长三角城市群储蓄率对投资率的影响系数（2010—2020 年）演变趋势

水平超过 0.7，位于阈值 0.6972 右侧，而其余 20 个城市的储蓄水平位于阈值 0.6972 左侧，表明各城市储蓄水平呈现明显的不均衡，资本流动程度呈现一定的差异性。

表 5-8　长三角城市群 27 个城市储蓄水平与相应的影响系数

地区	上海	南京市	无锡市	常州市	苏州市	南通市	盐城市
储蓄水平	0.7286	0.7050	0.6759	0.6345	0.7054	0.5845	0.5051
影响系数	1.1980	1.2561	1.1884	1.2647	1.2349	1.3164	1.2995
地区	扬州市	镇江市	泰州市	杭州市	宁波市	温州市	嘉兴市
储蓄水平	0.6967	0.6570	0.5916	0.7028	0.7072	0.2161	0.4617
影响系数	1.2594	1.2308	1.3148	1.3219	1.3274	0.6896	1.2513
地区	绍兴市	湖州市	金华市	舟山市	台州市	合肥市	芜湖市
储蓄水平	0.5149	0.4236	0.3273	0.5142	0.3857	0.7120	0.7067
影响系数	0.9747	1.3116	1.3120	0.8573	1.0935	1.3194	1.2545
地区	马鞍山市	铜陵市	安庆市	滁州市	池州市	宣城市	
储蓄水平	0.4958	0.5773	0.2649	0.2473	0.4367	0.2755	
影响系数	1.1483	0.8134	0.7490	1.1316	0.8446	10.2106	

（三）稳健性检验

为充分检验本研究结论的稳健性，参考杨贵军等人（2018）及其他学者的文献，本书以各城市金融机构机关的存款资金与 GDP 比值为存款率 $\left(\dfrac{D}{Y}\right)_{it}$，用

作为储蓄率 $\left(\dfrac{S}{Y}\right)_{it}$ 的替代变量进行稳健性检验和分析（图5-9、图5-10和表5-9）。

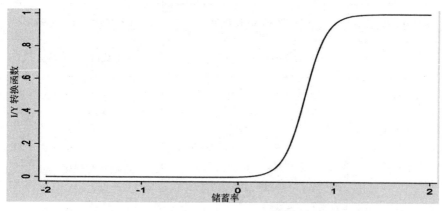

图5-9 　$\left(\dfrac{S}{Y}\right)_{it}$ 的 $\left(\dfrac{I}{Y}\right)_{it}$ 的转换函数

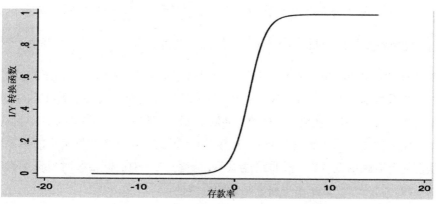

图5-10 　$\left(\dfrac{D}{Y}\right)_{it}$ 的 $\left(\dfrac{I}{Y}\right)_{it}$ 的转换函数

表5-9 　PSTR 实证结果

	线性部分	转移函数
$\left(\dfrac{D}{Y}\right)_{it}$	1.4831*** （6.6236）	−1.5921*** （−8.4612）
$open_{it}$	−0.0153 （−1.0545）	0.0531** （2.0538）

	线性部分	转移函数
$transport_{it}$	-70.9980 （-0.8936）	68.1218^{***} （0.4394）
$industry_{it}$	-0.2354 （-0.5925）	-0.1211 （-0.1461）
$government_{it}$	0.9501^{***} （2.7055）	-0.7944 （-1.1290）
位置参数		1.4861
平滑参数		1.1419

注：括号内为参数估计的 t 统计量。

一方面，由图 5-9 和图 5-10 可知，$\left(\frac{S}{Y}\right)_{it}$ 与 $\left(\frac{D}{Y}\right)_{it}$ 的 $\left(\frac{I}{Y}\right)_{it}$ 的转换函数形态是一致的，表明研究结论是稳健的。另一方面，如表 5-9 所示，对于作为 $\left(\frac{D}{Y}\right)_{it}$ 为解释变量的回归结果，当存款率处于低机制区（$\left(\frac{D}{Y}\right)_{it}<1.4861$）时，存款率对投资率的影响系数为 1.4831；当存款率达到 1.4861 时，存款率对投资率的影响系数为 0.6871（$1.4831-1.5921\times0.5$），此时存款率每提高 1%，投资率提高 68.71%，但一旦超过门槛值 1.4861，进入高机制区，此时存款率对投资率的影响系数变为 -0.109（$1.4831-1.5921$）。因此，存款率对投资率的影响同样呈现先升后降的倒"U"形非线性关系，与表 5-7 中的储蓄率对投资率影响结果一致，进一步验证了本书研究结论的稳健性。

五、主要结论及政策建议

（一）主要结论

在理论分析的基础上，本书将 FH 基本模型扩展为非线性面板平滑转换回归模型，实证分析 2010—2020 年长三角城市群资本流动情况。本书得到的主要结论如下：

一是储蓄率对投资率的影响系数总体上呈现波动上升态势，表明 2010—2020 年长三角城市群资本流动程度减弱，资本市场一体化水平没有提升，资本市场分割呈现加剧态势。二是储蓄率对投资率的影响呈现出非线性，具有显著的门槛特征且表现为倒"U"形曲线形态，另外 2010—2020 年长三角城市群储蓄率均值为 0.485，低于门槛值 0.6972。因此，当前应鼓励民间扩大投资，降低储蓄率，从而促进资本流动。三是长三角各城市资本流动水平呈现一定的差异性。各城市储蓄水平呈现明显的不均衡，其中上海、南京、苏州、杭州、宁波、合肥和芜湖共 7 个较发达城市的储蓄水平都超过 0.7，位于阈值 0.6972 右侧，而其他城市的储蓄水平位于阈值 0.6972 左侧；各城市储蓄率对投资率的影响表现出一定的异质性，即资本流动程度呈现一定的差异性。

（二）政策建议

近年来，长三角一体化进程虽不断推进，但资本流动及其一体化水平呈现下降态势。我们深知，如果长三角没有统一有效的资本市场，资本的跨区域流动就会受到限制，使储蓄资金停留在低效率的城市，而有盈利机会的城市和企业则无法及时获得充足的资金，这样导致资本市场一体化发展缓慢，不利于经济的健康发展。为此，提出如下建议：

首先，研究结果表明，长三角区域资本流动呈现减弱态势，资本市场分割日趋严重。三省一市要积极探索建立财税共享机制，克服行政壁垒，超越行政区划，打造以经济功能和经济社会联系为核心的长三角一体化新格局，利用金融资源的投资导向，促进跨地区、跨行业投资，有效开展规划对接、战略协调、专项合作、市场统一，完善机制，促进区域资本市场一体化。

其次，研究结果表明，储蓄率对投资率的影响呈现非线性，具有显著的门槛特征，且表现为倒"U"形曲线形态。结合以上分析过程，本书从控制变量的角度提出了相关政策。一是加强经济开放程度将有助于促进长三角资本市场的信息传递，还可以帮助外国投资者提前识别经济中的不确定因素，减小资本流动的后续调整频率，进而增强长三角资本流动的稳定性，抵制区域保护主义，降低区域内不同区域之间的资本流动壁垒，提高资本流动便利化水平。此外，长三角还应深化资本改革，优化配置，避免投资者过度集中，努力改善跨区域商业合作，拓宽资金来源，保持资本流动稳定。二是加强长江三角洲交通基础设施建设和资本市场整合，更好地利用规模经济和专业化分工优势，提高资源配置的效率，继续加强城市群交通基础设施互联互通，促进城市群资金高效流动和配置（朱一鸣等，2020）。同时，改革金融体制，使资本跨地区流动更加顺畅；进一步加强国有企业改革，促进国有企业跨地区投资，提高国有资本配置效率。三是切实加强对发展滞后地区的支持力度，开拓工业发展空间。根据经济发展梯度转移理论、工业企业梯度转移理论和长江三角洲经济发展，选择合适的接口发展城市产业，使长三角产业发展不仅数量增加，而且在质量上得到发展，打破资源型项目开发思路，发展科技型、劳动密集型企业，把中小企业定位在主导产业，切实把储蓄转化为投资，同时，三省一市要积极实现区域内资源优化配置，实现金融资本与工业集聚的有机结合，最终实现区域内资本的自由流动。四是充分发挥政府部门的导向作用。促进资本由虚向实，促进资本回报服务实体经济（夏越，2018）。运用经济手段，将资本市场内部空转的巨量资本引流投入实际生产部门，加大对实体经济的资金支持力度，有效实施信贷优惠政策，使资金盛宴惠及实体经济部门，促进产业转型升级，提高长三角资本流动效率，促进资本市场一体化发展。

最后，研究结果表明，长三角各城市资本流动水平呈现差异性，应制定差异化区域资本市场调控政策。然而，资本市场监管实践中存在严重的"一刀切"问题，政府出台的统一资本监管政策与长三角实体经济特征的匹配度相对不足。此外，长三角区域资本配置具有明显的区域不平衡特征，不同城市之间资本流动水平的发展呈现出明显的异质性。因此，要按照"区别对待、分类指导"的原则，依据地区资本发展现状，制定符合区域特点的资本政策，提供配套服务。

第六章 技术市场一体化

本部分主要包括长三角技术市场一体化发展现状、问题与对策建议，基于Ism 模型的技术市场一体化影响因素与运行机理研究。

第一节 长三角技术市场一体化发展现状、问题与对策建议

随着长三角一体化不断推进，区域技术市场一体化也得到较快发展，但也存在市场化程度较低、信息沟通不畅、法律法规不完善、服务企业综合实力不强等问题，为此，提出完善科技政策和创新环境，不断激发市场主体创新活力；加强科技服务业发展，不断提升专业服务能力；加强培育技术创新多元主体，不断增加技术创新成果有效供给等对策建议。

长三角区域拥有丰富的科创资源，且是国内最活跃的创新高地。2019 年，中共中央、国务院印发《长江三角洲区域一体化发展规划纲要》，将长三角一体化发展作为助推经济增长和科技创新的重大举措，其中技术市场活跃程度是衡量经济发展和科技创新水平的重要参考，是实现创新驱动发展和产业转型的重要载体（叶中华等，2018）。长三角三省一市建立一个拥有强大资源整合能力且高效的技术交易市场，对于长三角科技创新一体化有重要的推动作用，能够减少信息不对称带来的成本，提高技术的转化率以及推动技术创新。

一、长三角技术市场一体化发展现状

跨区域技术交易日益活跃。随着长三角一体化不断推进，区域技术市场一体化也得到较快发展，技术交易效率水平整体较高。根据《2019 中国火炬统计年鉴》，2018 年长三角区域合计输出技术合同数 100027 项，成交金额 3128.6 亿元，其中上海输出技术合同数 21311 项，成交金额 1225.2 亿元；江苏输出技术

合同数 42227 项，成交金额 991.4 亿元；浙江输出技术合同数 16142 项，成交金额 590.7 亿元；安徽输出技术合同数 20347 项，成交金额 321.3 亿元。长三角区域合计吸纳技术合同数 105134 项，成交金额 3339 亿元，其中上海吸纳技术合同数 24538 项，成交金额 828.2 亿元；江苏吸纳技术合同数 39192 项，成交金额 1438.6 亿元；浙江吸纳技术合同数 21272 项，成交金额 717.7 亿元；安徽吸纳技术合同数 20132 项，成交金额 354.5 亿元；上海技术合同流向长三角的交易额超过 170 亿元，占输出总额百分比达 14%。

技术市场机构服务能力逐渐提升。长三角区域已成立各类技术市场服务机构，已成为区域技术、资本连接桥梁和资源配置重要平台。如由 11 家机构共同发起成立的长三角区域技术市场联盟，将进一步探索高效的协同创新服务模式，为长三角建立区域技术转移统一规范服务，且为区域中小企业提供技术交易咨询、知识产权运营、投融资等专业化服务，并共同建立与国外技术转移机构的合作关系，开展国际技术转移服务，培养国际技术转移人才，加速打造全球技术交易中心。再如，2019 年成立的长三角高校技术转移联盟，是由江浙沪皖地区高校、政府及高校从事技术转移工作的相关机构和有关单位自愿结成的公益服务性团体，致力于提升长三角高校技术转移能级，凝聚和培育技术经理人队伍，促进长三角高校科技成果转移转化，为高校推进一流大学和一流学科建设以及长三角一体化发展战略提供支撑，促使高校科技创新成果落地转化（郑洁红，2019）。《2019 中国火炬统计年鉴》显示，2018 年，长三角三省一市已拥有国家级技术转移示范机构共 105 家，其中上海、江苏、浙江和安徽分别为 26 家、45 家、21 家和 13 家，共占全国国家级技术转移示范机构总数的 23.18%。上述技术服务机构和创新载体迅速发展，极大地促进了企业创新和成果转化。

技术转移中心服务功能逐渐强化。为了有效解决相关技术不易转化到产业与市场中的难题，长三角区域先后成立了国家技术转移苏南中心（苏州）、国家技术转移东部中心（上海）及其分中心等。这些中心及分中心的主要目的在于搭建一个集信息共享、技术交易或转移服务、技术经纪人培育、大数据于一体的市场服务平台，并不断拓展新功能，培育市场主体，意在帮助科研院所将知识产权及研发创新的最新成果顺利进入产业和市场，实现对接转化与产学研合作。《2019 中国火炬统计年鉴》显示，2018 年，三省一市国家技术转移机构共组织交易活动 5991 次，组织技术转移培训 123547 次，服务企业共达 111214 家，解决企业需求 83184 项。

三省一市技术市场服务效果显著。《2019 版中国火炬统计年鉴》显示，

2018 年国家技术转移机构促成项目三省一市总数为 39505 项，占全国总数的 31.79%，其中上海、江苏、浙江和安徽分别为 6894 项、23367 项、5433 项和 3811 项；项目成交总额 544.11 亿元，占全国总额的 25.51%，其中上海、江苏、浙江和安徽分别为 365.41 亿元、110.89 亿元、46.78 亿元和 21.03 亿元；促成重大技术转移项目成交总数量为 661 项，占全国总数的 26.38%，其中上海、江苏、浙江和安徽分别为 285 项、189 项、148 项和 39 项。

第一，上海技术市场情况。上海已形成了以上海技术交易所为枢纽，各区县、科技园以及相关科研机构相连接的 7 大技术转移工作网络（蔡峰等，2015）。其中上海技术交易所将联动长三角各地科技大市场，为科创成果对接资本提供标准化交易平台，同时也为科创板开展上市企业的技术培育。据统计，2019 年上海经认定登记的技术合同 36324 项，成交额 1522.21 亿元，分别比 2018 年同期增长 67.9% 和 16.8%。上海输出技术的卖方以企业为主，企业输出技术 14020 项，成交额 1369.29 亿元，分别占总量的 38.6% 和 90.0%；上海技术流向江苏 3175 项，成交额 93.76 亿元，居第二位，流向浙江 2129 项，成交额 88.84 亿元，居第三位。

第二，江苏技术市场情况。着力打通全省技术转移体系线上通道，在资源和数据上实现全省共享，互通有无。同时进一步扩充并统一认证"技术经理人"队伍，在全国率先开设技术经理人职称评定，鼓励更多科技从业人员从事技术中介和成果转化工作。根据《省政府关于加快推进全省技术转移体系建设的实施意见》，到 2025 年，全面建成结构合理、功能完善、体制健全、运行高效的技术转移体系。据统计，2018 年，江苏技术合同登记数达 42227 项，成交额 991.4 亿元，同比增长 32%，位列全国第五位。

第三，浙江技术市场情况。浙江通过依托强大的线上平台资源，搭建了省、市（县）以及专业市场的三层技术转移体系，并采用线上辐射带动线下的发展模式，在省内建设实体科技大市场，并在部分城市建立了合作市场（常林朝等，2019）。截至 2019 年底累计实现成果展示 231659 项，技术需求展示 92550 项，促成合同 4.44 万份，成交金额 483.6 亿元，市场入驻专家 64113 名，院校 31871 所，服务机构 12448 家，会员人数 183749 人；实体科技大市场已建成 54 家，其中省级 1 家、市级 11 家和县级 42 家，累计竞拍科技成果 1108 项，总成交价 19.88 亿元。

第四，安徽技术市场情况。2018 年，安徽省网上技术市场正式上线试运行。该平台主要包括科技资讯、专项政策、技术资源、技术对接、技术交易、服务中心、科技金融、成果评价等服务内容，将为企业、科研机构等创新主体提供集"展示、交易、共享、服务、交流"于一体的技术转移转化全流程服务。目前，平台共收录科技创新政策信息6000余条、科技成果4800多项，技术需求信息3100多项，平台还集聚省内外各行业技术专家300多位、科技中介服务机构和研发平台50余家、技术合同交易信息49000多项。根据统计，2018年全省共吸纳、输出技术合同成交额分别达到354.5亿元和321.3亿元，较上年增长31%和28.7%。

二、长三角技术市场一体化发展存在的主要问题

（一）市场协调机制和政策不完善，难以形成有效的技术市场一体化

协调机制有待进一步完善。长三角区域虽然先后成立了国家技术转移苏南中心（苏州）、国家技术转移东部中心（上海）及其分中心等机构，但三省一市由于行政区划影响，各地往往更多地考虑自身利益，各机构间有效的协调机制不足，技术市场难以实现真正合作；同时各经营主体往往由政府购买服务，积极性、主动性难以有效发挥，多数线下主体也缺少一个拍卖、挂牌等技术交易工作机制，科技成果利益分配机制、科技成果转化转移机制、科技人才评价机制、知识产权保护机制等方面都有待进一步完善。

政策文件有待进一步落地实施。长三角区域虽然先后出台了《长三角技术市场资源共享互融互通合作协议》《长三角科技资源共享服务平台共建协议书》等政策文件，但推进政策落地不够，在一定程度上影响了科技成果转移转化。

技术市场有待进一步提升市场化程度。长三角区域的技术市场大多是由政府投资建设的，属于非营利性组织。这一背景，使得技术市场的建设与政府行政部门联系极为密切，其管理模式并非完全市场化模式，对政府的依赖性很大，政府的行政职能影响了技术市场的市场功能，进而影响了技术市场的发展；同时由于技术交易的保密性和流程的复杂性，目前的功能主要以展示为主，交易功能发展相对缓慢。

（二）市场信息与法律法规服务不完善，难以提升技术交易及转化效率

市场信息交流有待进一步通畅。技术商品对保密性要求高，未经开发完成的技术更是缺乏法律保护，研究机构不愿公开技术细节，且出于竞争考虑企业也不愿公开自身的技术瓶颈，这样就会造成严重的信息不对称，影响交易中的沟通交流，降低交易效率，阻碍技术要素流动。

法律法规服务有待进一步完善。目前，从一般商品网上交易来看，其也存在法律法规不健全、监管不到位、诚信缺失等问题，而技术成果网上交易，比一般商品网上交易更复杂，有的技术还需要二次开发，健全的法律法规服务就

显得尤为重要，若法律法规不完善，技术市场出现纠纷难以从法律层面予以解决，在一定程度上会阻碍技术市场健康有序发展。

（三）服务中介与政府服务实力不强，难以提供有效服务

技术市场中介服务能力有待进一步提升。长三角区域科技服务企业数量较多，但技术市场中介服务企业数量较少。同时技术交易的保密性、专业性以及规则复杂性的特征使得交易很难，供需双方交易还需技术评估、会计、法律和金融方面的相关支持，而较多的技术服务企业难以胜任，服务能力不强。其中的主要原因：一是技术中介机构大多是政府控制的企业或企业单位，缺乏市场主动性；二是技术中介机构缺乏政府扶持，难以建立专业的技术中介服务团队；三是技术中介机构还承担其他政府所委托的具体事务，缺乏技术转移的实践经验。

技术市场政府服务管理有待进一步强化。与技术市场相关的政府服务部门职能存在弱化现象，部分地区服务人员对技术市场服务的理解也存在一定差距，仅满足一般的技术交易或技术合同登记，严重影响了技术市场发展。2018年，三省一市国家技术转移机构人员总人数达14737人，而具有中级职称以上的人员仅有6931人，技术经纪人仅有1927人。

（四）技术市场增值服务欠缺及其与资本融合不深，难以保障技术市场秩序健康发展

技术市场增值服务有待进一步拓展。一般来说，技术市场具有信息量大、交易数据和客户多的特征。若能很好地利用，则会产生大量市场增值服务，如大数据分析、技术需求与供给分析、市场评估与预测、决策咨询等。目前虽然有些技术交易市场已开始重视技术市场增值服务功能，但由于人才缺乏或设施落后等，增值服务业务拓展效果并不明显。

技术市场与资本融合有待进一步深化。资本对技术研发和市场健康发展起到重要作用，但由于研发成本高、风险大，资本一般不愿意介入技术研发和市场交易环节，大量技术成果难以转移转化；即使技术市场与资本融合，一般只吸引风险资本，由风险资本推动技术成果的商业化运作，而不是技术市场自身成立风险基金，动态跟踪高质量技术成果。

三、长三角技术市场一体化的对策与措施

（一）完善科技政策和创新环境，不断激发市场主体创新活力

政府应从做好规划、制定管理办法和激励政策等方面整体推进，构建较完善的政策体系（周宇英等，2019）。尽管技术政策体系不属于技术转移的任何一

个环节，但是影响了每一个环节（方炜等，2019）。虽然长三角区域技术交易稳步增长，但区域技术交易发展仍不平衡，各地区科技政策和创新环境存在差异。长三角城市群应打破行政壁垒对技术流动的限制，建议各地区在新科技成果转移转化制度体系和国家技术转移体系建设方案下，加快扶持和发展科技服务业政策（段德忠等，2019）。

完善相关机制与政策。首先，完善科技成果转化机制。修订相关文件或出台专项文件，解决资产管理、收入分配和科技成果转化间的冲突，明确科技成果作价入股有关国有资产的属性和科技人员的成果收益分配。其次，完善科技人才评价制度。认真落实国家关于深化职称制度改革要求，将技术转移工作成效纳入考核评价体系，引导科技人员更加注重科技成果转化推广。最后，完善科技中介服务业政策与协同机制。明确主管部门及职责范围，出台引领科技中介服务业持续健康发展的扶持政策，重点是给予资金扶持优惠或补贴；建立科技服务机构间共享合作与协同机制，对科技服务业进行整合规划。

改善技术市场创新环境。首先，保障科技成果转化经费投入，引入金融界资金，可以通过科技开发银行或者成立"科技信托投资公司"的形式，为技术开发提供充裕资金。其次，完善技术市场相关政策体系，加快推进政策落实实施。再次，加大对科技服务机构的监督和规范力度，努力提升科技成果转化服务质量和能力，营造良好的科技成果转化生态环境。最后，建立成熟、权威、专业的技术咨询、评估机构，为技术市场提供更全面的服务。

（二）加强科技服务业发展，不断提升专业服务能力

加大对中介机构政策扶持力度，不断满足社会服务需求。对于政府下属的科技中介机构，要成立专门的技术中介部门或分公司，专门对接社会上的技术转移服务，与政府委托业务相分离，同时走市场化道路，与民营企业公平竞争。政府应该加大对科技中介机构的政策扶持力度，对从业人员进行技术经纪人培训，不断创新服务内容，满足日益多样化、系统化、高层次的服务需求（汪良兵等，2014）。

加强技术团队培育，不断提升技术服务能力。某项科技成果成功转化或在技术市场成功交易，不仅需要技术供需方在线收集技术的基本信息、开展在线交谈等，而且需要得到大量的法律、价值评估、技术审查等服务以确保交易正常开展。所以，建立综合能力强、实践经验丰富的服务团队有利于保障技术市场提供服务的有效性。美国的网络技术交易平台（Yet2.com）和德国史太白技术转移网络STC等都是比较成功的案例。

完善技术服务法律法规，不断营造良好环境。技术交易的复杂性在于交易

信息的不对称，归根结底还是技术成果缺乏法律保护。要实现线上的技术交易，就必须形成法律完善、监管有效的市场环境。政府还应进一步规范科技中介机构的法规，营造良好的技术转移环境。

（三）加强培育技术创新多元主体，不断增加技术创新成果有效供给

坚持以高新技术企业为主体，市场为导向，切实推进产学研深度融合；立足长三角区域主导产业和新兴产业需求，发挥国家重点实验室和技术工程中心等平台的产学研协同聚合作用，使基础研究成果不断流向产业发展前沿；充分发挥产业技术创新战略联盟作用，引导领军企业、高校、科研机构共同牵头研发共性关键技术。

促使高校、科研院所等发挥科技创新基础作用，创造创新程度高、市场前景好的科技成果。强化高校科研院所的原始创新能力，发展主导产业急需紧缺的学科专业，培育工程技术型人才，推进创新主体在优势领域里形成具有国际影响力的创新成果，增强在基础性、前沿性技术研发中的引领作用。

强化成果应用导向，提升政府财政资金使用效益。围绕长三角区域发展中亟待解决以及事关区域发展战略和安全的问题，设立若干目标导向类基础研究项目。设立重大科技成果转化专项，引导企业加大科技创新投入，主动推进产业转型升级。

（四）加强市场化经营和提升政府服务水平，不断增强技术市场运营成效

长三角区域的技术市场大多是由政府投资建设的，是非营利性组织，而国外的技术市场普遍采用现代化的组织结构和灵活的运营管理模式，从而进行全面市场化经营。同时提高政府技术市场服务水平，建立专门开展服务工作的技术交易服务组织，在长三角内建立覆盖全区域的技术市场服务体系，为技术供需双方提供交易过程中具有公共物品属性的科技服务，提高政府技术市场经营管理水平和服务效率。

第二节　基于 Ism 模型的技术市场一体化影响因素与运行机理研究

技术市场是创新要素流动和科技资源优化配置的重要载体，是从科技创新与技术交易领域疏通国内国际双循环主动脉的重要抓手。近年来我国虽然建立了许多技术市场交易平台和发布了相关法律法规，但技术市场仍存在科技成果转化率低、市场信息和法律法规保障不足等问题，技术市场一体化进

展缓慢，难以有效发挥统筹配置科技资源、引领科技成果转移转化等作用。因此，本书在技术市场一体化内涵、特征和作用路径理解的基础上，通过文献阅读和专家访谈等方法梳理技术市场一体化影响因素，并运用 Ism 模型分析技术市场一体化影响因素复杂层级关系，进而分析其运行机理。研究表明：技术市场一体化影响因可划分为八个层级结构、三个因子群，各层级因素自下而上影响技术市场一体化进程，因子群间相互影响相互作用。本书还从提高技术商品供给效能、提升技术供需匹配有效性等方面提出推进技术市场一体化进程的建议。

一、引言与文献综述

要素市场的良性循环离不开各要素子系统内的协同发展，一体化要素市场通过提高市场活力，促进经济高质量发展；而建设高质量、高效益的要素市场关键在于提高要素市场的流畅性和协同性，具体表现为有效推进要素市场一体化进程。为此，《中华人民共和国国民经济社会发展第十四个五年规划和2035年远景目标纲要》明确提出要破除制约要素合理流动的堵点，矫正资源要素失衡错配。而现阶段，从我国要素市场一体化进程实践看，技术要素市场一体化远远滞后于劳动力、资本等要素市场一体化发展。虽然我国技术要素市场已粗具规模，但相对于劳动力、资本等要素市场呈现出象牙塔趋势，技术市场一体化进程缺乏融合态势。总体上看，目前我国技术市场存在科技成果转化率低、信用体系不完善、市场化程度不高、增值服务欠缺等问题，技术市场一体化进展缓慢，难以有效发挥统筹配置科技资源、引领科技成果转移与转化、推动科技服务业高质量发展等作用。在此背景下，探讨技术市场一体化进程的影响因素，辨析影响因素间的复杂结构层次，进而全面、系统地揭示技术市场一体化运行机理，将有利于丰富要素市场一体化和区域创新协调发展理论；有利于构建现代技术要素市场，促进技术市场创新协同发展，完善区域创新体系；有利于以技术市场"小循环"促进国内"大循环"，进而达到国内国际双循环相互促进的新发展格局目标。

从现有的文献看，关于技术市场一体化研究的相关文献较少，例如，在长三角一体化发展背景下探寻技术市场的发展历程，分析一体化技术市场呈现的特征和存在的主要问题，并提出相关建议。目前学术界主要围绕技术市场开展相关研究。例如，有学者认为技术市场进行技术商品交易，包括从技术开发到流通以及应用的全过程（安玉琢，2000），且技术市场中技术还涉及管理、决策、组织、流通等领域，须有明确的边界、确定的归属以及切实的保障（谢思全等，1998）。在空间上，基于技术与市场二者的交集，技术市场可以形成"点、线、面"空间分布，利用"互联网+"及相关平台、线上线下并行来提升效益（张林等，2020），政府支持的线上技术平台为交易提供了多样化服务，其作为双边市场具有连通性和开放性的特点（朱雪忠等，2021）；在创新效应上，技术市场发展与自主创新能力间具有因果关系，技术市场发展有利于提升自主创新能级，推动国家创新体系进一步发展（刘和东，2006）。也有学者认为企业协同创新需要提升技术市场流畅度及厚度，同时二者会给企业带来短期效应和长期效应（俞立平、王冰，2022），其中市场厚度对创新速度产生正面效应，而市场流畅度与创新速度呈现负相关关系，表明技术市场流畅度和厚度缺乏一定的协调性（俞立平、万晓云，2022）。在经济效应上，尽管技术市场与经济发展间的关系并不稳定，但从长期来看，二者的均衡关系具有长期性和稳定性（金为民，2009），相较于高质量经济发展亦是如此，技术市场可以通过绿色经济和创新驱动路径推动经济高质量发展，且具有单门槛效应（朱诗怡等，2021）；在运行效率上，目前其总体运行效率水平整体呈现上升状态，但在规模收益波动的条件下，规模效率和纯技术效率的变动都将通过技术进步效率及综合技术效率，来影响技术市场运行效率的改变（张座铭等，2018）。

有关技术市场影响因素的研究，例如，国外学者研究认为区域技术市场影响因素主要有线下的技术转移市场类型（Landry，2013）、技术转移机构的员工配置与薪酬（Siegel，1999）、产学研机构的关联紧密程度（Schartinger，2002）、技术供需过程中的不确定性（Arora et al.，2010）等。Vincenzo 等人（2019）认为交易过程的不确定性是技术市场较为复杂的因素，需要探寻外部技术购买时间以确定最优策略。Jensen（2015）等发现信任度是影响技术交易的重要因素、在技术市场中双方信任度高的交易成功率高。国内学者如张锴等人（2003）研究认为，技术交易信息存在非对称情况，不同的市场交易主体有着不同的战略选择，以及技术供给方的环境因素也能导致"有场无市"现象。郑荣等人（2009）从理论角度分析技术市场的影响因素，包括环境因素和市场因素，同时对政治、经济、社会、技术供给、技术需求等因素进行探讨。周文泳等人（2010）研究发现，科研成果的质量及其转化能力、科技活动经费的筹集和研发支出情况是影响我国技术市场的关键因素。张欣炜（2015）研究表明地区人力资源水平、政府的政策是影响技术市场发展水平的重要因素，此外，经济发达地区较好的生活条件和较大的市场规模，也推动地区技术市场发展。余思勤等人（2020）提出促进技术市场发展环境的措施主要包括加大研发资金投入、提高居民收入、降低家庭恩格尔系数、加强治安管理等。总体上看，影响技术市场发展的因素是多方面的，包括经济发展水平、科研经费投入、科研成果转化、技术市场机制、技术市场环境等，往往又是综合产生作用的。

综上所述，现有的文献多从单一角度研究技术市场发展的影响因素，鲜有学者探讨各影响因素间的关系与层级结构，更少有学者系统探讨技术市场一体化内涵、影响因素及其运行机理等。因此，本书将基于技术市场全过程视角来探究技术市场一体化内涵和影响因素，并运用解释结构模型分析技术市场一体化影响因素间关系，进而分析其运行机理，为技术市场一体化进程提供理论和实践指导。

二、理论基础

（一）技术市场一体化内涵与特征

一方面，技术市场发展是推进技术市场一体化的重要环节，而技术市场一体化形成，也将有助于技术市场发展，推动科技资源流动、成果转化与转让，保证市场机制在科技资源配置过程中发挥决定性作用，从而为技术成为商品提供了良好的平台支持与机制保障。另一方面，不断规范技术市场交易规则，统一技术交易流程，加快构建技术经营机构，在技术市场发展过程中不断推动技术市场一体化形成，更好发挥市场决定作用，全面提高技术创新效率（叶祥松等，2018）。由此可见，技术市场一体化具有以下特征：（1）全过程性，技术市场一体化是技术市场进一步发展的新载体，技术市场有别于其他市场，技术商品特殊性决定其一体化全过程性质；（2）商品属性，技术市场一体化是技术作为无差别商品的一种社会范式，其内涵具有一般商品属性；（3）复杂性，技术活动是在复杂的社会经济条件下进行的，从开发到流通以及应用全过程，涉及市场、政策、文化、人为等因素；（4）规范性，一体化环境下的法律法规、产权交易、技术转化等都将处于规范的市场平台中；（5）协调性，中介机构、供给方、需求方等多方共担风险，相互协调，共同推动技术市场一体化发展；（6）创新性，技术市场一体化发展将推动技术产业集成与发展，加快创新创造，促进技术水平不断提升。其概念模型如图6-1所示。

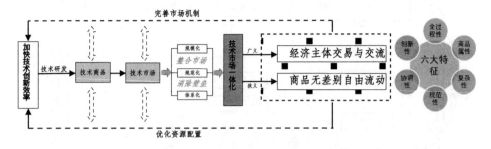

图6-1 技术市场一体化概念模型

（二）技术市场一体化作用路径

一般来说，影响技术在市场环境中无差别自由交易主要涉及四个方面：前期的技术供给、中期的技术中转、后期的技术需求及外部的市场环境。首先，技术的创新研发主体主要由科研机构、企业、政府及相关中介组织构成（谢富纪，2020）。因此，前期由企业、高校、科研机构、政府及相关中介组织构成供给方。其次，我国技术市场发展处于初级水平，交易过程监管不足，规范性差，供需主体活跃度低，通过中转环节可最大限度提高市场活跃度，提升交易效率（姜江，2020）。因此，中期包括技术交易、知识产权交易、技术咨询、风险管理等技术中转方。再次，满足市场需求的技术储备与资源需相互协调，同时强化技术开发与成果应用，以提高技术转移与成果转化效率（［日］斋滕优，1985）。因此，后期包括技术转移、引进、交流、融合技术需求方。最后，市场环境包括政策、制度、规则和舆论等，环境的变化往往会影响其他环节的组织与管理，是其他子系统运行与发展的基础。总体上看，技术供给、中转、需求和市场环境间相互影响、相互作用，具体表现在：在市场、政策等环境条件下，前期的技术供给处于主体地位，各主体进行技术产品输出，不同的技术主体输出形式有所不同；中期的技术中转为前期供给和后期需求的中间纽带，实现供给方技术商品价值及保障需求方顺利获取所需技术；后期的技术需求方是技术产品的应用者，通过多主体技术与网络的联动来实现技术商品价值，其与市场环境共同反馈技术商品市场需求信息，从而引导前期的技术共给方向。总之，技术供给、中转、需求和市场环境等共同突破相关壁垒、加快各主体合作与交流、规范技术交易机制、推动技术效益转化，甚至可以打破垄断，消除市场分割，促进技术跨行业、跨区域、跨市场协同化发展，从而形成技术市场一体化良性发展态势，具体作用路径如图6-2所示。

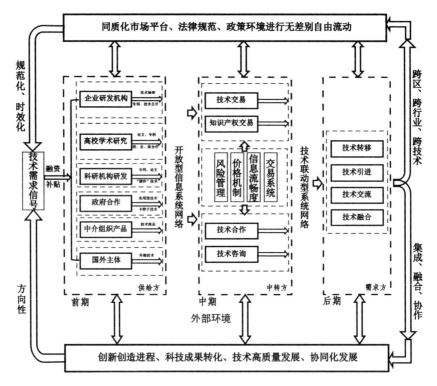

图6-2　技术市场一体化作用路径

三、技术市场一体化影响因素分析

（一）Ism 模型

本书利用 Ism 模型分析技术市场一体化影响因素。该方法由美国 J. N. 华菲尔特教授于 1973 年提出，主要用于解释复杂的内部社会经济关系（汪应络，1992），适用于分析具有多重影响因素且因素间关系复杂的系统（常静等，2017）；利用解释结构模型可将复杂、模糊的关系直观、清晰地表达成一个系统或多个子系统。具体步骤如下：首先，依据技术市场一体化形成机理及关键文献提取影响因素；其次，经过专家咨询分析得出要素间二元关系，二元关系是指两两因素间是否存在关联（包括影响、因果等关系）；再次，若因素间存在某种二元关系则记为1，反之则记为0，由此构建一个关于多个因素集合的 n×n 阶矩阵，即构建邻接矩阵；从次，运用布尔代数运算对邻接矩阵进行计算与迭代，得到可达矩阵；最后，确定影响因素的结构层级关系并分析其运行机理。此外，为了提高本研究的可信度与结论的说服力，系统中各环节因素关系及相互作用是基于技术市场一体化概念内涵、作用路径及关键文献梳理，并经多轮专家访谈、小组焦点讨论后最终确定。

（二）影响因素选取

本书根据相关文献梳理和分析，从技术市场一体化作用路径图中的技术供给、中转、需求和环境四个维度，初步筛选影响因素，并经专家访谈、小组焦点讨论，最终形成 28 个影响因素，即 $S = \{S_1、S_2、S_3、S_4、S_5、S_6、S_7、S_8、S_9、S_{10}、S_{11}、S_{12}、S_{13}、S_{14}、S_{15}、S_{16}、S_{17}、S_{18}、S_{19}、S_{20}、S_{21}、S_{22}、S_{23}、S_{24}、S_{25}、S_{26}、S_{27}、S_{28}\}$，如表 6-1 所示。

表 6-1 技术市场一体化影响因素划分

主体		影响因素
供给	S_1	技术平台搭建与设施
	S_2	战略、文化与管理模式
	S_3	企业研发水平
	S_4	营销与研发协同程度
	S_5	技术供给质量
	S_6	企业技术参与投入
	S_7	新颖性与独创性
	S_8	高知识集成性与连续性
中转	S_9	技术交易成本
	S_{10}	信息不对称不完全
	S_{11}	技术专利保护
	S_{12}	技术合约的全面性
	S_{13}	交易中介声誉和专业能力、规范程度
	S_{14}	风险共担程度
	S_{15}	第三方协调与监督
需求	S_{16}	需求与供给有效对接程度
	S_{17}	交易双方能力
	S_{18}	市场行为主体不确定性
	S_{19}	市场目标偏差
	S_{20}	市场需求信号
	S_{21}	技术转化效益

续表

主体	影响因素	
环境	S_{22}	创新创造氛围
	S_{23}	科技使命感
	S_{24}	机制健全程度
	S_{25}	政府规划和组织行为
	S_{26}	逐利心理
	S_{27}	机会主义行为
	S_{28}	区域与行业壁垒

（三）模型构建与结果分析

1. 构建邻接矩阵

建立邻接矩阵（A），元素 a_{ij} 是处于方阵中第 i 行和第 j 列的元素，表示影响因素 S_i 对 S_j 的影响关系，若 $a_{ij}=1$，表示影响因素 S_i 与 S_j 存在二元关系；若 $a_{ij}=0$，表示影响因素 S_i 与 S_j 不存在某种二元关系；邻接矩阵表示为 $A=(a_{ij})_{n \times n}$，i，j=1，2，…，28。为保证分析的科学性，继续采用专家访谈和小组焦点讨论等方法，对影响因素间的作用关系进行评估，最终形成如图 6-3 所示的邻接矩阵。

2. 计算可达矩阵

根据图 6-3 中的邻接矩阵，利用布尔代数运算规则计算其路长，最大传递次数可由以下公式计算得出：

$$(A+I) \neq (A+I)^2 \neq (A+I)^3 \neq (A+I)^{r-1} \neq (A+I)^r \neq (A+I)^{r+1} = \cdots = (A+I)^n (r \text{ 为路长}，I \text{ 表示单位阵})$$

运用 Matlab 软件计算可得如图 6-4 所示的可达矩阵 $B=(b_{ij})_{n \times n}$，其中 b_{ij} 表示影响因素 S_i 对 S_j 是否可达，若可达，则 $b_{ij}=1$；若不可达，则 $b_{ij}=0$。

	S_1	S_2	S_3	S_4	S_5	S_6	S_7	S_8	S_9	S_{10}	S_{11}	S_{12}	S_{13}	S_{14}	S_{15}	S_{16}	S_{17}	S_{18}	S_{19}	S_{20}	S_{21}	S_{22}	S_{23}	S_{24}	S_{25}	S_{26}	S_{27}	S_{28}
S_1	0	0	1	0	0	0	0	0	0	0	0	0	0	0	0	0	0	0	1	0	0	0	0	0	0	0	0	0
S_2	1	0	1	1	0	0	0	0	0	0	0	0	0	0	0	0	0	0	0	0	0	0	0	0	0	0	0	0
S_3	0	0	0	0	0	1	0	0	0	0	0	0	0	0	0	0	0	0	0	1	0	0	0	0	0	0	0	0
S_4	0	0	1	0	0	0	0	0	0	0	0	0	0	0	1	0	0	1	0	0	0	0	0	0	0	0	0	0
S_5	0	0	0	0	0	0	0	0	0	0	0	0	0	0	0	0	0	0	0	0	0	1	0	0	0	0	0	0
S_6	0	0	0	0	1	0	0	1	0	0	0	0	0	0	0	0	0	0	0	0	0	0	0	0	0	0	0	0
S_7	0	0	0	0	0	0	0	0	1	0	1	0	0	0	0	0	0	0	0	0	0	0	0	0	0	0	0	0
S_8	0	0	0	0	0	0	1	0	0	0	0	0	0	0	0	0	0	0	0	0	1	0	0	0	0	0	0	0
S_9	0	0	0	0	0	0	0	0	0	0	0	0	0	0	0	0	0	0	0	0	0	0	0	0	0	0	0	0
S_{10}	0	0	0	0	0	0	0	0	0	0	1	0	1	0	0	0	0	0	0	0	0	0	0	0	0	0	0	0
S_{11}	0	0	0	0	0	0	0	0	0	0	0	0	0	0	0	0	0	0	0	0	0	0	0	0	0	0	0	0
S_{12}	0	0	0	0	0	0	0	0	0	0	0	0	0	1	0	0	0	0	0	0	0	0	0	0	0	0	0	0
S_{13}	0	0	0	0	0	0	0	0	0	0	0	0	0	1	0	1	0	0	0	0	0	0	0	0	0	0	0	0
S_{14}	0	0	0	0	0	0	0	0	0	0	0	0	0	0	0	1	0	0	0	0	1	0	0	0	0	0	0	0
S_{15}	0	0	0	0	0	0	0	0	0	0	0	0	0	0	0	0	0	1	0	0	0	0	0	0	0	0	0	0
S_{16}	0	0	0	0	0	0	0	0	0	0	0	0	0	0	0	0	0	0	0	1	0	0	0	0	0	0	0	0
S_{17}	0	0	0	0	0	0	0	0	0	0	0	0	0	0	0	0	0	0	1	0	0	0	0	0	0	0	0	0
S_{18}	0	0	0	0	0	0	0	0	0	0	0	0	0	0	0	0	0	0	0	0	0	0	1	0	0	0	0	0
S_{19}	0	0	0	0	0	0	0	0	0	0	0	0	0	0	0	0	0	0	0	0	0	0	1	0	0	0	0	0
S_{20}	0	0	1	0	0	0	0	0	0	0	0	0	0	0	0	0	0	0	0	0	0	0	0	0	0	0	0	0
S_{21}	0	0	0	0	0	0	0	0	0	0	0	0	0	0	0	0	0	0	0	0	0	0	0	0	0	0	0	0
S_{22}	0	1	0	0	1	0	0	1	0	0	0	0	0	0	0	0	0	0	0	0	0	0	0	0	0	0	0	0
S_{23}	0	0	0	0	0	0	0	0	0	0	0	0	0	0	0	0	0	0	0	0	0	1	0	0	0	0	0	0
S_{24}	0	0	0	0	0	0	0	0	0	0	0	0	0	0	1	0	0	0	0	0	0	0	0	0	0	0	0	0
S_{25}	0	0	0	0	0	0	0	0	0	0	0	0	0	0	0	0	0	0	0	0	1	1	1	0	0	0	1	1
S_{26}	1	0	0	0	0	0	0	0	0	0	0	0	0	0	0	0	0	0	0	0	0	0	0	0	0	0	0	0
S_{27}	0	0	0	0	0	0	1	0	0	0	0	0	0	0	0	0	0	0	0	0	0	0	0	0	0	0	0	0
S_{28}	0	0	0	0	0	0	0	1	0	1	0	0	0	0	0	0	0	0	0	0	0	0	0	1	0	0	1	0

图 6-3 技术市场一体化影响因素的邻接矩阵

$S_1 S_2 S_3 S_4 S_5 S_6 S_7 S_8 S_9 S_{10} S_{11} S_{12} S_{13} S_{14} S_{15} S_{16} S_{17} S_{18} S_{19} S_{20} S_{21} S_{22} S_{23} S_{24} S_{25} S_{26} S_{27} S_{28}$

	S_1	S_2	S_3	S_4	S_5	S_6	S_7	S_8	S_9	S_{10}	S_{11}	S_{12}	S_{13}	S_{14}	S_{15}	S_{16}	S_{17}	S_{18}	S_{19}	S_{20}	S_{21}	S_{22}	S_{23}	S_{24}	S_{25}	S_{26}	S_{27}	S_{28}
S_1	1	0	1	0	0	0	1	0	1	0	1	0	0	0	0	0	0	0	0	1	0	0	0	0	0	0	0	0
S_2	1	1	1	1	0	0	1	0	1	0	1	0	0	0	1	1	0	1	1	0	1	0	0	1	0	0	0	0
S_3	0	0	1	0	0	1	0	1	0	1	0	0	0	0	0	0	0	0	0	1	0	0	0	0	0	0	0	0
S_4	0	0	1	1	0	0	1	0	1	0	1	0	0	0	1	1	0	1	1	0	1	0	0	1	0	0	0	0
S_5	1	1	1	1	1	0	1	1	1	0	1	0	0	0	1	1	0	1	1	0	1	1	0	1	0	0	0	0
S_6	1	1	1	1	1	1	1	1	1	0	1	0	0	0	1	1	0	1	1	0	1	1	0	1	0	0	0	0
S_7	0	0	0	0	0	0	1	0	1	0	1	0	0	0	0	0	0	0	0	0	0	0	0	0	0	0	0	0
S_8	1	1	1	1	0	1	1	1	1	0	1	0	0	0	1	1	0	1	1	0	1	1	0	1	0	0	0	0
S_9	0	0	0	0	0	0	0	1	0	0	0	0	0	0	0	0	0	0	0	0	0	0	0	0	0	0	0	0
S_{10}	0	0	0	0	0	0	0	0	1	0	1	0	1	0	1	0	0	0	1	0	0	0	0	0	0	0	0	0
S_{11}	0	0	0	0	0	0	0	0	0	1	0	0	0	0	0	0	0	0	0	0	0	0	0	0	0	0	0	0
S_{12}	0	0	0	0	0	0	0	0	0	0	0	1	0	0	1	0	0	0	1	0	0	0	0	0	0	0	0	0
S_{13}	0	0	0	0	0	0	0	0	0	0	0	0	1	1	0	1	0	0	1	0	0	0	0	0	0	0	0	0
S_{14}	0	0	0	0	0	0	0	0	0	0	0	0	0	1	0	1	0	0	1	0	0	0	0	0	0	0	0	0
S_{15}	0	0	0	0	0	0	0	0	0	0	0	0	0	1	0	0	1	0	0	0	0	1	0	0	0	0	0	0
S_{16}	0	0	0	0	0	0	0	0	0	0	0	0	0	0	1	0	0	1	0	0	0	1	0	0	0	0	0	0
S_{17}	0	0	0	0	0	0	0	0	0	0	0	0	0	0	0	1	0	0	1	0	0	0	0	0	0	0	0	0
S_{18}	0	0	0	0	0	0	0	0	0	0	0	0	0	0	1	0	0	1	0	0	0	1	0	0	0	0	0	0
S_{19}	0	0	0	0	0	0	0	0	0	0	0	0	0	0	1	0	0	1	1	0	0	1	0	0	0	0	0	0
S_{20}	0	0	1	0	0	0	1	0	1	0	1	0	0	0	0	0	0	0	1	1	0	0	0	0	0	0	0	0
S_{21}	0	0	0	0	0	0	0	0	0	0	0	0	0	0	0	0	0	1	0	0	1	0	0	0	0	0	0	0
S_{22}	1	1	1	1	1	0	1	1	1	0	1	0	0	1	1	0	1	1	0	1	1	0	0	0	0	0	0	0
S_{23}	1	1	1	1	1	0	1	1	1	0	1	0	0	0	1	1	0	1	1	0	1	1	1	1	0	0	0	0
S_{24}	0	0	0	0	0	0	0	0	0	0	0	0	0	0	1	0	0	1	0	0	0	0	0	1	0	0	0	0
S_{25}	1	1	1	1	1	0	1	1	1	1	1	1	1	0	1	1	1	0	1	1	0	1	1	1	1	0	0	1
S_{26}	1	0	1	0	0	0	1	0	1	0	1	0	0	0	0	0	0	0	0	1	0	0	0	1	0	0	0	0
S_{27}	0	0	0	0	0	1	0	1	0	1	0	0	0	0	0	0	0	0	0	0	0	0	0	0	0	0	1	0
S_{28}	1	1	1	1	1	0	1	1	1	1	1	1	1	0	1	1	1	0	1	1	0	1	1	0	1	1	0	1

图6-4　技术市场一体化影响因素的可达矩阵

3. 影响因素层级划分及结果分析

首先，根据图 6-4 的可达矩阵，针对每个因素整理可达集 R、先行集 Q 和共同集 A＝R∩Q，其中共同集 A 是可达集和先行集的交集，如表 6-2 所示；其次，若某因素的可达集 R 与共同集 A 相同，则该因素属于第一层级，接着将属于第一层级因素划去，重新梳理，以此往复迭代，直到将所有层级划分完成，可得如表 6-3 所示的影响因素层级；最后，根据表 6-3 的层级划分结果，并参照邻接矩阵中的两两因素间的关系，绘制技术市场一体化影响因素递阶结构有向图，从而形成技术市场一体化影响因素解释结构模型，如图 6-5 所示。

表 6-2　交集 A＝R∩Q

	可达集 R	先行集 Q	共同集 $A = R \cap Q$
S_1	1, 3, 7, 9, 11, 21	1, 2, 5, 6, 8, 22, 23, 25, 26, 28	1
S_2	1, 2, 3, 4, 7, 9, 11, 15, 16, 18, 19, 21, 24	2, 5, 6, 8, 22, 23, 25, 28	2
S_3	3, 7, 9, 11, 21	1, 2, 3, 4, 5, 6, 8, 20, 22, 23, 25, 26, 28	3
S_4	3, 4, 7, 9, 11, 15, 16, 18, 19, 21, 24	2, 4, 5, 6, 8, 22, 23, 25, 28	4
S_5	1, 2, 3, 4, 5, 7, 8, 9, 11, 15, 16, 18, 19, 21, 22, 24	5, 6, 8, 22, 23, 25, 28	8, 5, 22
S_6	1, 2, 3, 4, 5, 6, 7, 8, 9, 11, 15, 16, 18, 19, 21, 22, 24	6	6
S_7	7, 9, 11	1, 2, 3, 4, 5, 6, 7, 8, 20, 22, 23, 25, 26, 27, 28	7
S_8	1, 2, 3, 4, 5, 7, 8, 9, 11, 15, 16, 18, 19, 21, 22, 24	5, 6, 8, 22, 23, 25, 28	8, 5, 22

续表

	可达集 R	先行集 Q	共同集 A = R ∩ Q
S_9	9	1, 2, 3, 4, 5, 6, 7, 8, 9, 20, 22, 23, 25, 26, 27, 28	9
S_{10}	10, 12, 14, 16, 21	10, 25, 28	10
S_{11}	11	1, 2, 3, 4, 5, 6, 7, 8, 11, 20, 22, 23, 25, 26, 27, 28	11
S_{12}	12, 16, 21	10, 12, 25, 28	12
S_{13}	13, 14, 16, 21	13	13
S_{14}	14, 16, 21	10, 13, 14, 25, 28	14
S_{15}	15, 18, 24	2, 4, 5, 6, 8, 15, 18, 19, 22, 23, 24, 25, 28	24, 18, 15
S_{16}	16, 21	2, 4, 5, 6, 8, 10, 12, 13, 14, 16, 22, 23, 25, 28	16
S_{17}	17, 21	17	17
S_{18}	15, 18, 24	2, 4, 5, 6, 8, 15, 18, 19, 22, 23, 24, 25, 28	24, 18, 15
S_{19}	15, 18, 19, 24	2, 4, 5, 6, 8, 19, 22, 23, 25, 28	19
S_{20}	3, 7, 9, 11, 20, 21	20	20
S_{21}	21	1, 2, 3, 4, 5, 6, 8, 10, 12, 13, 14, 16, 17, 20, 21, 22, 23, 25, 26, 28	21
S_{22}	1, 2, 3, 4, 5, 7, 8, 9, 11, 15, 16, 18, 19, 21, 22, 24	5, 6, 8, 22, 23, 25, 28	8, 5, 22

续表

	可达集 R	先行集 Q	共同集 $A = R \cap Q$
S_{23}	1, 2, 3, 4, 5, 7, 8, 9, 11, 15, 16, 18, 19, 21, 22, 23, 24	23, 25, 28	23
S_{24}	15, 18, 24	2, 4, 5, 6, 8, 15, 18, 19, 22, 23, 24, 25, 28	24, 18, 15
S_{25}	1, 2, 3, 4, 5, 7, 8, 9, 10, 11, 12, 14, 15, 16, 18, 19, 21, 22, 23, 24, 25, 28	25, 28	25, 28
S_{26}	1, 3, 7, 9, 11, 21, 26	26	26
S_{27}	7, 9, 11, 27	27	27
S_{28}	1, 2, 3, 4, 5, 7, 8, 9, 10, 11, 12, 14, 15, 16, 18, 19, 21, 22, 23, 24, 25, 28	25, 28	25, 28

表 6-3　技术市场一体化影响因素层级划分

层级	因素
K_1	S_9, S_{11}, S_{15}, S_{18}, S_{21}, S_{24}
K_2	S_7, S_{16}, S_{17}, S_{19}
K_3	S_3, S_{12}, S_{14}, S_{27}
K_4	S_1, S_4, S_{10}, S_{13}, S_{20}
K_5	S_2, S_{26}
K_6	S_5, S_8, S_{22}
K_7	S_6, S_{23}
K_8	S_{25}, S_{28}

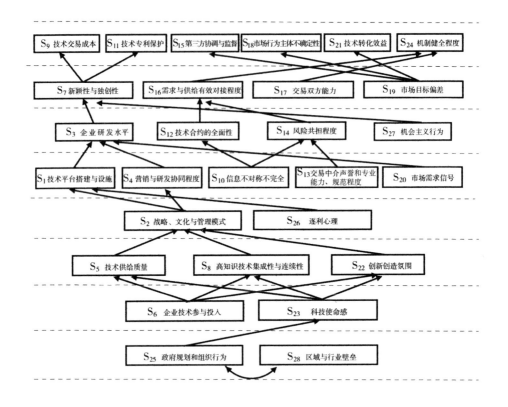

图 6-5 技术市场一体化影响因素的递阶结构模型

通过解释结构模型层级划分结果可知，技术市场一体化的影响因素一共由八个层级和三个因子群构成，根据传输路径，底层因素影响上一层因素，再影响上两层因素直至顶层，根据不同优先级与逻辑层级，各因素的传输由底层通向顶层。顶层因素主要由技术交易成本、技术专利保护、第三方协调与监督、市场行为主体不确定性、技术转化效益、机制健全程度构成，是影响技术市场一体化的直接影响因素。第二层通过新颖性与独创性、需求与供给有效对接程度、交易双方能力、市场目标偏差直接影响的顶层因素并影响技术市场一体化程度。第三层由企业研发水平、技术合约的全面性、风险共担程度、机会主义行为构成。第四层通过技术平台搭建与设施，营销与研发协同程度，信息不对称不完全，交易中介声誉和专业能力、规范程度，市场需求信号影响一体化进程。第五层由战略、文化与管理模式，逐利心理构成。第六层通过技术供给质量、高知识技术集成性与连续性、创新创造氛围影响上一层级。第七层由企业技术参与投入、科技使命感构成。底层构成因素包括政府规划和组织行为、区域与行业壁垒，底层因素是影响技术市场一体化发展的根源所在。

4. 运行机理

由上述递阶结构关系模型可知，不同的影响因素对技术市场一体化的影响程度及范围是不同的，对模型的八大层级结构关系进程进行梳理，可以得出三个因子群和技术市场一体化运行机理，为探寻影响技术市场一体化关键因素提供系统化思维，如图6-6所示。

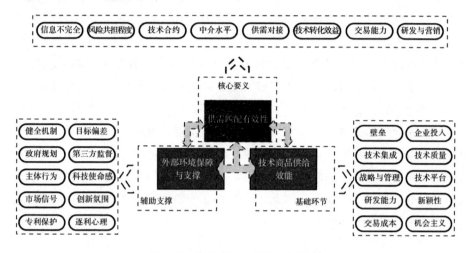

图6-6　技术市场一体化运行机理

第一，技术商品供给效能因子群。技术商品作为技术市场中的物质，其供给是技术市场一体化中的基础环节，与技术供给到需求转化全过程有着十分紧密的联系。企业作为技术的承接者和运营方，是技术市场一体化过程中最重要的主体之一，促进企业各方面能力的发展将在更大限度上发挥企业的主体作用，提升企业战略文化以及管理水平，加快技术平台搭建将提高企业的技术承接能力和研发水平。此外，通过企业与科研机构等研发主体的能力提升，技术的新颖性与独创性将会逐渐增强，技术质量得到极大提升，技术平台建设机制也将更加完善，同时更好发挥技术专利保护及保证技术市场正常运行的作用，从而推动技术市场一体化的良性循环。

第二，技术供需匹配有效性因子群。信息不对称和不完全、技术合约的全面性、风险共担程度、中介水平以及研发与营销等因素影响供需匹配效果。信息不对称不完全是技术交易过程中各主体了解技术市场需求的重要阻碍因素，同时信息不对称不完全对技术合约的全面性及技术交易中介的风险共担程度等也产生重要影响。其中技术合约规范供给方与需求方之间的行为与义务，若两个主体间信息缺失，那么会在拟定技术合同时难度增加，往往导致交易复杂性与潜在成本提升。交易中介作为重要媒介，通过提高主体之间交易的协调性，可以在一定程度上降低因信息缺失而引发的风险，从而提高风险共担程度。因此，这些因素是影响供需匹配有效性的基石，是技术市场一体化发展的核心要义。

第三，外部环境保障与支撑因子群。技术市场一体化进程受市场、政策等外部环境影响，良好的外部环境因素可以为技术市场一体化提供保障与支撑。一方面，技术市场的目标偏差会影响各主体行为、第三方机构的协调与监督力度以及市场机制的健全程度。目标偏差对各主体而言，有着不同的表现形式，例如，需求方往往通过购买技术以加大企业创新力度，但在技术交易过程中存在相对的不确定性和可能出现难以预料的各种问题，从而增加隐性成本，因此，成功的技术交易需要健全的第三方监管等市场机制为保障。另一方面，政府的规划与政策直接影响着市场的技术交易，良好的政策环境可以激发各主体的科技创新使命感。拥有强烈使命感的各创新主体更加期望提供高质量的技术，从而形成良好的技术创新氛围。因此，完善的市场和政策环境有助于保障和支撑技术市场一体化持续发展。

四、研究启示

（一）提高技术商品供给效能

首先，企业、研发机构等创新主体要提高对市场的认知水平，确立以技术创新为长期发展的重要任务，同时将技术创新使命确立为各主体文化战略发展的重要组成部分。其次，各主体要优化管理模式，以自主研发、自主创新为己任，实施创新驱动战略，加快搭建技术创新平台，增强研发能力和水平，实现技术高质量供给。最后，要规范技术市场交易流程，落实技术知识产权保护，鼓励各主体以前瞻性和实用性战略实现技术供给。

（二）提升技术供需匹配有效性

首先，要依托于网络信息平台，建立信息交易中心，推动各主体实现信息供给、中转和需求等数据透视化管理，加强数字化治理，克服信息盲点。其次，要提升技术交易中介的服务水平，强化交易中介咨询服务能力，发挥其强有力的纽带作用，落实并确定各主体责任与义务，并在技术交易全过程中做好服务。再次，要合理引导和规范技术交易中介发展，发挥政府公共服务作用，切实提高交易中介风险共担程度，编制合理、合法、合规的交易合同，提高交易双方责任人违约赔偿金，提升技术市场流畅性，从而促进技术交易产业绿色发展和技术市场一体化。最后，明确各主体责任与义务，加强耦合与交互能力，提升技术市场流畅度，加快技术市场一体化进程。

（三）增强外部环境保障能力

要发挥国家政策的保障和支撑作用，推动以政府引导、企业主导、市场自主调节的技术要素市场一体化进程。首先，企业作为市场的主体，要发挥主导作用，不仅要积极主动投入经费从事技术研发活动，提升自主创新能力，而且要注重技术转移转化与应用。其次，政府要予以技术市场各主体政策便利，如财政资金倾向于拨向技术欠发达区域及技术导向型区域，加大技术交易补贴力度；强化法律保护，形成系统、规范、灵活的法律体系；弱化区域、行业壁垒，促进区域协同发展；同时强化各区域技术交流、融合及协作水平，带动各区域技术协同发展。最后，社会要利用舆论力量，积极宣传与发扬科技创新精神，营造良好的科技创新氛围；同时要健全技术交易市场机制，促进技术市场一体化发展。

03

长三角城市群市场一体化及其经济增长效应研究

本篇内容主要包括长三角城市群市场一体化与边界效应，长三角城市群创新联系与科技创新一体化研究，长三角城市群市场一体化对经济增长的影响研究等内容

第七章　长三角城市群市场一体化与边界效应

本章主要包括长三角城市群市场一体化水平测度与时空演变特征研究，长三角城市群经济地理特征与市场一体化影响因素研究，长三角城市群一体化边界效应测度与时空演变特征研究。

第一节　长三角城市群市场一体化水平测度
与时空演变特征研究

本书以市场一体化相关理论为基础，采用相对价格法等方法测度 2010—2019 年长三角城市群商品、劳动力和资本市场一体化指数，并运用变异系数法确定权重获得市场一体化指数，进一步分析市场一体化及其分维度时空演变特征。研究结果表明：（1）2010—2019 年，长三角城市群商品市场一体化指数呈现波动上升趋势，资本市场一体化指数和市场一体化指数都呈现"M"形波动上升态势，而劳动力市场一体化指数总体上呈现下降态势。（2）2019 年较于 2010 年，长三角城市群商品市场一体化、资本市场一体化和市场一体化指数呈现空间集聚效应，而劳动力市场一体化空间集聚效应不明显。这些结论对加快推进长三角城市群市场一体化进程，具有重要的指导意义和参考价值。

一、引言与文献综述

《长江三角洲区域一体化发展规划纲要》提出到 2035 年，现代化经济体系基本建成，同时，经验表明，在区域一体化过程中，以大城市为核心的集群成为区域发展的重要力量。那么，作为世界六大城市群之一的长三角城市群市场一体化发展程度时空演变格局如何？市场分割程度是严重了，还是向市场一体化演变？系统分析长三角城市群市场一体化程度及其时空演变格局，从理论上看，将进一步丰富城市群市场一体化理论内涵，并拓展区域经济理论发展；从实践上看，可以把握长三角城市群市场一体化主要瓶颈与突破路径，有利于打破市场分割、破除行政壁垒，促进商品、资本等自由流动。

有关长三角城市群市场一体化研究方面，学者们已做了些研究，例如，卜茂亮等人（2010）基于2001—2007年长三角16个城市7类商品数据，运用相对价格法测算长三角区域市场一体化程度。研究结果表明：长三角区域一体化程度不断提升。杨凤华等人（2012）在分别评价长三角商品市场一体化和要素市场一体化基础上，对长三角1985—2008年市场一体化总体特征予以分析。研究结果表明：1985—1997年，市场一体化程度降低；而1998—2008年，市场一体化水平提升，一体化格局基本形成。王磊等人（2018）基于2001—2014年长三角区域16个城市商品市场的数据，运用相对价格法测量长三角区域市场一体化水平。黎文勇等人（2019）基于2004—2016年长三角39个城市16类商品零售价格指数，运用相对价格法测度长三角区域市场一体化水平。研究结果表明：长三角区域市场一体化发展是不均衡的，表现为城市群市场一体化程度较高，而非城市群市场一体化程度较低。张可（2019）基于2007—2016年长三角区域18个城市8类商品数据，运用价格法测度长三角区域市场一体化程度，但从现有的文献看，仍存在些不足：从研究概念内涵来看，往往只对商品市场一体化等单一市场问题展开讨论，难以揭示市场一体化总体情况及不同类型市场一体化发展的比较分析。从研究对象来看，多数学者仍停留于对长三角16个城市市场一体化水平进行测度阶段，而随着长三角一体化深入推进，长三角城市群已扩充到27个城市，因此，对长三角27个城市市场一体化及其细分类型商品、劳动力和资本市场一体化进行测度，并展开时空演变特征讨论十分必要。其中商品市场一体化主要是指区域内受供求关系影响，同种商品价格逐渐趋同的一种状态；资本市场一体化主要包括资本要素市场和证券市场，其中资本要素市场指的是把资本要素作为商品来进行交易和买卖的市场，本书所指的主要是该类型市场，而不是证券市场。

二、理论基础和研究框架

从经济学角度看，市场一体化主要是不同区域主体通过跨区域经济合作途径，达到降低自由贸易壁垒、地方保护等因素所产生的交易成本目的。一般来说，在总资源一定的情况下，市场一体化往往可以改变一个区域资源和要素禀赋状况，进而影响区域经济发展。根据斯巴克（1956）提出的共同市场理论，在共同市场中，产品或生产要素价格差异会引起其在同盟国不受限制的自由流动，同一产品或要素价格最终将趋同，从而实现资源配置的目的，使得同盟国成员福利水平提高。同时根据新区域主义理论，其中心思想是通过灵活的政策网络倡导区域整合及协调发展，重视区域空间开放，加强区域合作与联系，突显区域间平等协商关系等，将有利于区域商品与要素价格差距减小，进而实现价格趋同。因此，基于共同市场理论、新区域主义理论等，都将促进区域商品和要素市场价格趋同，从而有利于最终形成市场一体化（图7-1）。

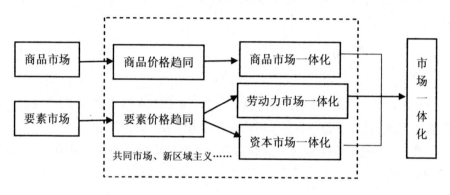

图7-1 市场一体化研究框架

三、研究方法与数据来源

市场一体化指数测度。基于数据可得性，同时参考刘秉镰等人（2018）、盛斌等人（2011）关于商品市场一体化，陈红霞等人（2016）、都阳等人（2004）关于劳动力市场一体化，吕典玮（2011）关于资本市场一体化的研究，笔者选取食品、烟酒及用品、衣着、医疗保健用品、交通和通信、教育文化与娱乐、居住相关产品7种消费品价格衡量商品市场，选取在岗职工平均工资衡量劳动力市场，以及采用年末金融机构人民币人均各项存款余额和年末金融机构人民币人均各项贷款余额来衡量资本市场，分别计算2010—2019年长三角城市群27个城市商品、劳动力和资本市场一体化指数；在此基础上，运用变异系数法确定权重，进而获得市场一体化指数。

相对价格法。借鉴韩庆潇等人（2018）关于相对价格法研究思路，分别对商品市场一体化和资本市场一体化进行测度。以商品市场一体化为例，该方法使用三维面板数据（$t \times i \times k$），其中t代表时间，i代表城市，k代表商品，步骤如下所述。

第一步，计算两城市间的相对价格绝对值$|\Delta Q_{ijt}^k|$，P代表商品价格，其中

$$\Delta Q_{ijt}^k = \ln(P_{it}^k / P_{jt}^k) - \ln(P_{it-1}^k / P_{jt-1}^k) \tag{7-1}$$

第二步，为了消除商品自身特性带来的固定效应，首先对全部城市间的相对价格绝对值 $|\Delta Q_{ijt}^k|$ 求均值，然后用 $|\Delta Q_{ijt}^k|$ 减去均值，其计算公式为：

$$q_{ijt}^k = |\Delta Q_{ijt}^k| - \overline{|\Delta Q_t^k|} \tag{7-2}$$

第三步，计算 i、j 两城市间在给定时间 t 内不同商品之间的价格变动方差 $Var(q_{ijt}^k)$，表示在 t 时期，i 与 j 两城市间的市场分割指数。

第四步，单个城市 i 的市场分割指数，可通过单个城市 i 的方差合并计算得到，即

$$Var(q_{it}^k) = \frac{\sum_{j=1}^n Var(q_{ijt}^k)}{n} \tag{7-3}$$

此处 n 为与 i 城市两两配对的数量，本书中长三角城市群为 27 个城市，故此处 $n = 26$；使用类似的方法，可计算出其他城市市场分割指数。

第五步，根据市场分割指数的倒数，即得到市场一体化指数 $integ$，如式（7-4）所示：

$$integ = \sqrt{n / \sum_{j=1}^n Var(q_{ijt}^k)} \tag{7-4}$$

本书在计算商品市场一体化时，$t = 10$，$i = 27$，$k = 7$；根据上述计算步骤，首先，对 27 个城市进行两两配对，总共形成了（27×26）/2 = 351 对城市对，并根据式（7-1）求出 7×351×10 个相对价格绝对值，将指定年份以及商品种类的相对价格绝对值放在 351 对城市对之间求平均值，得到 10×7 个数值；其次，运用式（7-2）进行计算得到 7×351×10 个 q_{ijt}^k 的观测值，然后通过逐年对 351 对城市对计算两城市在各类商品之间的价格变动方差，即 $Var(q_{ijt}^k)$，之后根据式（7-3），计算每一年各个城市的市场分割指数（27×10 个）；最后，根据式（7-4），计算商品市场一体化指数。

运用相对价格法计算资本市场一体化指数时，与商品市场一体化指数计算的不同在于，由于运用年末金融机构人民币人均各项存款余额和年末金融机构人民币人均各项贷款余额指标数据不是环比数据，需要计算 2010—2019 年环比数据，然后再根据式（7-1）—式（7-4）计算出代表每一年各个城市的资本市场一体化指数（27×10 个）。

绝对偏差法。笔者借鉴陈红霞等人（2016）运用绝对偏差法，拟采用在岗职工平均工资的绝对偏差法来计算劳动力市场一体化指数。该方法使用的是二维面板数据 $t×i$，其中 t 代表时间，i 代表城市，w_{it} 代表平减后城市实际工资水平，步骤如下所述。

第一步：计算区域内所有城市劳动力市场平均工资为 $\bar{w}$。

$$\bar{w} = \sum_{i=1}^{n} w_{it}/n \tag{7-5}$$

第二步：计算 i 城市相对于区域劳动力市场平均工资的绝对偏差 u_{it}，用于代表城市劳动力市场分割，

$$u_{it} = w_i - \sum_{i=1}^{n} w_{it}/n \tag{7-6}$$

第三步：对绝对偏差取倒数即可得到市场一体化指数 V_{it}，

$$V_{it} = n / \left(w_i - \sum_{i=1}^{n} w_{it} \right) \tag{7-7}$$

第四步：计算整个区域劳动力市场一体化衡量指标 U_t

$$U_t = \sum_{i=1}^{n} |v_{it}|/n \tag{7-8}$$

笔者计算劳动力市场一体化指数时，$t = 10$，$i = 27$。按照上述步骤，首先，收集 2010—2019 年 27 个城市的在岗职工平均工资；其次，考虑到城市不同物价，利用居民消费价格指数对 27 个城市每年的名义在岗职工平均工资进行平减处理，进而得到具有可比性的各个城市实际在岗职工平均工资；再次，根据式（7-6）计算各地区工资偏离单一均值工资的偏差 u_{it}，并对其取倒数得到劳动市场一体化指数 V_{it}，V_{it} 越大，说明工资差异水平越低，市场一体化程度越高，反之则反；最后，运用式（7-8）得到整个区域劳动力市场一体化衡量指标。

数据来源。本书所运用的相关数据，主要来源于历年沪浙苏皖统计年鉴及《中国城市统计年鉴》等。

四、时空演变特征分析

（一）商品市场一体化时空演变特征

1. 时间演变特征分析

从 27 个城市层面时间序列指数演变看（图 7-2），27 个城市商品市场一体化指数总体趋势基本一致，均呈现波动上升趋势，但波动幅度呈现一定的差异性；多数城市商品市场一体化指数在 2014 年达到极大值，然后呈现下降、再上升的波动态势。由均值和方差看（图 7-3），多数城市都位于右下角，表明大部分城市商品市场一体化程度较高且波动程度较小，其中合肥、无锡和温州的商品市场一体化程度依次排在前三，而泰州、常州和上海依次排在后三，且常州波动最大。

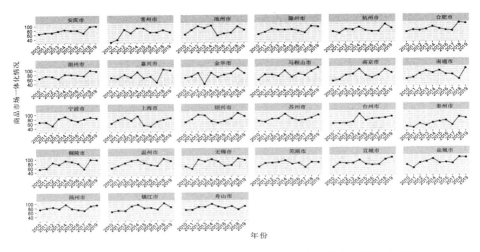

图7-2　2010—2019年长三角27个城市商品市场一体化指数演变态势

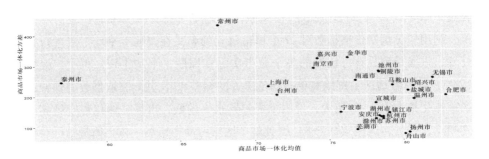

图7-3　2010—2019年长三角27个城市商品市场一体化均值和方差

　　从省域层面时间序列指数演变看（图7-4），2010—2019年商品市场一体化指数总体上呈现波动上升态势。其中江苏9市商品市场一体化指数由2010年的59.532上升到2019年的92.312，上升幅度约为55.06%，上升幅度最大；浙江9市商品市场一体化指数由2010年的60.062上升到2019年的91.735，上升幅度约为52.73%；安徽8市商品市场一体化指数由2010年的59.381上升到2019年的90.653，上升幅度约为52.66%；上海商品市场一体化指数由2010年的60.154上升到2019年的82.504，上升幅度约为37.155%；长三角27个中心城市的商品市场一体化指数由2010年的60.42上升到2019年的90.16，上升幅度约为49.22%。由此表明，在商品市场一体化指数2010—2019年增幅上，江苏9市、浙江9市和安徽8市大于长三角27个城市，而上海小于长三角27个城市，近年来上海在推进商品市场一体化进程方面相对缓慢。

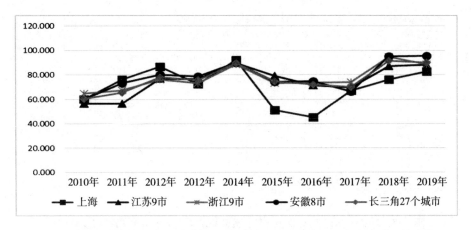

图 7-4 2010—2019 年长三角城市群及省域层面商品市场一体化指数演变态势

2. 空间演变特征分析

2010 年商品市场一体化"较高一体化"及以上的有金华、绍兴、宁波、舟山、湖州等 13 个城市，其中浙江多达 7 个城市；"中等一体化"的有上海、宣城、芜湖等 7 个城市，其中安徽多达 4 个城市；"较低一体化"及以下的有南通、南京、铜陵、常州等 7 个城市，其中江苏多达 4 个城市。至 2019 年，"较高一体化"及以上的城市数降至 9 个，其中安徽多达 5 个城市；"中等一体化"城市数略降至 6 个，其中浙江有 3 个城市；"较低一体化"及以下的城市数升至 12 个，其中浙江和江苏各有 5 个城市。由此表明，长三角城市群商品市场一体化空间演变呈现如下特征："较高一体化"及以上的，由 2010 年多分布于浙江城市演变为 2019 年多分布于安徽城市；而"较低一体化"及以下的，由 2010 年多分布于江苏城市演变为 2019 年多分布于江苏和浙江城市；商品市场一体化总体呈现出一定的空间集聚态势。

（二）劳动力市场一体化时空演变特征分析

1. 时间演变特征分析

从 27 个城市层面时间序列指数演变看（图 7-5），2010—2019 年各城市劳动力市场一体化指数变动幅度呈现一定的差异性，其中上升的城市有安庆、池州、滁州、马鞍山、宁波等 11 个城市；下降的城市有常州、杭州、合肥、湖州、金华、南京、南通、上海等 16 个城市。总体来看，在劳动力市场一体化指数上，江苏、浙江和安徽上升的城市数分别为 3 个、2 个和 6 个，下降的城市数分别为 6 个、7 个和 2 个。

从省域层面时间序列指数演变看（图 7-6），2010—2019 年劳动力市场一体

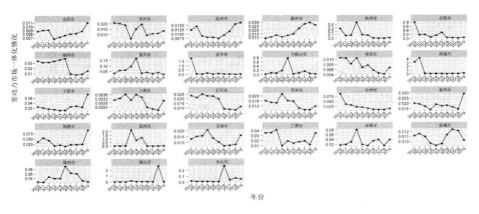

图 7-5 2010—2019 年长三角 27 个城市劳动力市场一体化指数演变态势

化指数总体上呈现下降态势，其中 2010—2018 年劳动力市场一体化指数呈现下降态势；而 2018—2019 年呈现上升态势；江苏 9 市劳动力市场一体化指数由 2010 年的 0.010 下降到 2019 年的 0.009，下降幅度约为 10%；浙江 9 市市场一体化指数由 2010 年的 0.009 下降到 2019 年的 0.008，下降幅度约为 11%；安徽 8 市市场一体化指数由 2010 年的 0.007 下降到 2019 年的 0.006，下降幅度约为 14.28%；上海劳动力市场一体化指数 2019 年较 2010 年略微下降；长三角 27 个中心城市的劳动力市场一体化指数由 2010 年的 0.018 下降到 2019 年的 0.015，下降幅度约为 16.67%。由此表明，在 2010—2019 年劳动力市场一体化指数水平和降幅程度上，江苏 9 市、浙江 9 市、安徽 8 市和上海都低于长三角 27 个城市，且上海的劳动力市场一体化指数最低。

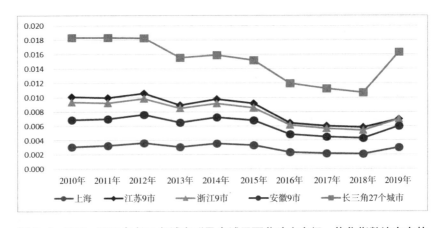

图 7-6 2010—2019 年长三角城市群及省域层面劳动力市场一体化指数演变态势

2. 空间演变特征分析

2010 年劳动力市场一体化"较低一体化""中等一体化""较高一体化"及"很高一体化"类型各有 1 个城市，分别为杭州、合肥、金华和南通，其他 23 个城市都为"很低一体化"；至 2019 年，"较高一体化"及以上的城市有宁波、舟山、合肥、铜陵和南通共 5 个；"中等一体化"的城市有杭州、宣城、芜湖、马鞍山、滁州等 9 个，其中安徽多达 4 个城市；"较低一体化"及以下的城市降至 13 个，其中浙江和江苏各有 5 个城市，上海仍处于"很低一体化"类型。由此表明，2019 年较于 2010 年，长三角城市群劳动力市场一体化空间演变呈现如下特征："较高一体化"及以上类型的，分布于宁波、舟山、合肥、铜陵和南通共 5 个城市；而"中等一体化"类型的多分布于安徽城市，"较低一体化"及以下类型的多分布于江苏和浙江城市；劳动力市场一体化总体上空间集聚效应不明显。

（三）资本市场一体化时空演变特征分析

1. 时间演变特征分析

从 27 个城市层面时间序列指数演变看（图 7-7），各城市资本市场一体化指数总体上呈现"M"形波动轨迹，且呈现上升态势，其中 2011—2013 年和 2015—2017 年呈现上升态势，而 2013—2015 年和 2017 年呈现下降态势。从均值和方差图看（图 7-8），位于右上角的多为浙江和江苏城市，而位于左下角的多为安徽城市，表明浙江和江苏多数城市资本市场一体化指数较高，波动也较大；而安徽多数城市资本市场一体化指数较低，波动也较小。其中嘉兴、无锡和台州资本市场一体化程度依次排在前三，且台州波动最大；而铜陵、上海和滁州资本市场一体化程度依次排在后三。

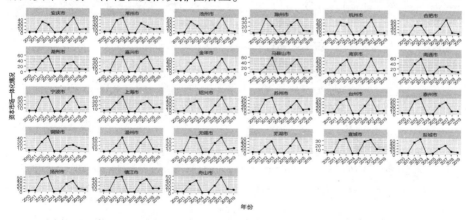

图 7-7　2010—2019 年长三角 27 个城市资本市场一体化指数演变态势

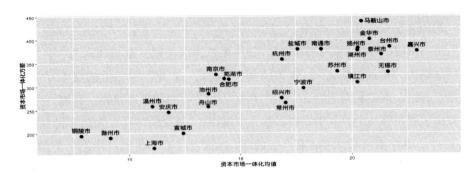

图7-8 2010—2019年长三角27个城市资本市场一体化均值和方差

从省域层面时间序列指数演变看（图7-9），2010—2019年省域层面资本市场一体化指数呈现"M"形波动轨迹，但总体上还是上升的。其中江苏9市资本市场一体化指数由2010年的4.603上升到2019年的12.316，上升幅度约为167.56%；浙江9市资本市场一体化指数由2010年的4.476上升到2019年的11.420，上升幅度约为155.14%；安徽8市资本市场一体化指数由2010年的3.972上升到2019年的10.092，上升幅度约为154.08%；上海资本市场一体化指数由2010年的5.058上升到2019年的14.518，上升幅度约为187.03%；长三角27个城市的资本市场一体化指数由2010年的4.391上升到2019年的11.440，上升约160.532%。由此表明，资本市场一体化指数2010—2019年间增幅，江苏9市、上海都大于长三角27个城市，而浙江9市和安徽8市小于长三角27个城市。

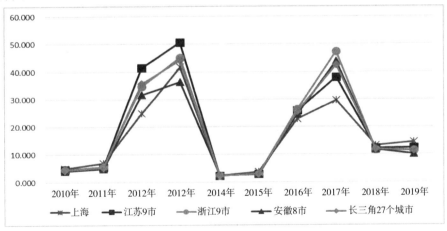

图7-9 2010—2019年长三角城市群及省域层面资本市场一体化指数演变态势

2. 空间演变特征分析

2010 年资本市场一体化"较高一体化"及以上的城市有台州、绍兴、嘉兴、上海、马鞍山、金华等 8 个，其中浙江多达 4 个城市；"中等一体化"的城市有湖州、苏州、无锡等 6 个，其中江苏多达 3 个城市；其他 13 个城市为"较低一体化"及以下的，其中安徽、江苏和浙江的城市数分别为 6 个、4 个和 3 个。至 2019 年，"较高一体化"及以上的城市数升至 10 个，其中江苏多达 5 个；"中等一体化"的城市有台州、嘉兴、舟山、宣城、马鞍山、芜湖和南京共 7 个，其中浙江和安徽分别有 3 个城市；而"较低一体化"及以下的城市数降至 10 个，其中安徽、江苏和浙江分别为 4 个、3 个和 3 个城市。由此表明，长三角城市群资本市场一体化空间演变呈现如下特征："较高一体化"及以上的，由 2010 年多分布于浙江城市演变为 2019 年多分布于江苏城市；而"中等一体化"的，由 2010 年多分布于江苏城市演变为 2019 年多分布于浙江城市，安徽多数城市仍处于"较低一体化"及以下的；资本市场一体化总体呈现出一定的空间集聚态势。

（四）总体市场一体化时空演变特征

1. 时间演变特征分析

从 27 个城市层面时间序列指数演变看（图 7-10），各城市总体市场一体化指数呈现"M"形波动轨迹，且呈现上升态势，多数城市在 2012 年和 2017 年指数达到极大值，而在 2015 年达到极小值。从均值和方差看（图 7-11），位于右上角的多为浙江和江苏城市，而位于左下角的多为安徽城市，表明浙江和江苏多数城市指数较高，波动也较大；而安徽多数城市指数较低，波动也较小。其中南通、镇江和无锡总体市场一体化程度依次排在前三，且无锡波动最大，而上海、铜陵和滁州总体市场一体化程度依次排在后三。

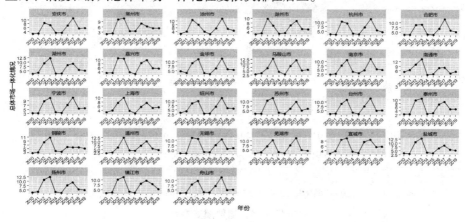

图 7-10 2010—2019 年长三角 27 个城市总体市场一体化演变态势

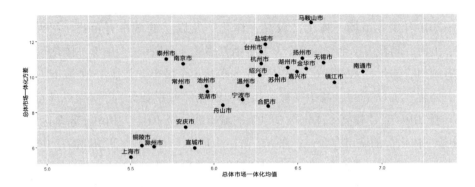

图 7-11 2010—2019 年长三角 27 个城市总体市场一体化均值和方差

从省域层面时间序列指数演变看（图 7-12），2010—2019 年省域总体市场一体化指数呈现"M"形波动轨迹，但总体上呈现上升趋势。其中江苏 9 市由 2010 年的 3.184 上升到 2019 年的 5.439，上升幅度约为 70.823%；浙江 9 市由 2010 年的 3.376 上升到 2019 年的 5.289，上升幅度约为 56.664%；安徽 8 市由 2010 年的 3.007 上升到 2019 年的 5.312，上升幅度约为 76.654%；上海由 2010 年的 3.107 上升到 2019 年的 5.591，上升幅度约为 79.948%；长三角 27 个城市由 2010 年的 3.193 上升到 2019 年的 5.357，上升幅度约为 67.794%。由此表明，2010—2019 年上海的总体市场一体化增幅最大，而浙江 9 市的总体市场一体化增幅最小。

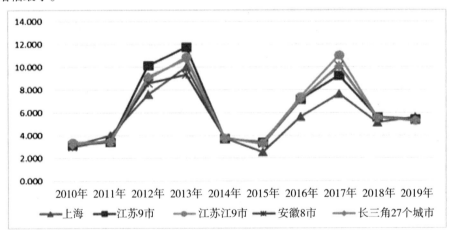

**图 7-12 2010—2019 年长三角 27 个城市长三角城市群及省域层面总体
市场一体化指数演变态势**

2. 空间演变特征分析

2010年总体市场一体化"较高一体化"及以上的城市有绍兴、杭州、湖州、嘉兴、苏州、无锡等12个，其中江苏、浙江和安徽城市数分别为6个、5个和1个；"中等一体化"的城市有芜湖、上海、舟山、宁波和台州共5个；"较低一体化"及以下的城市有宣城、池州、安庆、铜陵、马鞍山、滁州等10个，其中安徽城市多达6个。至2019年，"较高一体化"及以上的城市数降到11个，其中浙江、江苏和安徽城市数分别为4个、3个和3个；"中等一体化"的城市有台州、常州、南京、镇江、盐城等8个，其中江苏和安徽城市数分别为4个和3个；而"较低一体化"及以下的城市有温州、湖州、舟山、杭州等8个，其中浙江多达4个城市。由此表明，长三角城市群总体市场一体化空间演变呈现如下特征："较高一体化"及以上的，由2010年多分布于浙江和江苏城市演变为2019年多分布于浙江、江苏和安徽城市；"较低一体化"及以下的，由2010年多分布于安徽城市演变为2019年多分布于浙江城市；总体市场一体化呈现出一定的空间集聚态势。

五、主要结论与政策建议

（一）主要结论与讨论

近年来，我国经济快速发展，但不可避免带来一些弊端，如许多地方政府都以实现各自辖区内的经济利益最大化为目标，从而导致区域间一定程度的市场分割，长三角城市群也不例外，不仅不利于经济可持续发展，而且也不利于有效推进市场一体化进程。因此，加强长三角城市群间协同发展，从而推动建设一种统一、无差别的公共制度，基础设施畅通无阻，商品与要素自由流动的长三角城市群大市场是目前亟待解决的问题。

研究发现2010—2019年长三角城市群商品市场一体化总体呈现上升态势，资本市场一体化与总体市场一体化都呈现近似"M"形演变态势，而劳动力市场一体化2010—2018年呈现下降态势。原因可能是，自党的十八大以来，国家先后出台如《长江三角洲城市群发展规划》等重要文件，都不同程度强调加快形成商品与要素自由流动、平等交换的现代市场体系。这些政策措施有力促进长三角城市群商品市场一体化、资本市场一体化和总体市场一体化发展；可能也有效促进资本市场一体化和总体市场一体化于2013年和2017年达到极大值，进而呈现"M"形演变形态。但这些政策措施对长三角城市群劳动力市场一体化进程并没有产生促进作用，反而近年来长三角城市群劳动力市场一体化呈现下降态势。其中原因可能是：上海拥有"五个中心"城市定位，浙江和江苏经济发展实力在全国都较强，都属于东部沿海省市，人才尤其是高层次人才一般愿意流进而不愿意流出，导致人才流动呈现单向流动特征；而安徽属于中部省份，经济发展实力、城市公共服务和基础设施等都不如上海、浙江和江苏，人才尤其是高层次一般愿意到东部沿海城市工作。因此，这些因素促使长三角城市群内劳动力工资差距变大，从而使长三角城市群劳动力市场一体化程度降低，同时也在一定程度上解释了安徽劳动力市场一体化程度高于江苏、浙江和上海，而上海劳动力市场一体化程度最低。

研究发现 2010—2019 年上海商品市场一体化程度较低，而资本市场一体化和总体市场一体化程度较高。其中的原因可能是：上海经济发展中，国有经济一直占有较大比重，而民营经济不够活跃，一定程度上影响商品市场一体化进程；同时上海在全国经济开放程度较高，国际资本流动规模往往较大，由于资本具有逐利性，流入上海的国际资本也往往流向地理位置临近的浙江、江苏和安徽等省份，一定程度上促进上海资本市场一体化水平提升，进而促进上海总体市场一体化进程。

（二）政策建议

加强各城市间的商品市场、要素市场联系，发挥各自的比较优势。商品市场和要素市场发展对实现统一大市场经济有着至关重要的作用，因此，长三角城市群各城市政府要放弃各自为政、各自发展的传统发展观念，要尽可能发挥各自的比较优势，加强城市群间合作，打破地方保护，营造良好的投资环境，实现要素在城市群内自由流动，不断推动长三角城市群市场一体化水平提升。

适度弱化上海中心地位。上海在市场一体化发展过程中一枝独秀，处于核心地位，但长三角城市群市场整合需要 27 个城市并驾齐驱、共同发展，最终建立平衡且可持续联动关系。长三角城市群各区域的发展差距较大，由于上海是全国经济、科技中心，无论是人才聚集、城市功能还是公共服务与其他区域都存在着明显的差距，这就产生了城市群间的互动作用为单向作用现象，不利于长三角城市群协同发展。适度弱化上海中心地位，将部分功能转移到长三角城市群中的其他城市，实现区域间职能合理分散尤其显得重要。

加强长三角城市群的基础设施建设，尤其是交通基础设施和网络通信基础设施建设。交通和通信是商品流通基础，决定商品流动速度，畅通无阻的交通和物流可以有效降低运输和通信成本，有利于实现异地价格统一化、缩减经济距离，因此打造铁路、公路、航空、海运的交通联动运行机制，建立高效、多层次、网络型的区域间物流体系，可以有效减少区域协同发展过程中商品、服务、人才跨区域流通经济成本，有利于长三角城市群内的商品和要素自由流动。

完善区域间协调发展机制，实现政府职能转变目标。长三角城市群各地政府要着手建立可以实现区域间协调发展的政策机制，使经济发展机制转向以建设市场和企业为中心，而不是以政府为主导。同时区域政府应在市场环境监管、法律法规完善和区域利益协调机制中发挥一定的作用，为建设长三角城市群市场一体化提供政策支持和制度保障。

（三）研究展望

由于数据可得性问题，关于劳动力市场一体化程度，本书主要利用城市平均工资水平偏差来衡量，相对较笼统，难以反映细分行业差异，因此，后续可以利用城市细分行业平均工资水平指标展开研究；关于资本市场一体化程度，本书主要利用金融机构人民币各项存贷款余额来衡量，其实，资本市场一体化中的"资本"，不仅包括金融机构存贷款，而且还包括固定资产投资、政府预算资金、外商直接投资等，因此，后续研究将进一步拓宽"资本"范畴，基于区域资本流动来探讨资本市场一体化。另外，在市场一体化测度基础上，后续研究可拓展到市场一体化影响因素及效应等方面。

第二节　长三角城市群经济地理特征与市场一体化影响因素研究

本书以长三角城市群 27 个城市为研究对象，基于拓展的新经济地理学"3D+T"框架理论，分析城市群经济地理演变特征，并运用固定效应空间自回归模型实证分析了 2010—2019 年区域市场一体化影响因素空间效应问题。结果表明：（1）城市群"3D+T"特征演化表明，高密度、高技术的城市主要集中在上海、杭州、南京等核心城市及其周边城市，而远距离、高分割的城市主要集中在边缘地区，呈现出"极点"和"洼地"现象。（2）长三角城市群市场一体化空间效应不明显，而密度、距离、分割与技术因素空间效应显著。（3）密度因素对市场一体化的影响为负但不显著，而技术因素对市场一体化的影响为正但不显著；距离因素显著地促进市场一体化水平提升，而分割因素对市场一体化产生了显著的负向影响。最后，根据实证结果分析提出建议，以促进长三角城市群市场一体化高质量发展。

现阶段，长三角一体化发展已上升为国家战略，作为区域一体化基础的市场一体化，能够促进商品、要素自由流动，降低进入壁垒，其一体化实现具有重要战略意义。然而，在长三角城市群市场一体化进程中，仍带有地方政府主导的"诸侯经济"的特点，存在经济活动分散、城际间分割等问题。这些问题无疑对长三角城市群市场一体化高质量发展形成制约。为此，2021年6月出台的《长三角一体化发展规划"十四五"实施方案》，明确指出加快破除长三角商品服务跨省域流通的堵点和断点，健全现代物流体系，畅通市场、资源、技术、人才、资本等经济要素循环。在此背景下，本书试图在拓展的"3D+T"框架下探讨长三角城市群市场一体化影响因素，并依据研究结论提出相关政策建议。

一、文献述评

从现有的文献看，学者们关于市场一体化影响因素的研究已较丰富，可以为本书研究提供借鉴和启发。但从现有的研究文献来看，还存在如下不足：一是多数学者对市场一体化影响因素的研究，主要运用普通面板计量经济模型，但随着区域一体化发展，相邻区域间相互影响，单纯采用普通面板计量经济模型对市场一体化影响因素进行研究，得出的结果往往忽略了空间因素对其造成的影响；二是现有的文献在新经济地理学的"3D"框架下，从密度、距离、整合或分割三方面构建具体指标，展开市场一体化影响因素的研究，但忽视了技术水平因素对市场一体化的影响。因此，本书将对新经济地理学的"3D"框架理论进行拓展，新增技术因素维度，延伸构建"3D+T"框架理论，并运用空间计量方法探究长三角城市群市场一体化影响因素。

二、"3D+T"理论框架下市场一体化的影响机制分析

World Bank（2009）基于新经济地理学视角，从密度、距离、分割等维度构建具体指标，分析市场一体化的影响因素，但忽视了技术创新要素对市场一体化的影响，同时，市场一体化进程表现为密度更为集中、距离逐渐缩短、分割逐渐减弱、技术逐渐创新的过程（陈肖飞等，2015）。

密度因素。在经济地理学中，密度反映的是单位面积土地的经济总量，体现区域内要素聚集程度和经济活动强度。首先，高密度的区域主要集中在较发达城市，相对于较落后地区能够集聚更多的要素资源，要素的集聚，能增强地区吸引力，使得优质的企业资源向中心区域集中，拓宽了市场边界，降低了厂商的生产成本。在区域内，集聚更多的劳动力、信息等资源要素，厂商能够实现要素共享，提高生产效率，进而促进市场一体化。其次，经济活动强度的不断提升和资源的不断集聚，还能促进区域内产业进行专业化分工，从而促进区域内生产效率提高，实现市场一体化。最后，密度的提升还会产生知识溢出效

应，吸引更多的人力资本，提高知识溢出强度，推动技术水平提升，进而提高市场一体化水平。但当密度提升到一定程度时，将会产生拥挤效应，提高企业生产成本，为缓解拥挤效应，区域内厂商将会向区域外转移，从而提升整体区域市场一体化水平。

距离因素。在经济地理学中，距离不是简单的地理距离，而指的是商品、信息等生产要素跨越空间的难易程度，以及商品、要素流动所需要耗费的运输、时间等成本（陆亚琴等，2020）。首先，一般而言，企业会根据自身需求选择距离较近的大市场作为生产区位，降低其运输成本，同时，企业集中的区域产品丰富，能够降低附近区域内消费者的生活成本。其次，交通基础设施的完善是影响市场一体化的重要因素。不断完善的交通基础设施，可以为劳动力提供更多的机遇，提高区域间要素的流动速率，促进区域内人才集聚，从而促进地区的创新发展。此外，距离的缩进越多，区域内贸易合作就越多，则经济发展较好的地区对周边区域的溢出效应就越大，就越能带动周边城市的发展，从而缩小城市之间的经济距离和促进市场一体化发展。

分割因素。在经济地理学中，分割主要反映的是限制区域间贸易、产品及各类生产要素流动的各类因素。分割可以发生在国家与国家之间或者一个国家的内部区域，其中国家内部区域的分割主要是由地方政府保护行为而产生。各地政府作为独立的利益主体，因其地方利益而容易对周边地区实行差别待遇，为本地区提供各种保护政策和措施，通过各种方式限制周边地区的资源进入本地市场。虽然这种保护行为在一定程度上有利于本地区发展，但是实则扰乱了市场对资源的决定配置作用，其中最直接的影响就是阻碍了商品、资本与信息自由流动，加剧要素市场扭曲程度，降低资源配置效率，从而限制了市场一体化发展（Klenow，2009；Bian，2019）。同时，高分割的区域会阻碍地区间的贸易合作，不利于企业的专业化发展，降低生产效率，分割还会增加产品流动的成本，不利于市场一体化进程。

技术因素。在新经济地理学中，分别从密度、距离和分割三方面研究对市场一体化的影响，但在新发展格局下，长三角一体化高质量发展离不开区域科技创新能力不断提升。因此，除密度、距离、分割因素外，技术水平也是影响市场一体化的重要因素。首先，区域技术水平提升为区域间产业、科研机构等提供联动发展的空间，还能促进资源合理配置，进一步促进技术创新跨区域传播，为区域一体化发展提供保障。其次，技术因素流动可以缩小区域间的技术差异和其他生产要素的差距，从而促进市场一体化。最后，区域技术成果产出不仅受限于整个区域内的经济发展状况、地理位置、文化习俗等因素，同时还受到周边地区创新产出的影响。协同产出是依赖于区域内多个主体间互相交流产生的协同效应，而协同效应能促进区域内主体间有序的配置资源，提高创新效率，促进一体化水平提升。

三、研究设计

（一）变量说明

1. 被解释变量说明

依据市场一体化内涵，本书将其细分为商品、劳动力和资本等市场一体化。考虑到数据可得性，关于商品市场一体化，笔者借鉴刘秉镰等人（2018）的研究，选取食品、烟酒及用品、衣着、医疗保健用品、交通和通信、教育文化与娱乐、居住相关产品 7 种消费品价格衡量商品市场，并运用价格法计算商品市场一体化指数；关于劳动力市场一体化，笔者借鉴陈红霞等人（2016）的研究，选取在岗职工平均工资衡量劳动力市场，并运用绝对偏差法计算劳动力市场一体化指数；关于资本市场一体化，笔者借鉴吕典玮（2011）的研究，选取年末金融机构人民币人均各项存款余额和年末金融机构人民币人均各项贷款余额来衡量资本市场，并运用价格法计算资本市场一体化指数；在此基础上，运用变异系数法确定权重，进而获得市场一体化指数（$Intet_{it}$）。

2. 解释变量说明

密度因素包括：经济密度、城市密度和就业密度。其中经济密度反映了经济活动在区域空间上的集中分布情况，经济密度越大，表明该地区土地的利用率越高。借鉴郝凤霞等人（2021）的经济密度计算公式，本书提出经济密度＝GDP/行政区划地理面积。城市密度反映区域内土地资源配置协调程度、城市建设情况等，从经济社会的角度来看，城市密度实质是人口等要素不断流动的结果。借鉴张丽华等人（2019）的衡量方式，本书提出城市密度＝常住人口/区域总面积。就业密度反映区域内单位土地面积所拥有的就业人员数量，其空间分布趋势能直观反映出生产要素在区域内的集聚水平。借鉴张华明等人（2021）的计算方式，本书提出就业密度＝就业人口/总面积。

距离因素包括：交通基础设施和信息通达度两个指标。其中完善的交通基础设施能够降低区域间运输成本，增加区域间的贸易流量，促进区域内的人流、物流等在空间上的快速交换，反映对区域内生产等因素流动的承载能力。借鉴王靖添等人（2021）的研究，本书提出公路密度＝行政区域面积/公路里程数。信息通达度反映地区通信基础设施的完备程度，信息通达度越好，地区间信息交流的有效性越被提高，有助于提升劳动力资源优化配置效率。借鉴李琳等人

（2017）的研究，本书使用地区互联网宽带接入用户数来衡量。

分割因素包括直接经济行为、地方保护行为和财政分权。其中直接经济行为反映政府在市场经济中占据主导地位，利用其自身资金参与市场资源的配置。借鉴刘秉镰等人（2018）的研究，本书选取一般公共预算支出占 GDP 比重指标来表示直接经济行为。地方保护行为是政府出于对地方经济的考虑，为争夺有限资源而保护本区域利益，提高周边区域企业进入本地的门槛。借鉴李琳等人（2017）的研究，本书采用国有企业职工人数占总职工人数的比重指标来反映地方保护行为。财政分权反映中央政府在一定责权范围内，允许地方政府自主决定预算支出规模和结构，地方政府往往会采取适当措施保护本地企业；借鉴刘若鸿等人（2021）的研究，本书采用省级人均财政支出／（省级人均财政支出＋全国人均财政支出）指标来反映财政分权。

技术因素包括人员投入、经费投入和成果产出。技术因素包括企业及研发机构等创新主体，以及技术创新人才、信息等创新资源，这些因素间相互作用、相互影响，从而不断提升区域技术水平。借鉴张翠菊等人（2017）及赵艳华等人（2017）的衡量方式，本书采用每万人 R & D 人员数量、R&D 经费占 GDP 比重、每万人专利授权量等指标分别表示人员投入、经费投入和成果产出，从而反映长三角城市群的技术水平因素。

3. 控制变量说明

地区的经济增长促进需求的增加，促使地区的市场规模不断扩张。规模经济越显著，生产效率越高，这也意味着在区域内各类要素流动更加频繁，市场一体化程度随之加深。借鉴陈磊等人（2019）的研究，本书选用人均 GDP 指标来反映经济发展水平。同时人力资本是不可或缺的资源，将促进资本、信息等要素流动更加有效，为一体化发展不断注入新的活力。借鉴赵金丽等人（2017）的研究，本书采用在校大学生数指标来反映人力资本水平。所有变量说明如表7-1 所示。

（二）模型构建

为研究长三角城市群区域内密度、距离、分割和技术因素对市场一体化水平的空间影响，根据空间面板计量模型的主要类型，构建如下模型。

1. 空间自回归模型

在长三角城市群的各个地区中，某城市的市场一体化水平会受到相邻城市的市场一体化水平的影响，因此构建如下的空间自回归模型：

$$Intet_{it} = a_0 + \rho WIntet_{it} + X_{it}\beta + bK_{it} + \varepsilon_{it} , \ \varepsilon_{it} \sim N(0, \ \sigma_{it}I)$$

其中，$Intet_{it}$ 表示的是第 i 个城市第 t 年的市场一体化水平；ρ 是空间滞后项

$WIntet_{it}$ 的系数，W 为空间权重矩阵，X_{it} 分别表示影响因素密度因素 den_{it}、距离因素 dis_{it}、分割因素 div_{it} 和技术因素 tec_{it}，β 为解释变量的系数，b 为控制变量的系数，K_{it} 为控制变量，ε_{it} 是随机扰动项；为了缓解异方差性，本书对绝对数值的变量 $rgdp_{it}$ 和 $pers_{it}$，取自然对数处理。

表 7-1 变量说明

变量类型	变量指标	测度指标	说明或计算方式
被解释变量	市场一体化（$Intet_{it}$）	市场一体化指数	根据商品、劳动力、资本市场一体化指数加权获得
解释变量	密度（den_{it}）	经济密度	GDP/行政区划地理面积
		城市密度	常住人口/总面积
		就业密度	就业人口/总面积
	距离（dis_{it}）	交通基础设施	公路密度
		信息通达度	互联网宽带接入数
	分割（div_{it}）	直接经济行为	一般公共预算支出占 GDP 比重
		地方保护行为 lp	国有企业职工人数占总职工人数的比重
		财政分权 fd	省级人均财政支出/（省级人均财政支出+全国人均财政支出）
	技术（tec_{it}）	人员投入	每万人 R&D 人员数量
		经费投入	R&D 经费占 GDP 比重
		成果产出	每万人专利授权量
控制变量	经济发展水平（$rgdp_{it}$）	人均 GDP	—
	人力资本水平（$pers_{it}$）	每万人在校大学生数	—

2. 空间误差模型

影响市场一体化水平的因素众多，除了本书选取的密度、距离、整合与技术水平等因素外，还可能会受到其他一些不可观测的因素的影响，如环境等因素。因此，为研究不可观测等因素对市场一体化的影响，构建 SEM 模型，公式如下：

$$Intet_{it} = a_0 + X_{it}\beta + bK_{it} + \mu_{it} , \mu_{it} = \lambda W\mu_{it} , \varepsilon_{it} \sim N(0, \sigma_{it}I)$$

其中，λ 表示空间误差自回归系数；$W\mu_{it}$ 为随机误差项的空间滞后项，ε_{it} 表示正态分布的随机误差项。

3. 空间杜宾模型

长三角城市群市场一体化水平的空间效应，除了受到本地区的影响因素以外，还会受到相邻的地区的密度、距离等的因素对本地区的市场一体化的影响，据此构建了 SDM 模型，公式如下：

$$Intet_{it} = a_0 + \rho WIntet_{it} + X_{it}\beta + WX_{it}\theta + bK_{it} + \varepsilon_{it} , \varepsilon_{it} \sim N(0, \sigma_{it}I)$$

其中，θ 是解释变量的空间滞后项的系数。

（三）数据来源与方法说明

本书的数据主要来源于《中国城市统计年鉴》及历年沪浙苏皖统计年鉴。首先，根据表 7-1 中的指标体系，运用主成分分析法，分别计算密度、距离、分割与技术因素的综合得分，从而分析长三角城市群的经济地理空间"3D+T"的演变特征。其次，在此基础上，根据测得"3D+T"的数据变化，运用空间自相关分析是否存在空间相关性。最后，在确定空间相关性的基础上，构建空间面板计量模型，借鉴 Anselin（2004）提出的判别准则先进行 LM 检验，若 LM-Error 与 LM-Lag 都不显著，保持 OLS 模型；若只有 LM-Error 显著，选择 SEM 模型；反之，选择 SLM 模型；若两者都显著，则进行稳健的 LM 检验，若只有 Robust LM-Error 显著，则选择 SEM 模型；反之，则选择 SLM 模型。

四、实证分析

（一）长三角城市群经济地理变迁的"3D+T"特征演化分析

根据密度、距离、分割和技术四个维度的平均值进行筛选，将城市群 27 个城市的经济地理空间类型分为 0D、1D、2D、3D、3D+T 特征五类地区，其中当某城市四个维度的值均低于平均值时，则该城市处于 0D 类型，当某城市四个维度中仅有一个值高于平均值，则该城市处于 1D 类型，其他类型以此类推。由于篇幅限制，本书选取 2010 年与 2019 年进行分析，具体如表 7-2 所示。

如表 7-2 所示，2010 年时，处于 0D 状态下的有常州、温州、湖州、台州，其特征是位于长三角的边缘地区。处于 1D 状态中，分割维度中有盐城、扬州、金华，其特征同样是处于长三角边缘地区，表明分割程度较高，一体化程度低，呈现出"洼地"的现象；技术维度中主要有南京、杭州等中心城市及其周边城市，其特征是处于长三角的核心地区及其周边地区，表明区域技术创新能力强。处于 2D 状态中，密度、技术维度中，主要有大城市上海、苏州、无锡，其特征呈现经济密度大、创新能力强；而在距离、分割维度中主要有中小边缘城市池州、宣城，其特征呈现距离远、分割程度高。处于 3D+T 状态中，合肥虽然表现出高密度、高技术特征，但也呈现出距离远、分割程度高的缺点。到 2019 年时，处于 0D 状态的仍是边缘城市较多；处于 1D 状态中，在技术维度中，增加了苏州和湖州两个城市；处于 2D 状态中，其中距离、分割维度中新增舟山、铜陵两个城市；处于 3D 状态中，合肥由原先的 3D+T 转变为 3D 状态下的密度、距离、技术组，表明分割程度降低，一体化程度提升。

表 7-2 长三角城市群 27 个城市"3D+T"发展类型演化分析

经济地理空间类型		年份 2010 年	2019 年
0D		常州、温州、湖州、台州	常州、扬州、金华、台州
1D	密度		
	距离	泰州	泰州
	分割	盐城、扬州、金华	盐城、温州
	技术	南京、南通、杭州、宁波、嘉兴、绍兴	南京、苏州、南通、杭州、宁波、嘉兴、湖州、绍兴
2D	密度、距离	马鞍山	马鞍山
	密度、分割	舟山	
	密度、技术	上海、无锡、苏州	上海、无锡
	距离、分割	池州、宣城	舟山、铜陵、池州、宣城
	距离、技术	镇江	镇江
	分割、技术		
3D	密度、距离、分割	安庆、滁州	安庆、滁州
	密度、距离、技术	芜湖	合肥、芜湖
	密度、分割、技术		
	距离、分割、技术	铜陵	
3D+T	密度、距离、分割、技术	合肥	

综合来看，从长三角城市群 27 个城市"3D+T"发展类型演化分析中可以看出，高密度、高技术的城市主要集中在上海、杭州、南京等核心城市及其周边城市，各类资源要素集聚、技术创新水平高，有利于市场一体化发展；而远距离、高分割的城市主要集中在长三角城市群的边缘地区，往往形成一种"孤岛"现象。

（二）"3D+T"框架下市场一体化影响因素空间计量分析

1. 空间相关性检验

全局空间自相关分析。根据全局空间自相关检验公式，利用 GeoDa 软件测算出 2010—2019 年长三角城市群市场一体化水平及密度、距离、分割、技术因素的 Moran 指数值及其显著性水平。由表 7-3 可知，市场一体化水平相关性不显著，需要进行下一步的局部相关性分析；而密度、距离和技术因素的 Moran 指数值均大于 0，且都通过了 1% 或 5% 的显著性水平检验，表明长三角城市群的密度、距离与技术因素在空间分布上具有显著的正相关关系，呈现出空间集聚状态。分割的 Moran 指数值中，其中 2011 年、2012 年与 2016 年的未通过显著性检验，其余均通过了正向显著性检验。

表 7-3 2010—2019 年长三角城市群市场一体化及影响因素的 Moran 指数

年份	市场一体化		密度		距离		分割		技术	
	Moran's I	Z	Moran's I	Z	Moran's I	Z	Moran's I	Z	Moran's I	Z
2010	0.018	1.224	0.051 **	2.121	0.089 ***	3.044	0.040 * *	1.758	0.101 ***	3.064
2011	−0.044	−0.159	0.066 ***	2.431	0.134 ***	3.930	0.015	1.209	0.134 ***	3.805
2012	−0.033	0.112	0.064 ***	2.387	0.141 ***	4.067	0.006	1.001	0.115 ***	3.354
2013	−0.024	0.317	0.065 ***	2.423	0.137 ***	3.955	0.118 ***	3.480	0.094 ***	2.905
2014	−0.053	−0.330	0.063 ***	2.379	0.113 ***	3.465	0.096 ***	2.969	0.079 ***	2.569
2015	−0.066	−0.615	0.069 ***	2.522	0.110 ***	3.438	0.073 ***	2.419	0.073 ***	2.419
2016	−0.074	−0.795	0.070 ***	2.537	0.139 ***	4.003	−0.022	0.372	0.069 ***	2.330
2017	−0.064	−0.557	0.069 ***	2.518	0.153 ***	4.319	0.104 ***	3.129	0.086 ***	2.694
2018	−0.031	0.205	0.069 ***	2.518	0.152 ***	4.260	0.024 *	1.361	0.056 * *	2.044
2019	−0.058	−0.393	0.060 ***	2.314	0.135 ***	3.942	0.092 ***	2.864	0.081 ***	2.581

局部空间自相关分析。为了进一步分析市场一体化空间集聚演变特征，绘制 5% 显著性水平局域相关 LISA 图，用来反映具体城市的市场一体化空间集聚状态。2010 年长三角城市群市场一体化水平的空间相关指数为正，较多城市集中分布在第三象限，属于"低—低"集聚类型；2019 年市场一体化水平的 Moran 指数由正转为负，呈现负的空间相关性，意味着长三角城市群市场一体化指数的空间分布模式有所改变，分布在第二象限的城市较多，形成了差异化的

"低—高"集聚的空间分布格局。同时由表 7-4 可知，2019 年上海、南通、镇江与宁波的市场一体化水平指标都进入"高—高"集聚区域，表明上海大都市圈具有较强的带动效应；而南京在 2010 年和 2019 年都处于"低—低"集聚区域，表明南京都市圈内城市的市场一体化水平较低，与上海等地形成明显的差异。长三角城市群市场一体化水平呈现局部集聚，2010 年仅有镇江通过 5% 的显著性检验，且呈现出"高—低"集聚状态，而 2019 年新增上海为"高—高"集聚类型且显著，安庆为"高—低"集聚类型且显著，且镇江演变为"高—高"集聚类型但不显著。从总体上看，长三角城市群市场一体化发展出现"极点"和"洼地"现象。

表 7-4　Moran 指数散点图对应城市所处象限

人均 GDP		
象限	2010 年	2019 年
H-H	苏州、无锡、上海、常州、镇江、南京、舟山、宁波、绍兴、马鞍山	苏州、无锡、上海、常州、镇江、南京、南通、扬州、泰州、舟山、嘉兴
L-H	滁州、宣城、湖州、南通、嘉兴、温州、台州	湖州、盐城、滁州
L-L	泰州、盐城、扬州、金华、池州、安庆、芜湖	金华、台州、温州、芜湖、宣城、安庆、铜陵、池州、马鞍山
H-L	铜陵、杭州、合肥	绍兴、宁波、杭州、合肥
市场一体化水平		
象限	2010 年	2019 年
H-H	苏州、杭州、无锡、绍兴、金华、嘉兴	上海、苏州、南通、无锡、镇江、嘉兴、宁波
L-H	上海、宁波、泰州、台州	常州、杭州、泰州、湖州、台州、舟山、芜湖、池州、滁州
L-L	常州、南京、温州、滁州、安庆、芜湖、马鞍山、宣城、铜陵、池州	南京、温州、扬州、盐城、铜陵、合肥
H-L	盐城、镇江、扬州、南通、湖州、舟山、合肥	绍兴、金华、安庆、马鞍山、宣城

2. LM 检验和 Hausman 检验

由表 7-5 可知，LM-Error 和 LM-Lag 统计量在 5% 水平上都通过显著性检验，则进行稳健的 LM 检验，从检验结果看，Robust LM-Error 的统计量通过了 5% 的显著性检验，而 Robust LM-Lag 的统计结果不显著，因此选择 SLM 模型。借鉴张芷若等人（2019）采用的选择方法，通过比较模型中的 R^2 与 Log-L 值的大小辨别模型的优劣，由表 7-6 可以看出，SLM 模型中的 R^2 与 Log-L 均为三个模型中最大，也表明 SLM 模型的估计结果最优，同时由 Hausman 检验的统计量通过了10% 的显著性检验，表明选择固定效应模型。因此，本书将采用固定效应的SLM 模型来分析长三角城市群市场一体化影响因素的空间效应问题。

表 7-5　长三角城市群空间依赖性模型设定检验

检验方法	统计量	p 值
LM-Error	1336.721	0.000***
Robust LM-Error	822.762	0.000***
LM-Lag	514.034	0.000***
Robust LM-Lag	0.075	0.784
Hausman	11.09	0.0855*

3. 固定效应的 SLM 模型分析

由表 7-6 可知，首先，空间自回归系数值为 0.923，且通过了 1% 的显著性检验，表明长三角城市群市场一体化的正向空间外部效应显著。其次，分析主要影响因素，其中从密度因素看，其系数为 -0.585 且未通过显著性检验，表明长三角城市群密度因素的变化对市场一体化的影响不显著；距离因素的系数显著为正，表明交通基础设施越完善、信息通达程度越高，越有利于市场一体化进程；分割因素的系数显著为负，表明地方保护、财政分权等政府干预市场行为不利于市场一体化进程；技术因素的系数为正，但未通过显著性检验，表明当前技术因素对市场一体化进程的影响有限。最后，经济发展水平及人力资本水平等控制变量的系数为正且显著，表明经济发展水平、人力资本对市场一体化水平的提升具有促进作用。

表 7-6　空间自回归模型估计结果

变量	SAR（SLM）	SEM	SDM	
	（1）	（2）	（3）	（4）Wx
den	-0.585 (-1.03)	-0.535 (-1.01)	-0.356 (-0.52)	0.991 (0.20)
dis	0.191** (2.47)	0.220*** (2.59)	0.230*** (2.68)	-0.232 (-0.76)
div	-0.177* (-1.89)	-0.218** (-2.30)	-0.190** (-2.02)	1.136** (2.41)

续表

变量	SAR（SLM）	SEM	SDM	
	（1）	（2）	（3）	（4）Wx
tec	0.044 （0.38）	0.076 （0.63）	0.065 （0.54）	−0.555 （−1.17）
ln$rgdp$	0.158* （0.91）	0.059 （0.28）	0.101 （0.49）	0.848** （2.04）
ln$pers$	0.718** （−2.37）	0.594** （−2.03）	0.923*** （−2.97）	3.154** （−2.28）
$\rho(\lambda)$	0.923*** （55.62）	0.926*** （57.40）	0.901*** （43.76）	
$sigma^2$	0.971*** （11.43）	0.967*** （11.42）	0.948*** （43.76）	
$Log-likehood$	399.31	399.27	393.66	
N	270	270	270	
R^2	0.081	0.080	0.0049	

　　本书基于表 7-6 中的空间自回归模型回归结果，将各因素对长三角城市群市场一体化水平的影响进行了效应分解。由表 7-7 可知，其中密度因素对市场一体化的直接效应和间接效应都为负且不显著，表明其对本区域及相邻区域市场一体化起阻碍作用，但影响较小；距离因素的直接效应和间接效应都为正且显著，表明基础设施的改善及信息通畅将有利于本区域及邻近区域的市场一体化水平提升；分割因素的直接效应和间接效应都为负且在 10% 水平上显著，表明地方保护等政府干预经济行为，不仅抑制了本区域的市场一体化进程，而且也妨碍了邻区域市场一体化水平提升；技术因素的直接效应与间接效应的系数均为正但不显著，表明技术因素对本区域及邻近区域的市场一体化水平影响有限。

表 7-7　各影响因素对市场一体化影响效应分解

变量	直接效应	间接效应	总效应
den	−0.823 （−0.96）	−6.760 （−0.90）	−7.582 （−0.91）

变量	直接效应	间接效应	总效应
dis	0.277** (2.40)	2.316* (1.88)	2.592* (1.94)
div	−0.245* (−1.82)	−2.040* (−1.56)	−2.285 (−1.59)
tec	0.061 (0.38)	0.508 (0.36)	0.570 (0.37)
ln*rgdp*	0.244* (0.96)	1.985* (0.90)	2.228 (0.91)
ln*pers*	1.045** (2.36)	8.648* (1.88)	9.693* (1.94)

4. 稳健性检验

为了检验长三角城市群市场一体化影响因素模型设计是否具有稳健性，本书利用固定效应的空间自回归模型对三省一市进行实证检验，因单一城市不能设置地理权重，因此借鉴王立平等人（2014）的做法，将上海纳入江苏省，实证结果如表 7-8 所示，与表 7-8 进行对比分析，同时将表 7-8 的效应分解的结果与表 7-7 进行对比分析，发现在分区域实证分析中，分样本回归结果与总样本实证结果一致，表明密度、距离、分割和技术因素对市场一体化水平的影响结论具有较强的稳健性。

表 7-8　分区域固定效应 SAR 空间效应估计

	沪江	浙江	安徽
den	−0.584 (−1.02)	−0.583 (−1.01)	−0.583 (−1.01)
dis	0.191** (2.47)	0.190** (2.46)	0.191** (2.47)
div	−0.177* (−1.89)	−0.176* (−1.88)	−0.175* (−1.87)
tec	0.043 (0.36)	0.044 (0.38)	0.043 (0.36)

续表

	沪江	浙江	安徽
控制变量	……		
rho	0.922*** (55.61)	0.923*** (55.62)	0.921*** (55.60)
$sigma^2$	0.970*** (11.42)	0.971*** (11.43)	0.969*** (11.40)
$Log-likehood$	399.30	399.31	399.29
R^2	0.080	0.081	0.080

表7-9 分区域固定效应 SAR 空间效应分解

区域	变量	直接效应	间接效应	总效应
沪江	den	-0.823 (-0.97)	-6.757 (-0.94)	-7.580 (-0.95)
	dis	0.273** (2.45)	2.239** (2.06)	2.512** (2.11)
	div	-0.243* (-1.83)	-2.000* (-1.63)	-2.243* (-1.66)
	tec	0.059 (0.37)	0.453 (0.34)	0.512 (0.34)
	控制变量	……		
浙江	den	-0.823 (-0.97)	-6.757 (-0.94)	-7.580 (-0.95)
	dis	0.273** (2.45)	2.239** (2.06)	2.513** (2.11)
	div	-0.243* (-1.83)	-2.000* (-1.63)	-2.243* (-1.66)
	tec	0.059 (0.37)	0.453 (0.34)	0.512 (0.34)
	控制变量	……		

续表

区域	变量	直接效应	间接效应	总效应
安徽	*den*	−0.823 (−0.97)	−6.757 (−0.94)	−7.580 (−0.95)
	dis	0.273** (2.45)	2.239** (2.06)	2.512** (2.11)
	div	−0.243* (−1.83)	−2.000* (−1.63)	−2.244* (−1.66)
	tec	0.059 (0.37)	0.453 (0.34)	0.513 (0.34)
	控制变量	……		

五、主要结论与政策启示

本书在将新经济地理学"3D"理论框架拓展为"3D+T"框架下，基于长三角城市群27个城市的2010—2019年的面板数据，运用主成分分析法与空间计量模型，实证分析长三角城市群市场一体化影响因素，得出如下主要结论，并展开讨论。

首先，研究结果表明：密度因素对长三角城市群市场一体化的影响为负但不显著，同时直接效应和间接效应也印证了这一结论。其中的原因可能是经济、人口等资源集中，开始时可能会产生规模经济效应，进而吸引更多资源汇集产生集聚效应，但长三角城市群资源环境与公共基础设施承载能力有限，经济、人口等资源不断集聚将会对环境及公共基础设施产生巨大压力，进而产生"拥挤效应"，阻碍市场一体化进程。因此，地方要合理引导产业、人口集聚，优化空间布局，在通过集聚产生外部效应促进市场一体化的同时，也要合理控制好资源集聚规模，防止出现"拥挤效应"。

其次，距离因素显著地促进长三角城市群市场一体化水平提升，效应分解结论也支持这一观点。我们深知，近年来，长三角区域不断共同推进交通基础设施建设，同时加大移动通信网点布局力度，不断提升互联互通水平，使得各城市间各类要素流动及经济联系等不断加强，空间距离不断缩小，经济距离逐渐接近，从而使市场一体化水平不断提升。因此，一体化发展关键在于"通"，高效互通的基础设施建设，使区域内城市间实现真正的一体化，同时，核心城市也要明确各自发展重点，例如，上海要侧重完善特大城市内的交通体系，江苏、浙江与安徽则重点发展城际轨道交通等。

再次，分割因素对市场一体化产生了显著的负向影响，效应分解也得出一致结论。地方政府为了实现本区域的经济赶超，往往会采取一些保护地方发展的措施，提升邻近区域企业进入门槛，从而影响区域整体市场一体化进程。因此，地方政府应转变政府职能，打破行政界限，减少保护行为及对市场的干预，打造长三角城市群"命运共同体"，促进区域市场一体化高质量协调发展。同时，协调产业发展避免产业同构，做到差异化发展，防止资源重复浪费。

最后，技术因素对市场一体化产生正向影响，但不显著，与效应分解结论一致。其中的原因可能是：长三角城市群科技创新要素的共同大市场尚未形成，城市间行政界限明显，且科技创新市场开放程度不高等，造成科技创新资源分布不均衡，技术水平的提升对市场一体化的影响不显著。因此，要扩大上海科技创新中心策源地的溢出效应，加强南京、杭州、合肥等城市作为创新节点城市的引领作用，促进创新要素在区域内的有效配置；扩大科技创新合作范围，破除地域与行业分割，加强与高校及科研机构间的联系，完善科技人员的创新激励机制，实现科技资源共享，从而提升区域科技创新水平。

第三节　长三角城市群一体化边界效应测度与时空演变特征研究

本书以2010—2019年长三角城市群为研究对象，在边界效应形成机制，以及运用β收敛模型对长三角城市群经济增长趋同性分析的基础上，参照重力模型，运用Barro回归模型，实证分析长三角城市群一体化边界效应时空演变特征。研究结果表明：（1）2010—2019年长三角城市群经济发展差距减小，经济趋同性明显，一体化发展态势良好。（2）从2010—2019年整个阶段看，长三角城市群一体化边界的中介效应显著，但从具体时间阶段看，2016年由中介效应已转向屏蔽效应。（3）2010—2019年，上海与江苏9市间边界屏蔽效应显著，而上海与浙江9市间，以及江苏9市与浙江9市间边界中介效应显著，安徽8市与上海、江苏9市及浙江9市间边界效应不显著。（4）从中心—外围城市分析看，2010—2019年整个阶段长三角城市群中心城市与外围城市间的边界屏蔽效应显著，而分阶段分析表明这种屏蔽效应自2017年后有所弱化。

一、引言与文献综述

城市群是推动区域经济发展的核心引擎，具有协调分工与经济联系的功能（陈伟等，2021）。推进城市群建设，将有利于突破传统省际、市际行政边界对一体化进程的影响，助推各种经济要素跨区域流动，便于实现特大城市、大中小城市间的资源互补、扬长避短，协同共建现代产业体系。为此，2016 年颁布的《长江三角洲城市群发展规划》明确提出，推进南京、杭州、合肥、苏锡常、宁波等都市圈同城化发展；2021 年，国家发展改革委同意《南京都市圈发展规划纲要》，这是我国第一个国家层面批复的都市圈发展规划，表明长三角城市群发展正在深入推进。但目前学术界研究结果表明，长三角区域确实存在边界效应，例如，郭晓合等人（2012）利用修正后的边界效应模型，对长三角区域的边界效应进行测度，研究表明 21 世纪以来，江苏与上海、浙江间的边界屏蔽效应增大。黄新飞等人（2014）基于一价定律，研究认为长三角区域的省际边界效应显著存在。吴俊等人（2015）以长三角区域的地级市为研究案例，测算了区域经济一体化的边界效应，研究认为长三角核心和外围地区间存在显著的边界效应。张伊娜等人（2020）采用城际消费流数据，结果表明长三角城市群内城市边界与省际边界都抑制了异地消费。但从现有的文献看，多从省际边界效应角度进行研究，而以长三角扩容后的城市群为研究对象的较少。因此，我们不禁要问，现阶段长三角城市群内的 27 个城市间是否存在显著的边界效应？若存在边界效应，会呈现怎样的时空演变特征？在城市层面，屏蔽效应又如何向中介效用转换？

关于边界效应的测度研究，由于涉及多个主体的跨区域经济行为，因此，根据研究对象可以分为国家间边界效应、省际边界效应和市际边界效应。一是关于国家间边界效应研究起步最早，多采用贸易引力模型来测算，例如，McCallum（1995）创造性地将"边界"作为虚拟变量引入引力模型中，测算出美国各州和加拿大各省的贸易流量，研究认为加拿大和美国间的边界屏蔽效应较大，市场一体化程度较低。陈启斐（2013）借助扩展的引力模型，研究贸易区边界对区域一体化的影响，分析得出 OECD、APEC 区域一体化都有利于服务贸易的发展，NAFTA 区域一体化会抑制服务贸易发展。Jacint（2018）研究西班牙自治区（NUTS2①）使用运输燃料数据，国家边界对消费者价格的影响，发现该区域的运输燃料区域性市场尚未得到整合，而政治边界对价格差异的影响几乎

① NUTS 是指欧盟建立的标准地域统计单元（Nomenclature of Statistical Territorial Units），NUTS2 是 NUTS 分区结果中的第二等级分区，是落实区域政策的基本地区单位。

可以忽略不计。Herz（2020）使用欧洲单一市场中的公共合同授予数据，研究发现即使在控制了物理距离、货币、文化差异等因素以后，欧洲 NUTS3① 区域内跨境商品和服务交流的过程中仍然存在显著的边界效应。Chahrour（2020）建立一般均衡框架，研究了美国和加拿大之间的国境边界对国家分割的作用，研究发现美国生产商在本国地区销售的意愿是在加拿大地区的 4 倍，加拿大生产商在本国地区销售的可能性是在美国销售的 7 倍。

二是关于省际边界效应的研究是较长一段时期内，国内外区域边界效应研究的重点，采用的测度方法主要有传统引力模型法、基于 Barro 回归方程模型法和价格法。例如，国外研究发现美国各州间存在边界效应（Wolf，1997），加拿大各省间存在影响力较大的边界效应（Helliwell et al.，2000）。国内研究发现，国内省际边界屏蔽效应明显，跨省贸易量受到边界的阻隔，省际行政壁垒阻碍了跨区域贸易交流（行伟波等，2010；范剑勇等，2011），也有研究表明电子商务的发展能够有效减少省际边界对市场分割的影响（李秦等，2014）。除了跨省贸易领域的研究，关于各专业领域的跨省合作研究也在逐渐增加。例如，余元春（2016）研究表明中国的省际边界对技术转移的作用表现为屏蔽效应，且西部省区的屏蔽效应高于东部省区。任以胜等人（2020）研究发现省际边界影响经济差距的变化速度，也阻碍了新安江流域一体化发展。方芳等人（2020）以金融集聚效应为研究背景，研究发现中国省际行政边界并未表现出中介效应促进金融集聚，城市群边界却具有明显的金融集聚效应。

三是国外研究更倾向于就某一具体领域进行城市间边界的研究，例如，Jin（2021）研究发现，政府所设置的行政边界可以阻碍跨城市旅游，从而加剧城市间的发展不平衡，由于城市功能的完整性，自治区的自给自足等会促使旅游群体免于跨边界旅行。国内学者逐渐深入探索城市间的边界效应，但由于城市间的贸易流量数据难以测算，大多数学者都是借助 Barro 回归方程和价格法来对市际边界效应进行研究，例如，程玉鸿等人（2016）以珠三角城市群为样本，对制度性边界效应进行测度，研究表明港澳与珠三角间的边界效应仍然存在，但是在不断减弱，一体化水平不断提高。梁永玲等人（2020）基于核心—外围理论对京津冀地区的中心城市与邻近地区的边界效应进行测度，发现北京对河北、天津的边界地区有着明显的中介效应而对其自身郊区的中介效应不显著。刘昊等人（2021）以我国五大城市群为研究对象，研究发现城市群内部的行政边界

---

① NUTS 是指欧盟建立的标准地域统计单元（Nomenclature of Statistical Territorial Units），NUTS3 是 NUTS 分区结果中的第三等级分区，是具有特定功能的小区域。

效应在减弱，而城市群间的市场分割水平较高。

综上所述，有关边界效应测度的国内研究内容正在不断丰富，但从现有的文献看，还存在如下不足：一是现有的文献对边界效应形成机制的研究不够深入；二是现有的研究多从省际边界效应角度开展，而以长三角扩容后的城市群为研究对象，探究省际城市间的边界效应问题的较少；三是现有的研究多从时间维度，而同时从时间和空间维度来探讨问题的较少。因此，本书在深入分析边界效应形成机制的基础上，将选取长三角城市群 27 个城市 2010—2019 年的数据，分析新阶段长三角区域的经济增长趋同性，并建立 Barro 回归方程结合重力模型，从省际城市间的边界效应、中心—外围城市一体化边界效应的时间和空间维度，对长三角城市群区域一体化过程中的边界效应进行多阶段测度，进一步分析时空演变特征，以此来探究城市群发展过程中如何将边界屏蔽效应转化为中介效应，如何发挥好核心城市的带动作用，为城市群建设提供实践支持。

二、边界效应形成机制分析

边界是边界两侧接触和交往的媒介，是双方物质、信息及人才流动最为频繁的地区。而边界效应是指，经济边界的存在对跨区域经济、政治、文化交流等造成阻碍或者促进的现象（李铁立，2008；夏雪等，2014），包括屏蔽效应和中介效应两种作用形式。其中边界的屏蔽效应是指边界的存在将资源要素限制在某一地区内部，而不能跨区域交流的一种负面效应（任以胜等，2019），可以分为显性屏蔽效应和隐性屏蔽效应（王成金等，2020）。其中显性屏蔽效应是指国家以关税或非关税壁垒形式限制资源流动，或者是指各省市出于自身利益保护而设置的各种行政壁垒（张娟，2008；杨明洪等，2020），可以通过制度和法律手段来消除。隐性屏蔽效应是指情感、语言、文化等抽象属性的屏蔽效应（王腾飞等，2019），这些壁垒更加难以控制，但是可以借助显性障碍来消除。边界屏蔽效应的形成机制主要表现为，某个地方出于保护本地企业孵化、形成地方性产业集聚，获得规模经济利益，降低区域性合作风险等目的，采用政治、经济、法律等手段，阻碍外地产品、服务、人才的流入，并且限制本地资源的流出，从而形成经济壁垒。长期的壁垒存在使得该地区贸易呈现封闭特征，在进行对外贸易活动时会受到边界屏蔽效应的阻碍，具体如图 7-13 所示。

边界的中介效应是指边界具备的可以使边界两侧直接接触交流的空间中介功能（杨荣海等，2014），表现为可以促进边界地区经济要素流动，从而推动区域一体化。同时根据地理空间相互作用理论，地区间的地理距离越大，相互作用强度越低，因此边界两侧的经济主体的贸易联系强度较大；根据传统的经济地理学，

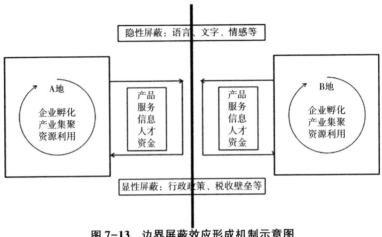

图 7-13 边界屏蔽效应形成机制示意图

不同区域经济地理差异带来的资源互补性、多样化是产业集聚形成的主要原因；根据内生增长理论，地理集聚是经济发展的动因之一，能够促进经济规模的扩大、生产要素利用效率的提高。因此，发挥好边界地区的地理优势，有利于边界地带的经济繁荣，从而带动边界两侧的经济发展和融合。边界中介效应的形成机制是：处于经济边界两侧的地区，由于地理临近性，在文化、历史、语言等方面存在相似性；区域间经济文化交流频繁，在自由市场的调节作用下，自发形成了产业集聚现象，表现为跨区域共建的产业链条、产品交易市场、产业园区、物流园区等，从而对跨区域经济产生促进作用，具体如图 7-14 所示。

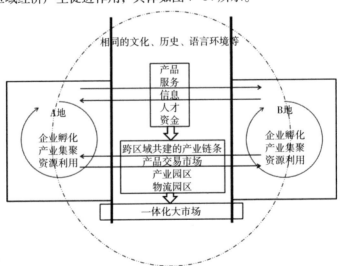

图 7-14 边界中介效应形成机制示意图

三、研究设计

（一）模型构建与变量说明

1. 经济趋同性分析模型

一是绝对 β 收敛模型，只研究人均 GDP 对人均 GDP 增长率的影响，回归方程如下：

$$g_{i,t} = a + b\,g_{i,0} + \varepsilon_{i,t} \tag{7-9}$$

其中，$g_{i,t} = [\ln(y_{i,t}/y_{i,0})]/t$ 是指经济体 i 地区第 0 期到第 t 期的人均 GDP 的平均增长率，a 和 b 为回归系数，$g_{i,0} = ln(y_{i,0})$ 为 i 地区第 0 期的人均 GDP 的对数值，$\varepsilon_{i,t}$ 为残差项。经济增长的收敛速度 β 可根据回归系数 b 来计算，$\beta = -\ln(1+bt)/t$，若地区经济增长存在趋同性，则 b 应该小于零。

二是相对 β 收敛模型：

$$g_{i,t} = a + b\,g_{i,0} + c_1 lnh + c_2 lng + c_3 lns + \varepsilon_{i,t} \tag{7-10}$$

其中 $g_{i,t}$、a、b、$g_{i,0}$、$\varepsilon_{i,t}$ 的含义同上，c_1、c_2、c_3 为回归系数。lnh 是指人力资本存量的对数值，人力资本存量选用每万人在校大学生数，可以反映城市的人口素质水平和创新潜力；lng 为政府支出规模的对数值，政府支出规模可用地方一般公共预算财政支出占 GDP 比重来表示，来体现政府在经济增长趋同中的作用；lns 为产业结构对数值，产业机构采用第三产业产值占 GDP 比重数据，可体现经济结构在一体化上发挥的作用。

2. 边界效应测度

Barro 回归方程为：

$$g_{i,t,t+T} = \alpha_i + \beta_i \ln(y_{i,t}) + \psi_i X_{i,t} + \varepsilon_{i,t} \tag{7-11}$$

其中 $\beta_i < 0$，$g_{i,t,t+T}$ 是指经济体 i 内各地区在 t 到 $t+T$ 时间内人均 GDP 的平均增长速度，$g_{i,t,t+T} = [\ln(y_{i,t+T})/\ln(y_{i,t})]/T$，$\alpha_i$ 为常数项，β_i、ψ_i 为回归系数，$y_{i,t}$ 为经济体 i 在 t 时期的人均 GDP，$X_{i,t}$ 为刻画人均 GDP 平均增长速度稳定状态的一组变量（对数状态），$\varepsilon_{i,t}$ 为残差项。

式（7-11）揭示了某一地区的人均 GDP 增长速度与其当期人均 GDP 有负向关系，为便于纵向、横向比较，现假定经济体 A、B 具有相同的趋稳定状态和趋同速度，则由式（7-11）可得：

$$g_{A,t,t+T} - g_{B,t,t+T} = (\alpha_A - \alpha_B) + \beta\ln(y_{A,t}/y_{B,t}) + \psi(X_{A,t} - X_{B,t}) + (\varepsilon_{A,t} - \varepsilon_{B,t}) \tag{7-12}$$

由 $g_{i,t,t+T} = [\ln(y_{i,t+T}/y_{i,t})]/T$，则式（7-12）左边为 $[\ln(y_{A,t+T}/y_{B,t+T}) - \ln(y_{A,t}/y_{B,t})]/T$。将 y_A/y_B 记为 $\bar{y}$，则 $\bar{y}$ 可表示经济体间的横向比较。

因此可将式（7-12）整理为：

$$[\ln(\bar{y}_{t+T}) - \ln(\bar{y}_t)]/T = \alpha_0 + \alpha_1\ln(\bar{y}_t) + \psi X_t + \varepsilon_t \qquad (7-13)$$

参照重力模型，构建城市间的边界效应模型。由地理空间相互作用理论可知，距离越接近的两个城市之间，经济要素交流更加频繁，经济互补性更强，边界屏蔽效应就会越小，所以引入距离变量来衡量边界效应，即 distance，为缓减数据的异方差问题对其取对数。为直观描述两个城市间的边界效应，在模型中引入工具变量 border（边界），当两个城市分属于不同省份时，边界变量取值为1；当两个城市属于同一个省份时，边界变量取值为0；且当 border 的系数值为正数时，表明两个城市间存在边界屏蔽效应；当 border 的系数值为负数时，表明两个城市间存在边界中介效应。此外，border 值越大，表示区域间的边界效应越明显。将变量 lndistance 和 border 加入式（7-13）中，可以得到边界效应模型：

$$[\ln(\bar{y}_{t+T}) - \ln(\bar{y}_t)]/T = \alpha_0 + \alpha_1\ln(\bar{y}_t) + \alpha_2 border + \alpha_3 lndistance + \varepsilon_t$$

$$(7-14)$$

其中，$\bar{y}_t$ 和 $\bar{y}_{t+T}$ 分别表示长三角城市群两个城市间在 t 和 $t + T$ 时期的人均 GDP 比值，即 $\bar{y}_t = y_{i,t}/y_{j,t}$，$\bar{y}_{t+T} = y_{i,t+T}/y_{j,t+T}$；border 为边界；distance 为城市之间的最短行车距离，城市内部的距离采用该城市距最近城市最短行车距离的 1/4 来测算（Wei，1996；行伟波等，2009）。α_1 是表明经济增长趋同性趋势的系数，若 $\alpha_1 < 0$ 且显著，则表明区域有一体化趋势。当 α_2 不显著时，表示区域内不存在显著的边界效应；当 α_2 显著为正时，说明区域内存在显著的边界屏蔽效应，阻碍区域一体化进程；当 α_2 显著为负时，说明区域内存在显著的边界中介效应，该区域内的一体化程度较高。

（二）数据来源与说明

本书以长三角城市群 27 个城市为研究对象，并对 27 个城市人均 GDP 数据进行两两交叉测算，可以得到 378 个样本，数据可信性较高。关于人均 GDP 的数据均来源于 2011—2020 年的《中国城市统计年鉴》及 27 个城市的统计年鉴，城市间地理距离的数据是根据 Google Map 计算得出的城市间最短行车距离。

四、实证分析

（一）长三角城市群经济增长趋同性分析

1. 绝对 β 趋同分析

根据长三角区域合作范围政策变化及时间节点，将 2010—2019 年划分为三个阶段，主要依据如下：2010 年的长三角区域只包括江浙沪地区；2014 年国务院首次将安徽省纳入长江三角洲城市群中，三省一市区域合作正式被纳入法律保障之中；2016 年的《长江三角洲城市群发展规划》提出推动五大都市圈同城化发展，长三角城市群发展进入追求多经济增长极的新阶段。同时以式（7-9）为根据，回归结果如表 7-10 所示。

表 7-10　长三角城市群经济增长绝对 β 收敛分析表

	2010—2013 年	2014—2016 年	2017—2019 年	2010—2019 年
b	−0.0282163	−0.0513456	−0.0827138	−0.040002
T	（−2.27）**	（−1.62）*	（−3.05）***	（−4.17）***
R^2	0.1714	0.0947	0.2717	0.4102
$β$	0.02948	0.05418	0.09042	0.04959

注：T 值表示对应变量 T 检验的值。

由表 7-10 回归结果可知，一方面，无论 2010—2019 年整个阶段，还是三个分阶段，b 值显著为负，表明长三角城市群 27 个城市初始人均 GDP 与经济增长率呈负相关，经济趋同性明显。另一方面，2010—2013 年、2014—2016 年和 2017—2019 年，三阶段 β 收敛速度分别为 2.948%、5.418% 和 9.042%，呈现递增态势；2010—2019 年整个阶段 β 收敛速度为 4.959%，高于第一阶段 β 收敛速度，且比 1988—2009 年的收敛速度 2.757%（郭晓合等，2012）高很多。由此表明，长三角城市群 27 个城市人均 GDP 差异正在不断缩小，绝对 β 收敛趋势显著，一体化发展趋势明显，边界屏蔽效应正在进一步减小。

2. 相对 β 趋同分析

由于绝对 β 收敛的模型拟合度较低，因此需要引入外生变量来检验相对 β 框架下的经济增长收敛性。以式（7-10）为根据，回归结果如表 7-11 所示。

表 7-11　长三角城市群经济增长相对 β 收敛分析表

	回归系数	T 值
a	0.474932	（−5.04）***
b	−0.07792	（1.82）***
c_1	0.009747	（−1.64）*
c_2	−0.02717	3.03
c_3	0.088875	（3.71）***

	回归系数	T 值
R^2	0.6046	—
β	0.134253	—

由表 7-11 可知，加入人力资本存量、政府投资支出规模和产业结构控制变量后，模型拟合度得到了提升，并且 β 的收敛值由绝对 β 分析框架下的 4.959% 上升到相对 β 分析框架下的 13.4253%，表明这些因素对经济增长收敛性产生了影响。同时初始人均 GDP 的回归系数为负值且显著，表明长三角城市群内部存在显著的相对 β 收敛。具体来看，初始人力资本存量对经济增长趋同性的作用是显著正向的，表明长三角城市群的每万人在校大学生数量越多，社会整体受教育水平越高，经济差距越小；产业结构优化有利于经济增长趋同，能够显著促进一体化发展，表明第三产业产值占 GDP 比重较高的城市经济增长态势趋同于人均 GDP 较高的均衡路径，但政府投资支出规模对经济增长收敛性的影响并不显著。

（二）长三角城市群边界效应分析

1. 一体化边界效应时间演变特征分析

根据式（7-14），并按照长三角区域合作范围政策变化及时间节点，将 2010—2019 年划分为三个阶段，分别进行回归分析（表 7-12）。由表 7-12 可知，首先，从 α_1 的系数值看，无论是 2010—2019 年整个阶段，还是三个分阶段，其值都是显著为负的，表明长三角城市群间的经济发展差距呈现缩小态势。其次，从 α_2 的系数值看，2010—2019 年整个阶段，border 的系数为负值且显著，表明在此期间，长三角城市群一体化进程中的边界效应显著存在，且表现为边界的中介效应；但从三个阶段看，2010—2013 年和 2014—2016 年两个阶段，border 的系数都为负值且显著，而 2017—2019 年 border 的系数为正值且显著，表明长三角城市群 2010—2016 年一体化进程中的边界效应表现为中介效应，而 2017 年后边界效应转变为屏蔽效应。最后，从 α_3 的系数值看，其中 2010—2013 年和 2014—2016 年两个分阶段，其系数值不显著；2017—2019 年分阶段和 2010—2019 年整个阶段，其系数值虽然呈现负向显著，但值都很小，接近于 0，表明距离因素对长三角城市群一体化边界效应影响不大。原因可能是长三角城市群间的交通基础设施已比较完善，立体化交通网络已粗具规模，距离因素难以影响区域内城市间的商品、要素自由流动。

表7-12　27个城市一体化边界效应时间演变分析

	2010—2013 年	2014—2016 年	2017—2019 年	2010—2019 年
	(1)	(2)	(3)	(4)
α_1	−0.041	−0.097	−0.011	−0.049
T	(−11.98) ***	(−15.27) ***	(−7.7) ***	(−20.09) ***
α_2	−0.023	−0.065	0.005	−0.008
T	(−4.32) ***	(−7.18) ***	(3.22) ***	(−2.09) **
α_3	0.0002866	0.007	−0.002	−0.005
T	0.1	1.52	(−2.14) **	(−2.37) **
α_0	−0.0004395	−0.059	0.003	0.006
T	−0.03	(−2.57) **	0.81	0.6
R^2	0.2951	0.4147	0.1979	0.5206
F	52.19	88.35	30.75	135.4

为了进一步分析长三角城市群27个城市一体化边界效应的时间序列演变情况，并探究边界的中介效应转向屏蔽效应的具体时间节点，对阶段进行细分，选取2013年、2014年、2015年、2016年和2017年为分界点（表7-13）。由表7-13可知，首先，α_1的系数值在各细分阶段始终保持显著为负，表明在各阶段长三角城市群27个城市的经济差距总体在减小；而α_1取值大小并未呈现出单调特征，表明该区域内一体化进程并非一帆风顺，存在一定的曲折性。其次，α_2的系数值在列（1）—列（8），都是负值显著，而在列（9）—列（10），都是正向显著，表明长三角城市群的边界效应在2016年之前表现为中介效应，而2016年后转变为屏蔽效应。最后，α_3的系数值在列（1）—列（8）阶段都不显著，而在列（9）—列（10），呈现负向显著，但其值都很小，表明距离因素对一体化边界效应的影响呈现负向，即距离越远对一体化边界效应影响越小，但随着长三角城市群正在打造通勤圈进程，相对于较近距离多采用公路运输方式，存在交通拥堵、运输速度慢的缺点，而较远距离多采用高铁、飞机等运输方式，具有速度快的特点，也使得近距离优势逐渐丧失。

2. 一体化边界效应的空间特征分析

对于工具变量border（边界），当两个城市分属于不同省份时，边界变量取值为1；当两个城市属于同一个省份时，边界变量取值为0；同时将27个城市根据三省一市边界的跨省关系或省内关系进行组合，形成沪江、沪浙、沪皖、江浙、江皖和浙皖六种类型，探讨不同类型间边界效应是否存在差异；并根据式（7-14）进行回归分析（表7-14）。

表7-13　27个城市一体化多阶段边界效应时间演变分析

| | 2010—2013年 | 2010—2014年 | 2010—2015年 | 2010—2016年 | 2010—2017年 |
	(1)	(2)	(3)	(4)	(5)
α_1	-0.0409368	-0.0384161	-0.0489637	-0.0560922	-0.048676
T	(-11.98)***	(-13.3)***	(-15.5)***	(-22.55)***	(-23.6)***
α_2	-0.0232429	-0.0176513	-0.0235198	-0.0350659	-0.287535
T	(-4.32)***	(-3.88)***	(-4.73)***	(-8.95)***	(-8.91)***
α_3	0.0002866	-0.0001481	-0.0032053	0.001575	0.0010278
T	0.1	-0.06	-1.21	0.75	0.6
α_0	-0.0004395	-0.0011538	0.0075682	-0.012024	-0.0097685
T	-0.03	-0.1	0.6	-1.22	-1.2
R^2	0.2951	0.3316	0.4105	0.6017	0.6205
F	52.19	61.84	86.83	188.3	203.81

续表

	2013—2019 年 (6)	2014—2019 年 (7)	2015—2019 年 (8)	2016—2019 年 (9)	2017—2019 年 (10)
α_1	-0.0767363	-0.0869674	-0.077006	-0.0620571	0.0112293
T	(-19.57)***	(-18.51)***	(-16.63)***	(-10.99)***	(-7.7)***
α_2	-0.0154426	-0.0179364	-0.0105166	0.0167318	0.0054599
T	(-2.77)***	(-2.75)***	(-1.75)*	(2.52)**	(3.22)***
α_3	-0.0029116	-0.0032762	-0.0007656	-0.0069456	-0.0018771
T	-0.98	-0.95	-0.24	(-2.03)**	(-2.14)**
α_0	-0.0016344	-0.0016725	-0.0102912	0.0140532	0.0033686
T	-0.12	-0.1	-0.69	0.87	0.81
R^2	0.5059	0.4781	0.4315	0.2974	0.1979
F	127.67	114.21	94.64	52.77	30.75

由表7-14可知，首先，α_1 的系数值均为负值且显著，表明2010—2019年长三角城市群经济发展差距，在三省一市间的不同组合中都呈现减小态势。其次，观察 α_2 的系数值可知，沪江类型的系数值正向且显著，表明上海与江苏的南京、无锡、常州等9个城市间存在边界屏蔽效应；而沪浙和江浙类型的系数值都为负向显著，且沪浙类型的系数值大于江浙类型的系数值，表明上海与浙江的杭州、宁波、嘉兴等9个城市间，以及江苏的9个城市与浙江的9个城市间存在边界的中介效应，且前者的中介效应大于后者的中介效应；同时沪皖、江皖和浙皖三种类型的系数值都不显著，表明安徽的合肥、马鞍山、芜湖等8个城市与上海、江苏的9个城市及浙江的9个城市间融入程度还较浅，参与一体化进程还不够深入。最后，从 α_3 的系数值可知，虽然沪江、沪皖、江浙和江皖四种类型的系数值负向显著，但其值较小，接近于0，而沪浙和浙皖类型的系数值不显著。因此，总体上表明距离因素对一体化的边界效应影响较小。

表7-14　2010—2019年27个城市一体化边界效应空间特征分析

	沪江	沪浙	沪皖	江浙	江皖	浙皖
α_1	-0.03207	-0.0190971	-0.0987319	-0.040484	-0.0636826	-0.0567327
T	(-8.5) ***	(-7.39) ***	(-11.58) ***	(-19.34) ***	(-14.39) ***	(-11.1) ***
α_2	0.013309	-0.012081	-0.0040445	-0.0189651	-0.0090607	-0.0149015
T	(3.35) ***	(-4.76) ***	-0.23	(-8.62) ***	-1.39	-1.57
α_3	-0.0044506	-0.0012276	-0.0260956	-0.0038821	-0.0133884	0.0000326
T	(-2.78) ***	-1.24	(-4.12) ***	(-3.51) ***	(-3.95) ***	1.32
α_0	0.0124084	0.0043092	0.0719886	0.0110478	0.0347483	-0.0261005
T	(1.77) *	0.89	(2.51) **	(2.1) **	(2.25) **	(-4.65) ***
R^2	0.6224	0.5823	0.7806	0.8035	0.5872	0.471
F	28.02	23.7	48.61	227.61	70.64	44.22

3. 一体化边界效应的时空演变——基于中心—外围城市分析

根据《长江三角洲城市群发展规划》，将选择南京、杭州、合肥、苏州、无锡、常州、宁波、上海共8个城市为中心城市，其余19个城市为外围城市；当2

个城市同属于中心城市或外围城市时，border 变量取值为 0；当 2 个城市分属于中心城市与外围城市时，border 变量取值为 1；当 2 个城市分属于外围城市与中心城市时，border 变量取值为-1。根据式（7-14）分三阶段进行估计（表 7-15）。

表 7-15　27 个城市中心—外围区域一体化边界效应时间演变分析

	2010—2013 年	2014—2016 年	2017—2019 年	2010—2019 年
	(1)	(2)	(3)	(4)
α_1	−0.042118	−0.1180833	−0.0187593	−0.056116
T	(−10.65) ***	(−18.18) ***	(−11.47) ***	(−21.23) ***
α_2	0.0052938	0.060629	0.0084014	0.0163294
T	1.32	(10.15) ***	(6.87) ***	(6.09) ***
	(1)	(2)	(3)	(4)
α_3	−0.0078169	−0.0182341	−0.001123	−0.0085539
T	(−3.4) ***	(−5.04) ***	−1.64	(−5.56) ***
α_0	0.0288785	0.0476066	0.0025458	0.0229001
T	(2.31) **	(2.43) **	0.7	(2.74) ***
R^2	44.56	0.478	0.2679	0.5588
F	0.2633	114.16	45.62	157.92

由表 7-15 可知，α_1 的系数值均负向显著，表明长三角城市群中心—外围城市间的经济发展差距呈现减小态势。同时从 α_2 的系数值可知，2010—2013 年的系数值不显著，但 2014—2016 年和 2017—2019 年两个阶段和 2010—2019 年整个阶段的系数值都在 1%水平上正向显著，表明长三角城市群中心城市与外围城市间的边界屏蔽效应显著加强。原因可能是，随着长三角一体化进程，中心城市与外围城市的政府出于本位主义，地方保护有所抬头，对城市间劳动力、资本等要素流动设置种种障碍，从而引起中心城市与外围城市间边界的中介效应弱化，而强化了边界的屏蔽效应；同时也表明长三角城市群中心城市的辐射作用有待进一步加强。

为与上文的细分阶段进行比较，也对中心—外围城市边界效应进行细分阶段分析（表 7-16）。由表 7-16 可知，α_1 的系数值均为负值，且在 1%水平上显著，表明长三角城市群中心的外围城市间的经济发展差距呈现减小态势。同时从 α_2 的系数值可知，除 2010—2013 年的系数值不显著，其他各阶段系数值都呈现正向显著，且 2017—2019 年系数值降低幅度较大，表明自 2017 年起，长三角城市群中心—外围城市边界的屏蔽效应有所弱化。

表 7-16　27 个城市中心—外围区域一体化多阶段边界效应时间演变分析

	2010—2013 年	2010—2014 年	2010—2015 年	2010—2016 年	2010—2017 年
	（1）	（2）	（3）	（4）	（5）
α_1	−0.042118	−0.0417384	−0.5637478	−0.0269672	−0.0553137
T	（−10.65）***	（−12.64）***	（−15.84）***	（−21.33）***	（−23.24）***
α_2	0.0052938	0.0091905	0.0185504	0.0188437	0.0182416
T	1.32	（2.75）***	（5.14）***	（6.3）***	（7.56）***
α_3	−0.0078169	−0.0066296	−0.122411	−0.011383	−0.0097377
T	（−3.4）***	（−3.45）***	（−5.91）***	（−6.6）***	（−7.03）***
α_0	0.0288785	0.0235909	0.0435636	0.0374148	0.0321087
T	（2.31）**	（2.26）**	（3.87）***	（4.01）***	（4.27）***
R^2	0.2633	0.3184	0.4166	0.5627	0.6009
F	44.56	58.23	89.01	160.41	187.73
	2013—2019 年	2014—2019 年	2015—2019 年	2016—2019 年	2017—2019 年
	（6）	（7）	（8）	（9）	（10）
α_1	−0.98148	−0.109213	−0.0997018	−0.0950225	−0.0187593
T	（−24.34）***	（−22.89）***	（−20.61）***	（−15.95）***	（−11.47）***
α_2	0.0382397	0.0435851	0.0382479	0.04055	0.0084014
T	（10.67）***	（10.24）***	（9.47）***	（9.01）***	（6.87）***
α_3	−0.0108221	−0.0125148	−0.0079524	−0.0061709	−0.001123
T	（−5.22）***	（−5.12）***	（−3.45）***	（−2.42）**	−1.64
α_0	0.0357471	0.0414721	0.0240882	0.0204189	0.0025458
T	（3.19）***	（3.14）***	（1.95）*	1.51	0.7
R^2	0.6136	0.5841	0.5378	0.4128	0.2679
F	197.94	175.12	145.04	87.64	45.62

五、主要结论与讨论

首先，从长三角城市群省际城市间的边界效应时间演变特征看，2010—2019年整个阶段，长三角城市群一体化边界的中介效应显著，但从具体时间阶段看，2016年已由中介效应转向屏蔽效应。一方面，表明长三角城市群在2010—2019年，27个城市间经济差距在减小，经济趋同态势明显，一体化发展取得初步成效。另一方面，2016年已由中介效应转向屏蔽效应，原因可能是随着长三角一体化推进，2016年《长江三角洲城市群发展规划》强调安徽是长三角城市群的重要组成部分，表明长三角区域一体化发展进入新的发展阶段，但仍面临城市间经济差距较大、要素流动不畅等问题，表现为省际城市间边界屏蔽效应增强。为此，长三角城市群一体化发展要转变现有的发展模式，协调区域合作矛盾，为安徽加入长三角区域后新的发展阶段做好准备。具体来说，一是坚持推进缩小区域经济发展差距，经济发展差距是阻碍一体化发展的根本因素之一。为减小经济差距，可通过设立结构基金，减少各地方政府在一体化成本方面存在的矛盾，帮助落后地区发展；推进城乡协调发展，城乡之间发展差距是一体化经济差距的重要来源，可形成城乡互助机制，以乡村的资源来置换城市的资金、人才、资本等资源，将经济发展差异性的问题转化为区域性资源互补优势，提升资源利用效率，形成中介效应提高经济发展绩效，促进一体化发展。二是调整区域合作结构，现有跨区域合作模式难以满足一体化发展的需求。随着一体化政策不断落实推进，长三角城市群间的各种壁垒逐渐被打破，表现为一体化发展的法律法规逐步强化、一体化流通体系逐步完善、一体化的市场监管机制逐步形成等，但劳动力、资金等要素市场及服务市场一体化发展仍处于初步融合阶段，还需要建立健全一体化大市场来促进要素市场和服务市场发展，这需要进一步创新区域合作模式，追求边界中介作用的发挥。三是探求一体化的内在推动力，而不能仅仅依靠政策手段来推进一体化。经济一体化也需要发挥市场的调节作用，在一体化实践中，为满足企业主体的跨区域经济交流，政府部门也正在探索搭建一体化平台。因此在未来的一体化发展中，要进一步发挥企业主体的作用，立足企业跨界需求来完善一体化机制；利用跨区域产业集聚效应，建设区域性的物流园区、产业园区和要素交易市场等；要发挥各地区的资源互补性，利用好边界地区的中介功能，弱化行政壁垒、高流通成本对一体化的阻碍。

其次，从长三角城市群省际城市间的边界空间结构演变特征看存在结构性差异。一是上海与江苏9市间边界屏蔽效应显著，表明2010—2019年，上海与江苏9市间的边界阻碍了两地间一体化进程，究其原因可能是：两地产业同构现象严重，同质化竞争限制了区域优势互补，不利于良性竞争的形成；两地在经济发展定位中存在雷同现象，为优先保护本地经济发展，规避竞争性风险，必然会限制外地企业进入。二是以江浙沪地区为界进行城市边界分析，浙江9市与上海、江苏9市间的边界效应表现为中介作用，表明中介效应对一体化具有促进作用。分析其缘由可能是：浙江民营经济较发达，对江苏、上海更易采取包容发展心态，积极采取措施与两地进行合作，利用上海的辐射作用和江苏资源互补优势来促进本地经济发展，并取得了一定成效，将边界的屏蔽效应转变成了中介效应。三是安徽8市与上海、江苏9市及浙江9市间边界效应不显著。其中原因可能是：安徽于2016年才正式被纳入长三角区域，才初步融入长三角一体化进程中，受到江浙沪的各城市辐射作用明显，因此并不会因为省际城市边界而被阻碍发展经济，但是融入一体化程度还不高，因此省际城市边界并没有发挥出有效的中介作用。因此，为了有效解决长三角城市群省际城市边界效应问题，建议如下：第一，从上海发展看，上海要发挥核心作用，在继续建设国际性大都市的同时，利用好江浙皖资源，发挥好国际性金融中心作用，加速促进长三角区域劳动力、资本等要素流动，弱化屏蔽效应对要素流动的阻碍作用，推动长三角城市群一体化持续发展。第二，从浙江发展看，要进一步推动浙江与上海、江苏的区域合作，实现区域间的优势互补最大化，发挥好边界区域的中介功能，形成"双赢博弈"，发挥好民营企业集聚特点，进一步激发市场活力，为其他地区提供多样化商品，推动经济发展。第三，从江苏发展看，要改变江苏与上海的合作模式，寻求新的共赢增长点，发挥好江苏国有企业的竞争优势，探索建立新的产业链条形成规模经济，发挥区位优势形成中介空间促进其发展。第四，从安徽发展看，为促进安徽深度融入长三角一体化进程，切实需要推动安徽经济发展，将阻碍要素流动的屏蔽边界转化成促进资源流动的中介边界，借助江浙沪地区的辐射效应促进外来资源流入安徽，利用区位优势推动安徽配套基础设施建设；同时承接江浙沪发达地区的产业转移，提高安徽资源利用效率，推动产业结构升级。

最后，从长三角城市群中心—外围城市一体化边界效应时间演变特征看，2010—2019年整个阶段长三角城市群中心城市与外围城市间的边界屏蔽效应显著，表明中心城市与外围城市之间的经济发展差距较大，一体化水平较低；而分阶段分析表明这种屏蔽效应自2017年后有所弱化，表明中心—外围城市间的经济发展差距正在减小，经济发展呈现融合趋势，一体化发展水平得到一定程度的提升。因此，为促进长三角城市群一体化发展，需要积极推动中心城市与外围城市间边界的屏蔽效应向中介效应转变。根据弗里德曼的核心—边缘模式理论，核心地区的工业发展使得经济发展集中于该地区，并且能够对其他地区造成影响。核心—

边缘模式主要表现为核心城市经济发展水平高，人才、资金、技术资源集聚，产生"虹吸"效应；而边缘城市则多为相对落后城市，经济发展水平低下、资源吸引力不高，但是能够利用中心城市的辐射作用来发展。为此提出如下建议：一方面，要发挥中心城市的辐射作用，推动区域性资源的合理配置，提高资源利用效率；发挥中心城市的产业发展优势，推动产业结构调整，形成更为完备的产业链条；中心城市加速提高科技创新能力，带动区域经济效率提高；中心城市要加速促进资本、人才等要素的流动，减少屏蔽效应的市场滞涩作用，提升中介地区活跃市场的能力，为区域经济发展增加活力。另一方面，要借助中心城市经济发展带动周边城市的发展，缩小经济发展差距，推动一体化融合。具体来说，中心城市可以发展高技术附加值的产业、服务型产业，将劳动密集型产业向外围城市转移，以此来推动中心城市发展质量的提升与外围城市发展水平的提高；中心城市可以为外围城市提供技术、资金、人才等方面支持，完善外围城市的基础设施建设，促使中介效应成为边界效应的主要表现形式，提高外围城市经济发展水平和人民生活水平，提升区域一体化水平。

第八章　长三角城市群创新联系与
科技创新一体化研究

本章运用时序全局主成分分析法（Global Principal Component Analysis）对长三角城市群创新能力展开评价，以此表示城市创新"质量"因子，并运用引力模型、断裂点公式、社会网络等，以2010—2019年长三角城市群27个核心城市为研究对象，展开城市创新联系、创新空间关联网络特征分析；同时运用变异系数法和计量模型展开长三角城市群科技创新一体化水平测度和影响因素研究。

第一节　长三角城市群创新能力时空演变与
创新都市圈构建研究

加强长三角城市群创新能力研究，有利于区域创新高地建设，增强科技创新主导作用。为此，本节构建区域创新能力多指标评价体系，运用时序全局主成分分析法和 ArcGIS 软件对2010—2019年长三角27个城市创新能力展开时空演变特征分析，并提出构建创新都市圈建议。研究发现：（1）时间维度上，各城市创新能力水平都呈现提升态势，但提升幅度存在差异，且综合得分排序稳中有变；（2）空间维度上，从城市群整体看，创新能力由高到低依次为上海、江苏9市、浙江9市和安徽8市；从城市个体看，各城市与核心城市越近，其创新能力越强，反之，则越弱，总体上呈现梯度扩散态势；总体上创新能力较强的城市，其增速往往较小，而创新能力较差的城市，其增速往往较大。

一、引言与文献述评

目前，优化区域创新资源效率，提升区域创新能力，对全面贯彻创新发展战略意义重大。同时，城市作为创新的空间载体，其创新能力提升对创新型国家建设具有重要影响。但与东京、伦敦等国外典型城市群相比，我国城市群在高端制造业、现代服务业等方面劣势比较明显，创新能力仍需提升，即使经济较发达的长三角城市群也不例外。因此，当前需要切实把握新时代重大历史性机遇，立足区域创新需求，加强长三角城市群创新能力和创新都市圈构建研究。

从现有的文献看，目前关于区域创新能力的评价，由于各研究的目的和侧重点不同，至少在两方面存在完善空间。首先，在评价方法上，传统主成分分析方法多用来研究由样本和指标体系构成的截面数据，而对于含有时间序列的面板数据，传统主成分分析仅能逐年单独分析，且由于每年主成分权重的不同而无法对整个时序的数据进行比较和评价。其次，在评价对象上，多局限于特定区域某一时间点上的研究，缺少时空维度上的比较；同时，由于长三角所涵盖范围在不断扩大，目前关于长三角创新发展研究多以省域或主要城市为研究对象，缺乏近期的研究。因此，本书将以长三角城市群 27 个城市为研究对象，在充分参考现有文献的基础上，结合长三角实际，构建城市群创新能力综合评价指标体系，运用时序全局主成分分析法对 2010—2019 年长三角区域 27 个城市创新能力进行时间序列综合评价，并运用 ArcGIS 软件展开空间演变特征分析。本书研究的主要边际贡献是规避传统主成分分析等方法弊端，运用时序全局主成分分析法和 ArcGIS 软件对 2010—2019 年长三角城市群创新能力展开时空演变特征分析。

二、研究设计

指标体系构建。借鉴中国科技发展战略研究小组等（2016）和宋跃刚等人（2015）的研究成果，构建包含目标层、准则层和指标层在内的区域创新能力多指标综合评价体系，具体如表 8-1 所示。

评价方法。时序全局主成分分析法，规避了传统主成分分析法只能采用截面数据的弊端，在传统主成分分析法的基础上，将时间序列添加到原始数据表中，从而形成时序立体数据表。时序全局主成分分析法与传统主成分分析法步骤并无差异，但是前者可以在保证整个数据源统一性、整体性和可比性的基础上，从时间、空间、指标三个维度对时序立体数据表进行分析，从而可以描绘出数据源总体水平随时间变化的趋势，有效避免了传统主成分分析法由样本数据的短期波动引起的评价结果的偏差。该方法的操作流程如下：

表 8-1　区域创新能力评价指标体系

目标层	准则层	指标层	单位
区域创新能力	创新投入	每万人 R&D 人员	（人/万人）
		每万人在校大学生数	（人/万人）
		研究与试验发展（R&D）经费支出占 GDP 比重	％
		教育经费支出占 GDP 比重	％
		科技经费支出占地方财政支出比重	％
		规模以上企业研究与试验发展（R&D）经费内部支出占 GDP 比重	％
	创新产出	每万人发明专利申请量	（件/万人）
		每万人发明专利授权数	（件/万人）
	创新环境	人均 GDP	（元）
		第三产业占 GDP 比重	％
		互联网宽带接入用户数	（万户）
		移动电话用户数	（万户）
		每百人公共图书馆藏书量	（册/百人）
		人均实际使用外资金额	（美元/人）
		人均进出口总额	（美元/人）

　　创建时序立体数据表。假设 X 为一张数据表，其包含 n 个地区和 p 个指标，则可将 t 年度的数据表记作 $X_t = (x_{ij}{}^{t})_{n \times p}$。若在 T 个时间点上，对 n 个地区和 p 个指标进行观测，则生成 T 个数据表。将 T 个数据表连接可得到一个 $T_{n \times p}$ 的数据表，时序全局主成分分析法即对时序立体数据表 $X = (x_{ij}{}^{t})_{nT \times p}$ 进行传统主成分分析。

　　数据标准化。通常使用 Z-Score 标准化方法，公式如下：

$$X'_{ij} = \frac{x_{ij} - \mu_j}{\sigma_j} \tag{8-1}$$

　　式（8-1）中 X'_{ij} 为标准化后值，x_{ij} 为指标值，μ_j 为该项指标的平均值，σ_j 为该项指标的标准差。

　　KMO 和 Bartlett 球形检验。KMO 统计量数值一般认为 0.8 以上为良好；Bartlett 球形检验同样用以检验各样本间的相关性，若此统计量对应的 p 值小于显著性水平则说明适合利用时序全局主成分分析。

计算全局协方差矩阵。数据表 $X = (x_{ij}{}')_{nT \times p}$ 的重心为：

$$g = (\bar{X}_1, \ \bar{X}_2, \ \cdots, \ \bar{X}_p) = \sum_{t=1}^{T} \sum_{i=1}^{n} q_i^t e_i^t \tag{8-2}$$

其中，q_i^t 为 t 时刻样本 e_i 的权重，满足 $\sum_{t=1}^{T} \sum_{i=1}^{n} q_i^t = 1$，$\sum_{i=1}^{n} q_i^t = \dfrac{1}{T}$。记全局变

量为 $X_j = (X_{1j}^1, \ \cdots, \ X_{nj}^1, \ \cdots, \ X_{1j}^2, \ \cdots, \ X_{nj}^2, \ \cdots, \ X_{1j}^T, \ \cdots, \ X_{nj}^T)$。

则全局方差为：

$$S_j^2 = Var(X_j) = \sum_{t=1}^{T} \sum_{i=1}^{n} q_i^t (x_{ij}^t - \bar{X}_j)^2 \tag{8-3}$$

全局协方差为：

$$S_{jk} = cov(X_j, \ X_k) = \sum_{t=1}^{T} \sum_{i=1}^{n} q_i^t (x_{ij}^t - \bar{X}_j)(x'_{ij} - X_k) \tag{8-4}$$

据此全局协方差矩阵为：

$$V = (S_{jk})_{p \times p} = \sum_{t=1}^{T} \sum_{i=1}^{n} q_i^t (e_i^t - g)(e_i^t - g)' \tag{8-5}$$

求协方差矩阵的特征向量。计算协方差矩阵 V 的前 m 个特征值 $\lambda_1 \geq \lambda_2 \geq \cdots \geq \lambda_m$，及各个特征值对应的特征向量 μ_1，μ_2，$\cdots$，μ_m。

计算主成分及方差贡献率。设第 h 主成分为 $F_h = \mu'_h X$，可以得到主成分 F_1，F_2，$\cdots$，F_p 的方差贡献率及累计方差贡献率：

$$\alpha_k = \frac{\lambda_i}{\sum_{i=1}^{p} \lambda_i} \tag{8-6}$$

$$\alpha_1 + \alpha_2 + \cdots + \alpha_n = \frac{\sum_{i=1}^{m} \lambda_i}{\sum_{i=1}^{p} \lambda_i} \tag{8-7}$$

计算因子载荷矩阵及主成分系数。设变量 X_j 与其对应主成分 F_h 的相关系数为 r_{jh}，将所有的相关系数构成的矩阵 $A = (r_{jh})$ 称为因子载荷矩阵；荷载矩阵 A 中各列数值除以其对应主成分特征值即可得到各主成分的系数 u_j。

计算综合得分。每个主成分得分为：

$$F_k = \sum_{j=1}^{p} u_j x_j (k = 1, \ 2, \ \cdots, \ m) \tag{8-8}$$

各主成分对应的权重为：

$$Q_k = \partial_k = \frac{\lambda_i}{\sum\limits_{i=1}^{p} \lambda_i} (k = 1, 2, \cdots, m) \tag{8-9}$$

则综合得分为：

$$F = \sum_{k=1}^{m} Q_k F_k \tag{8-10}$$

（三）数据来源

从时间和空间两个维度分析长三角城市群创新能力的演变情况。数据主要来源于历年《中国城市统计年鉴》和各市统计年鉴等。

三、实证分析

（一）综合评价

本书研究对象为长三角城市群 27 个城市，时间尺度为 2010—2019 年，评价指标共计 15 个，故可构建 27×10×15 的时序立体数据表，使用统计分析软件 SPSS 21.0 对长三角城市群科技创新能力进行测算。使用 KMO 和 Bartlett 球形检验方法对数据的适用性进行检验（表8-2），检验结果表明数据适用于时序全局主成分分析法。各主成分的特征值及方差贡献率如表8-3所示。

表 8-2　KMO 和 Bartlett 的检验

取样足够度的 Kaiser-Meyer-Olkin 度量		. 818
Bartlett 的球形度检验	近似卡方	3853. 939
	df	105
	Sig.	. 000

表 8-3　方差贡献率及累积方差贡献率统计

成分	初始特征值			旋转平方和载入		
	合计	方差（%）	累积方差（%）	合计	方差（%）	累积方差（%）
1	7. 625	50. 831	50. 831	4. 686	31. 238	31. 238
2	2. 025	13. 498	64. 329	3. 324	22. 157	53. 396
3	1. 041	6. 940	71. 270	2. 681	17. 874	71. 270

从表 8-3 可以提取到 3 个特征根大于 1 的主成分，累积方差贡献率达到了 71. 270%，同时使用最大方差法对主成分因子载荷矩阵进行旋转，结果如表 8-4 所示。

表 8-4　因子载荷矩阵

指标	因子载荷值		
	F1	F2	F3
第三产业占 GDP 比重（x10）	.822	.276	-.051
互联网宽带接入用户数（x11）	.928	.206	.094
移动电话用户数（x12）	.933	.081	.103
每百人公共图书馆藏书量（x13）	.796	.310	.198
人均进出口总额（x15）	.738	.108	.300
每万人 R&D 人员（x1）	.563	.595	.288
每万人在校大学生数（x2）	.138	.773	.077
每万人发明专利申请量（x7）	.196	.761	.318
每万人发明专利授权数（x8）	.476	.735	.201
人均 GDP（x9）	.525	.526	.372
研究与试验发展（R&D）经费支出占 GDP 比重（x3）	.389	.472	.627
教育经费支出占 GDP 比重（x4）	-.033	-.378	.614
科技经费支出占地方财政支出比重（x5）	.090	.465	.526
规模以上企业研究与试验发展（R&D）经费内部支出占 GDP 比重（x6）	.092	-.067	.875
人均实际使用外资金额（x14）	.235	.394	.593

根据表 8-4 中长三角城市群科技创新能力因子载荷值的大小，对 3 个主成分分别命名：F1 在 X_{10}、X_{11}、X_{12}、X_{13} 等指标上载荷系数较大，故命名为创新环境因子；F2 在 X_1、X_2、X_7、X_8 等指标上载荷系数较大，故命名为知识创新产出因子；F3 在 X_3、X_4、X_5、X_6、X_{14} 等指标上载荷系数较大，故命名为创新投入因子。

将 3 个主成分代入计算公式：$TF = \omega_1 F_1 + \omega_2 F_2 + \omega_3 F_3$，其中 TF 为各城市科技创新能力综合得分，F_1，F_2，F_3 为 3 个主成分得分，ω_1，ω_2，ω_3 为每个主成分对应的权重，可得到 2010—2019 年各城市科技创新能力综合得分。由于篇幅有限，为方便比较，将科技创新能力综合得分进行归一化处理，选取 2010 年、2015 年和 2019 年三个时间点的详细得分值和 2010—2019 年各城市综合得分平均值；同样，可以测算 2010—2019 年长三角城市群 27 个城市、浙江 9 市、江苏 9 市和安徽 8 市整体的科技创新能力综合得分，如表 8-5—表 8-9 和图 8-1 所示。

表 8-5 2010 年长三角城市群各城市科技创新能力综合得分与排序

城市	综合得分	排序	城市	综合得分	排序
上海	0.7372	1	铜陵	0.3261	15
南京	0.5836	2	舟山	0.3081	16
苏州	0.5727	3	湖州	0.2986	17
杭州	0.5657	4	马鞍山	0.2867	18
无锡	0.4580	5	金华	0.2858	19
宁波	0.4377	6	泰州	0.2800	20
合肥	0.3845	7	温州	0.2760	21
常州	0.3840	8	台州	0.2408	22
绍兴	0.3752	9	盐城	0.2310	23
嘉兴	0.3748	10	宣城	0.1535	24
镇江	0.3660	11	池州	0.1251	25
南通	0.3312	12	滁州	0.1207	26
扬州	0.3263	13	安庆	0.1000	27
芜湖	0.3263	14	长三角 27 个城市	0.3428*	—

表 8-6 2015 年长三角城市群各城市科技创新能力综合得分与排序

城市	综合得分	排序	城市	综合得分	排序
上海	0.9560	1	金华	0.4157	15
苏州	0.8575	2	舟山	0.4145	16
南京	0.7783	3	扬州	0.4054	17
杭州	0.7202	4	马鞍山	0.4006	18
宁波	0.6303	5	温州	0.3970	19
无锡	0.6210	6	泰州	0.3772	20

城市	综合得分	排序	城市	综合得分	排序
镇江	0.5492	7	铜陵	0.3610	21
常州	0.5273	8	台州	0.3594	22
嘉兴	0.5242	9	盐城	0.3033	23
合肥	0.4986	10	宣城	0.2436	24
绍兴	0.4877	11	滁州	0.2420	25
芜湖	0.4771	12	池州	0.2038	26
湖州	0.4458	13	安庆	0.1754	27
南通	0.4381	14	长三角27个城市	0.4751	—

表8-7 2019年长三角城市群各城市科技创新能力综合得分与排序

城市	综合得分	排序	城市	综合得分	排序
上海	0.9586	1	马鞍山	0.4415	15
苏州	0.8808	2	金华	0.4413	16
杭州	0.8000	3	舟山	0.4324	17
南京	0.7930	4	扬州	0.4321	18
无锡	0.6498	5	温州	0.4295	19
宁波	0.6427	6	泰州	0.4059	20
合肥	0.5647	7	铜陵	0.3809	21
嘉兴	0.5631	8	台州	0.3767	22
镇江	0.5530	9	盐城	0.3444	23
芜湖	0.5413	10	宣城	0.2765	24
常州	0.5400	11	池州	0.2697	25
绍兴	0.5140	12	滁州	0.2230	26
南通	0.4904	13	安庆	0.1991	27
湖州	0.4827	14	长三角27个城市	0.5047	—

表8-8　2010—2019年长三角城市群各城市创新能力综合得分平均值与排序

城市	平均得分	排序	城市	平均得分	排序
上海	0.8983	1	扬州	0.4022	15
苏州	0.7999	2	舟山	0.3970	16
南京	0.7379	3	金华	0.3932	17
杭州	0.7370	4	马鞍山	0.3821	18
无锡	0.6008	5	铜陵	0.3816	19
宁波	0.5843	6	温州	0.3810	20
嘉兴	0.5075	7	泰州	0.3680	21
镇江	0.5036	8	台州	0.3360	22
常州	0.4977	9	盐城	0.3107	23
合肥	0.4957	10	宣城	0.2342	24
绍兴	0.4748	11	滁州	0.2240	25
芜湖	0.4581	12	池州	0.1877	26
南通	0.4400	13	安庆	0.1679	27
湖州	0.4288	14	长三角27个城市	0.4567	—

表8-9　2010—2019年上海等城市创新能力综合得分平均值与排序

城市	平均得分	排序	城市	平均得分	排序
上海	0.8983	1	浙江9市	0.4710	3
江苏9市	0.5179	2	安徽8市	0.3164	4

（二）结果分析

根据表8-5—表8-9的综合评价得分，使用ArcGIS软件绘制2010、2015、2019年长三角城市群各城市创新能力综合得分及其年均增速空间分布图。采用度量标准为欧式距离的组间连接法，对长三角城市群各城市的创新能力综合得分进行聚类，为使不同年度的聚类结果具有可比性，截取的是同一相对距离（此处截取相对距离为8）时的聚类结果，如表8-10所示。

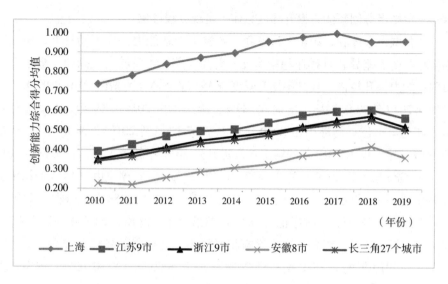

图 8-1　长三角城市群各城市科技创新能力综合得分均值演变

表 8-10　长三角城市群 27 个城市创新能力分层聚类

层次	2010 年	2019 年
第一层次	上海	上海、苏州
第二层次	南京、苏州、杭州	杭州、南京
第三层次	无锡、宁波、合肥、常州、绍兴、嘉兴、镇江	无锡、宁波、合肥、嘉兴、镇江、芜湖、常州、绍兴、南通、湖州
第四层次	南通、扬州、芜湖、铜陵、舟山、湖州、马鞍山、金华、泰州、温州、台州、盐城	马鞍山、金华、舟山、扬州、温州、泰州、铜陵、台州、盐城
第五层次	宣城、池州、滁州、安庆	宣城、滁州、池州、安庆

注：处于同一层级的城市按照其创新能力综合得分由大到小进行排序。

1. 时间演变特征分析

由表 8-5—表 8-7 可知，从 27 个城市整体看，创新能力不断提升，且呈现先快速后缓慢特征。总体来看，2010—2019 年长三角城市群创新能力呈现上升态势，且 2010—2015 年增幅较大，创新能力综合得分均值由 2010 年的 0.3428 上升至 2015 年的 0.4751，增加约 38.59%，而 2019—2015 年增幅较小，综合得分由 2015 年的 0.4751 上升至 2019 年的 0.5047，增加仅约 6.23%，表明 2015 年后长三角城市群创新能力提升幅度总体上呈现放缓迹象。

从各城市个体看，2010—2019 年，各城市创新能力都在不断提升，但提升幅度存在明显差异，且排序稳中有变。首先，芜湖、马鞍山、湖州、金华等城市创新能力提升较快，且排序提升幅度较大。综合得分芜湖由 2010 年的 0.3263 增加到 2019 年的 0.5413，增加 65.89%，排序也由 2010 年的第十四位提升到 2019 年的第十位；马鞍山由 2010 年的 0.2867 增加到 2019 年的 0.4415，增加 53.99%，排序也由 2010 年的第十八位提升到 2019 年的第十五位；湖州由 2010 年的 0.2986 增加到 2019 年的 0.4827，增加 61.65%，排序也由 2010 年的第十七位提升到 2019 年的第十四位；金华由 2010 年的 0.2858 增加到 2019 年的 0.4413，增加 54.41%，排序也由 2010 年的第十九位提升到 2019 年的第十六位。其次，常州、扬州、绍兴、铜陵增幅相对较小，且排序下降幅度较大。综合得分常州由 2010 年的 0.3840 增加到 2019 年的 0.5400，增加 40.63%，排序也由 2010 年的第八位下降到 2019 年的第十一位；扬州由 2010 年的 0.3263 增加到 2019 年的 0.4321，增加 32.42%，排序也由 2010 年的第十三位下降到 2019 年的第十八位；绍兴由 2010 年的 0.3752 增加到 2019 年的 0.5140，增加 36.99%，排序也由 2010 年的第九位下降到 2019 年的第十二位；铜陵由 2010 年的 0.3261 增加到 2019 年的 0.3809，增加 16.81%，排序也由 2010 年的第十五位下降到 2019 年的第二十一位。最后，其他城市综合得分虽提升，但排序稳定或变化不大。其中上海、南京、苏州、杭州、无锡、宁波和合肥排在前 7 名，2019 年较 2010 年排序总体上变化不大；台州、盐城、宣城、池州、滁州和安庆依次排在后 6 名，2019 年较 2010 年排序没有变化。

2010 年、2015 年和 2019 年各城市创新能力综合得分大于 27 个城市整体平均得分值的城市有上海、南京、苏州、杭州、无锡、宁波、合肥、常州、绍兴、嘉兴、镇江和芜湖共 12 个城市。为了显示各主要城市创新能力演变轨迹，特制作 12 个城市创新能力综合得分时间演变趋势图，如图 8-2 所示。

从表 8-9、表 8-10 可以看出，长三角城市群 27 个城市按照其创新能力综合得分由高到低可划分为 5 个层次。2019 年对比 2010 年，上海稳定居于第一层次，苏州由第二层次上升到第一层次；南京、杭州稳定居于第二层次；在第三层次中，由 2010 年的无锡、宁波、合肥、镇江等 7 个城市增加到 2019 年的无锡、宁波、合肥、嘉兴、南通、湖州等 10 个城市，其中芜湖、南通和湖州由第四层次上升至第三层次；第四层次由 2010 年的南通、扬州、芜湖、铜陵、舟山、湖州、盐城等 12 个城市减少至 2019 年的马鞍山、金华、舟山、扬州、盐城等 9 个城市；宣城、滁州、池州和安庆作为创新能力较弱的城市，尽管近年来

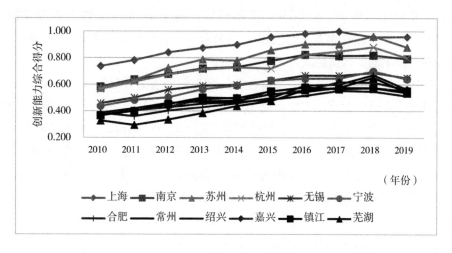

图 8-2　长三角城市群 12 个城市创新能力综合得分演变趋势

创新能力综合得分有所提高，但是位置没有发生变化，处于第五层次。

2. 空间特征演变分析

首先，从城市群整体看，创新能力由高到低依次为上海、江苏 9 市、浙江 9 市和安徽 8 市。

其次，从城市个体看，各城市与核心城市越近，其创新能力越强，反之，则越弱，总体上呈现梯度扩散态势。由表 8-8 可知，长三角城市群各城市创新能力，空间上总体形成以上海、苏州、南京、杭州、宁波和合肥"多点带面"的创新中心局面，并围绕此创新中心向周边地区呈辐射扩散状，且越靠近创新中心的城市，其创新能力越强，说明创新中心起到了良好的创新带动作用。2010—2019 年，上海颜色最深，创新能力综合得分均值为 0.8983，排序第一，其周边沿着沪宁线的苏州、无锡和常州，创新能力综合得分均值依次为 0.7999、0.6008 和 0.4977；苏州创新能力综合得分均值为 0.7999，排序第二，其周边有无锡、嘉兴、南通等城市，其创新能力综合得分均值依次为 0.6008、0.5075 和 0.4400；南京创新能力综合得分均值为 0.7379，排序第三，其周边有常州、扬州、泰州和盐城等城市，其创新能力综合得分均值依次为 0.4977、0.4022、0.3680 和 0.3107；杭州创新能力综合得分均值为 0.7370，排序第四，其周边有嘉兴、绍兴、湖州和金华等城市，其创新能力综合得分均值依次为 0.5075、0.4748、0.4288 和 0.3932；宁波创新能力综合得分均值为 0.5843，排序第六，其周边有舟山、泰州和温州等城市，其创新能力综合得分均值依次为 0.3970、0.3680 和 0.3359；合肥创新能力综合得分均值为 0.4957，排序第六，其周边有芜湖、马鞍山、铜陵、宣城等，其创新能力综合得分均值依次为 0.4581、0.3821、0.3816 和 02342。由此表明，各城市与核心城市距离越远，其创新能力就越弱，图中的颜色就越淡。

2010—2019 年，创新能力增速较快的多为创新能力较低的城市，如安徽省内的宣城、滁州、池州、安庆、芜湖和马鞍山等，浙江省内的金华、温州、台州、湖州等；而如上海、南京、杭州等创新能力较强的城市，其增速相对平缓。以 2010—2019 年的芜湖和南京为例，芜湖城市创新能力综合得分均值为 0.4581，排序仅第十二，由 2010 年的综合得分 0.3263 上升至 2019 年的 0.5413，增幅达 65.89%；而南京城市创新能力综合得分均值为 0.7379，排序第二，由 2010 年的综合得分 0.5836 上升至 2019 年的 0.7930，增幅仅 35.88%，表明芜湖创新能力远不如南京，但其增速远大于南京。

四、主要结论与讨论

（一）主要结论

时间维度上，从城市群整体看，2010—2019 年长三角城市群创新能力呈现上升态势，且 2010—2015 年，创新能力呈快速上升趋势，而 2015—2019 年，创新能力虽仍有上升，但幅度明显下降，幅度提升呈现放缓迹象。从城市个体看，各城市创新能力都在不断提升，但提升幅度存在明显差异，且排序稳中有变，其中芜湖、马鞍山、湖州、金华等城市创新能力提升较快，且排序提升较高；常州、扬州、绍兴、铜陵、南京增幅相对较小，且排序下降较大；其他城市综合得分虽有所提升，但排序稳定或变化不大；2010 年、2015 年和 2019 年创新能力综合得分高于 27 个城市综合得分均值的城市有上海、南京、苏州、杭州、无锡、宁波、合肥、常州、绍兴、嘉兴、镇江和芜湖共 12 个城市；由聚类结果可知，2019 年较于 2010 年，27 个城市可分成 5 个层次，其中上海、苏州、南京和杭州稳居第一、二层次，而宣城、滁州、池州和安庆都是在第五层次。

空间维度上，从城市群整体来看，创新能力由高到低依次为上海、江苏 9 市、浙江 9 市和安徽 8 市。从城市个体看，长三角城市群各城市创新能力，空间上总体形成以上海、苏州、南京、杭州、宁波和合肥"多点带面"的核心城市和创新中心局面，并围绕此创新中心向周边地区呈辐射扩散状，且越靠近创新中心的城市，其创新能力越强；省会城市中，杭州和合肥尽管在各自省域内拥有较强的创新能力，但周边城市的创新能力与其仍存在一定差距；从总体上看，创新能力较强的城市，其增速往往较小，而创新能力较差的城市，其增速往往较大。

（二）主要讨论

西方发达国家在建设城市群的过程中，通过打造都市圈使大城市的多元化产业精确转移至周边具有专业化产业特征的中小城市；同时鉴于长三角城市群创新能力呈现梯度扩散态势。因此，笔者认为，可以在长三角城市群内根据不同城市的产业布局、发展定位和创新现状，分别以上海、苏州、南京、杭州、宁波和合肥为中心，构建6个科技创新都市圈，以此来加强相邻城市间的互动和沟通，通过核心城市增强创新中心的辐射能力，从而进一步带动长三角城市群各城市创新能力提升。

构建以上海为中心的创新都市圈。从创新能力综合得分看，上海不仅在创新能力上居于首位和领军地位，而且与苏州、南京、杭州排名稍后的城市相比，保持着较大的领先水平。一方面，这得益于上海拥有良好的创新环境，如张江高科技园区和漕河泾开发区，其创研孵化的发展态势良好；另一方面，这也得益于上海近年来加快推进科技创新中心建设，科研经费投入较大，如2019年上海研究与试验发展（R&D）经费支出占GDP比重达到3.81%，居长三角各城市首位。为此，上海在巩固自身创新龙头地位的同时，应积极倡导建立区域协调机制，促进城市间良性互动；充分利用人力资本优势和金融资本优势，积极引导自身资源向长三角城市流动，实现带动各城市创新发展，力争构建以上海为龙头，苏州、杭州、无锡、宁波等为次区域，合肥、芜湖、马鞍山等为远区域的科创都市圈。

构建以苏州、南京、杭州为中心的创新都市圈。苏州、南京、杭州的创新能力仅次于上海，发挥着次级核心城市的作用。首先，从地理位置来看，苏州距离上海较近，长期吸收来自上海的创新辐射。苏州作为高新技术产业的集聚地，如昆山的电子制造业，特别是半导体产业，拥有大量中外合资企业，凭借临近上海交通便利的地理优势，又能进而吸引其他厂商入驻，形成良性循环。苏州应依靠其电子制造业的集聚优势，将本土优势产业向南通、湖州、嘉兴等周边城市转移，从而辐射带动周边城市。其次，杭州汇集了众多高校、科研机构和诸如阿里巴巴等大型互联网企业。杭州应充分发挥其人才优势，促进产、学、研协同合作，并向湖州、绍兴、金华等周边教育资源有限的城市输出大量高素质人才，实现当地产业向专业化和现代化发展。最后，南京作为中国综合工业生产基地，以石化、汽车制造和钢铁为支撑产业，同时兼顾软件外包服务等现代服务业和轨道交通等先进制造业的协调发展。从地理位置来看，南京位于长三角中部偏西，应主动承接长三角东部城市产业转移，积极发挥其作为长三角东西部联系纽带作用，强化自身创新资源支撑，辐射带动扬州、镇江等省内城市创新发展的同时，突破行政壁垒跨省带动滁州、马鞍山等省外城市的创新水平提升。

构建以宁波、合肥为中心的创新都市圈。首先，宁波具有传统制造业的产业优势，同时发展了如市科技园区、海曙工业园区等一系列现代高新技术产业集聚地，创新能力稍弱，长期以来以模仿跟踪为主。宁波应依靠其港口物流优势，大力发展临港工业，在秉承"以港兴市"增强自身创新水平理念的同时，辐射带动如舟山、台州等港口城市，打造一批先进临港工业基地和船舶物流中心，并且依靠港口优势，不断引进吸收国外资本。其次，合肥作为省会城市，相比于其他长三角省会城市创新能力存在较大上升空间，且安徽省创新水平与长三角平均创新水平也存在差距。合肥有中国科技大学、中国科学院合肥物质科学研究院等科研机构，深入贯彻"科教兴城"战略，重点打造"3411"产业体系的同时，大力开展与南京、芜湖等创新能力较强城市的沟通互动，加强来自上海、苏州、杭州等核心城市的技术引进，利用省会城市的优势，以较大投入促使自身创新能力提升的同时，使技术流、人才流向宣城、池州、滁州、安庆等省内创新水平不高的城市转移，促进自身和省内城市创新水平同步提升。但我们应清醒地认识到，目前核心城市发挥辐射扩散作用，带动周边城市提升创新能力的作用有限，尤其离核心城市较远的城市仍存在"单城发展"模式。因此，我们在强调核心城市发挥辐射扩散作用的同时，应加强各城市自主创新和协同发展创新，弱化过度依赖"以强带弱"发展模式。最后，长三角城市群各城市创新水平发展不均衡，如安徽8市整体创新能力水平较低，与长三角创新平均水平仍存在差距，再加上行政壁垒等问题，阻碍了长三角城市群的创新发展。

第二节　长三角城市群创新联系网络时空演变特征研究

以2010—2019年长三角城市群27个城市为研究对象，运用引力模型、断裂点公式等方法，探讨长三角城市群创新联系网络演变特征，以及创新中心城市辐射范围等。研究结果表明：（1）长三角城市群创新联系总量呈现上升态势，其格局存在明显的"核心"区域与"边缘"区域。（2）长三角城市群创新联系网络结构演变存在一定的差异性，具体表现为各城市创新联系的边数显著增加，以及东部城市与西部城市的联结边数也显著增加。（3）创新中心城市由2010年的 2 个城市增加到 2019 年的 3 个城市，且辐射范围明显扩大。

一、引言与文献综述

城市作为区域经济创新的空间载体，是贯彻实施创新驱动战略中的重要参与者。为此，在创新型国家建设中，需要各城市间的跨区域合作及增强创新联系，通过提升城市创新能力来提高竞争力，从而实现城市经济可持续发展。其中长三角城市群拥有雄厚的经济基础、高素质的人力资源和完善的知识产权体系等创新资源，极大地提高了区域内城市创新竞争力，但也存在创新要素不流通、创新制度不完善等问题，使得长三角城市创新能力进一步提升受到限制；同时与东京、伦敦等国外典型城市群相比，长三角城市群在先进制造业、现代服务业等劣势比较明显，创新能力仍需进一步提升。因此，在长三角城市群创新能力评价基础上，探究其城市创新空间关联网络时空演变态势，对缩小城市间差距、消除城市创新发展的制度和体制壁垒、加强城市创新联系与合作具有重要意义。

随着知识经济的发展，城市创新空间关联网络越来越受到国内外学者的关注。从现有文献看，主要围绕如下两方面内容展开研究：一是运用引力模型或修正的引力模型，对城市创新联系强度进行测算并展开分析进一步结合城市创新联系总量和最大引力线，判定创新节点城市及其辐射范围分析，即基于城市间的创新联系展开对城市的网络分析（Pedersen，1970；Li et al.，2015；Lee，2016；蒋天颖等，2014；王越等，2018）。二是主要运用社会网络分析等方法，以及 ArcGIS 软件进行可视化分析，探讨城市的创新格局、网络特征、等级体系等（Leoncini，1996；Kratke，2010；Nomaler et al.，2016；胡艳等，2017；马双等，2018；徐梦周等，2019）。

综上所述，学术界对城市创新空间关联网络等内容进行了许多有益探索，但目前的研究至少存在以下不足：首先，从研究方法看，部分学者基于论文合作等数据运用社会网络方法对创新空间网络进行研究，但上述数据较难获取，且难以从宏观角度表征区域创新"质量"因子。其次，从研究对象看，现有的研究多以国家或省域或城市间的创新空间关联网络为研究对象，而较少以城市群内的城市间为研究对象，尤其是以较有代表性的长三角城市群为对象的研究，多数仍以 16 个城市为研究对象，但由于长三角城市群所涵盖城市数量不断增加，现已拓展成 27 个核心城市，以此为研究对象的研究几乎还没有。最后，从研究维度看，现有的主要集中于时间尺度上的静态研究，从时空视角动态研究城市创新联系则较为缺乏。因此，笔者以上节的区域创新能力测度结果表示城市创新"质量"因子，并运用引力模型、断裂点公式、社会网络等方法，以2010—2019年长三角城市群27个核心城市为研究对象，展开创新联系与关联网络特征及时空演变特征分析，为长三角区域创新一体化高质量发展提供决策依据。

二、创新空间关联网络内涵与形成机理

一般认为，区域创新网络可分为协同创新网络和创新空间关联网络，其中协同创新网络是将区域创新系统内的政府、金融机构、高校等作为网络节点，通过空间相互作用实现信息、知识、技术等创新要素的流动，继而实现区域内的协同创新，而区域创新空间关联网络是区域内各种创新要素流动所形成的能够反映创新子系统间联结关系的状态，通过知识扩散、创新主体的择优性和逐利性以及政府合理引导政策等方式表现出来。具体而言，首先，知识具有外部性，会自发扩散到其他空间，产生经济价值，即知识的溢出效应。其次，由于历史及资源禀赋等，区域内存在差异性，创新主体（如人才、企业等）为了追求利益最大化必然会向薪资福利丰厚、创新环境优越的区域迁移。最后，政府通过合理规制创新政策、引导创新资本投资，制造就业机会和岗位需求，吸引其他区域创新主体的涌入，形成区域创新空间关联。

网络中各城市为增强自身创新能力，会不断产出创新成果，这些创新成果有可能被其他城市引进吸收，再创新，此时便产生了创新扩散效应。首先，在创新活动推进过程中，众多创新主体集聚在城市中，广告、新闻、学术讨论会议、商业交流会议等各种活动，为生产企业、高校人员、科研机构提供了创新交流的机会和创新扩散的途径，确保了创新成果的有效传播。其次，创新活动加快了创新扩散的速度。城市间的联系一部分依赖于交通、通信等方式，城市的交通基础设施建设的完备性与便捷性决定了创新成果传播的时间和效率，发达的交通网络和信息共享渠道将有效推动知识、技术、人员等在空间上的转移，从而促进创新成果的传播和创新交流的发生。最后，不同创新要素流向最有利于其发挥价值的地方，城市会不断开拓自己的腹地，逐渐形成群体。一些创新能力强的城市在政策、资金、技术等方面具有绝对优势，逐步带动周边创新能力较弱的中小城市发展，从而产生核心区域和边缘区域；而某些具有良好工业基础和高度专业化的中小城市也会向大城市逆向进行创新的传播，由此，不同水平层次的创新网络形成联结关系，其形成机理如图8-3所示。

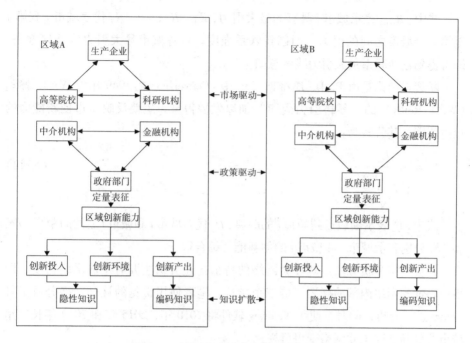

图 8-3　创新空间关联网络形成机理框架

三、研究方法与数据来源

（一）城市创新联系及其空间关联网络测度方法

引力模型。笔者在借鉴蒋天颖等人（2014）的文献基础上，构建如下引力模型：

$$R_{ij} = K \frac{TF_i \cdot TF_j}{D_{ij}^b} \tag{8-11}$$

式中，R_{ij} 代表城市间的创新联系强度，引力常数 K 取值为 1；TF_i 和 TF_j 分别代表城市 i 和城市 j 在创新能力评价体系中的综合得分，D_{ij} 代表城市 i 和城市 j 间的地理距离，笔者使用 Google Map 计算得出各城市间的最短行车距离；区域距离衰减系数 b，根据已有研究（韩瑞波等，2018）和实际操作，取值为 1.5。在此基础上计算得到城市 i 与其他所有城市的创新联系总量，公式为：

$$R_i = \sum_{j=1}^{n} R_{ij} \tag{8-12}$$

最大引力线与断裂点公式。一个城市被最大引力线连接的次数越多，表明该城市的创新影响能力越强。最大引力线公式为：

$$R_{maxi} = max(R_{i1}, R_{i2}, \cdots, R_{ij}) \tag{8-13}$$

式中，R_{maxi} 表示城市 i 具有的最大引力，R_{i1}，R_{i2}，…，R_{ij} 代表城市 i 到第 1 至第 n 个城市之间的引力，即创新联系强度。将各城市最大引力线连接起来，即可得到创新联系最大引力线示意图。

断裂点理论是由 P. D. 康维斯（P. D. Converse）在 1949 年将 W. J. 赖利（W. J. Reilly）的"零售引力规律"加以发展得来，主要反映城市创新能力的辐射范围，其公式为：

$$D_i = \frac{D_{ij}}{1 + \sqrt{\dfrac{TF_j}{TF_i}}} \tag{8-14}$$

式中，D_i 表示断裂点到城市 i 的距离，D_{ij} 代表城市 i 和城市 j 之间的距离，TF_i 和 TF_j 分别表示城市 i 和城市 j 的创新能力综合得分。

社会网络分析方法。对社会网络的特征描述分析主要有整体网络密度、网络中心性和网络内部的凝聚子群三个指标，笔者使用常见的社会网络分析工具 Ucinet 进行分析，同时，使用 Netdraw 软件将 2010 年、2015 年和 2019 年长三角城市群创新空间关联网络变得可视化。

第一，网络密度。网络密度越大，表示网络中各节点间的联系越密切。笔者将网络密度具体定义为城市群内各城市创新联系的密切程度，计算公式为：

$$D = \sum_{i=1}^{k} \sum_{j=1}^{k} d(i, j)/k(k-1) \tag{8-15}$$

式中，D 表示网络密度，$d(i, j)$ 表示城市 i 与城市 j 的创新联系强度，k 表示长三角城市群所包含的城市总数。

第二，网络中心性。由于节点中心度是测量一个节点与其他节点直接连接的总和，较符合笔者所使用的引力模型，故使用节点中心度来衡量各城市在创新空间关联网络中的中心程度，节点中心度值越高，表示该城市在创新空间关联网络中越重要，其公式为：

$$C_D(i) = d(i)/(k-1) \tag{8-16}$$

式中，$C_D(i)$ 表示城市 i 的节点中心度，$d(i)$ 表示与城市 i 相连的创新联系有效关系数量，即所有与城市 i 相连的创新联系强度中，大于创新联系强度均值的关系数量，$k-1$ 表示在创新空间关联网络内与城市 i 相连的所有关系总数。

第三，凝聚子群。凝聚子群是一个或多个节点的子集合，在此子集合中的节点具有相对密切、直接或者积极的关系。将长三角城市群创新空间关联网络划分为若干凝聚子群，分析凝聚子群个数及每个凝聚子群包含了哪些城市，有助于从微观角度考察城市群创新空间关联网络的发展状况。笔者使用 Ucinet 的

Concor 算法，对网络中各城市创新联系强度的皮尔逊积矩相关系数矩阵进行迭代计算，以测量各城市创新联系的相似性。

（二）数据来源

研究数据主要来源于历年《中国城市统计年鉴》及各城市统计年鉴等。

四、创新联系及中心城市辐射范围分析

（一）创新联系时空演变分析

首先，运用时序全局主成分分析法，综合评价 2010—2019 年长三角城市群各城市创新能力；其次，选取 2010 年、2015 年、2019 年三个年度，使用引力模型式（8-11）计算长三角城市群 27 个城市的创新联系强度；最后，进一步使用式（8-12）将各城市的创新联系总量进行求和，如表 8-11 所示：

表 8-11　长三角城市群 27 个城市创新联系量

城市	2010 年		2015 年		2019 年	
	创新联系量	占长三角城市群创新联系总量比重（%）	创新联系量	占长三角城市群创新联系总量比重（%）	创新联系量	占长三角城市群创新联系总量比重（%）
上海	23.261	6.93	42.211	6.54	44.881	6.22
南京	22.447	6.69	42.344	6.56	46.167	6.40
无锡	26.619	7.93	51.799	8.02	55.783	7.73
常州	19.082	5.69	36.517	5.66	39.257	5.44
苏州	32.396	9.66	66.369	10.28	71.557	9.91
南通	11.003	3.28	20.160	3.12	23.608	3.27
盐城	4.340	1.29	7.857	1.22	9.423	1.31
扬州	16.279	4.85	28.785	4.46	31.971	4.43
镇江	19.774	5.89	39.831	6.17	42.443	5.88
泰州	10.841	3.23	20.138	3.12	22.801	3.16
杭州	22.137	6.60	39.048	6.05	45.763	6.34
宁波	10.700	3.19	21.065	3.26	22.750	3.15
温州	3.154	0.94	6.330	0.98	7.241	1.00

续表

城市	2010 年		2015 年		2019 年	
	创新联系量	占长三角城市群创新联系总量比重（%）	创新联系量	占长三角城市群创新联系总量比重（%）	创新联系量	占长三角城市群创新联系总量比重（%）
嘉兴	18.006	5.37	34.676	5.37	39.241	5.44
湖州	12.980	3.87	26.626	4.12	30.553	4.23
绍兴	14.524	4.33	25.717	3.98	29.005	4.02
金华	4.787	1.43	9.576	1.48	10.798	1.50
舟山	5.887	1.75	11.034	1.71	12.078	1.67
台州	3.505	1.04	7.262	1.12	8.058	1.12
合肥	6.974	2.08	12.727	1.97	15.399	2.13
芜湖	11.876	3.54	24.011	3.72	29.145	4.04
马鞍山	12.781	3.81	24.952	3.87	29.336	4.06
铜陵	8.295	2.47	13.565	2.10	15.152	2.10
安庆	1.794	0.53	4.354	0.67	5.303	0.73
滁州	3.950	1.18	10.813	1.68	12.782	1.77
池州	3.065	0.91	6.757	1.05	7.920	1.10
宣城	5.023	1.50	11.031	1.71	13.436	1.86
总量	335.479	—	645.557	—	721.854	—
均值	12.425	—	23.910	—	26.735	—

1. 时间演变特征分析

由表 8-11 可知，首先，从城市群整体看，2010—2019 年长三角城市群创新联系总量不断提升，呈现先快速后放缓特征，具体而言，长三角城市群创新联系总量由 2010 年的 335.479 上升到 2015 年的 645.557，增加约 92.4%；而 2015 年的 645.557 上升到 2019 年的 721.854，增加仅约 11.8%。其次，从城市个体看，2010—2019 年长三角城市群各城市创新联系量变化趋势与城市群整体变化趋势基本一致，即呈现上升趋势，且 2010—2015 年上升幅度较大，2015—2019

年上升幅度较小。但各城市创新联系量占长三角城市群创新联系总量比重变化呈现一定的差异性，其中相对 2010 年，2015 年和 2019 年都呈现下降的城市有上海、南京、常州、扬州、舟山和铜陵共 6 个；2015 年和 2019 年都呈现上升的城市有温州、嘉兴、湖州、金华、安庆和宣城等 11 个；2015 年上升而 2019 年下降，即呈现倒"U"形趋势的城市有无锡、苏州、镇江、宁波共 4 个；2015 年下降而 2019 年上升，即呈现正"U"形趋势的城市有南通、盐城、泰州、杭州、绍兴、和合肥共 6 个。总体上看，2019 年较于 2010 年，各城市占长三角城市群创新联系总量比重，浙江上升的城市有 5 个，下降的城市有 4 个；江苏上升的城市有 2 个，下降的城市有 7 个；安徽上升的城市有 7 个，下降的城市有 1 个。由此表明，安徽作为我国中部省份，相对东部的浙江和江苏，经济发展虽较落后，但由于合肥为国家创新型城市，对周边城市创新发展有较强的辐射和带动作用。因此，安徽占长三角城市群创新联系总量比重上升的城市数量远多于浙江和江苏，而下降的城市数量远少于浙江和江苏。最后，从各城市创新联系量与均值比较看，2010 年，创新联系量均值为 12.425，各城市创新联系量超过均值的城市有上海、南京、无锡、常州、苏州、扬州、镇江等 12 个；2015 年，创新联系量均值为 23.910，各城市创新联系量超过均值的城市有上海、南京、无锡、常州、苏州、扬州、镇江等 13 个；2019 年，创新联系量均值为 26.735，各城市创新联系量超过均值的城市有上海、南京、无锡、常州、苏州、扬州、镇江、杭州等 13 个。由此表明，创新联系量超过创新联系量均值的城市，2010 年、2015 年和 2019 年三个年度呈现稳定态势，整体变化不大。

2. 空间演变特征分析

由表 8-11 可知，一方面，以上海、苏州、南京、杭州、无锡等为代表的核心区域，其城市间创新联系量较大，创新联系密切，也是创新联系发生的主要区域；而舟山、台州、温州、盐城、安庆、滁州、池州等为代表的边缘区域，由于与核心区域城市的距离较远，与核心区域的创新联系量较小，表明长三角城市群的创新联系存在明显的"核心"区域与"边缘"区域，符合美国地理学家弗里德曼（Friedmann）的"核心-边缘"理论。另一方面，根据各城市创新能力综合评价结果，2010 年、2015 年和 2019 年上海的创新能力都强于苏州、南京、杭州等城市，但 2010 年、2015 年和 2019 年上海创新联系量分别为 23.261、42.211 和 44.881，分别位列当年的第三、第四、第五。由此可见，尽管上海的创新能力水平高于苏州、南京、杭州等城市，但其创新联系量并不占优势。究其原因，上海位于长三角东部，尽管与苏州、无锡、南通、嘉兴等周边城市的创新联系较高，但与其他城市地理距离较远，创新联系并不密切。这也表明创新联系受到地理位置远近的影响，地理临近在一定程度上利于创新的扩散和辐射。

（二）创新中心城市及其辐射范围分析

1. 中心城市的确定

创新中心城市是区域内对其他城市创新能力具有显著影响的城市。笔者在已计算得到创新联系量的基础上，通过引入"最大引力线"来判断长三角城市群的创新节点城市级别，将最大引力线数量（N_{max}）和创新联系量（R_i）相结合，同时考虑到城市的创新联系量与另一个城市的距离较近可能存在虚高的情况，创新节点城市级别的判断标准为：$N_{max} > 3$ 且 $R_i \geq \bar{R}_i$，为一级节点城市，即为中心城市；$N_{max} = 3$ 且 $R_i \geq \bar{R}_i$，为二级节点城市；$N_{max} = 2$ 且 $R_i \geq \bar{R}_i$ 为三级节点城市，其中 $\bar{R}_i$ 为创新联系量平均值。由此可以得出，2010 年一级创新节点城市有 2 个（杭州、南京），二级创新节点城市有 1 个（苏州），三级创新节点城市有 4 个（上海、无锡、镇江、扬州）；2015 年一级创新节点城市有 2 个（苏州、南京），二级创新节点城市有 2 个（杭州、芜湖），三级创新节点城市有 4 个（上海、无锡、镇江、马鞍山）；2019 年一级创新节点城市有 3 个（苏州、南京、杭州），二级创新节点城市有 1 个（芜湖），三级创新节点城市有 4 个（上海、无锡、镇江、常州）。由此表明，长三角城市群内中心城市由 2010 年的杭州和南京 2 个城市演变到 2019 年的苏州、杭州和南京 3 个城市；上海、无锡和镇江始终稳居三级创新节点城市之列；而芜湖 2015 年和 2019 年都跃居二级创新节点城市。

2. 中心城市辐射范围分析

笔者运用断裂点式（8-14），计算一级创新节点城市即中心城市的断裂点距离，使用 ArcGIS 10.2 软件绘制 2010 年、2015 年、2019 年长三角城市群中心城市辐射范围。2010 年中心城市南京、杭州的辐射范围主要趋向东北部城市，其中南京的辐射范围包括南京市辖区、马鞍山、滁州、扬州、镇江、常州等城市；杭州的辐射范围包括杭州市辖区、金华、绍兴、嘉兴、湖州、宣城、苏州、无锡等城市，但由于其断裂点距离较近，故辐射范围有限。2015 年中心城市为南京和苏州，其中南京主要趋向东南方向，涉及范围包括南京市辖区、滁州、马鞍山、宣城、常州、镇江、扬州等城市；苏州的创新辐射范围主要向北部和西北方向辐射，涉及范围包括苏州市辖区、上海、嘉兴、湖州、常州、无锡、南通等城市。2019 年中中心城市为南京、苏州、杭州，其创新辐射范围几乎涵盖了整个长三角城市群的中部地区。由此表明，2019 年较于 2010 年，中心城市辐射范围明显扩大。

五、创新空间关联网络特征分析

衡量城市群创新空间关联网络主要有网络密度、节点中心度和凝聚子群三个量化指标，根据式（8-15）和式（8-16），可分别计算出网络密度和节点中心度，如表8-12—表8-13所示；为了直观分析长三角城市群创新空间关联网络节点中心度演变过程，将2010年、2015年和2019年的各城市节点中心度数据进行聚类分析，如表8-14所示，并使用ArcGIS软件进行可视化。凝聚子群使用Concor算法计算，运用Ucinet软件量化分析2010年、2015年和2019年长三角城市群创新空间关联网络特征，如图8-4—图8-6所示。

网络密度演变分析。由表8-12可知，2010年、2015年和2019年三个年度，长三角城市群创新空间关联网络密度趋于上升态势，且呈现先快速后放缓特征，具体而言，长三角城市群创新空间关联网络密度由2010年的0.248上升至2015年的0.473，增长约90.76%，而由2015年的0.473上升至2019年的0.524，增长仅约10.85%；2010年长三角城市群创新空间关联网络密度值较低，表明网络中有效关系数量较少，各城市间的创新联系强度较低，而2019年长三角城市群创新空间关联网络密度值较高，表明网络中有效关系数量增多，各城市间的创新联系更加密切，创新联系强度也较高。

表8-12　长三角城市群创新空间关联网络密度

年份	网络密度
2010	0.248
2015	0.473
2019	0.524

节点中心度演变分析。由表8-13—表8-14可知，2010年长三角城市群创新空间关联网络包含3个三级创新中心（上海、苏州、南京），3个四级创新中心（杭州、无锡、常州），21个五级创新中心（除上海、苏州、南京、杭州、无锡、常州以外的其他长三角城市群城市）；2015年长三角城市群创新空间关联网络包含4个一级创新中心（上海、苏州、南京、杭州），5个二级创新中心（无锡、常州、镇江、湖州、芜湖），7个三级创新中心（南通、扬州、泰州、宁波、嘉兴、绍兴、马鞍山），11个五级创新中心（盐城、舟山、金华、温州、台州、合肥、滁州、安庆、池州、铜陵、宣城）；2019年长三角城市群创新空间关联网络包含4个一级创新中心（上海、苏州、南京、杭州），8个二级创新中心（无锡、常州、镇江、扬州、湖州、嘉兴、芜湖、马鞍山），5个三级创新中心（合肥、南通、泰州、绍兴、宁波），1个四级创新中心（铜陵），9个五级创新中心（盐城、舟山、金华、温州、台州、滁州、安庆、池州、宣城）。总体上看，长三角城市群创新空间关联网络呈现如下主要特征：

第一，整个网络的节点中心度呈上升趋势。从总体来看，节点中心度平均值由 2010 年的 0.248 上升至 2015 年的 0.473，上升幅度较大；随后由 2015 年的 0.473 上升至 2019 年的 0.524，上升幅度较小。从城市个体来看，2019 年相较 2010 年，网络内各城市的节点中心度均有不同程度的提高，表明各城市在逐步融入网络中，城市间诸如知识、信息等创新资源的交流更加频繁密切。

第二，网络中各城市的创新中心等级呈现由低向高演变态势。具体表现为 2015 年相较 2010 年，一级创新中心城市由 0 个增加至 4 个，二级创新中心城市由 0 个增加至 5 个，三级创新中心城市由 3 个增加至 7 个；2019 年相较 2015 年，二级创新中心城市由 5 个增加至 8 个，四级创新中心城市由 0 个增加至 1 个。

第三，从空间来看，整个网络中节点中心度较高的城市主要分布在上海、苏州、杭州、南京周边，且网络节点中心度数值较高的城市其创新能力水平往往也较高。

表 8-13　长三角城市群创新空间关联网络节点中心度

城市	2010 年	2015 年	2019 年
上海	0.500	0.731	0.846
南京	0.577	0.769	0.808
无锡	0.462	0.615	0.654
常州	0.462	0.692	0.692
苏州	0.500	0.808	0.885
南通	0.385	0.538	0.538
盐城	0.000	0.346	0.346
扬州	0.346	0.577	0.615
镇江	0.385	0.654	0.692
泰州	0.308	0.500	0.538
杭州	0.462	0.808	0.846
宁波	0.231	0.538	0.538
温州	0.000	0.154	0.154
嘉兴	0.346	0.577	0.692
湖州	0.308	0.615	0.692
绍兴	0.308	0.500	0.538
金华	0.077	0.269	0.346

续表

城市	2010 年	2015 年	2019 年
舟山	0.077	0.231	0.231
台州	0.000	0.154	0.269
合肥	0.154	0.346	0.538
芜湖	0.231	0.615	0.654
马鞍山	0.269	0.577	0.615
铜陵	0.192	0.385	0.462
安庆	0.000	0.077	0.115
滁州	0.038	0.269	0.308
池州	0.038	0.115	0.154
宣城	0.038	0.308	0.385

表 8-14　长三角城市群创新中心城市聚类一览表

类型	2010 年	2015 年	2019 年
一级创新中心（＞0.7）	无	上海、苏州、南京、杭州	上海、苏州、南京、杭州
二级创新中心（0.6—0.7）	无	无锡、常州、镇江、湖州、芜湖	无锡、常州、镇江、扬州、湖州、嘉兴、芜湖、马鞍山
三级创新中心（0.5—0.6）	上海、苏州、南京	南通、扬州、泰州、宁波、嘉兴、绍兴、马鞍山	合肥、南通、泰州、绍兴、宁波
四级创新中心（0.4—0.5）	杭州、无锡、常州	无	铜陵
五级创新中心（＜0.4）	除上海、苏州、南京、杭州、无锡、常州以外的其他长三角城市群城市	盐城、舟山、金华、温州、台州、合肥、滁州、安庆、池州、铜陵、宣城	盐城、舟山、金华、温州、台州、滁州、安庆、池州、宣城

凝聚子群演变分析。由图 8-4—图 8-6 可知，经过社会网络分析法（Ucinet）可视化后，除了部分城市所属子群出现变动以外，2010—2019 年长三角城市群创新空间关联网络在 2 级层面上可划分为 4 个子群，形成了东北部、

东南部、西北部和西南部 4 个子群，由凝聚子群图可以得到以下凝聚子群图。

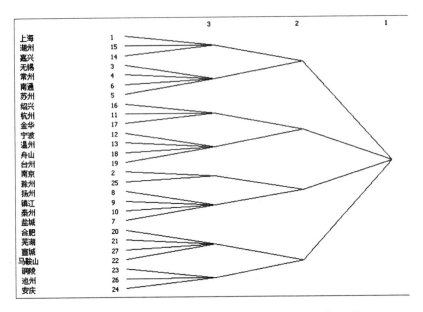

图 8-4　2010 年长三角城市群创新空间关联网络凝聚子群

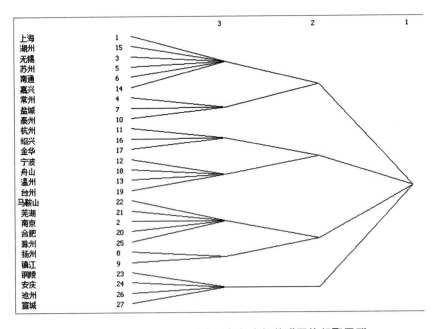

图 8-5　2015 年长三角城市群创新空间关联网络凝聚子群

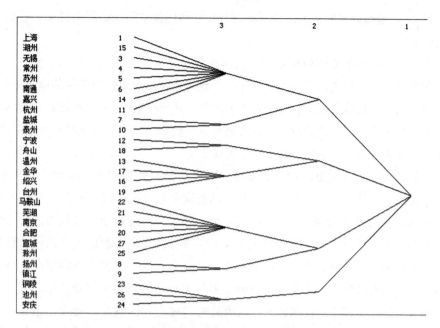

图 8-6　2019 年长三角城市群创新空间关联网络凝聚子群

从时间演变特征来看，2010—2019 年长三角城市群创新空间关联网络中各城市创新联系不断增加，且孤点城市逐渐加入创新空间关联网络中。

从空间演变特征来看，2010—2019 年长三角城市群创新空间关联网络各凝聚子群内城市具有地理临近特性。一是除部分城市所属子群出现变动之外，基本形成以上海、苏州、无锡等为代表的东北部城市子群，以杭州、宁波、温州等为代表的东南部城市子群，以南京、合肥、镇江等为代表的西北部城市子群，以铜陵、池州、安庆等为代表的西南部城市子群。二是创新能力相对较高的城市在各凝聚子群中的分布存在不均衡现象。例如，以上海、苏州、无锡等为代表的城市子群拥有像上海、苏州这样创新能力较强的城市，而以铜陵、池州、安庆等为代表的城市子群，所包含城市的创新能力都处于较弱的水平，且这种创新能力差距存在逐年增加趋势。究其原因，在子群内部，高水平创新能力的城市通过辐射效应、知识溢出带动子群内其他城市的创新发展，从而提升了整个子群的创新水平。

六、主要结论与研究展望

（一）主要结论与讨论

本研究使用引力模型，结合断裂点公式和社会网络分析方法，以长三角城市群 27 个城市为研究对象，分析其创新联系和创新空间关联网络特征，总结归纳如下：

第一，从城市个体创新能力和创新联系总量来看，上海、苏州、杭州、南京相比长三角城市群内其他城市，均处于较高地位。上海作为中国的金融中心，杭州和南京作为省会城市，苏州地邻上海享受其创新辐射，4 个城市在创新制度上都享受着不同程度的优越性，城市创新水平较高，同时交通便利促进了信息、技术、知识的流动，创新活动联系也更加密切。

第二，长三角城市群创新联系演变特征。从时间维度看，2010—2019 年，无论是城市群整体，还是各城市个体，创新联系总量都呈现上升态势，且 2015 年较 2010 年上升幅度较大，2019 年较 2015 年上升幅度较小；各城市占长三角城市群创新联系总量比重变化呈现一定的差异性，其中安徽的上升的城市数远多于浙江和江苏，而下降的城市数远少于浙江和江苏，表明作为国家创新型城市的省会城市合肥，对省内城市创新发展具有较强的辐射和带动作用。从空间维度看，长三角城市群创新联系存在明显的"核心"区域与"边缘"区域。以苏州、杭州、南京为代表的一级创新节点城市是创新联系发生的主要区域，即"核心"区域；而处于"边缘"区域的城市（如浙江省温州市、江苏省盐城市、安徽省安庆市）由于地理距离等因素的制约与其他城市的创新联系相对较少。为此建议：城市群核心区域城市和边缘区域城市注重分工、互补和资源共享，分别发挥辐射作用和支持作用，通过协调发展完善区域内体系功能，从而带动整个区域创新水平的提升；此外，地理邻近性促进了城市创新联系，应加大创新投入力度，优化创新环境，促进交通基础设施建设，缩短城际通勤时间，提升区域创新发展水平。

第三，长三角城市群创新中心城市及其辐射范围演变特征。长三角城市群中心城市由 2010 年的杭州和南京 2 个城市演变到 2019 年的苏州、杭州和南京 3 个城市，其创新辐射范围几乎覆盖了长三角中心地区，且 2019 年较于 2010 年，中心城市辐射范围明显扩大。杭州、南京均为省会城市，而苏州自身也拥有一定的经济实力，表明网络中的中心城市均为各个经济圈内经济水平较高的城市，建议充分发挥中心城市作用，积极发挥对周边地区的创新辐射和带动作用，实现城市间优势互补。

第四，长三角城市群创新空间关联网络密度呈上升态势，表明网络中有效关系数量增多，体现城市创新活动的开展越来越密切；长三角城市群创新空间关联网络节点中心度呈上升趋势，表明各城市在逐步融入网络中，城市创新资源的交流也更加频繁；长三角城市群创新空间关联网络各凝聚子群内城市具有地理临近特性，且孤点城市逐渐加入网络中，基本形成以上海、苏州、无锡等为代表的东北部城市子群，以杭州、宁波、温州等为代表的东南部城市子群，以南京、合肥、镇江等为代表的西北部城市子群，以铜陵、池州、安庆等为代表的西南部城市子群。建议在维持当前子群信息、技术、知识等软信息流良好沟通的基础上，开拓新的合作渠道，为子群内部城市间和子群间各城市的创新溢出提供保障。同时，应建立区域协调机制来消除行政壁垒、部门利益和地方保护现象，实现"以邻为壑"向"以邻为伴"的转变，促进城市间良性沟通。

（二）研究展望

首先，笔者构建指标体系，运用时序全局主成分分析法测算长三角城市群内各城市的创新能力；其次，运用引力模型测算长三角城市群各城市间的创新联系强度、汇总各城市的创新联系量；再次，综合最大引力线和创新联系量两个指标确定了创新节点城市；最后，使用断裂点公式计算辐射距离并借助ArcGIS实现了中心城市辐射范围的可视化。通过对2010年、2015年、2019年三个特定时间点上的长三角城市群创新联系网络进行定量分析和时空演变分析，以动态视角为长三角城市群创新发展研究和空间关联研究给予了一定的补充，但仍存在不足，未来可在以下方面进行拓展研究。

第一，区域创新能力的测算受限于指标体系构建和数据获取，测算值和实际值难免存在一定偏差，将测算值代表区域创新"质量"因子，代入引力模型中得到的创新联系强度也会存在一定偏差。因此，如何客观获得表征区域创新"质量"因子，将是未来值得进一步探讨的问题。

第二，创新联系作为一种抽象联结关系，现有研究很难将其精确、具体地计算出来。笔者通过引力模型计算得出的创新联系强度仅能从一定程度上反映城市间的创新联系，而现实中有一些能直观反映创新联系的数据难以收集和获取，如合著论文数、合作专利数等，如何通过数据挖掘技术或与有关数据统计部门合作来获取此类数据，将是值得进一步探讨的难点问题。

第三，本研究引力模型中的"距离"使用的是地理距离，难以准确反映现实中的距离衰减效应。现代通信技术和交通运输业的快速发展改变了城市间的相对位置，人们可以明显感觉到城市间空间距离的缩短。因此，仅以地理距离来衡量城市间的相对距离比较单一，未来研究可以对地理距离、时间距离、社会距离、文化距离以及交通方式、空间因素等进行综合考虑，构建多指标的"功能距离"变量，较为准确地反映城市间距离。

第三节　长三角城市群科技创新一体化水平
及其影响因素研究

加强长三角城市群科技创新一体化研究，有利于提高区域科技资源全球一体化配置能力。为此，笔者以长三角 27 个核心城市为研究对象，运用变异系数和计量模型等方法，在概念模型和指标体系构建的基础上对 2010—2019 年长三角城市群科技创新一体化发展水平进行测度和影响因素研究。研究发现：（1）2010—2019 年长三角城市群科技创新一体化及其分维度投入、产出和环境一体化水平都呈现提升态势。（2）省内城市群科技创新一体化及其分维度投入、环境和制度一体化水平，由高到低依次都是浙江、江苏和安徽，但安徽一体化水平提升幅度最大。（3）科技创新一体化及其分维度产出、环境一体化水平，长三角城市群低于江苏、浙江和安徽省内城市群；分维度科技创新投入一体化水平，长三角城市群低于江苏和浙江省内城市群。（4）社会资本存量、工业化水平和经济开放程度显著影响城市群科技创新一体化水平。（5）笔者从科技创新投入、产出、环境等方面展开讨论，并提出对策建议。

一、引言与文献述评

长三角一体化发展上升为国家战略背景下，科技创新一体化发展越来越受到人们关注。为了促进长三角科技创新一体化发展，政府先后出台《沪苏浙皖关于共同推进长三角区城协同创新网络建设合作框架协议》等政策。同时长三角区域已形成如率先推进大型科学仪器等科技创新资源开放共享的良好局面，也开始涌现出如 G60 科技创新走廊等多种特色协同创新区域等，但目前学术界关于区域科技创新一体化的内涵与特征，长三角科技创新一体化水平演变特征以及如何提升长三角科技创新一体化水平等问题还不清楚。因此，加强长三角城市群科技创新一体化发展研究，将有利于促进三省一市的科技发展战略和创新协同，提升区域科技创新能力。从现有文献看，一方面，学者们在区域一体化、经济一体化内涵基础上对长三角、珠三角等区域一体化水平展开测度，但很少专门对区域科技创新一体化展开讨论，尤其缺少对世界六大城市群之一的长三角城市群科技创新一体化展开研究；另一方面，单指标评价法往往只能反映区域一体化的某一方面，且存在数据难以获得或计算方法较复杂等问题，而多指标综合评价法是通过经济、社会、文化等多方面衡量区域一体化发展整体水平。因此，本节特展开长三角城市群科技创新一体化水平测度及其影响因素研究，为提升长三角区域及我国科技创新能力提供新的视角和理论支持。

二、概念模型与指标体系构建

借鉴区域经济一体化等概念内涵，笔者认为，一方面，区域科技创新一体化的前提与基础是区域创新能力要高，低水平的区域创新能力难以形成科技创新一体化的良好态势。另一方面，区域科技创新一体化是科学技术创新领域本身的区域合作和一体化进程（宋霞，2017），一体化实现程度不仅通过发展战略与规划一体化、服务一体化与设施一体化等科技创新结果水平来体现，而且也通过投入、产出、环境等反映科技创新过程的差异行为来体现，各方面相互影响相互作用，城市间创新联系越来越紧密，最终共同形成科技创新一体化。因此，笔者从科技创新投入、产出和环境三方面构建区域科技创新一体化指标体系，其中科技创新投入是实现区域科技创新一体化的先决条件，反映政府和企业对科技创新重视程度的人员投入和经费投入，包括 R&D 人员、教育经费支出占 GDP 比重等指标；科技创新产出是实现区域科技创新一体化的决定条件，反映区域科技创新成果，包括发明专利申请量和授权量等指标；科技创新环境是实现区域科技创新一体化的支撑条件，反映区域创新可持续高质量发展的经济、生态、开放等环境，包括人均 GDP、公路密度等指标。区域科技创新一体化概念模型如图 8-7 所示，具体设计指标如表 8-15 所示。

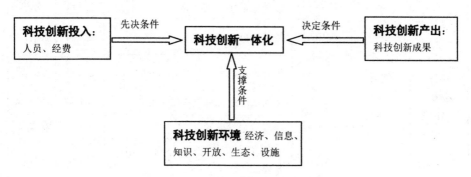

图 8-7　区域科技创新一体化概念模型

表 8-15 区域科技创新一体化水平测度指标体系

目标指标	一级指标	二级指标	三级指标	权重	备注
科技创新一体化	科技创新投入一体化（0.20）	人员投入（0.286）	每万人R&D人员差异	0.286	人/万人
		经费投入（0.714）	研究与试验发展（R&D）经费支出占GDP比重差异	0.160	％
			教育经费支出占GDP比重差异	0.145	％
			科技经费支出占地方财政支出比重差异	0.242	％
			规模以上企业研究与试验发展（R&D）经费内部支出占GDP比重差异	0.168	％
	科技创新产出一体化（0.16）	科技创新产出	每万人发明专利申请量差异	0.472	件/万人
			每万人发明专利授权量差异	0.528	件/万人
科技创新一体化	科技创新环境一体化（0.64）	经济环境（0.089）	人均GDP差异	0.062	元/人
			第三产业占GDP比重差异	0.027	％
		信息化环境（0.237）	互联网宽带接入用户数差异	0.126	万户
			移动电话用户数差异	0.111	万户
		知识溢出环境（0.233）	每百人公共图书馆藏书量差异	0.104	册/百人
			每万人在校大学生数差异	0.130	人/万人
		开放环境（0.242）	人均实际使用外资金额差异	0.090	美元/人
			进出口总额差异	0.152	亿美元
		生态环境（0.021）	一般工业固体废物综合利用率差异	0.010	％
			建成区绿化覆盖率差异	0.010	％
		交通基础设施环境（0.178）	公路密度差异	0.178	公里/平方公里

三、研究方法与数据来源

变异系数法。由表8-15可知，科技创新投入、创新产出和创新环境等具体指标，虽然难以直接反映一体化程度，但由于促进区域内科技创新投入、创新产出和创新环境差距逐渐减小，也是区域一体化发展的一种重要表现（刘志彪等，2019）。因此，笔者运用变异系数方法分析具体指标序列内部差异变化情况，以反映科技创新一体化水平演变趋势。该方法是衡量一组数据离散程度的统计量，没有量纲，可以进行客观比较，也称为标准离差率或单位风险，定义为标准差与平均值之比，计算公式如下：

$$V_j = \frac{\sigma_j}{\bar{x}_j}(j = 1, 2, \cdots, n) \tag{8-17}$$

其中 V_j 是第 j 项指标的变异系数；σ_j 是第 j 项指标的标准差；$\bar{x}_j$ 是第 j 项指标的平均数。V_j 值越大，表示差异越大，一体化水平越低；反之，一体化水平越高。

运用变异系数法确定权重。在处理各指标权重时，考虑消除权重确定的主观因素，笔者采用变异系数法（孙黄平等，2017），具体计算公式为：

$$\omega_j = \frac{V_j}{\sum_{j=1}^{n} V_j}(j = 1, 2, \cdots, n) \tag{8-18}$$

ω_j 是第 j 项指标的权重，各指标权重如表8-15所示。

科技创新一体化指数。具体计算公式如下：

$$U = \sum \omega_j V_j \tag{8-19}$$

其中 U 为科技创新一体化指数，其值越大，表示一体化水平越低；反之，一体化水平越高。

数据来源。数据主要来源于历年《中国统计年鉴》《中国城市统计年鉴》及长三角27个城市统计年鉴和科技统计报告。

四、科技创新一体化演变特征分析

（一）分维度演变特征分析

1. 科技创新投入一体化水平演变特征

科技创新投入一体化实现区域是科技创新一体化的先决条件。由图8-8

可知①，科技创新投入一体化指数长三角 27 个城市由 2010 年的 0.5142 下降到 2019 年的 0.4198，下降约 18.36%，表明科技创新投入一体化水平差异逐渐缩小，一体化程度提升。从省内城市群看，江苏 9 市由 2010 年的 0.363 下降到 2019 年的 0.3306，下降约 8.93%；浙江 9 市由 2010 年的 0.3564 下降到 2019 年的 0.2798，下降约 21.49%；安徽 8 市由 2010 年的 0.6802 下降到 2019 年的 0.4871，下降约 28.39%。尽管省内城市群科技创新投入一体化水平由高到低依次是浙江、江苏和安徽，但安徽省内城市群一体化水平提升幅度最大，表明省内一体化水平明显呈现一定的差异性。

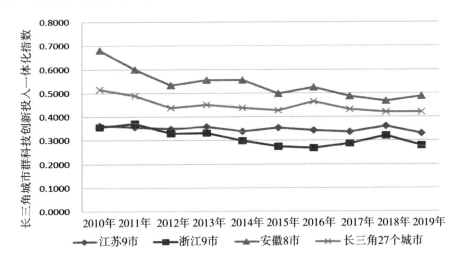

图 8-8　长三角城市群科技创新投入一体化指数演变特征

2. 科技创新产出一体化水平演变特征

科技创新产出一体化是实现区域科技创新一体化的决定条件。由图 8-9 可知，科技创新产出一体化指数长三角 27 个城市由 2010 年的 0.9919 下降到 2019 年的 0.5931，下降约 40.21%，表明科技创新产出一体化水平提升幅度较大。从省内城市群看，江苏 9 市由 2010 年的 0.6621 下降到 2019 年的 0.5475，下降约 17.31%；浙江 9 市由 2010 年的 0.8771 下降到 2019 年的 0.4892，下降约

---

① 图 8-8 反映长三角城市群与省内城市群的科技创新投入一体化演变态势比较，即"长三角 27 个城市"折线图反映 2010—2019 年长三角城市群 27 个城市科技创新投入一体化水平演变情况；同样，"江苏 9 市""浙江 9 市"和"安徽 8 市"的折线图分别反映江苏省内 9 个城市、浙江省内 9 个城市和安徽省内 8 个城市科技创新投入一体化水平演变情况；图 8-9 至图 8-11 同。

44.23%；安徽 8 市由 2010 年的 1.2549 下降到 2019 年的 0.6126，下降约
51.18%。尽管省内城市群科技创新产出一体化水平由高到低依次是江苏、浙江
和安徽，但一体化水平提升幅度由大到小的排序正好相反，即安徽省内城市群
提升幅度最大，其次为浙江省内城市群，提升幅度最小的为江苏省内城市群。

三省内城市群一体化差异小于长三角城市群一体化差异。因此，要消除省
级壁垒，加强各省市科技合作，提高长三角城市群一体化发展水平。同时看出，
长三角城市群科技创新产出一体化指数均值大于科技创新投入一体化指数均值，
表明科技创新产出一体化水平低于科技创新投入一体化水平。

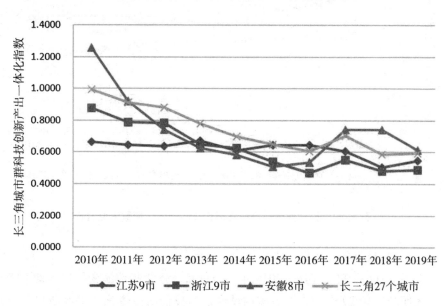

图 8-9　长三角城市群科技创新产出一体化指数演变特征

3. 科技创新环境一体化水平演变特征

科技创新环境一体化是实现区域科技创新一体化的支撑条件，主要包括经
济、信息、知识、开放、生态和设施等环境。由图 8-10 可知，科技创新环境一
体化指数长三角 27 个城市由 2010 年的 0.9569 下降到 2019 年的 0.8566，下降约
10.48%，表明科技创新环境一体化水平提升幅度不大。从省内城市群看，江苏
9 市由 2010 年的 0.6147 下降到 2019 年的 0.5641，下降约 8.23%；浙江 9 市由
2010 年的 0.5368 下降到 2019 年的 0.4620，下降约 13.93%；安徽 8 市由 2010
年的 0.7393 下降到 2019 年的 0.6295，下降约 14.85%。由此可见，区域科技创
新环境一体化水平尽管有所提升，但相对科技创新投入和产出一体化水平提升

幅度较小；三省内城市群科技创新环境一体化水平由高到低依次是浙江、江苏和安徽，都高于长三角城市群科技创新环境一体化水平；尽管安徽省内城市群科技创新环境一体化水平低于浙江和江苏，但一体化提升幅度最大。

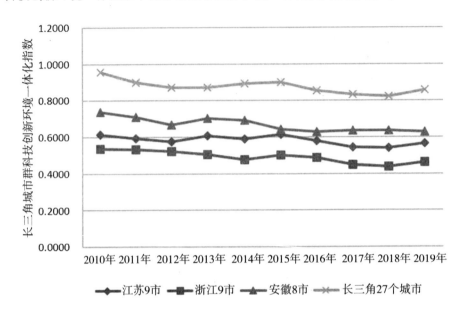

图8-10　长三角城市群科技创新环境一体化指数演变特征

（二）科技创新一体化总体演变特征分析

由图8-11可知，2010—2019年科技创新一体化指数演变呈现波动下降态势，表明长三角27个城市及各省内城市群科技创新一体化水平有所提升。其中长三角27个城市由2010年的2.4629下降到2019年的1.8694，下降约24.1%；江苏9市由2010年的1.6397下降到2019年的1.4422，下降约12.05%；浙江9市由2010年的1.7703下降到2019年的1.2310，下降约30.46%；安徽8市由2010年的2.6744下降到2019年的1.7292，下降约35.34%。由此可见，尽管省内城市群科技创新一体化水平由高到低依次是浙江、江苏和安徽，但安徽一体化水平提升幅度最大，表明省内城市群科技创新一体化水平呈现一定的差异性。

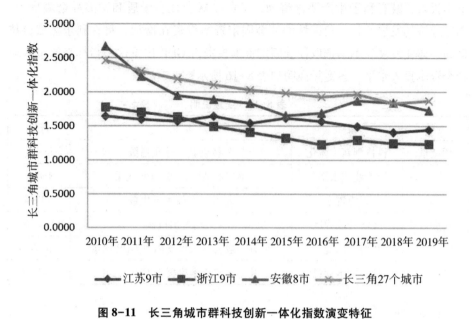

图8-11 长三角城市群科技创新一体化指数演变特征

五、科技创新一体化影响因素分析

（一）变量选取

因变量。本书选取长三角城市群2010—2019年科技创新一体化时间序列指数为因变量，以此表示城市群科技创新一体化发展水平。

自变量。工业化水平（Indus）：工业企业是进行科技创新的重要主体，工业化水平提升对科技创新发展具有促进作用。借鉴桂黄宝（2014）所述，本书采用第二产业产值占GDP比重来衡量创新的工业化环境支撑水平。人力资本（Pers）：人力资本是科技发展的根本，劳动力人口所具备的不同技能对一个区域的科技创新发展是至关重要的，人才强国战略是推进中国新时代经济高质量发展的重要举措；高素质教育的劳动力是科技创新一体化发展的重要生产要素。本书选取每万人在校大学生数来衡量人力资本积累水平。经济开放程度（open）：在区域经济发展中，对外开放能够引进新技术，加快人力资本积累和机制创新，进而提升科技创新一体化水平。本书选取人均进出口额来反映经济开放程度。政府支出规模（Gov）：政府可以通过干预要素价格，调整要素间的配置，从而改变技术进步速度，影响经济增长（李飞跃，2012）；同时，政府支出规模也反映了政府对地方经济发展的调控程度。本书选取地方一般公共预算支出占GDP比重这一指标来衡量政府支出规模。社会资本存量（Fixed）：社会资本投入，既有利于生产要素流动，又可以减少社会矛盾和增强社会凝聚力。随着经济的发展，长三角区域的社会固定资本投资在增加，将有利于区域科技创新一体化发展。本书选取社会固定资本投资占 GDP 比重这一指标来衡量区域社会资本投入水平。各变量说明如表 8-16 所示。

表 8-16　变量说明

变量	指标	定义	符号
因变量	科技创新一体化	科技创新一体化指数	Innov
自变量	工业化水平	第二产业产值占 GDP 比重	Indus
	人力资本	每万人在校大学生数	lnPers
	经济开放程度	人均进出口额	lnopen
	政府支出规模	地方一般公共预算支出占 GDP 比重	lnGov
	社会资本存量	社会固定资本投资占 GDP 比重	lnFixed

（二）回归分析

为了消除数据可能存在的异方差现象，笔者对变量进行自然对数变换，并进行回归分析，结果如表 8-17—表 8-19 所示。表 8-17 中调整后的 R 平方为 0.938，表 8-18 中方差分析显著性小于 0.05，表明模型拟合效果较好。陈强等人（2015）指出判断是否存在多重共线性的经验规则是：方差膨胀因子（VIF）不应该超过 10；由表 8-19 可知方差膨胀因子（VIF）小于 3，表明多元线性回归模型中不存在多重共线性问题。

表 8-17　模型摘要

R	R 平方	调整后 R 平方	标准估算的错误
.986[a]	.972	.938	.05014

表 8-18　方差分析

	平方和	自由度	均方	F	显著性
回归	.355	5	.071	28.251	.003 ***
残差	.010	4	.003		
总计	.365	9			

表 8-19 回归方程估计结果

模型	未标准化系数		标准化系数	t	显著性	共线性统计	
	B	标准错误	Beta			容差	VIF
（常量）	14.154	4.161		3.402	.027**		
Indus	1.729	.480	.337	3.605	.023**	.789	1.267
lnPers	-.215	.436	-.053	-.494	.647	.606	1.650
lnopen	-1.269	.261	-.579	-4.858	.008***	.484	2.067
lnGov	1.273	.635	.206	2.003	.116	.652	1.535
lnFixed	-1.257	.201	-.646	-6.260	.003***	.647	1.547

同时由表8-19可知，其中社会固定资本投资占GDP比重、人均进出口额和第二产业产值占GDP比重三个指标通过了5%的显著性水平检验；而地方一般公共预算支出占GDP比重和每万人在校大学生数两个指标在10%的显著性水平检验下没有通过。其中在通过显著性检验的三个指标中，社会固定资本投资占GDP比重和人均进出口额显著促进了长三角城市群科技创新一体化进程①，符合预期；而第二产业产值占GDP比重显著抑制科技创新一体化进程，其中的原因可能是，在以GDP考核为政府主要绩效指标背景下，长三角各城市工业发展主要还是采用竞争为主，而协调发展的可能性较小，从而对一体化发展产生不利影响。同时，在没有通过显著性检验的指标中，地方一般公共预算支出包括一般公共服务和地方统筹的各项社会事业支出等，没有通过显著性检验表明长三角城市群各城市政府公共预算支出差异会使城市间科技创新发展不均衡，也容易产生市场分割程度加重，从而一体化程度减弱的现象。因此，长三角城市群各城市政府要统一协调发展，合理配置生产资源，促使分工更加明确，进而提升科技创新一体化水平。

六、主要结论与讨论

（一）主要结论

从时间维度看，2010—2019年长三角城市群科技创新一体化指数及其分维度投入、产出和环境一体化指数都呈现波动下降趋势，表明一体化水平呈现提升态势；但科技创新环境一体化水平提升幅度小于科技创新一体化及其分维度投入、产出一体化水平提升幅度。

从空间维度看，三省内城市群科技创新一体化水平及其分维度投入、环境一体化水平，由高到低依次是浙江、江苏和安徽，分维度产出一体化水平由高到低依次是江苏、浙江和安徽，安徽一体化水平提升幅度最大，表明省内城市群一体化水平呈现一定的差异性；科技创新一体化及其分维度产出、环境一体化水平长三角城市群低于三省内城市群，分维度科技创新投入一体化水平长三角城市群低于江苏和浙江。

影响因素研究表明：社会固定资本投资占GDP比重、人均进出口额和第二产业产值占GDP比重三个指标显著影响城市群科技创新一体化水平；而地方一

---

① 因城市群科技创新一体化指数采用变异系数加权而得，故与城市群科技创新一体化程度呈反向关系，即科技创新指数越小，一体化程度越高。因此，自变量前的系数为负，表示该自变量促进一体化进程。

般公共预算支出占 GDP 比重和每万人在校大学生数两个指标对科技创新一体化指数影响不显著。

（二）主要讨论

长三角城市群科技创新投入和产出一体化水平呈现上升态势，但省内城市群一体化水平存在一定的差异性。一方面，长三角拥有丰富的科技创新资源，截至 2018 年，长三角区域拥有 450 所普通高校、159 所国家重点实验室和 82 所国家工程技术研究中心；拥有 R&D 活动人员 19463 人，占全国的 17.6%；2018 年长三角区域 R&D 经费投入达 5958.55 亿元，占全国的 30.28%。另一方面，长三角科技创新成果产出丰硕，截至 2018 年年底，长三角区域专利申请量达到 1413493 件，占全国总申请量的 32.70%；专利授权量达到 763795 件，占全国专利总授权量的 31.21%；技术市场成交额为 3128.61 亿元，占全国技术市场成交额的 17.68%。因此，近年来，科技创新投入和产出一体化水平，长三角城市群和三省内城市群都呈现上升态势，尤其是安徽省。安徽省内城市群一体化水平最低，且加入长三角城市群较晚，但在其他省市带动下，一体化水平提升幅度最大。同时我们应认识到长三角各城市经济实力和科技资源相差较大，科技创新投入力度差异也较大，从而影响科技创新产出。为此，各城市要做好科技创新规划衔接；试点设立如自主创新专项基金、创新创业风险投资引导基金等各类基金，拓展科技合作与创新投融资途径；积极促进政产学研合作，不断提升长三角城市群科技创新一体化水平。

长三角城市群科技创新环境一体化差异呈现减小态势，但环境仍有待进一步优化。长三角区域在经济、对外开放、基础设施和服务等方面拥有良好的科技创新环境。如经济环境方面，以 2018 年人均 GDP 为例，上海、江苏、浙江和安徽分别为 13.5 万元、11.52 万元、9.86 万元和 4.77 万元，其中上海、江苏和浙江位居全国前列，只有安徽略低于全国平均水平；开放环境方面，以 2018 年进出口总额为例，长三角区域高达 21310.17 亿美元，占全国的 46.10%，其中上海、江苏、浙江和安徽分别为 9715.2 亿美元、6640.43 亿美元、4324.80 亿美元和 629.74 亿美元；交通基础设施环境方面，以 2018 年公路密度为例，上海、江苏、浙江和安徽分别为 2.11、1.48、1.16 和 1.49 公里/平方公里，都远高于全国的 0.50 公里/平方公里。因此，近年来，长三角科技创新环境一体化水平呈现不断上升态势，但仍存在如市场服务能力不强、科技专业数据库开放共享不足等问题。为此，长三角城市群要努力整合科技创新力量，完善科技创新环境，促进科技创新环境一体化。如加大对科技服务机构的监督和规范力度，努力提升科技成果转化服务质量和能力，营造良好的科技成果转化生态环境等。

　　长三角城市群科技创新一体化顶层设计不断丰富，但一体化制度有待进一步完善。长三角区域科技创新一体化发展，离不开政府的顶层设计。近年来，政府先后制定了《长江三角洲城市群发展规划》《长江三角洲区域一体化发展规划纲要》等政策文件，围绕加强区域科技合作、加快创新型人才培养、联合公关突破关键核心技术等方面，提出区域科技创新一体化推进思路，努力建成具有全球影响力的科技创新一体化示范区。但三省一市由于行政区划影响，各地往往更多地考虑自身利益，政府间有效的协调机制不足，存在条块分割现象，难以实现真正合作。尽管长三角区域已初步建立了协调沟通机制，但多限于口号、文件方面，存在务虚多、务实少的现象。因此，要进一步加强沟通协调，完善区域科技创新一体化的机制和政策体系。首先，争取联合制定《促进长三角科技创新一体化发展战略布局》，明确区域科技创新一体化发展统一规划与整体部署，加强三省一市科技发展战略一体化，对存在的行政壁垒等问题提出破解思路。其次，完善科技创新一体化的体制机制。加强科技部门与其他部门的协调沟通，充分调动部门间科技合作的积极性；坚持政府引导、市场主导的原则，充分发挥区域内技术交易平台作用，促进创新要素自由流动。积极健全科技创新券通用通兑机制等。最后，健全科技创新一体化政策法规体系。加强协调与沟通，促进科技创新政策法规协调与统一，健全区域科技创新政策与法规体系，联合制定《长三角科技创新一体化项目管理办法》《长三角科技创新一体化资源开放与共享实施意见》等政策文件，协调区域科技创新合作与协同行为。

第九章　长三角城市群市场一体化对经济增长的影响研究

本章以长三角城市群 27 个城市为研究对象，首先，运用面板门槛模型研究市场一体化及其细分类型对区域技术创新的非线性影响；其次，运用固定效应模型实证检验长三角城市群市场一体化及其细分类型对经济增长的影响，并分析影响的传导机制；最后，运用固定效应空间杜宾模型实证分析长三角城市群市场一体化对经济增长的空间效应问题。

第一节　长三角城市群市场一体化对技术创新影响的门槛效应研究

统一的大市场能够使商品和要素自由流动，从而提升资源利用效率和技术创新能力。为此，本书以长三角城市群 27 个城市为研究对象，运用面板门槛模型研究市场一体化及其细分类型对区域技术创新的非线性影响。研究结果表明：（1）从长三角城市群整理看，商品市场一体化有促进作用，但不存在门槛效应；劳动力市场一体化与资本市场一体化存在单门槛效应；市场一体化总体，在静态分析中存在双门槛效应，而在动态分析中存在单门槛效应。（2）从省内城市群看，江苏 9 市的市场一体化及商品市场一体化存在单门槛效应；浙江 9 市的劳动力市场一体化存在单门槛效应；安徽 8 市的资本市场一体化存在单门槛效应。这些结论对有效提升长三角城市群市场一体化水平及区域技术创新能力有着重要的参考价值和指导意义。

一、引言与文献述评

改革开放以来，市场机制在资源配置中发挥着积极推动作用，统一的大市场能够使商品和要素自由流动，从而提升资源利用效率。然而，在"晋升锦标赛治理模式"以及财政分权体制改革下，地方政府通过出台系列政策来保护地方企业发展，由此引起的地方保护主义和市场分割抑制了市场一体化发展，从而阻碍了劳动力、资本等要素流动，进而影响区域技术创新能力提升；与此同时，我国正处于新发展阶段，区域一体化发展战略与创新驱动发展战略都已成为国家发展战略，也成为我国经济增长的重要举措。因此，在这一背景下，以世界六大城市群之一的长三角城市群为例，研究长三角城市群市场一体化技术创新效应，不仅有助于推动长三角城市群一体化发展，探索市场一体化对技术创新的作用机理，提升技术创新发展水平，而且能够为全国各城市群推动一体化建设，提升区域协同创新水平起到示范作用。

关于市场一体化与技术创新的相关文献，笔者于 2021 年 1 月 12 日通过中国知网，选择篇名中包含"市场一体化"和"创新"的，共有 12 篇；选择篇名中包含"市场一体化"和"技术"的，共有 20 篇；选择篇名中包含"市场分割"和"创新"的，共有 39 篇；选择篇名中包含"市场分割"和"技术"的，共有 76 篇。由此表明，学术界已开展针对市场一体化技术创新效应研究，这些研究成果为本书提供了借鉴和启发。但从现有的文献看，仍存在以下不足：一是现有的研究多从市场分割的视角开展，而从市场一体化视角探讨对技术创新的影响较少；且对企业层面的微观研究和产业层面的中观研究相对较多，而对区域宏观层面的研究相对较少。二是现有的研究往往仅涉及商品市场一体化与技术创新关系的实证检验，不仅缺少理论探讨，而且对细分类型市场一体化研究不够，难以全面反映市场一体化对技术创新的影响，且较少运用面板门槛模型进行分析。因此，笔者将以长三角中心区 27 个城市为研究对象，运用面板门槛模探讨市场一体化及其细分类型对区域技术创新的影响，并进行实证分析。本书的主要边际贡献是引入门槛模型，运用面板门限回归计量方法对城市群市场一体化影响区域技术创新的门槛效应及其作用特征进行深入分析。

二、理论机制分析

（一）商品市场一体化对技术创新的影响

首先，商品市场一体化水平较高代表了不同地区的商品可以流通到不同地区的市场中去，这将会加剧商品市场的竞争程度。在激烈的竞争条件下，企业会选择创新战略从而获取竞争优势，这将会增强区域创新能力，提升区域创新水平。相反，政府采取地方保护措施来维护本地区产业与企业发展，则会引起市场竞争程度降低。市场竞争减弱会弱化企业的创新动力（胡彬等，2017），本地区企业不愿意进行研发投入来获得竞争优势。其次，商品市场一体化通过影响技术溢出作用于技术创新。外来商品，特别是高科技产品流入本地市场会引起本地企业模仿，本地企业通过模仿与学习外来商品中蕴含的新技术从而提升本企业的技术创新能力；商品市场一体化背景下，商品跨区域自由流动极大地激起本地企业模仿，从而对区域技术创新水平起到提升作用；与此相反，市场分割程度越强，市场分割对技术外溢促进本地企业生产率提升的阻碍作用也越强（徐保昌等，2016），同时商品市场分割也降低了对外直接投资倾向，FDI 技术溢出效应能够对当地的技术创新水平产生影响（周经等，2019）。再次，商品市场一体化通过影响市场规模对技术创新产生影响。商品市场一体化过程中企业得以进入地区商品市场中去，市场规模扩大与市场需求增加使得分工与专业化程度提升，而 Schmookler（1966）提出的"需求引致技术创新"理论认为市场规模与市场需求的扩大会引起企业追求更大利润而采取技术革新。董鹏刚等人（2019）认为市场需求是技术创新的内在源泉，并发现市场需求对研发投入与创新效率有显著的促进和提高作用。最后，商品市场一体化水平越高，一方面，企业竞争压力越大，可能会导致区域难以形成稳定的创新环境，从而影响区域创新能力提升；另一方面，大企业往往获得更大市场，进而形成垄断，导致其他企业退出，不利于区域创新（王晓芳等，2019）。

（二）劳动力市场一体化对技术创新的影响

劳动力市场一体化对区域技术创新的影响，涉及的因素主要有以下三个。一是劳动力流动的制度因素。一般认为，区域创新动力不足主要还是因为技术创新人才缺乏；建立高效的人才管理制度有利于提高区域技术创新水平，解决区域科研困境和提升创新竞争力。然而地方政府往往各自为政，人才管理制度与户籍制度各不相同，为人才的跨区域流动带来了一定阻碍，降低了人员配置效率，同时也抑制了知识溢出效应。由于近年来各地政府对人才的重视程度上升，科研人员相较于普通人员拥有了更强的流动能力，然而制度障碍仍使得创新人才无法按需分配，造成了一定程度的人才资源浪费，也不利于提高创新水平。邓若冰（2019）认为研发人员的跨区域流动与有效配置存在人为的诸多壁垒，市场分割引发的人才溢出效应，不仅阻碍了研发人员的空间重新配置，而且间接抑制了知识的空间溢出效应，进而影响了区域创新绩效。韩庆潇等人（2018）提出国内的人才资源无法得到有效配置严重限制了我国的技术创新水平，在劳动力市场分割的背景下，人才难以跨地区流动，限制了知识溢出与人才流动对创新的促进作用。二是劳动力流动价格因素。科技研发人员是企业的核心竞争力，合理的薪酬待遇不仅能够激发员工的主动性，而且能够为企业带来更高的效益，而地方政府为了经济发展对要素市场进行干预，人为压低要素价格使劳动力价格过低（邓若冰，2019）。产出与报酬不成正比，会使科研人员得不到正向激励，从而导致人员流失抑制技术创新；劳动力价格过低也会抑制市场需求，消费者对创新产品的需求降低会减少企业创新动力，从而不利于提升区域创新水平。三是户籍制度的适度调整因素。户籍制度的适度调整有利于避免人力资源配置扭曲。各区域户籍制度的调整为区域筛选了合适的人才资源类型，在更大范围内起到了合理配置人力资源的作用，避免人才过于聚集在某一个特定区域从而产生资源浪费现象，促进人才资源更高质量聚集，从而有利于促进区域创新。孙博文等人（2018）研究显示了劳动力市场分割与技术创新的影响存在非线性关系。

（三）资本市场一体化对技术创新的影响

资本市场一体化对区域技术创新的影响，主要体现在如下方面。一是地方保护产业资本流动对区域创新的影响。政府采取地方保护措施使得资本选择性地流动或固定在某些特定的部门从而降低资本市场一体化水平，导致资本市场分割加剧。这会影响地区不同产业间的资本积累进而影响产业结构、工业基础等因素。地方保护忽略了 FDI 区位选择综合要素和引资条件的改善，在某种程度上抑制了 FDI 的流入；同时地方官员为了政绩对 FDI 总量的盲目追求也忽略了地方需求，忽视了引资结构和优化升级，不利于区域创新效率提升（赵琼，2009）。二是地方政府对金融资源有着强大的控制能力。GDP 等指标用以衡量政府政绩，且"晋升锦标赛治理模式"进一步推动了地方政府对政绩的追求。这就决定了地方政府对当地银行等金融机构的贷款决策做出很大程度上的干预（张建平等，2019）。为了提高本区域的 GDP 指标，政府会做出些有利于本区域经济发展水平的项目贷款决策，如一些风险较低但投资回报率高且稳定的生产性项目，而创新活动项目相比之下由于投资回报期长且收益不稳定、风险较高等特性，很难得到当地政府支持。这就意味着创新效率更低的企业更易获得融资，而创新效率高的企业较难获得融资，创新活动受阻，很大程度上对区域技术创新水平产生不利影响。三是资本市场分割在一定程度上保护本地企业创新行为。资本市场分割限制了外地企业对本地企业的并购投资，也从根本上杜绝技术外流，保护本地的研发活动与专利权，在一定程度上保护了区域创新活动（曹亚丽，2012）。因此，资本市场分割对技术创新具有一定的促进作用。

（四）市场一体化对技术创新的影响

一是市场一体化创新要素配置效应。市场一体化产生的要素配置效应主要通过两个方面来影响技术创新：降低要素流动阻碍与减少要素价格扭曲情况。一方面，各个地区间要素禀赋不同，而市场分割与地方保护导致国内要素流动存在一定限制，削弱了市场对要素的优化配置，使得要素供需失衡（张杰等，2011）以及要素资源错配，从而抑制了区域技术创新发展。Goldman 等人（2016）认为市场一体化可以促进技术要素流动和技术溢出效应。推进市场一体化进程在一定程度上破除了区域间要素流动壁垒，合理协调要素分配，提升资源配置效率，推动要素资源流动，满足技术创新需求，促进区域技术创新水平提升。另一方面，市场分割带来的要素价格扭曲抑制了技术创新水平。人为影响要素价格使得价格不再能够反映要素资源稀缺性，企业要素价格扭曲会影响企业对要素的选择，企业追求利润最大化会选择低成本要素投入而忽视创新投入。刘冬冬（2020）研究发现要素价格扭曲对制造业创新效率具有显著抑制作用。二是市场一体化创新协同效应。市场一体化水平提升，有效促进区域间产业、技术、人才的进一步交流，加强区域间技术创新合作，促进分工与专业化水平提高；具有异质性的创新主体在市场一体化的推动下，为了获得更高收益而进行合作，增加了创新子系统耦合协调度；市场一体化使得城市间创新主体流动性变强，联系更密切，产生了创新协同效应（高丽娜，2018）。三是市场一体化聚集效应。新经济地理学基于垄断竞争模型解释了产业聚集与扩散的运行机理。市场一体化可以发挥集聚的共享、匹配和学习效应，降低企业的研发成本，Zhang 等人（2018）认为市场一体化能够降低创新成本和创新风险。四是市场分割带来的寻租机会对区域创新的影响。地方政府介入市场影响资源配置带来新的额外收益点，将会诱导非创新性寻租行为出现；政府行为引起的地方保护主义和市场分割同样会带来大量寻租机会；相比投资寻租活动带来的额外收益，企业将资金投入研发获得收益的行为存在更高的风险与更长的投资回报期，只要寻租活动的利益足够大，企业就会将资金投入寻租活动而不是将资金投入企业的创新活动，这为经济体的技术创新与可持续发展带来不利影响。陈亚平等人（2020）研究发现，寻租行为的产生会抑制高新技术企业提升企业研发投入力度。张志昌等人（2020）研究认为企业寻租行为显著负向调节政府补贴所带来的对创新人力资本投入的促进作用。五是市场一体化程度过高带来的拥挤效应抑制区域创新能力提升。随着市场一体化发展的推进，产业聚集所带来的效应可能由规模效应转变为拥挤效应，可能造成资源拥挤、过度竞争，不利于区域技术创新。徐保昌等人（2016）的研究表明了市场一体化与企业生产率存在非线性关系。

三、研究方法与理论模型

（一）模型设定

本书重点在于探究市场一体化及其细分类型对区域技术创新的影响，借鉴刘传宇（2020）等学者的文献，拟建立面板计量模型，如式（9-1）所示。

$$Inno_{it} = \beta_0 + \beta_1 Intet_{it} + \beta_2 Intel_{it} + \beta_3 Inteco_{it} + \beta_4 Inteca_{it} + \beta_5 lnPers_{it} + \beta_6$$
$$Fund_{it} + \beta_7 Mark_{it} + \beta_8 lnOpen_{it} + \beta_9 Indus_{it} + \varepsilon_{it} \qquad (9\text{-}1)$$

其中因变量 $Inno_{it}$ 表示区域 i 第 t 年的技术创新能力，i 为所观察的区域，t 为年份；核心解释变量为市场一体化（$Intet_{it}$）及其细分类型商品市场一体化（$Inteco_{it}$）、劳动力市场一体化（$Intel_{it}$）和资本市场一体化（$Inteca_{it}$）；选择经费投入（$Fund_{it}$）、人力资本（$Pers_{it}$）、贸易开放度（$Open_{it}$）、工业化水平（$Indus_{it}$）和市场规模（$Mark_{it}$）五个变量为控制变量；β_0 为截距项，β_1 为市场一体化系数，β_2、β_3 和 β_4 为劳动力、商品和资本市场一体化系数，β_5、β_6、β_7、β_8、β_9 为相应控制变量系数；为了缓解异方差性，对绝对数值变量 $open_{it}$ 和 $Pers_{it}$，取自然对数处理；ε_{it} 为随机扰动项。

根据理论分析，市场一体化与区域技术创新水平可能存在非线性关系，不同程度的市场一体化水平对区域技术创新水平可能存在不同的影响。为深入探究变量间非线性的影响关系，我们引入 Hansen 在 1999 年提出的面板门槛模型来修正上述面板计量模型，分别以市场一体化及其细分类型商品、劳动力和资本市场一体化为门槛变量，构建门槛面板模型，同时考虑到可能存在滞后效应，前期技术创新水平可能会对本期技术创新产生影响，也将引入技术创新水平滞后一期变量，在静态门槛回归模型的基础上展开动态门槛回归分析，模型设定如下：

$$Y_{it} = \alpha_i + \beta Y_{it-1} + z_{it}\delta + l(q_{it} \leq \gamma) x'_{?\,t} B_1 + l(q_{it} > \gamma) x'_{?\,t} B_2 + \varepsilon_{it} \qquad (9\text{-}2)$$

其中 δ 不受门限值影响；且 $l(q_{it} \leq \gamma) = \begin{cases} 1 & q_{it} \leq \gamma \\ 0 & q_{it} > \gamma \end{cases}$ \qquad (9-3)

$$l(q_{it} > \gamma) = \begin{cases} 1 & q_{it} > \gamma \\ 0 & q_{it} \leq \gamma \end{cases} \qquad (9\text{-}4)$$

Y_{it} 代表因变量，α_i 代表个体固定效应，z_{it} 代表其他解释变量，q_{it} 是门槛变量，γ 是门槛值，l 为指示函数，ε_{it} 为误差项；若存在多门槛效应，模型应根据门槛数量进一步进行扩展，例如，三门限值面板模型：

$$Y_{it} = \alpha_i + z_{it}\delta + l(q_{it} \leq \gamma_1) x'_{?\,t} B_1 + l(\gamma_1 < q_{it} \leq \gamma_2) x'_{?\,t} B_2 + l(\gamma_2 < q_{it} \leq \gamma_3) x'_{?\,t}$$
$$B_3 + l(\gamma_3 < q_{it}) x'_{?\,t} B_4 + \varepsilon_{it} \qquad (9\text{-}5)$$

（二）变量说明

被解释变量。也就是区域技术创新能力（$Inn\,o_{it}$）。这里运用的区域技术创新能力指标是运用第八章第一节"长三角城市群创新能力时空演变与创新都市圈构建研究"中的时序全局主成分分析法计算结果。

门槛变量。门槛变量选取说明。本书的门槛变量为市场一体化（$Intet_{it}$）及其细分的商品市场一体化（$Inteco_{it}$）、劳动力市场一体化（$Intel_{it}$）和资本市场一体化（$Inteca_{it}$）；各门槛变量选取依据与测度结果的根据是第七章第一节"长三角城市群市场一体化水平测度与时空演变特征研究"。

控制变量。经费投入（$Fund_{it}$）是反映研发投入的重要指标，人力资本（$lnPers_{it}$）是技术创新的重要载体，贸易开放度（$lnOpen_{it}$）反映地区经济开放程度，工业化水平（$Indus_{it}$）代表着区域内工业生产总值占比，市场规模（$Mark_{it}$）在一定程度上反映了区域内经济消费水平。这些变量在一定程度上影响着一个地区的技术创新水平，因此我们引入经费投入（$Fund_{it}$）、人力资本（$lnPers_{it}$）、贸易开放度（$lnOpen_{it}$）、工业化水平（$Indus_{it}$）和市场规模（$Mark_{it}$）等变量为控制变量。

表 9-1 变量说明

变量类型	变量名称	测量指标	符号
被解释变量	区域技术创新能力	区域技术创新能力指数	$Inn\,o_{it}$
门槛变量	劳动力市场一体化	劳动力市场一体化指数	$Inte\,l_{it}$
	资本市场一体化	资本市场一体化指数	$Inte\,ca_{it}$
	商品市场一体化	商品市场一体化指数	$Intec\,o_{it}$
	市场一体化	市场一体化指数	$Inte\,t_{it}$
控制变量	科技创新经费投入	科技经费占地方财政支出比重	$Fund_{it}$
	人力资本	每万人在校大学生数	$lnPers_{it}$
	贸易开放度	人均进出口额	$lnOpen_{it}$
	工业化水平	第二产业产值占 GDP 比重	$Indus_{it}$
	市场规模	人均社会消费品零售额	$Mark_{it}$

（三）数据来源与描述统计

本书采用 2010—2019 年的面板数据进行研究，相关数据来源于历年《中国城市统计年鉴》《中国科技统计年鉴》及长三角区域各省市统计年鉴。各变量描述性统计（表 9-2），包含样本量、均值及标准差等信息。

表 9-2 描述性统计

变量	样本量	均值	标准差	最小值	最大值
Inno	270	0.460	0.190	0.100	1
Intel	270	0.0800	0.320	0	3.370
Inteca	270	2.830	0.540	0.960	4.010
Inteco	270	3.270	2.960	0.380	10.46
Intet	270	6.180	2.950	2	13.81
Fund	270	3.740	1.980	0.890	13.09
lnPers	270	5.160	0.860	2.820	7.150
lnOpen	270	3.050	2.760	0.550	41.88
Indus	270	8.080	1.190	4.850	10.41
Mark	270	0.510	0.0900	0.290	0.970

四、实证分析

（一）静态门槛模型分析

1. 门槛效应及门槛值检验

本书首先对长三角城市群市场一体化技术创新效应是否存在门槛效应及门槛数量进行检验（表9-3）。由表9-3可知，商品市场一体化的门槛效应没有通过显著性检验，表明不存在门槛效应，故本书采用普通面板回归模型对商品市场一体化技术创新效应进行考察；劳动力市场一体化在5%的显著性水平上通过了单门槛效应检验，但双门槛和三门槛效应没有通过检验，表明只存在单门槛效应；资本市场一体化在1%的显著性水平上通过了单门槛效应检验，同样也没有通过双门槛和三门槛效应检验，表明只存在单门槛效应；而市场一体化在1%的显著性水平上分别通过了单门槛效应检验及双门槛效应检验，但三门槛效应检验没有通过检验，表明存在双门槛效应。其次，在确定市场一体化及其细分类型的门槛效应与具体门槛数量后，还需要对门槛值进行估计与检验（表9-4）。由表9-4可知，劳动力市场一体化和资本市场一体化单门槛值分别为0.0071和1.2271，市场一体化总体第一门槛值为4.0679，第二门槛值为6.2122，且各模型门槛值都在5%的显著性水平上通过检验；绘制门限变量的似然比函数图，可以清晰地理解门限估计值及其置信区间（图9-1—图9-4）。

表 9-3 静态门槛效应检验结果

模型	门槛数	F 值	P 值	临界值			Bs 次数
				10%	5%	1%	
Intel	单	27.19***	0.0000	15.4811	17.5367	23.3228	300
	双重	1.57	0.9833	11.1395	12.8642	15.9128	300
	三重	3.14	0.8233	11.5524	13.4135	17.1313	300
Inteco	单	6.30	0.5300	11.8284	13.8353	17.8021	300
	双重	3.09	0.7767	10.2613	12.4750	14.0503	300
	三重	8.07	0.3900	20.1056	26.9913	42.2115	300
Inteca	单	114.19***	0.0000	22.5371	25.4820	29.6373	300
	双重	−16.11	1.0000	11.2563	13.3991	20.1348	300
	三重	6.61	0.6500	17.7112	21.5960	33.8192	300
Intet	单	72.82***	0.0000	11.5221	12.9411	17.2383	300
	双重	16.90***	0.0033	8.3197	10.8468	14.7897	300
	三重	6.24	0.7000	14.6031	16.5247	20.0853	300

表 9-4 静态门槛值估计结果

	门槛	门槛值	P 值	95%置信区间
商品市场一体化	—	—	—	—
劳动力市场一体化	单门槛	0.0072***	0.0067	[0.0071, 0.0072]
资本市场一体化	单门槛	1.2271***	0.0000	[1.2043, 1.3197]
市场一体化	第一门槛值	4.0679***	0.0000	[4.0290, 4.0739]
	第二门槛值	6.2122***	0.0000	[6.0957, 6.2581]

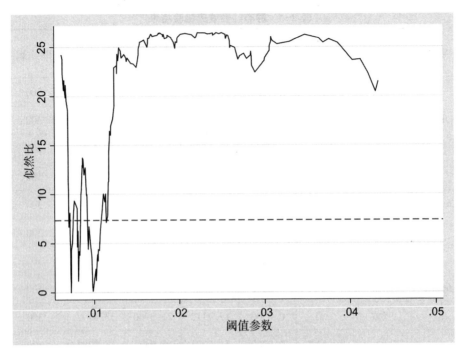

图 9-1　劳动力市场一体化门限估计值及其置信区间

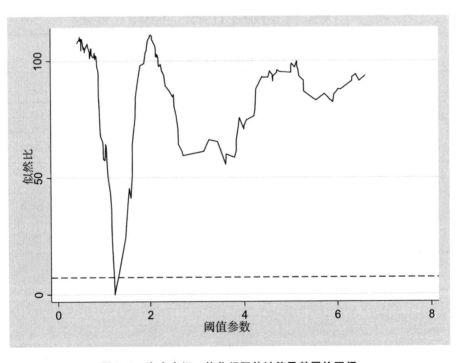

图 9-2　资本市场一体化门限估计值及其置信区间

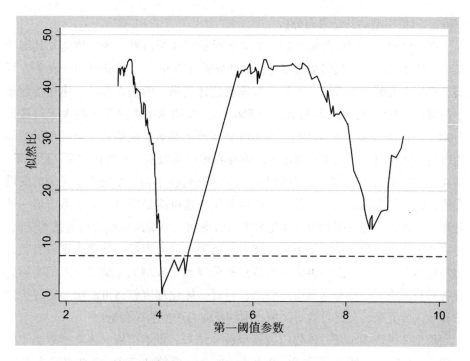

图9-3 市场一体化门限估计值及其置信区间（1）

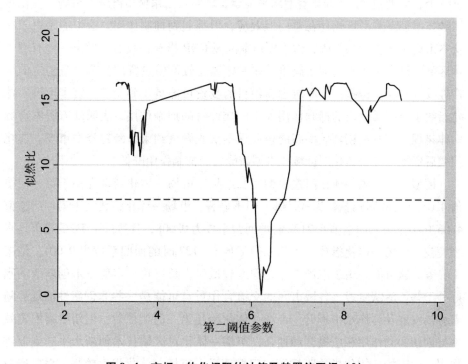

图9-4 市场一体化门限估计值及其置信区间（2）

2. 门槛模型估计结果与分析

在门槛数量与门槛值确定后，本书将对长三角城市群市场一体化及其细分类型对技术创新影响的门槛模型进行估计分析（表9-5）。由表9-4—表9-5可知，模型1为劳动力市场一体化门槛模型估计结果，劳动力市场一体化指数小于门槛值 0.0072 时的回归系数为 7.866，在 1% 的水平上显著，而大于门槛值 0.0072 时的回归系数为 -0.017，在 10% 的水平上显著；表明长三角城市群劳动力市场一体化对区域技术创新水平影响存在单门槛效应，呈现倒"U"形关系，即在小于门槛值 0.0072 时，劳动力市场一体化对技术创新影响产生显著的促进作用，越过门槛值后则呈现显著的抑制作用。这可能是因为在劳动力市场一体化程度较低时，提升劳动力一体化水平可以推动人才的跨区域流动与技术交流，促进知识溢出，提升区域技术创新能力；而当劳动力市场一体化水平较高且越过门槛值时，政府可能不再通过如落户积分等政策限制人才流动，人们不再为此提升技术或者学历来达到落户要求，同时一体化程度较高可能使人才过于集中导致人才冗余，最终导致对区域技术创新能力产生消极影响。

模型2为资本市场一体化门槛模型估计结果，资本市场一体化指数小于门槛值 1.2271 时的回归系数为 -0.108，大于门槛值 1.2271 时的回归系数为 -0.005，均通过了 1% 的显著性水平检验，表明长三角城市群资本市场一体化对区域技术创新水平影响存在单门槛效应，但都起到抑制作用。这可能是由于在资本市场一体化较弱阶段，为了提高本区域 GDP 指标，政府会做出一些有利于本区域经济发展水平的项目决策，如一些风险较低但投资回报率高且稳定的生产性投资更易获得批准，而对创新项目的投资可能得不到支持；资本市场一体化指数小于门槛值时的抑制作用大于门槛值时的抑制作用，表明随着资本市场一体化程度提升，创新效率高的企业逐渐摆脱融资约束，跨越资本市场一体化门槛后资本市场一体化对区域技术创新能力的抑制作用降低。

模型3为市场一体化门槛模型回归结果，市场一体化指数在小于第一门槛值 4.0679 时的回归系数为 -0.008，但不显著；市场一体化指数大于第一门槛值 4.0679 小于第二门槛值 6.2122 时的回归系数为 0.008，且通过了 5% 的显著性水平检验；市场一体化指数大于第二门槛值 6.2122 时的回归系数为 0.001，结果不显著。这可能是由于市场一体化程度较低时，长三角城市群技术创新活动刚好处于并不活跃阶段，各城市间的交流合作重点可能是一些非创新性活动；随着科技发展及合作水平提升，市场一体化跨越第一门槛值时，创新要素配置效率与创新协同作用相应提升和加强，市场一体化对区域技术创新水平起到促进作用；而市场一体化指数跨越第二门槛值后，市场一体化程度较高，引起产业聚集的同时也会产生拥挤效应，"资源拥挤"会引起创新效率下降，市场一体化指数跨越第三门槛值时促进作用不再显著。

表 9-5 静态模型估计结果

变量	模型 1 Inno	模型 2 Inno	模型 3 Inno	模型 4 Inno
Fund	0.034 ***	0.026 ***	0.027 ***	0.032 ***
	(11.14)	(9.28)	(9.65)	(5.33)
lnPers	0.040 **	0.035 **	0.036 **	0.036
	(2.59)	(2.55)	(2.58)	(1.46)
Mark	0.006 ***	0.005 ***	0.005 ***	0.006
	(5.01)	(4.27)	(4.85)	(1.41)
lnOpen	0.112 ***	0.075 ***	0.087 ***	0.109 ***
	(7.79)	(5.69)	(6.47)	(4.92)
Indus	−0.220 ***	−0.270 ***	−0.343 ***	−0.298 ***
	(−4.07)	(−5.86)	(−7.16)	(−2.86)
Inteco				0.016 **
				(2.77)
Intel_ 1	7.866 ***			
	(4.86)			
Intel_ 2	−0.017 *			
	(−1.78)			
Inteca_ 1		−0.108 ***		
		(−9.71)		
Inteca_ 2		−0.005 ***		
		(−4.10)		
Intet_ 1			−0.008	
			(−1.52)	
Intet_ 2			0.008 **	
			(2.31)	

	模型 1	模型 2	模型 3	模型 4
变量	*Inno*	*Inno*	*Inno*	*Inno*
*Intet_* 3			0.001	
			(0.40)	
Number of city	27	27	27	27
r2_ a	0.622	0.712	0.700	0.631
F	67.96	99.63	82.66	47.37

由于商品市场一体化对区域技术创新能力的影响并不存在门限效应，本书运用普通面板回归模型分析商品市场一体化对区域技术创新水平的影响，由模型 4 可知，商品市场一体化的回归系数为 0.016，且通过 5% 的显著性水平检验，表明商品市场一体化对区域技术创新水平的影响具有促进作用，与预期一致。这可能是由于随着商品市场一体化程度提高，商品市场竞争激烈，企业选择创新战略从而获取竞争优势，本地企业模仿与学习外来商品中蕴含的新技术从而提升技术创新能力等。

（二）动态门槛模型分析

由于前期的区域技术创新能力可能影响本期区域技术创新能力，为了避免内生性问题带来误差，在静态门槛模型分析的基础上，将区域技术创新能力滞后 1 期（ *L. Inno*）作为控制变量加入门槛模型，考察在前期区域技术创新能力的作用下，市场一体化及其细分类型对区域技术创新能力的影响。

1. 门槛效应及门槛值检验

首先，对动态门槛模型是否存在门槛效应及门槛数量进行检验（表 9-6）。由表 9-6 可知，商品市场一体化的门槛效应仍然没有通过显著性检验，表明不存在门槛效应，同样运用普通面板回归模型对商品市场一体化技术创新效应进行考察；劳动力市场一体化在 5% 的显著性水平上通过了单门槛检验，表明只存在单门槛效应；资本市场一体化在 1% 的显著性水平上通过单门槛检验，表明只存在单门槛效应；市场一体化在 10% 的显著性水平上通过了单门槛检验，表明只存在单门槛效应。其次，在确定动态门槛效应与具体门槛数量后，同样对门槛值进行估计与检验（表 9-7）。由表 9-7 可知，劳动力市场一体化单门槛值为 0.0098，资本市场一体化单门槛值为 1.6450，市场一体化单门槛值为 4.6637，各模型门槛值分别在 5%、1% 和 10% 的显著性水平上通过检验。图 9-5—图 9-7 为门限变量的似然比函数图，可以清晰展现门限估计值及其置信区间。

表9-6　动态门槛效应检验结果

模型	门槛数	F 值	P 值	临界值			BS 次数
				10%	5%	1%	
Intel	单	14.92**	0.0367	11.7856	13.8704	17.1650	300
	双重	9.19	0.1200	9.5596	11.3157	14.7143	300
	三重	3.61	0.8667	12.0742	14.3985	18.0733	300
Inteco	单	5.15	0.5133	11.7447	13.2101	17.0294	300
	双重	1.40	0.9533	6.9348	8.0409	9.6953	300
	三重	2.08	0.8167	8.6490	10.7269	15.5861	300
Inteca	单	28.26***	0.0000	15.5652	18.1246	23.1569	300
	双重	8.34	0.2833	11.4741	13.7807	18.3086	300
	三重	6.92	0.7000	16.7765	18.5361	23.1320	300
Intet	单	18.72*	0.0533	16.7410	18.8005	26.0116	300
	双重	7.55	0.2433	10.1932	12.0467	15.4635	300
	三重	4.86	0.6200	11.3164	13.6178	21.3717	300

表9-7　动态门槛值估计结果

	门槛	门槛值	P 值	95%置信区间
商品市场一体化	—	—	—	—
劳动力市场一体化	单门槛	0.0098**	0.0200	[0.0095, 0.0102]
资本市场一体化	单门槛	1.6450***	0.0033	[1.6145, 1.6809]
市场一体化	单门槛	4.6637*	0.0567	[4.6010, 4.7790]

2. 门槛模型估计结果与分析

同样，在门槛数量与门槛值确定后，本书将对长三角城市群市场一体化及其细分类型对技术创新影响的动态模型进行估计分析（表9-8）。由表9-7—表9-8可知，模型5显示劳动力市场一体化指数小于门槛值0.0098时的回归系数为2.091，在1%的水平上通过显著性检验，而在大于门槛值0.0098时的回归系数为-0.002，对区域技术创新能力影响具有一定的抑制作用，但估计结果不显著。模型6显示资本市场一体化指数小于门槛值1.645时的回归系数为-0.019，

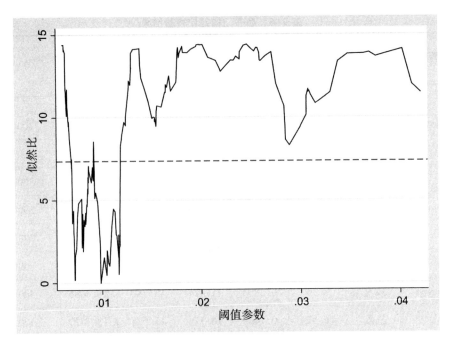

图9-5　劳动力市场一体化门限估计值及其置信区间

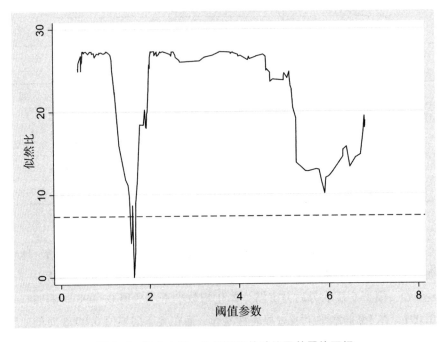

图9-6　资本市场一体化门限估计值及其置信区间

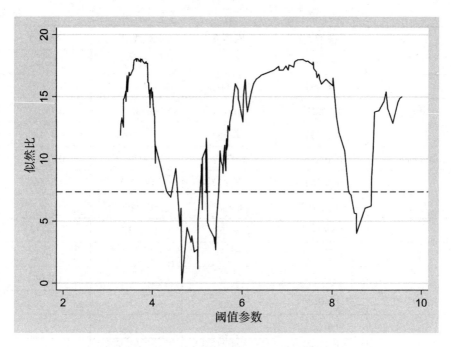

图 9-7　市场一体化门限估计值及其置信区间

在 1%的水平上通过显著性检验，而在大于门槛值 1.645 时的回归系数为 -0.011，在 5%的水平上通过显著性检验。模型 7 显示市场一体化指数小于门槛值 4.6637 时的回归系数为 -0.004，在 5%的水平上通过显著性检验，而在越过门槛值 4.6637 后的回归系数为 0，且未通过显著性检验。由模型 8 可知，商品市场一体化的回归系数为 0.012，且通过 10%的显著性水平检验，表明商品市场一体化对区域技术创新水平的影响具有促进作用，与静态分析及预期一致。

表 9-8　动态模型估计结果

变量	模型 5 *Inno*	模型 6 *Inno*	模型 7 *Inno*	模型 8 *Inno*
L. Inno	0.587 ***	0.590 ***	0.577 ***	0.618 ***
	(21.96)	(23.46)	(21.31)	(17.57)
Fund	0.011 ***	0.010 ***	0.010 ***	0.011 ***
	(5.78)	(5.50)	(5.53)	(4.88)
lnPers	0.034 ***	0.037 ***	0.036 ***	0.032 **

续表

变量	模型 5 Inno	模型 6 Inno	模型 7 Inno	模型 8 Inno
	(4.09)	(4.60)	(4.44)	(2.37)
Mark	0.002**	0.001**	0.002**	0.001***
	(2.33)	(2.35)	(2.50)	(3.48)
lnOpen	0.044***	0.036***	0.040***	0.043***
	(4.53)	(3.91)	(4.28)	(3.86)
Indus	−0.230***	−0.230***	−0.249***	−0.242***
	(−7.99)	(−8.53)	(−9.13)	(−4.14)
Inteco				0.012*
				(1.94)
Intel_1	2.091***			
	(3.30)			
Intel_2	−0.002			
	(−0.39)			
Inteca_1		−0.019***		
		(−3.63)		
Inteca_2		−0.011**		
		(−2.05)		
Intet_1			−0.004**	
			(−2.12)	
Intet_2			0.000	
			(0.27)	
Constant	−0.268***	−0.206***	−0.219***	−0.236**
	(−3.56)	(−2.87)	(−3.00)	(−2.43)
Observations	243	243	243	243
R-squared	0.890	0.901	0.898	0.885
Number of city	27	27	27	27
r2_a	0.872	0.885	0.881	0.882
F	210.0	237.7	229.1	776.6

3. 样本分省估计结果分析

由于不同省份间发展存在差距，不同省份的市场一体化对技术创新能力影响的门槛效应可能存在异质性，同时上述静态分析与动态分析表明：上一期区域技术创新能力对本期区域技术创新能力产生一定影响。因此，这里笔者采用动态门槛模型分别对各省内城市群的门槛效应进行检验，检验结果如表9-9所示，其中通过显著性检验的动态门槛模型估计结果如表9-10所示。

由表9-9—表9-10可知，首先，江苏9市的商品市场一体化及市场一体化存在单门槛效应，其中当商品市场一体化指数小于门槛值时的回归系数为-0.024，在10%的水平上通过显著性检验，在跨越门槛值时回归系数为-0.010，未能通过显著性检验；当市场一体化指数小于门槛值时的回归系数为-0.011，在1%的水平上通过显著性检验，在跨越门槛值后回归系数为-0.002，在10%的水平上通过显著性检验。其次，浙江9市的劳动力市场一体化存在单门槛效应，当劳动力市场一体化指数小于门槛值时的回归系数为2.329，在1%的水平上通过显著性检验，在跨越门槛值后的回归系数为0.000，未能通过显著性检验。最后，安徽8市的资本市场一体化存在单门槛效应，当资本市场一体化指数小于门槛值时的回归系数为-0.033，在1%的水平上通过显著性检验，在跨越门槛值后的回归系数为-0.000，未能通过显著性检验。

表9-9　分省的动态门槛值估计结果

省市	市场类型	门槛	门槛值	P值	95%置信区间
江苏9市	商品市场一体化	单门槛	2.0029**	0.0167	—
	市场一体化	单门槛	4.3213***	0.0000	[4.0679，4.7790]
浙江9市	劳动力市场一体化	单门槛	0.0116**	0.0167	[0.0104，0.0120]
安徽8市	资本市场一体化	单门槛	1.6450**	0.0300	[1.4516，1.6809]

注：由于篇幅有限，仅列出存在门槛效应的市场一体化及其细分类型。

表 9-10 分省的动态门槛估计结果

省市	江苏省		浙江省	安徽省
	模型 9	模型 10	模型 11	模型 12
变量	*Inno*	*Inno*	*Inno*	*Inno*
L. Inno	0.580 ***	0.503 ***	0.657 ***	0.158
	(13.96)	(11.00)	(11.90)	(1.56)
Fund	0.011 **	0.012 ***	0.009 *	0.014 ***
	(2.47)	(3.07)	(1.80)	(4.98)
lnPers	0.067 ***	0.065 ***	0.007	0.055 ***
	(4.77)	(5.03)	(0.65)	(3.00)
Mark	0.001	0.001 *	−0.001	0.054 ***
	(1.37)	(1.96)	(−0.18)	(3.61)
lnOpen	0.024	0.002	0.048 ***	0.027 **
	(0.82)	(0.09)	(3.02)	(2.08)
Indus	−0.367 ***	−0.455 ***	−0.349 ***	−0.143 ***
	(−4.98)	(−6.75)	(−8.41)	(−3.80)
Inteco_ 1	−0.024 *			
	(−1.98)			
Inteco_ 2	−0.010			
	(−1.44)			
Intel_ 1		−0.011 ***		
		(−3.06)		
Intel_ 2		−0.002 *		
		(−1.71)		
Inteca_ 1				−0.033 ***
				(−3.21)
Inteca_ 2				−0.000
				(−0.30)
Intet_ 1			2.329 ***	

省市	江苏省		浙江省	安徽省
	模型 9	模型 10	模型 11	模型 12
变量	*Inno*	*Inno*	*Inno*	*Inno*
			(3.75)	
Intet_2			0.000	
			(0.00)	
Constant	−0.153	0.109	−0.138	−0.260***
	(−0.64)	(0.48)	(−1.01)	(−2.76)
Observations	81	81	81	72
R−squared	0.903	0.917	0.934	0.929
Number of city	9	9	9	8
r2_a	0.879	0.896	0.918	0.910
F	74.43	88.43	114.1	91.97

五、主要结论与政策启示

（一）主要结论

从长三角城市群整理来看，在静态与动态分析中，商品市场一体化对区域技术创新能力都具有促进作用，但不存在门限效应，与预期一致；劳动力市场一体化与资本市场一体化对区域技术创新能力的影响都存在单门槛效应，但两者存在差异，其中劳动力市场一体化的影响都呈现倒"U"形，而资本市场一体化的影响都起到抑制作用，与预期不一致。然而市场一体化对区域技术创新能力的影响，在静态分析中结果表明存在双门槛效应，且市场一体化指数小于第一门槛值和大于第二门槛值都不显著，只有在第一门槛值与第二门槛值间时，才呈现正向促进作用，与预期不完全一致；而在动态分析中结果表明只存在单门槛效应，且呈现抑制作用，与预期不一致。由此表明，在分析市场一体化及其细分类型对区域技术创新能力的影响时，上一期区域技术创新能力对本期区域技术创新能力的影响具有一定的差异性。

从省内城市群动态分析来看，江苏 9 市的市场一体化及其细分类型商品市场一体化都存在单门槛效应，且对技术创新能力都起到抑制作用；浙江 9 市的劳动力市场一体化存在单门槛效应，且劳动力市场一体化指数小于第一门槛值时起到促进作用，而大于第一门槛值时促进作用不显著；安徽8市的资本市场一体化存在单门槛效应，且抑制了区域技术创新能力。

（二）政策启示

上述研究表明，市场一体化及其细分类型对区域技术创新能力的影响，起到正向促进作用较少，多数情况要么影响不显著，要么起到负向抑制作用。这可能与长三角城市群市场一体化及其细分类型总体上还处于较低水平有关，其对区域技术创新促进作用还难以显现。为此，提出如下建议：

加强长三角市场一体化顶层设计，推动区域技术创新能力提升。通过加强长三角区域市场一体化顶层设计，最大限度地发挥市场引导作用，有力推动长三角区域开展技术创新活动，切实发挥三省一市各自的产业技术优势，形成优势互补、协同创新的产业分工协作格局，从而有效推动区域技术创新。

切实提升长三角城市群商品市场一体化程度。长三角城市群要深入推进商品市场一体化建设，尤其在涉及高新技术商品方面，要推动建立统一的市场准入标准及监管体系；推进财税体制改革，消除行政壁垒；整合长三角城市群商品市场，构建线上线下融合新模式。

有力促进劳动力市场一体化进程。灵活制定人才政策，引导人才资源合理配置；以长三角城市群各城市产业需求为导向，根据城市用人需求有针对性地发布人才引进政策；定期举办长三角城市群人才交流会，促进城市产业和人才优势互补，实现共赢发展。

有效提升资本市场一体化水平。以科创板助推创新驱动发展，加强相关配套制度建设，完善资本市场支持科技创新的体制机制，降低资本准入门槛；定期举办招商引资会，引导资本支持科技产业发展；定期举办技术创新交流活动，激发长三角城市群资本市场与技术创新协同效应。

第二节　长三角城市群市场一体化对经济增长的
影响与传导路径研究

本书以长三角城市群27个城市为研究对象，运用固定效应模型实证检验2010—2019年区域市场一体化及其细分类型对经济增长的影响，并分析影响的传导机制。回归结果表明：（1）市场一体化及其细分类型资本市场一体化对经济增长的影响呈现倒"U"形，商品市场一体化对经济增长影响呈现正向显著，而劳动力市场一体化对经济增长影响不显著。（2）同时经济开放程度和消费水平对经济增长呈现正向影响显著，而人力资本、政府支出规模和社会资本存量对经济增长并不产生影响。（3）传导路径分析表明，市场一体化及其细分类型商品市场一体化，分别通过对经济开放程度和消费水平的影响，进而影响经济增长；资本市场一体化通过对经济开放程度的影响，进而影响经济增长。

一、引言与文献述评

随着全球化发展，区域市场一体化进程不断深化，经济发展正在突破单一地理区域的局限性，加强区域协调与合作，实施经济一体化战略已成为促进经济增长的重要途径。虽然我国经济发展取得重要进展，但区域经济发展仍存在不协调、不平衡现象，区域市场一体化水平有待提高等问题。为此，习近平总书记多次强调区域经济发展要建立在更高质量一体化基础上，以一体化发展思路，凝聚更多力量，推动高质量经济发展。在此背景下，如何实现长三角城市群市场一体化推动经济高质量发展成为学术界关注的重点问题。为此，系统深入分析长三角城市群市场一体化对经济增长的影响，有助于推动长三角城市群市场一体化发展，进而形成以城市群为导向的区域协调发展创新模式，进一步为促进我国区域一体化协调发展提供新的思路。

关于市场一体化经济增长效应的研究文献，笔者于 2021 年 1 月 12 日通过中国知网，选择主题和篇名中包含"市场一体化"和"经济增长"的，分别共有274 篇和 22 篇；同样选择主题和篇名中包含"市场分割"和"经济增长"的，分别共有 576 篇和 39 篇。由此表明，学术界关于市场一体化经济增长效应研究内容已较丰富，这些成果为本研究提供了借鉴和启发。但从现有的文献看，仍存在以下不足：一是现有的研究多从市场分割的视角开展，从市场一体化视角探讨对经济增长的影响较少。二是现有的研究往往仅涉及商品市场一体化与经济增长关系的实证检验，不仅缺少影响机制探讨，而且对细分类型市场一体化研究不够，难以全面反映市场一体化对经济增长的影响。因此，笔者将以长三角中心区 27 个城市为研究对象，实证检验市场一体化及其细分类型对区域经济增长的影响，并进一步展开影响的传导机制分析。本书主要边际贡献是从经济开放程度、人力资本、消费水平、政府支出规模与社会资本存量等多个路径探讨市场一体化及其细分类型对经济增长影响的传导机制。

二、理论机制分析

（一）商品市场一体化对经济增长的影响

商品市场一体化主要是指区域内受供求关系影响，同种商品价格逐渐趋同的一种状态。商品市场一体化主要通过以下方式对经济增长产生影响。首先，商品市场一体化的发展可以促进产业发展和区域产业集聚。商品市场一体化是建立市场调节机制的基本条件，商品的自由流动可以提高市场资源配置的效率（李升红等，2020），随着资源的优化配置，产业集聚现象应运而生，产业集聚降低了产品的生产成本，它不仅提高了企业利润，节约了人力物力成本，提高了生产效率，而且为企业扩大生产规模、调整生产要素投入提供了机遇。其次，商品市场一体化的发展能吸引大量劳动力，促进经济增长。商品市场具有劳动密集型特点，大量相关劳动人员从事与商品市场相关的商品流通工作，推动了如物流、交通运输产业、信息产业等相关产业的发展，为第一、二、三产业的发展提供了市场和信息，为区域创造了大量财富，有力地支持了区域经济发展。最后，完善商品市场体系可以及时有效地反映市场信息，增强区域经济活力。商品市场一体化还可以使企业获得更广范围、更大规模、更多领域的市场，也会使企业面临更加激烈的市场竞争环境，地方政府保护力度减弱（廖信林等，2020）。此外，商品市场一体化水平不断提高，价格低廉、品种齐全等优势，使其具有一定的吸引力和辐射能力，还可以吸引大量的外国投资者投资，为经济发展提供了良好的机遇。但是，商品市场一体化水平越高，商品行业的发展将变得越集中。由于这些厂商占有较大的市场份额，他们拥有更多提高价格的权利，而且也将会更有效地将新厂商锁定在市场之外，影响经济发展。

（二）劳动力市场一体化对经济增长的影响

劳动力市场一体化通常是指劳动力作为一种生产要素，根据统一的规则，它们可以在不同的地区和行业间自由流动，最终实现劳动生产率、收入均等和资源优化配置的过程和状态。提高劳动力市场一体化水平是经济健康发展的重要前提（颜冬，2015）。劳动力市场一体化主要通过如下方式影响经济增长。首先，在劳动力市场不断完善过程中，将不断优化产业结构，促进经济增长。随着劳动力市场一体化水平的提高，劳动力要素将主要流向经济发展所需的部门和地区，从而使劳动力资源优化配置，促进第一、二、三产业共同发展，进而促进经济增长。其次，劳动力市场一体化通过提升劳动力素质从而促进区域经济发展。劳动力流动由于存在理性行为，一般流向工资水平较高、基础设施配置齐全、经济较为发达的区域；同时劳动力市场竞争机制是优胜劣汰，劳动力为避免职业技能或素质较低而被淘汰，便会参加职业技能培训，增强自身的技能或素质，从而提高竞争力，为区域经济发展提供保障。最后，劳动力市场一体化可以通过增加商品需求、促进要素流动，推动经济增长。提升劳动力市场一体化水平会降低区域间的就业门槛，劳动力要素可以自由流动，提高收入水平，从而增大商品需求；商品需求增大将促使产业调整，而产业调整又会促进生产要素流动，形成劳动力、商品、要素间相互良性循环，进一步促进区域经济增长。但是当劳动力市场一体化水平不断提升时，劳动力可能由于不受限制而过度流动。劳动力过度流动，一方面，使得区域内部经济发展较好的城市承受超额的人口负担，在就业、医疗、住房供应和基础设施方面存在巨大缺口；另一方面，劳动力外流的城市，人力资源供给不足，发展将受到制约（李晓阳等，2014）。

（三）资本市场一体化对经济增长的影响

资本市场一体化通常包括资本要素市场和证券市场，其中资本要素市场指的是把资本要素作为商品来进行交易和买卖的市场，本书所提及的主要是该类型市场，而不是证券市场。资本市场是全球经济增长和发展的引擎，是高度专业化和组织化的金融市场，并且由于其促进储蓄和投资的能力，是经济增长的重要推动力。首先，随着资本市场一体化水平提高，当一个地区资金不足、投资需求旺盛时，可以从该区域其他地区获得资源，从而有效缓解融资约束；当该地区资金过剩时，可以最大限度地流向其他地区并获得有效利用。其次，资本流动促进其他生产要素在不同部门之间的优化配置，从而提高各部门的生产效率，同时资本流动可以促进制造业的发展，对促进区域经济增长和产业集聚具有重要作用（王晓芳等，2018）。最后，学术界研究也表明资本市场一体化可以促进经济增长，例如，Yadirichukwu 等人（2012）基于尼日利亚 1985—2012 年数据研究资本市场对尼日利亚经济增长的影响，结果显示资本市场一体化显著促进经济增长。Oprea 等人（2018）分析了 2004—2016 年欧盟国家资本市场一体化对经济增长的影响，结果表明资本市场一体化对经济增长具有积极影响。然而，资本总是最大限度地流向发挥效用最大的城市，当集中到一定程度，将可能产生严重倾斜，从而导致资源垄断，减少了其他城市的发展和竞争机会。从中长期来看，资本过度聚集可能侵蚀竞争力根基，贬低生产要素价格，阻碍新一轮经济增长。

（四）市场一体化对经济增长的影响

随着区域市场一体化的不断完善，商品、劳动力、资本等在区域内自由流动更加便利，有效提升资源配置效率，从而促进经济结构不断优化，产生如下效应。第一，市场一体化规模效应。在市场一体化进程中，市场范围逐渐扩大从而促进企业生产发展，使生产者继续扩大生产规模，降低成本，享受规模经济带来的利益；同时，在市场一体化过程中，商品、要素和技术可以更加便捷地在区域内自由流动，通过规模经济促进区域经济增长（杨林等，2017）；从长远看，市场一体化有助于扩大地方市场规模，能够促进产业分工专业化，最终实现经济可持续增长（孙博文等，2019）；而市场分割破坏了区域规模效应，也在一定程度上抑制了技术和知识的溢出效应，不利于产业集聚和区域专业化的形成，抑制了该地区的经济增长（张雨迪，2018）。第二，市场一体化竞争效应。市场一体化加剧了企业竞争程度（黎文勇等，2019）。一方面，市场竞争迫使企业进行技术创新和人力资本积累，同时为保持或扩大现有优势，将采取引进或培养人才、生产线升级改造、技术创新等措施，从而影响经济增长方式。另一方面，市场竞争不断增加可以优化资源配置效率，提高经济运行质量，从而促进经济增长（李瑞林等，2007）。第三，市场一体化合作效应。随着市场一体化不断推进，要素流动逐渐加快，区域间的协调机制逐渐完善，区域间的分工与合作得到加强；跨区域合作的空间效应首先表现为各种利益驱动的区域主体的跨区域流动，导致要素和生产组织的跨区域流动，创新要素空间流动形成区域经济发展的空间互动（高丽娜，2012），但市场规模的扩大加速了相关产业在空间上集聚，也会产生拥挤效应，在拥挤效应下，人地矛盾突出，基础设施供给不足等问题突出，资源利用效率下降，进而导致整体效率下降。

三、研究设计

（一）变量说明

从现有的主要文献看，学者们对经济增长水平变量的选取，主要有两种思路：一是采用人均 GDP 增长率（赵儒煜等，2019；孙博文等，2019）；二是采用人均 GDP（陈磊等，2019；杨思维等，2019）。考虑到人均 GDP 指标更能反映经济发展所追求的公平与均衡目标（陆铭等，2008），笔者采用人均 GDP 表示经济增长指标。

解释变量说明。本书的核心解释变量为市场一体化（$Intet_{it}$）及其细分的商品市场一体化（$Inteco_{it}$）、劳动力市场一体化（$Intel_{it}$）和资本市场一体化（$Inteca_{it}$）；各变量选取依据与测度结果根据第七章第一节"长三角城市群市场一体化水平测度与时空演变特征研究"得出。

控制变量说明。第一，经济开放程度（$open_{it}$）：在区域经济发展过程中，对外开放能够引进新的技术，并能产生技术溢出效益，增强区域技术创新能力，从而促进区域经济发展；同时，还会对消费、投资以及进出口贸易等产生影响；笔者借鉴宗刚等人（2017）的文献，采用人均进出口额指标来衡量区域经济开放度。第二，人力资本（$Pers_{it}$）：市场一体化促进区域经济发展过程中，地方政府财政收入持续增加，政府将更加重视教育和科技，教育支出和人力资本培养投资规模将随着区域经济增长而增加和扩大，培养更多高素质、适用型人才，提高区域人力资本水平，进一步促进经济增长；借鉴刘传哲等人（2020）的文献，笔者采用每万人在校大学生数来衡量人力资本积累水平。第三，消费水平（Con_{it}）：市场一体化形成的规模经济有利于提高工人工资，而收入水平的提高也将增强居民的消费水平。社会消费水平的提升将促进社会生产规模的扩大，从而驱动经济增长（叶修群，2018）；借鉴邓文博等人（2020）的文献，笔者采用社会消费品零售总额占 GDP 比重代表消费水平。第四，政府支出规模（Gov_{it}）：研究表明，政府干预可以通过提升要素生产效率来影响要素价格与配置，从而影响技术进步速度与经济增长（李飞跃，2012）；内生经济增长理论认为，政府的财政支出用于公共基础设施建设、教育等方面，则可以有效地带动区域经济增长；同时由于财政支出规模反映了政府对地方经济发展调控程度，因此，笔者采用地方一般公共预算财政支出占 GDP 比重这一指标来衡量政府规模。第五，社会资本存量（$Fixed_{it}$）：社会资本有利于促进生产要素流动和资源配置效率提高，同时可以提高社会运行效率；社会资本主要通过对企业、产业集聚和政府等主体的影响，从而影响区域经济增长。借鉴林志鹏（2013）的文献，笔者采用社会固定资本投资占 GDP 比重指标来衡量社会资本投入水平。所有变量说明如表 9-11 所示。

表 9-11　变量说明

变量类型	变量指标	测度指标	符号
被解释变量	经济增长	人均 GDP	$RGDP_{it}$
解释变量	市场一体化	市场一体化指数	$Intet_{it}$
	商品市场一体化	商品市场一体化指数	$Inteco_{it}$
	劳动力市场一体化	劳动力市场一体化指数	$Intel_{it}$
	资本市场一体化	资本市场一体化指数	$Inteca_{it}$
控制变量	经济开放程度	人均进出口额	$open_{it}$
	人力资本	每万人在校大学生数	$Pers_{it}$
	消费水平	地区社会消费品零售总额占 GDP 比重	Con_{it}
	政府支出规模	地方一般公共预算财政支出占 GDP 比重	Gov_{it}
	社会资本存量	社会固定资本投资占 GDP 比重	$Fixed_{it}$

（二）模型构建

为了研究市场一体化及其细分类型商品、劳动力和资本市场一体化水平对经济增长的非线性影响，笔者参照孙博文等人（2016）及其他学者的文献，构建模型如式（9-6）—式（9-9）所示。

$$\ln RGDP_{it} = \alpha_0 + \alpha_1 Inteco_{it} + \alpha_2 segInteco_{it} + \gamma_1 X_{it} + \varepsilon_{it} \tag{9-6}$$

$$\ln RGDP_{it} = \alpha_0 + \alpha_3 Intel_{it} + \alpha_4 segIntel_{it} + \gamma_2 X_{it} + \varepsilon_{it} \tag{9-7}$$

$$\ln RGDP_{it} = \alpha_0 + \alpha_5 Inteca_{it} + \alpha_6 segInteca_{it} + \gamma_3 X_{it} + \varepsilon_{it} \tag{9-8}$$

$$\ln RGDP_{it} = \alpha_0 + \alpha_7 Intet_{it} + \alpha_8 segIntet_{it} + \gamma_4 X_{it} + \varepsilon_{it} \tag{9-9}$$

其中，$RGDP_{it}$ 表示的是第 i 个城市第 t 年的人均 GDP 水平；α_1 和 α_2 为商品市场一体化指数（ $Inteco_{it}$ ）及其平方项（ $segInteco_{it}$ ）系数，α_3 和 α_4 为劳动力市场一体化指数（ $Intel_{it}$ ）及其平方项（ $segIntel_{it}$ ）系数，α_5 和 α_6 为资本市场一体化指数（ $Inteca_{it}$ ）及其平方项（ $segInteca_{it}$ ）系数，α_7 和 α_8 为市场一体化指数（ $Intet_{it}$ ）及其平方项（ $segIntet_{it}$ ）系数；X_{it} 是控制变量，包括各城市的经济开放程度（ $open_{it}$ ）、人力资本（ $Pers_{it}$ ）、消费水平（ Con_{it} ）、政府支出规模（ Gov_{it} ）及社会资本存量（ $Fixed_{it}$ ）等指标，γ_1、γ_2、γ_3、γ_4 分别为控制变量的系数；为了缓解异方差性，笔者对绝对数值的变量 $RGDP_{it}$、$open_{it}$ 和 $Pers_{it}$，取自然对数处理；ε_{it} 是随机扰动项。

（三）数据来源与描述性统计

本书以长三角城市群 27 个城市为研究对象，相关数据主要来源于历年沪浙苏皖统计年鉴及《中国城市统计年鉴》等，各变量描述性统计量如表 9-12 所示，包含样本量、均值、标准差及最大最小值等信息。

表 9-12   变量统计特征

变量	样本	均值	标准差	最小值	最大值
ln$RGDP$	270	11.147	0.533	7.578	12.068
$Intet$	270	6.178	2.946	2.003	13.81
$Inteco$	270	2.826	0.536	0.963	4.005
$Intel$	270	0.080	0.324	0.002	3.373
$Inteca$	270	3.272	2.960	0.382	10.462
ln$Open$	270	8.081	1.192	4.853	10.405
ln$Pers$	270	5.163	0.857	2.822	7.147
Con	270	0.371	0.097	0.156	0.746
Gov	270	0.117	0.057	0.019	0.309
$Fixed$	270	0.744	0.301	0.237	1.838

四、实证分析

(一) 平稳性检验

为了避免模型中变量的非平稳性可能导致的伪回归等问题，笔者在进行实证分析前首先对各个变量做面板单位根检验；主要采用 *LLC*、*IPS*、*ADF-Fisher* 和 *PP-Fisher* 检验对 ln*RGDP*、*Intet*、*Inteco*、*Intel*、*Inteca* 和 ln*Open* 等各变量进行检验，如表 9-13 所示，可知各变量均通过了 5% 的显著性水平检验，表明模型所选取的变量是平稳的，可以进行回归分析。

表 9-13 单位根检验

变量	检验方法				结论
	LLC	*IPS*	*ADF-Fisher*	*PP-Fisher*	
ln*RGDP*	−3.3906 (0.0003)	−6.6935 (0.0000)	4.7342 (0.0000)	10.5514 (0.0000)	平稳
Intet	−14.3805 (0.0000)	−6.5086 (0.0000)	30.4337 (0.0000)	7.8058 (0.0000)	平稳
Inteco	−7.6654 (0.0000)	−5.7567 (0.0000)	6.1434 (0.0000)	3.8891 (0.0001)	平稳
Intel	−41.9991 (0.0000)	−6.3944 (0.0000)	2.8575 (0.0021)	16.0669 (0.0000)	平稳
Inteca	−14.9605 (0.0000)	−6.3598 (0.0000)	26.1163 (0.0000)	7.8357 (0.0000)	平稳
ln*Open*	−10.8596 (0.0000)	−5.2001 (0.0000)	7.7124 (0.0000)	23.8210 (0.0000)	平稳
ln*Pers*	−8.2511 (0.0000)	−5.9895 (0.0000)	3.0309 (0.0012)	9.7015 (0.0000)	平稳
Con	−1.6698 (0.0475)	−15.1566 (0.0000)	18.8325 (0.0000)	2.46768 (0.0068)	平稳
Gov	−12.3594 (0.0000)	−6.2367 (0.0000)	12.6966 (0.0000)	4.7000 (0.0000)	平稳
Fixed	−2.9310 (0.0017)	−2.8758 (0.0020)	2.5689 (0.0051)	14.1312 (0.0000)	平稳

注：表中括号内的数为 p 值。

（二）模型选择

在面板数据中，模型估计可以运用 Hausman 检验来判断究竟是采用固定效应模型，还是随机效应模型。因此，笔者也将运用 Hausman 检验法，检验结果如表 9-14—表 9-15 所示，表明应选择固定效应模型进行估计。

（三）回归分析

由表 9-14—表 9-15 可知，由于各模型的 DW 值为 1.850—2.388，基本围绕 2 波动，表明相邻点的参数是相互独立的，即对模型参数独立性进行诊断；从 R^2 值看，区间为 0.621—0.708，且各模型的 F 值在 1% 的水平上显著，表明模型拟合度较高，市场一体化指数及其细分类型对经济增长的影响，各自解释程度不低于 62.1%。

在表 9-14 中，模型 FE（1）、FE（4）和 FE（7）分别只引入商品市场一体化、劳动力市场一体化和资本市场一体化自变量回归结果，模型 FE（2）、FE（5）和 FE（8）分别再加入控制变量后回归结果，模型 FE（3）、FE（6）和 FE（9）分别再加入核心自变量的平方项后回归结果。从模型 FE（1）—FE（3）回归结果看，商品市场一体化对经济增长呈现正向影响，而在模型（3）中引入商品市场一体化的平方项后，平方项系数并不显著，表明商品市场一体化对经济增长的影响不存在非线性。从模型 FE（4）、FE（5）和 FE（6）回归结果看，无论只加入劳动力市场一体化自变量，还是再加入控制变量和核心自变量的平方项，估计系数都不显著，表明长三角城市群劳动力市场一体化对经济增长的影响不显著，与预期不符。从模型 FE（9）回归结果看，资本市场一体化的一次项系数为 0.069，平方项系数为 -0.007，且都通过了 5% 的水平显著性检验，表明长三角城市群资本市场一体化对经济增长的影响呈现倒 "U" 形；由偏导方程

$$\frac{\partial \ln RGDP}{\partial \, Inteca} = 0.069 - 0.014 Inteca = 0 \tag{9-10}$$

可得 $Inteca = 4.92857$，即资本市场一体化对经济增长影响的拐点值为 4.92857，当资本市场一体化指数小于 4.92857 时，长三角城市群资本市场一体化对经济增长的影响呈现正向；当资本市场一体化指数大于 4.92857 时，长三角城市群资本市场一体化对经济增长的影响呈现负向；由表 9-12 可知长三角城市群资本市场一体化指数均值为 3.272，小于拐点值 4.92857，因此模型 FE（7）和 FE（8）都呈现正向影响。

表 9-14　市场一体化细分类型对经济增长的影响

	FE (1)	FE (2)	FE (3)	FE (4)	FE (5)	FE (6)	FE (7)	FE (8)	FE (9)
Inteco	0.216***	0.120***	0.476*						
	(0.040)	(0.041)	(0.269)						
segInteco			-0.065						
			(0.048)						
Intel				-0.109	-0.037	0.146			
				(0.072)	(0.067)	(0.211)			
segIntel						-0.071			
						(0.077)			
Inteca							0.014**	0.012*	0.069**
							(0.007)	(0.007)	(0.028)
segInteca									-0.007**
									(0.003)
ln*Open*		0.470***	0.473***		0.524***	0.538***		0.503***	0.476***
		(0.103)	(0.103)		(0.103)	(0.104)		(0.105)	(0.104)
ln*Pers*		-0.127	-0.122		-0.133	-0.137		-0.100	-0.121
		(0.103)	(0.103)		(0.106)	(0.106)		(0.107)	(0.106)
Con		1.106*	1.071*		1.391**	1.457**		1.381**	1.237**
		(0.583)	(0.583)		(0.585)	(0.589)		(0.583)	(0.582)
Gov		0.283	0.356		0.315	0.246		0.365	0.858
		(0.539)	(0.541)		(0.549)	(0.554)		(0.549)	(0.589)
Fixed		-0.010	0.006		0.030	0.017		0.039	-0.010
		(0.182)	(0.182)		(0.184)	(0.185)		(0.184)	(0.184)

续表

	FE (1)	FE (2)	FE (3)	FE (4)	FE (5)	FE (6)	FE (7)	FE (8)	FE (9)
$-cons$	10.536***	7.231***	6.702***	11.156***	7.029***	6.926***	11.101***	6.986***	7.277***
	(0.115)	(0.760)	(0.856)	(0.022)	(0.785)	(0.794)	(0.031)	(0.765)	(0.770)
N	270	270	270	270	270	270	270	270	270
R^2	0.659	0.705	0.708	0.621	0.695	0.694	0.624	0.697	0.703
$Adjust-R^2$	0.621	0.666	0.667	0.579	0.654	0.654	0.582	0.656	0.662
DW	2.029	2.318	2.302	1.850	2.325	2.342	1.872	2.353	2.363
F检验	17.338 (0.000)	17.740 (0.000)	17.31 (0.000)	14.711 (0.000)	16.909 (0.000)	16.41 (0.000)	14.868 (0.000)	17.052 (0.000)	16.95 (0.000)
Hausman	3.130 (0.078)	25.635 (0.0003)	26.280 (0.0004)	4.147 (0.0402)	29.280 (0.0001)	29.875 (0.0001)	3.759 (0.0425)	26.612 (0.0002)	28.624 (0.0002)

注：变量括号内为标准误，F检验和Hausman检验括号内的数为p值。

在表9-15中，模型FE（1）只加入市场一体化指数自变量回归结果，模型FE（2）再加入控制变量后回归结果，模型FE（3）再加入核心自变量的平方项后回归结果。从模型FE（1）和FE（2）回归结果看，市场一体化指数对经济增长呈现正向影响，且显著；从模型FE（3）回归结果看，市场一体化指数的一次项系数为0.107，平方项系数为-0.007，且都通过了1%的水平显著性检验，表明长三角城市群市场一体化对经济增长的影响呈现倒"U"形；由偏导方程

$$\frac{\partial \ln RGDP}{\partial Intet} = 0.107 - 0.014Intet = 0 \tag{9-10}$$

可得$Intet = 7.64286$，即市场一体化对经济增长影响的拐点值为7.64286，当市场一体化指数小于7.64286时，长三角城市群市场一体化对经济增长的影响呈现正向；当市场一体化指数大于7.64286时，长三角城市群市场一体化对经济增长的影响呈现负向；由表9-12可知长三角城市群市场一体化指数均值为6.178，小于拐点值7.64286，因此模型FE（1）和FE（2）都呈现正向影响。

表 9-15 市场一体化指数对经济增长的影响

	FE （1）	FE （2）	FE （3）
Intet	0.020***	0.012*	0.107***
	(0.007)	(0.007)	(0.040)
segIntet			−0.007**
			(0.003)
ln*Open*		0.490***	0.447***
		(0.105)	(0.105)
ln*Pers*		−0.089	−0.103
		(0.107)	(0.106)
Con		1.349**	1.124*
		(0.582)	(0.584)
Gov		0.381	0.829
		(0.547)	(0.573)
Fixed		0.038	−0.020
		(0.183)	(0.183)
− *cons*	11.026***	7.003***	7.216***
	(0.049)	(0.763)	(0.760)
N	270	270	270
R^2	0.629	0.699	0.706
Adjust-R^2	0.588	0.658	0.665
DW	1.906	2.362	2.388
F 检验	15.220 (0.000)	17.186 (0.000)	17.18 (0.000)
Hausman	2.929 (0.085)	31.356 (0.0000)	30.357 (0.0001)

就控制变量而言，表9-14与表9-15回归结果显示，市场一体化及其细分类型商品、劳动力和资本市场一体化对经济增长影响的各模型中，经济开放程度和消费水平两个变量都对经济增长呈现正向显著影响，而人力资本、政府支出规模与社会资本存量对经济增长的影响都不显著。

（四）稳健性分析

为了检验长三角城市群27个城市市场一体化及其细分类型对经济增长影响的回归结果是否具有稳健性，笔者将样本按区域细分为上海、浙江9市、江苏9市和安徽8市四个区域，分别探讨市场一体化及其细分类型对经济增长的影响，回归结果与表9-14、表9-15进行比较表明，分区域回归结果中，只有上海商品市场一体化一次项系数不显著，与27个城市作为样本回归结果不同，其他与27个城市样本回归结果都一致。这表明：长三角城市群27个城市市场一体化及其细分类型对经济增长影响的回归结论，具有较强的稳健性。

五、市场一体化对经济增长影响的传导机制分析

由表9-14和表9-15分析可知，市场一体化及其细分类型资本市场一体化对经济增长的影响呈现倒"U"形，商品市场一体化对经济增长的影响呈现正向显著，而劳动力市场一体化对经济增长的影响不显著；同时从控制变量影响显著性看，经济开放程度和消费水平变量对经济增长呈现显著正向影响，而人力资本、政府支出规模和社会资本存量对经济增长并不产生影响。由此我们不禁要问，市场一体化及其细分类型商品市场一体化、资本市场一体化对经济增长的影响，经济开放程度和消费水平是否起到间接传导作用？若起到间接传导作用，传导作用究竟会有多大？为此，笔者建立式（9-11）—式（9-14），即市场一体化及其细分类型分别对控制变量的影响。①

$$X_{it} = \beta_0 + \beta_i + \beta_1 Intet_{it} + \varepsilon_{it} \tag{9-11}$$

$$X_{it} = \mu_0 + \mu_i + \mu_1 Inteco_{it} + \varepsilon_{it} \tag{9-12}$$

$$X_{it} = \lambda_0 + \lambda_i + \lambda_1 Intel_{it} + \varepsilon_{it} \tag{9-13}$$

$$X_{it} = \omega_0 + \omega_i + \omega_1 Inteca_{it} + \varepsilon_{it} \tag{9-14}$$

其中 X_{it} 包括经济开放程度（ $open_{it}$ ）、人力资本（ $Pers_{it}$ ）、消费水平（ Con_{it} ）、政府支出规模（ Gov_{it} ）及社会资本存量（ $Fixed_{it}$ ）指标，β_1、μ_1、λ_1、ω_1 分别为市场一体化、商品市场一体化、劳动力市场一体化和资本市场一

---

① 为了研究全面，控制变量包括人力资本、政府支出规模和社会资本，同时也包括劳动力市场一体化对控制变量的影响。

体化指数系数，β_i、μ_i、λ_i、ω_i 为个体固定效应项，ε_{it} 是随机扰动项。

（一）回归结果分析

由表 9-16 中的方程（1）—（5）可知，市场一体化指数对经济开放程度在 1% 的水平上显著正向影响，对消费水平在 5% 的水平上显著正向影响，对人力资本在 5% 的水平上显著负向影响，而对政府支出规模和社会资本存量不产生影响；由方程（6）—（10）可知，商品市场一体化对经济开发程度、消费水平、政府支出规模和社会资本存量在 1% 水平上都呈现显著正向影响，而对人力资本不产生影响；由表 9-17 中的方程（11）—（15）可知，劳动力市场一体化对经济开放程度在 5% 的水平上显著负向影响，对人力资本与社会资本存量在 1% 的水平上显著负向影响，而对消费水平和政府支出规模不产生影响；由方程（16）—（20）可知，资本市场一体化对经济开放程度在 1% 的水平上显著正向影响，对人力资本在 5% 的水平上显著负向影响，对政府支出规模在 10% 的水平上显著负向影响，而对消费水平和社会资本存量不产生影响，具体影响情况汇总成表 9-18。

由表 9-18 可知，关于经济开放程度变量，除劳动力市场一体化呈现负向影响外，市场一体化及其细分类型商品市场一体化、资本市场一体化都呈现正向影响；关于人力资本变量，除商品市场一体化不产生影响外，市场一体化及其细分类型劳动力市场一体化、资本市场一体化都呈现抑制作用；关于消费水平变量，市场一体化及其细分类型商品市场一体化呈现正向促进作用，而劳动力市场一体化、资本市场一体化都不产生影响；关于政府支出规模变量，商品市场一体化呈现正向促进作用，资本市场一体化呈现负向抑制作用，而市场一体化及其细分类型劳动力市场一体化都不产生影响；关于社会资本存量变量，商品市场一体化呈现正向促进作用，劳动力市场一体化呈现负向抑制作用，而市场一体化及其细分类型资本市场一体化都不产生影响。

（二）传导路径影响程度分析

将表 9-14、表 9-15 与表 9-16、表 9-17 回归结果结合起来分析，就可以得出传导路径的影响程度。表 9-14 与表 9-15 中的 γ_1、γ_2、γ_3 和 γ_4 是控制变量对经济增长的影响系数；表 9-16 与表 9-17 中的 β_1、μ_1、λ_1 和 ω_1 分别是市场一体化、商品市场一体化、劳动力市场一体化和资本市场一体化对控制变量的影响系数；两者的乘积表示市场一体化及其细分类型商品市场一体化、劳动力市场一体化、资本市场一体化通过传导途径对经济增长的影响程度。由表 9-14 与表 9-15 可知，控制变量中只有经济开放程度和消费水平变量对经济增长呈现显著正向影响，而人力资本、政府支出规模和社会资本存量对经济增长并不产生影响，同时劳动力市场一体化对经济增长的影响也不显著。因此，传导路径影响

表 9-16　市场一体化及其细分类型商品市场一体化对控制变量的影响

	(1) lnOpen	(2) lnPers	(3) Con	(4) Gov	(5) Fixed	(6) lnOpen	(7) lnPers	(8) Con	(9) Gov	(10) Fixed
Intet	0.012*** (0.003)	-0.008** (0.004)	0.001*** (0.000)	-0.000 (0.000)	0.000 (0.002)					
Inteco						0.139*** (0.029)	0.057 (0.038)	0.032*** (0.005)	0.014*** (0.003)	0.085*** (0.022)
_cons	8.007*** (0.239)	5.213*** (0.174)	0.364*** (0.017)	0.120*** (0.009)	0.743*** (0.053)	7.689*** (0.274)	5.002*** (0.254)	0.281*** (0.018)	0.078*** (0.013)	0.504*** (0.060)
N	270	270	270	270	270	270	270	270	270	270

表 9-17　劳动力市场一体化与资本市场一体化对控制变量的影响

	(11) lnOpen	(12) lnPers	(13) Con	(14) Gov	(15) Fixed	(16) lnOpen	(17) lnPers	(18) Con	(19) Gov	(20) Fixed
Intel	-0.133** (0.065)	-0.127*** (0.034)	-0.012 (0.008)	-0.003 (0.006)	-0.034*** (0.011)					
Inteca						0.009*** (0.002)	-0.008** (0.004)	0.000 (0.000)	-0.001* (0.000)	-0.002 (0.001)

注：变量括号内为标准误。

续表

	（11）	（12）	（13）	（14）	（15）	（16）	（17）	（18）	（19）	（20）
— cons	8.091***	5.173***	0.372***	0.117***	0.747***	8.051***	5.190***	0.370***	0.120***	0.750***
	(0.230)	(0.163)	(0.017)	(0.008)	(0.052)	(0.233)	(0.167)	(0.017)	(0.009)	(0.053)
N	270	270	270	270	270	270	270	270	270	270

表 9-18　市场一体化及其细分类型对控制变量影响情况汇总

	ln$Open$	ln$Pers$	Con	Gov	$Fixed$
$Intet$	+ （***）	- （**）	+ （**）	不显著	不显著
$Inteco$	+ （***）	不显著	+ （***）	+ （***）	+ （***）
$Intel$	- （**）	- （***）	不显著	不显著	- （***）
$Inteca$	+ （***）	- （**）	不显著	- （*）	不显著

注："+"表示正向显著；"-"表示负向显著。

程度分析如表9-19所示。由表9-19可知，经济开放程度是市场一体化及其细分类型商品市场一体化、资本市场一体化对经济增长影响的主要传导路径，同时消费水平也成为市场一体化及其细分类型商品市场一体化对经济增长影响的重要传导路径。市场一体化通过经济开放程度和消费水平传导路径影响经济增长的系数和为0.0073，而表9-15中市场一体化对经济增长影响的系数为0.012，约占60.8%，表明市场一体化对经济增长的影响程度，其中60.8%可由市场一体化分别对经济开放程度和消费水平产生影响，进而影响经济增长的路径来解释；商品市场一体化通过经济开放程度和消费水平传导路径影响经济增长的系数和为0.0996，而表9-15中商品市场一体化对经济增长影响的系数为0.120，占83%，表明商品市场一体化对经济增长的影响程度，其中83%可由商品市场一体化分别对经济开放程度和消费水平产生影响，进而影响经济增长的路径来解释；而资本市场一体化只通过经济开放程度传导路径来影响经济增长，系数为0.0045，而表9-15中资本市场一体化对经济增长影响的系数为0.012，占37.5%，表明资本市场一体化对经济增长的影响程度，其中37.5%可由资本市场一体化对经济开放程度产生影响，进而影响经济增长的路径来解释。

表9-19　传导路径影响程度分析

传导路径	Intet			Inteco			Inteca		
	γ_1	β_1	$\gamma_1\beta_1$	γ_2	μ_1	$\gamma_2\mu_1$	γ_4	ω_1	$\gamma_4\omega_1$
lnOpen	0.490	0.012	0.0059	0.470	0.139	0.0653	0.503	0.009	0.0045
Con	1.349	0.001	0.0014	1.071	0.032	0.0343	1.381	—	—
合计			0.0073			0.0996			0.0045

六、主要结论与讨论

（一）主要结论

1. 回归结果分析

市场一体化及其细分类型资本市场一体化对经济增长的影响呈现非线性，呈现倒"U"形，其中市场一体化影响的拐点值为7.64286，资本市场一体化影响的拐点值为4.92857，与预期不完全一致；商品市场一体化对经济增长的影响呈现正向显著，与预期一致，而劳动力市场一体化对经济增长的影响不显著，与预期不一致；同时从控制变量影响显著性看，经济开放程度和消费水平变量对经济增长呈现显著正向影响，而人力资本、政府支出规模和社会资本存量对经济增长并不产生影响。

2. 传导机制分析

回归结果表明，市场一体化提升经济开放程度和消费水平，抑制人力资本积累，而对政府支出规模和社会资本存量不产生影响；商品市场一体化对经济开发程度、消费水平、政府支出规模和社会资本存量都呈现显著正向影响，而对人力资本不产生影响；劳动力市场一体化对经济开放程度、人力资本与社会资本存量呈现负向影响，而对消费水平和政府支出规模不产生影响；资本市场一体化对经济开放程度呈现正向影响，对人力资本、政府支出规模呈现负向影响，而对消费水平和社会资本存量不产生影响。传导路径影响程度分析表明，市场一体化对经济增长的影响程度，其中60.8%可由市场一体化对经济开放程度和消费水平产生影响，进而影响经济增长的路径来解释；商品市场一体化对经济增长的影响程度，其中83%可由商品市场一体化对经济开放程度和消费水平产生影响，进而影响经济增长的路径来解释；资本市场一体化对经济增长的影响程度，其中37.5%可由资本市场一体化对经济开放程度产生影响，进而影响经济增长的路径来解释。

（二）主要讨论

研究结果表明，资本市场一体化对经济增长的影响呈现非线性、倒"U"形，拐点值为4.92857，而根据表9-12可知，目前长三角城市群资本市场一体化指数均值为3.272，小于拐点值。因此，在区域一体化发展背景下，应进一步推进长三角城市群资本市场一体化建设，充分发挥资本市场一体化对经济增长的促进作用。一方面，资本市场在区域经济发展中具有重要作用，可以为产业发展壮大提供融资功能，使资源流向具有竞争力的行业，同时建立城市间协同金融服务机构，提升服务效率和优化资源配置，从而进一步促进资本市场一体化高质量发展。另一方面，资本市场一体化通过对经济开放程度的影响，进而影响经济增长。因此，我们在扩大长三角城市群对内开放的同时，也要重视经济对外开放，例如，继续改善长三角区域营商环境，大力吸引外商直接投资，优化外资结构，提高利用外商直接投资质量；继续优化长三角区域出口贸易结构，努力扩大对外服务贸易等。

研究结果表明，劳动力市场一体化对经济增长影响不显著，与预期不符。这主要是因为长三角城市群劳动力市场一体化程度还较低，难以对经济增长产生影响；由表9-12可知，劳动力市场一体化指数均值仅0.08，远低于商品市场一体化指数和资本市场一体化指数均值，其中的原因主要是上海、浙江和江苏经济发展实力在全国都较强，都属于东部沿海省市，人才尤其是高层次人才一般愿意流进而不愿意流出，导致人才流动呈现单向流动特征；而安徽属于中部省份，经济发展相对落后，人才一般愿意到东部沿海城市工作，从而使长三角城市群劳动力市场一体化进程缓慢，也难以对经济增长产生影响。因此，为了有效提升劳动力市场一体化水平，地方政府应根据市场供求规律和人才意愿，不断完善人才流动机制。

本研究的关键问题在于商品、劳动力和资本市场一体化指数的准确测度。而长三角城市群 27 个城市数据是否可得，使本研究存在一定的不足：一是关于劳动力市场一体化研究，本书主要利用城市平均工资水平偏差来衡量，相对较笼统，难以反映细分行业差异，因此，后续可以利用城市细分行业平均工资水平指标展开研究；二是关于资本市场一体化研究，本书主要利用金融机构人民币各项存贷款余额来衡量，其实，资本市场一体化中的"资本"，不仅包括存贷款，而且还包括固定资产投资、政府预算资金、外商直接投资等，因此，后续研究将进一步拓宽"资本"范畴，基于区域资本流动来探讨资本市场一体化。

第三节　长三角城市群市场一体化对经济增长影响空间计量研究

本书以长三角城市群 27 个城市为研究对象，运用固定效应空间杜宾模型实证分析 2010—2019 年区域市场一体化对经济增长的空间效应问题。结果表明：（1）长三角城市群经济增长存在显著的空间自相关性，而市场一体化空间相关性不显著，但也出现"极点"和"洼地"现象。（2）长三角城市群市场一体化显著促进本地区经济发展，而本地区市场一体化进程对周边地区经济增长的促进作用效果不明显；经济开放与人力资本都有效促进本地区经济增长，且人力资本呈现显著的正向溢出效应。（3）效应分解模型分析结果显示，长三角城市群市场一体化、对外开放和人力资本的直接效应都为正且显著，同时人力资本的间接效应为正且显著。因此，长三角城市群要充分发挥市场一体化在经济增长上的"加速器"作用，提升地区整体经济实力。

一、引言与文献综述

区域市场一体化有利于促进商品与要素自由流动。然而实践中仍存在行政、技术和政策壁垒，统一开放的市场体系尚未形成等制约因素（赵树宽等，2008；肖金成，2018），严重阻碍了区域经济增长。即使作为一体化程度较高的长三角区域也不例外。为此，《长江三角洲区域一体化发展规划纲要》明确提出，到2035年，现代化经济体系基本建成。同时经验表明，城市集群成为推动区域经济发展的重要力量，作为世界级六大城市群之一的长三角城市群如何通过市场一体化推动经济高质量发展成为学术界关注的重点问题。当前，长三角城市群整体经济发展水平居全国前列，城市间深度融合机制日益完善，对全国经济发展形成了巨大的示范和辐射效应；但城市间经济发展不平衡问题依然突出，商品及要素空间流动仍存在一些瓶颈，市场经济体系仍不健全。这些问题对长三角城市群市场一体化发展及经济高质量增长，无疑形成了制约。因此，系统深入分析长三角城市群市场一体化对经济增长的影响，不仅有助于推动长三角城市群市场一体化发展，进而形成以城市群为导向的区域协调发展创新模式，而且有助于促进经济高质量发展，进一步为促进我国区域一体化协调发展提供新的思路。

关于市场一体化对经济增长的影响，从现有的文献看，主要有三种观点。一是市场一体化对经济增长产生正向影响。例如，Dirk（2011）从实证角度考察了区域市场一体化是否以及如何促进发展中国家之间的趋同和经济增长，发现区域市场一体化通过增加贸易和投资对增长产生积极影响。Ke（2015）探讨了1995—2011年我国市场一体化与区域经济规模和增长间的关系，研究结果表明，国内市场开放对区域经济具有显著的促进作用。孙志贤等人（2016）研究发现，市场一体化深入发展将促进对外贸易发展，进一步促进经济发展。张治栋等人（2018）和陈磊等人（2019）研究表明，劳动力与资本等要素流动，可以提高区域一体化水平，从而对经济发展产生积极影响。Oprea（2018）、Orlowski（2020）等人研究发现，资本深度一体化是支持经济加速增长的必要条件，进一步的市场一体化将提供资本融资渠道，改善资本配置，缓解市场和系统风险，促进实体经济增长。张跃等人（2021）从产业结构升级角度探讨市场一体化能促进城市经济高质量发展。二是在特定条件下，市场非一体化（市场分割）对经济增长产生正向影响。例如，刘再起等人（2013）研究发现，我国东中西部市场整合过程中，市场分割有利于促进省域经济发展。王磊等人（2015）研究认为，短期内的市场分割是以扭曲资源合理配置为代价促进经济增长。付强（2017）认为市场分割是基于较高的产业同构度对经济增长产生促进作用。三是市场一体化对经济增长的影响不显著。Andreas等人（2019）分析东非时利用卫星图像测量夜间从地球发出的光线来衡量经济活动，结果发现经济增长效应是暂时的，而且对整个地区的影响并不显著。

综上所述，学者们关于市场一体化对经济增长的影响的研究内容已较丰富，可以为本研究提供借鉴与启发。但由于研究方法、数据及对象等的不同，研究难以得出一致的结论，从现有的文献看，仍存在以下不足：一方面，从研究方法看，较少运用空间计量模型分析市场一体化对经济增长的空间效应问题；从研究对象看，对长三角城市群的市场一体化经济增长效应问题研究得较少，尤其缺少以 27 个城市为研究对象。另一方面，以长三角区域为研究对象，运用空间计量模型研究经济增长问题，较多的文献关注产业集聚（王钰等，2021；温婷，2020）、金融集聚（化祥雨等，2016；Wang Chao et al.，2019；吴炎芳，2021）、交通（陈博文等，2015；Wang Chao et al.，2020；郝凤霞等，2021）及城镇化（刘华军等，2014；张颖等，2019）等方面，而缺少对市场一体化经济增长的空间效应问题的研究。因此，本书探讨长三角城市群市场一体化经济增长的空间效应，将有利于促进城市群经济高质量发展。

二、市场一体化对经济增长产生影响的空间效应理论分析

根据空间外溢理论，一个地区的经济发展对其邻近地区产生溢出效应，且两者距离越近，溢出效应越明显。随着区域市场一体化水平的提升，区域间壁垒逐渐消除，要素跨区域流动有所发展，各种资源配置效率得到提高（Pan，2013）。同时区域间还存在广泛的关联效应，区域市场一体化水平提升，存在广泛的商品流动、技术溢出及要素流动等各种经济联系（赵伟光，2015）；一体化水平较高的区域将会促进相邻区域的发展，而程度较低的地区存在负向的空间联动效应（邵汉华等，2020）。同时，由于外部市场准入条件的改善，外部经济发展为当地创造了良好的市场需求条件，从而促进当地的经济增长，也就是说，我国区域经济发展存在溢出效应（Ying，2000）。

根据新经济地理学的中心—外围理论，区域经济高质量发展不仅表现为经济总量的扩大，而且还表现为空间布局的动态变化，不同地区集聚与扩散的动态演化，推动整个区域经济的高质量发展（郭湖斌等，2019）；一体化通过破除障碍使要素在区域间自由流动，区域间经济联系逐渐增强，中心城市的经济能量向外扩散，整个区域经济增长收敛，产生涓流效应（张安驰等，2019）。尤为重要的是交通一体化是区域一体化的基础和先导，一个区域交通得到发展，意味着中心城市能够将生产要素输送到周边地区，有利于降低周边地区的生产成本，促进区域经济增长；同时，区域物流信息化在一定程度上有利于加强区域间的信息交流，拓展了市场空间，促进区域经济增长，对周边地区经济增长具有溢出效应（Xu et al.，2017）。因此，市场的统一开放促进了商品、技术等跨区域流动，发挥了区域核心城市对周边地区经济增长的空间溢出效应（刘志彪，2014；都泊桦等，2017；刘丽萍等，2019）；区域一体化范围扩大，能够显著地提升周边地区的经济增长，

即存在显著的边界效应和范围扩大效应（吴俊等，2015）。

同时根据新经济地理学空间集聚理论，市场一体化水平较高的区域吸引企业选择其作为厂址，进而产生经济活动的空间集聚，即随着市场一体化水平的提高实现区域经济空间集聚，而区域经济的空间集聚进一步促进区域经济增长。Yujie（2020）认为，集群内的企业利用地理上的邻近性，容易形成正式或非正式的沟通网络，促进不同企业间信息、技术和管理经验的良性互补，促进信息传播，扩大知识溢出程度，中小企业还可以交流和获取行业前沿信息，消除壁垒，加快科技信息的传播和交流，有效提高行业全要素生产率水平。苗峻玮等人（2021）认为，区域市场一体化水平提高加速了各类要素的流动，区域产业集聚的过程中伴随着人才流动，从而进一步扩大人才集聚与产业集聚的双赢效应，为区域高质量发展奠定基础。由于区域经济水平和集聚效应具有明显的外部性，集聚程度高、经济质量高的地区可以通过"示范效应"树立标杆，邻近区域在模仿的过程中进一步推动区域要素关联性的提升，促进区域整体经济发展。

三、空间计量方法

传统的统计理论是建立在独立观测假设的基础上的，然而，独立观测在实际生活中并不普遍存在。因此，对于长三角城市群不同城市间的宏观经济变量可能存在空间联系，在进行空间经济计量模型分析之前，一般要判断对象间是否存在空间自相关性。

（一）空间自相关分析

空间自相关是进行空间计量分析的前提与保证，只有确定存在空间自相关关系后才可以对数据进行空间相关性建模分析。空间自相关是指一个经济区域中的某种经济现象或某一属性总是与其相邻经济领域中的相应经济现象或属性值相关（王鹤，2012），包括全局空间自相关和局域空间自相关，其中全局空间自相关，一般采用常用的 Moran 指数值来检验，其计算公式为：

$$I = \frac{\sum_{i=1}^{n}\sum_{j=1}^{n}W_{ij}(Y_i - \bar{Y})(Y_j - \bar{Y})}{S^2\sum_{i=1}^{n}\sum_{j=1}^{n}W_{ij}} \tag{9-15}$$

I 表示地区之间的总体相关程度，$S^2 = \frac{1}{n}\sum_{i=1}^{n}(Y_i - \bar{Y})$，$\bar{Y} = \frac{1}{n}\sum_{i=1}^{n}Y_i$，$Y_i$ 和 Y_j 代表第 i 地区和第 j 地区的观测值，n 代表了研究地区的个数，W_{ij} 为空间权重矩阵。Moran 指数值的区间为 $[-1, 1]$，指数值越接近 1，表示空间正相关越强；

指数值越接近-1，表示空间负相关越强；指数值为0，表示呈现空间随机性。

一般而言，空间权重矩阵衡量事物间的关联程度，可分为邻接矩阵和逆距离矩阵两种设置方式：

$$W_{ij}(\text{邻接}) = \begin{cases} 1 & \text{城市 } i \text{ 与 } j \text{ 相邻} \\ 0 & \text{城市 } i \text{ 与 } j \text{ 不相邻}, \ i = j \end{cases} \tag{9-16}$$

$$W_{ij}(\text{逆距离}) = \begin{cases} \dfrac{1}{d_{ij}} & i \neq j \\ 0 & i = j \end{cases} \tag{9-17}$$

在逆距离矩阵中，$d_{ij} = \sqrt{(xc_i - xc_j)^2 + (yc_i - yc_j)^2}$，其中 xc、yc 表示城市经纬度坐标。虽然空间邻接矩阵仅仅表示的是相邻城市间发生作用，对间隔城市没有产生影响，但从实际情况看，合肥、杭州等城市与上海在空间上不相连，却可能存在相互影响、相互作用现象，而空间逆距离矩阵表示任意两点间都产生相互作用，距离越近，作用越明显，因此，本书采用空间逆距离矩阵进行研究局域空间自相关，且本书采用 Moran 散点图和局域相关 LISA 图来揭示经济增长、市场一体化的空间内部结构和集聚特征。

（二）空间面板计量模型

关于空间计量模型，其中空间杜宾模型（SDM）、空间滞后模型（SLM）和空间误差模型（SEM）是使用较为广泛的，选择哪个模型取决于因变量或自变量是否起到空间交互作用；对 SDM 模型施加一个或多个条件限制可推导出SLM、SLX[①] 和 SEM 模型，并进一步推导出 OLS 模型，具体如图9-8所示。

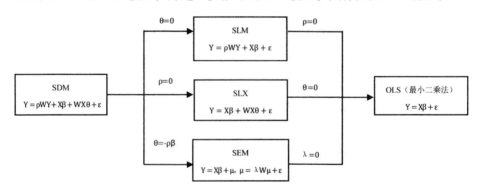

图9-8　SDM 与 SLM、SLX、SEM 及 OLS 关系图

---

① SLX 模型又称空间自变量滞后模型，借鉴 Wang（2019）等学者观点，在空间面板模型中较少使用，因此本书不展开论述。

其中由 SDM 模型推导 SEM 模型过程如下所述。

SDM 模型为：

$$Y = \rho WY + X\beta + WX\theta + \varepsilon$$

当 $\theta = -\rho\beta$ 时，代入 SDM 模型得：

$$Y = \rho WY + X\beta - WX\rho\beta + \varepsilon$$

现将 ρWY 移至等式的左边：

$$Y - \rho WY = X\beta - WX\rho\beta + \varepsilon$$

提取等式左边公因子 Y 和右边公因子 $X\beta$：

$$(I_n - \rho W)Y = (I_n - \rho W)X\beta + \varepsilon$$

现将等式两边同乘 $(I_n - \rho W)^{-1}$，得：

$$Y = X\beta + (I_n - \rho W)^{-1}\varepsilon$$

令 $(I_n - \rho W)^{-1}\varepsilon = \mu$，则 $\mu = \rho W\mu + \varepsilon$；令 $\rho = \lambda$，则 $\mu = \lambda W\mu + \varepsilon$，此时，可推导为 $Y = X\beta + \mu$，$\mu = \lambda W\mu + \varepsilon$，即 SEM 模型公式。

（三）空间计量模型的选择

由于模型中可能存在空间相关性，最小二乘法参数估计结果可能导致估计参数的有效性和一致性损失，但极大似然估计方法能有效解决此问题。不同的空间模型反映了不同的空间依赖性，在模型估计中，应根据试验结果选择具体模型形式。本书依据 Anselin（2004）提出的判别准则：先进行 LM 检验，若 LM-Error 与 LM-Lag 都不显著，保持 OLS 模型；若只有 LM-Error 显著，选择 SEM 模型，反之，选择 SLM 模型；若两者都显著，则进行稳健的 LM 检验，若只有 Robust LM-Error 显著，则选择 SEM 模型，反之，则选择 SLM 模型；当两者均显著时，借鉴 LeSage 等人（2009）、韩峰等人（2017）、曾艺等人（2019）观点，此时 SEM 模型与 SLM 模型均适用，可选择具有普遍形式的空间面板计量模型的 SDM 模型进行分析。当选择 SDM 模型时，需要采用 LR 检验和 Wald 检验对 SDM 模型进行简化检验（黄漫宇等，2021）。

四、研究设计

（一）变量说明

被解释变量。关于经济增长水平变量，根据赵儒煜等人（2019）、孙博文等人（2019）的研究思路，同时考虑到人均 GDP 指标更能反映经济发展所追求的公平与均衡目标（陆铭等，2009），采用人均 GDP 表示。

解释变量。本书的核心解释变量为市场一体化指数（$Intet_{it}$）；该指数的测算方法与结果根据第七章第一节"长三角城市群市场一体化水平测度与时空演变特征研究"得出。

控制变量。经济开放程度反映地区经济进出口贸易和相互投资程度，人力资本是技术创新的重要载体，消费水平提升将促进社会生产规模的扩大，政府支出规模反映政府对地方经济发展调控程度，社会资本存量有利于促进生产要素流动和资源配置效率提高。这些变量在一定程度上影响着一个地区的经济增长水平，因此我们引入经济开放程度（$open_{it}$）、人力资本（$Pers_{it}$）、消费水平（Con_{it}）、政府支出规模（Gov_{it}）和社会资本存量（$Fixed_{it}$）等变量为控制变量。各变量说明如表 9-20 所示。

表 9-20　变量说明

变量类型	变量指标	测度指标	符号
被解释变量	经济增长	人均 GDP	$RGDP_{it}$
解释变量	市场一体化	市场一体化指数	$Intet_{it}$
控制变量	经济开放程度	人均进出口额	$open_{it}$
	人力资本	每万人在校大学生数	$Pers_{it}$
	消费水平	地区社会消费品零售总额占 GDP 比重	Con_{it}
	政府支出规模	地方一般公共预算财政支出占 GDP 比重	Gov_{it}
	社会资本存量	社会固定资本投资占 GDP 比重	$Fixed_{it}$

（二）模型构建

为了研究市场一体化水平对经济增长的空间效应，根据空间面板计量模型主要类型，特构建如下模型。

空间杜宾模型：为研究长三角城市群相邻城市经济增长的空间效应，同时分析相邻城市的市场一体化水平对观测城市经济增长的影响，根据图 9-8，首先构建 SDM 模型：

$$\ln RGDP_{it} = a_0 + \rho W \ln RGDP_{it} + Intet_{it}\beta + WIntet_{it}\theta + bK_{it} + \varepsilon_{it}, \quad \varepsilon_{it} \sim N(0, \sigma_{it}I) \tag{9-18}$$

其中，$RGDP_{it}$ 表示的是第 i 个城市第 t 年的人均 GDP 水平；ρ 是空间滞后项 $W \ln RGDP_{it}$ 的系数，W 是空间权重矩阵，β 是解释变量的系数，θ 是解释变量的空间滞后项的系数，b 是控制变量的系数，K_{it} 是控制变量，ε_{it} 是随机扰动项；为了缓解异方差性，本书对绝对数值的变量 $RGDP_{it}$、$open_{it}$ 和 $Pers_{it}$，取自然对数处理。

空间滞后模型：对长三角城市群中各个城市而言，一个城市经济发展会受到相邻城市经济增长水平的影响，构建适合本书的 SLM 模型，根据图 9-8 关系可知，当式（9-18）中 $\theta = 0$ 时，可得 SLM 模型：

$$\ln RGDP_{it} = a_0 + \rho W \ln RGDP_{it} + Intet_{it}\beta + bK_{it} + \varepsilon_{it}, \quad \varepsilon_{it} \sim N(0, \sigma_{it}I)$$

$$(9-19)$$

空间误差模型：影响经济增长的因素很多，除本书选取的经济开放程度、人力资本、消费水平等因素外，可能还会受到如地理位置、环境等不可观测因素的影响，为研究市场一体化水平及不可观测因素对经济增长的影响，构建 SEM 模型。根据图 9-8 的关系，在式（9-18）中，当 $\theta = -\rho\beta$ 时，可得 SEM 公式如下：

$$\ln RGDP_{it} = a_0 + Intet_{it}\beta + bK_{it} + \mu_{it}, \quad \mu_{it} = \lambda W\mu_{it}, \quad \varepsilon_{it} \sim N(0, \sigma_i I) \quad (9-20)$$

其中，λ 表示空间误差自回归系数；$W\mu_{it}$ 表示随机误差项的空间滞后项，ε_{it} 表示正态分布的随机误差项。

（三）数据来源及描述统计

本书采用的相关数据主要来源于历年沪浙苏皖统计年鉴，各变量描述性统计量如表 9-21 所示。

表 9-21　变量统计特征

变量	样本	均值	标准差	最小值	最大值
$\ln RGDP$	270	11.169	0.545	7.578	12.101
$Intet$	270	6.178	2.946	2.003	13.81
$\ln Open$	270	8.099	1.194	4.853	10.405
$\ln Pers$	270	5.144	0.849	2.822	7.147
Con	270	0.369	0.088	0.156	0.597
Gov	270	0.120	0.057	0.019	0.309
$Fixed$	270	0.725	0.284	0.210	1.531

五、实证分析

（一）经济增长、市场一体化空间相关性检验

1. 全局空间自相关分析

长三角城市群经济增长呈显著的全局空间正相关性，而市场一体化水平从全局来看相关性不显著。根据式（9-15）—式（9-17），利用 Geoda 软件测算出 2010—2019 年长三角城市群人均 GDP 的 Moran 指数值，并研究长三角城市群区域的整体相关性（表 9-22）。由表 9-22 可知，2010—2019 年长三角城市群人均 GDP 的 Moran 指数值均大于 0，都通过 1% 或 5% 的显著性水平检验，表明长

三角城市群人均 GDP 的空间分布具有显著的空间正相关性，长三角城市群各区域经济增长呈空间聚集状态；正的空间相关性表明经济水平较低的地区其邻近地区经济水平也较低，反之，经济水平较高的地区其邻近地区经济水平也较高。因此，长三角城市群人均 GDP 在空间上的分布不是随机的，而是表现出区域的人均 GDP 在空间上趋于聚集。运用同样方法测算 2010—2019 年长三角城市群市场一体化水平的 Moran 指数值，发现空间相关性并不显著，因此需要进一步分析局域相关性。

表 9-22　2010—2019 年长三角城市群人均 GDP 的 Moran 指数

年份	人均 GDP （RGDP）		
	Moran's I	Z	P
2010	0.212	1.979	0.047**
2011	0.239	2.114	0.035**
2012	0.232	2.162	0.030**
2013	0.273	2.679	0.007***
2014	0.346	3.579	0.000***
2015	0.449	4.396	0.000***
2016	0.366	3.570	0.000***
2017	0.309	2.968	0.017**
2018	0.401	3.956	0.000***
2019	0.396	3.749	0.000***

2. 局部空间自相关分析

为了进一步了解经济增长和市场一体化空间集聚演变特征，分别绘制 2010 年和 2019 年长三角城市群人均 GDP 和市场一体化水平 Moran 指数散点图，并列出散点图对应城市所处象限（表 9-23），以反映具体城市人均 GDP 和市场一体化的空间集聚状态。总体上看，长三角城市群经济增长的局域中心呈现扩散态势，市场一体化发展出现"极点"和"洼地"现象。

2010 年长三角城市群人均 GDP 相对集中在第一和第三象限，属于高一高集聚类型和低—低集聚类型，占总样本的 62.96%；2019 年位于第一、第三象限的城市更加聚集，占总样本的 74.07%，反映了经济增长高值和低值聚集趋势明显。2010 年长三角城市群市场一体化水平的空间相关指数为正，尤其集中分布在第三象限，属于低—低集聚类型；2019 年市场一体化水平的 Moran 指数由正转为负，呈现负的空间相关性，意味着长三角城市群市场一体化指数的空间分布模式有所改变，尤其分布在第二象限的城市较多，形成了差异化的低—高集聚的空间分布格局。

由表 9-23 可知，关于人均 GDP 指标，2019 年苏州、无锡、上海、常州、镇江、南京和舟山仍处于高—高集聚区域，南通、扬州、泰州和嘉兴也都进入了高—高集聚区域，表明上海都市圈发展较快，都市圈内各城市间集聚力日益增强，经济能力在不断提升；而温州、台州和马鞍山都进入了低—低集聚区域，其中温州都市圈在地理位置上不如嘉兴、上海等城市地域相邻和经济相融，城市竞争力相对较弱，马鞍山离合肥较远，虽与南京较近，但属于不同省份，其发展受到一定程度的影响。对于市场一体化水平指标，2019 年上海、南通、镇江与宁波都进入高—高集聚区域，表明上海大都市圈具有较强的带动效应；而南京在 2010 年和 2019 年都处于低—低集聚区域，表明南京都市圈内城市的市场一体化水平较低，与上海等地形成明显的差异。

表 9-23　Moran 指数散点图对应城市所处象限

人均 GDP		
象限	2010 年	2019 年
H-H	苏州、无锡、上海、常州、镇江、南京、舟山、宁波、绍兴、马鞍山	苏州、无锡、上海、常州、镇江、南京、南通、扬州、泰州、舟山、嘉兴
L-H	滁州、宣城、湖州、南通、嘉兴、温州、台州	湖州、盐城、滁州
L-L	泰州、盐城、扬州、金华、池州、安庆、芜湖	金华、台州、温州、芜湖、宣城、安庆、铜陵、池州、马鞍山
H-L	铜陵、杭州、合肥	绍兴、宁波、杭州、合肥
市场一体化水平		
象限	2010 年	2019 年
H-H	苏州、杭州、无锡、绍兴、金华、嘉兴	上海、苏州、南通、无锡、镇江、嘉兴、宁波
L-H	上海、宁波、泰州、台州	常州、杭州、泰州、湖州、台州、舟山、芜湖、池州、滁州
L-L	常州、南京、温州、滁州、安庆、芜湖、马鞍山、宣城、铜陵、池州	南京、温州、扬州、盐城、铜陵、合肥
H-L	盐城、镇江、扬州、南通、湖州、舟山、合肥	绍兴、金华、安庆、马鞍山、宣城

（二）LM 检验和 Hausman 检验

由表 9-24 可知，LM-Error、LM-Lag、Robust LM-Error 和 Robust LM-Lag 统计量都在 5% 的水平上通过显著性检验，表明 SEM 模型与 SLM 模型都适用，可以选择更为普遍的 SDM 模型进行分析；进一步运用 Wald 和 LR 统计量检验表明，在 1% 的水平上通过显著性检验，SDM 模型不会退化为 SEM 模型或 SLM 模型。同时表 9-24 的 Hausman 检验结果显示，统计量在 10% 水平上通过显著性检验，表明选择固定效应模型。因此，本书将采用固定效应的 SDM 模型来分析长三角城市群市场一体化经济增长的空间效应问题。

表 9-24　长三角城市群空间依赖性检验模型设定检验

检验方法	统计量	p 值
LM-Error	70. 539	0. 000 ***
Robust LM-Error	72. 624	0. 000 ***
LM-Lag	3. 928	0. 047 **
Robust LM-Lag	6. 013	0. 014 **
Wald-error	21. 97	0. 0012 ***
Wald-lag	20. 30	0. 0024 ***
LR-error	24. 65	0. 0004 ***
LR-lag	21. 02	0. 0018 ***
Hausman	10. 71	0. 0977 *

（三）固定效应的 SDM 模型分析

本书将固定效应的 SDM 模型分为空间固定、时间固定和时空（双）固定三种 SDM 模型进行比较分析（表 9-25）。由表 9-25 回归结果可知，从 R^2 值看，时间固定效应的 SDM 模型 R^2 值最大，为 0.9438，表明模型的拟合度最好；从 $sigma^2$ 值看，时间固定效应的 SDM 模型 $sigma^2$ 值最小，表明该模型较为稳定；从 $Log\text{-}likehood$ 值看，时间固定效应的 SDM 模型 $Log\text{-}likehood$ 值最大，表明解释能力最好。因此，本书对长三角城市群市场一体化经济增长的空间效应研究，选用时间固定效应的 SDM 模型较为合适。①

由表 9-25 的时间固定效应的 SDM 模型分析结果可知，市场一体化有利于

---

① 唐建荣等（2018）指出，在空间计量模型中，$Log\text{-}likehood$ 值的大小表明了拟合数据效果的优良，数值越大，模型效果越好；拟合优度 R^2 越大，模型的拟合程度越高；离散度 $sigma^2$ 越小，模型越稳定。

本地区经济增长；而市场一体化水平滞后项（$W \times Intet$）的估计系数为 0.129，不显著，表明本地区市场一体化进程对周边地区经济增长的促进作用效果不明显。原因主要是长三角城市群不同城市间仍存在行政、技术和政策等壁垒，致使商品与劳动力、资本等要素资源流动受阻，从而对周边城市经济增长的溢出效应还难以发挥。总之，长三角城市群各城市市场一体化对经济增长的影响呈现出对本地区影响显著，而对周边地区的经济增长影响不大。

各控制变量的估计结果不尽相同。首先，经济开放和人力资本都通过了1%的正的显著性检验，表明经济开放和人力资本有效促进本地区经济发展；同时人力资本交互项 $W \times \ln Pers$ 回归系数在5%水平上通过显著性检验，表明本地区的人力资本水平提升会促进周边地区经济发展，但经济开放交互项 $W \times \ln Open$ 回归系数没有通过显著性检验，表明经济开放程度对周边地区经济增长的溢出效应不明显。其次，消费水平和政府支出都通过了负的显著性检验，表明消费水平和政府支出对本地区的经济发展具有显著的抑制作用，其中消费水平对经济增长的抑制作用与周立等人（2021）研究结论一致，可能的原因是较低的收入水平影响人们的消费水平，低水平的消费进一步影响经济增长和收入水平；政府支出对经济增长的抑制作用与张凤超等人（2021）研究结论一致，原因可能是政府干预降低要素配置效率，进而影响区域间经济的协调发展。从其与空间权重交互项的回归结果看，消费水平和政府支出交互项回归系数都不显著，表明溢出效应都不明显。最后，社会资本存量的估计系数没有通过显著性检验，表明对本地区的经济增长影响较小，但其交互项系数通过了5%的显著性检验，存在负向的空间溢出效应。

表 9-25 空间杜宾模型的固定效应估计

	空间固定	时间固定	时空固定
Main			
Intet	0.0111	0.0386**	0.0176
	(0.65)	(2.08)	(0.97)
ln*Open*	0.233**	0.253***	0.216**
	(2.27)	(8.65)	(2.01)
ln*Pers*	−0.0705	0.116***	−0.102
	(−0.73)	(3.82)	(−1.06)
Con	−0.750	−0.576**	−0.719
	(−1.07)	(−2.05)	(−1.06)

续表

	空间固定	时间固定	时空固定
Gov	0. 340	−0. 913 **	0. 0821
	(0. 45)	(−1. 99)	(0. 11)
Fixed	−0. 302	−0. 0260	−0. 227
	(−1. 56)	(−0. 21)	(−1. 20)
WxIntet	−0. 00390	0. 129	0. 0898
	(−0. 21)	(1. 23)	(0. 88)
ln*Open*	0. 733 **	−0. 0914	0. 136
	(2. 46)	(−0. 41)	(0. 17)
ln*Pers*	0. 351	0. 440 **	0. 0303
	(0. 77)	(2. 30)	(0. 05)
Con	0. 0149	−0. 969	0. 890
	(0. 01)	(−0. 55)	(0. 28)
Gov	−0. 948	2. 017	−5. 733
	(−0. 91)	(0. 72)	(−1. 51)
Fixed	0. 900	−0. 997 **	0. 517
	(1. 27)	(−2. 19)	(0. 69)
sigma^2	0. 0745 ***	0. 0624 ***	0. 0686 ***
R^2	0. 6615	0. 9438	0. 6360
Log-likehood	32. 5518	47. 4553	23. 0062

（四）SDM 模型的效应分解

基于时间固定效应 SDM 估计结果，对影响长三角城市群经济增长的各种因素进行空间效应的分解（表9-26），由表9-26可知，首先，市场一体化对经济增长的直接效应为正，且在5%的水平上显著，表明市场一体化进程对本地区经济增长具有直接的推动作用；间接效应也为正，但不显著，表明邻近地区的市场一体化水平提升对本地区经济增长的促进作用效果不明显。其次，经济开放和人力资本对经济增长的直接效应都为正，且在1%的水平上显著，表明经济开放和人力资本水平提升有效促进本地区经济增长；同时人力资本的间接效应正向且显著，但经济开放的间接效应为负值且不显著，表明邻近地区经济开放水平的提高会吸引该地区的要素集聚，抑制该地区经济发展，但效果不显著。再次，消费水平和政府支出对经济增长的直接效应，在5%的水平上呈现负显著，表明对本地区的经济增长具有显著的抑制作用；但消费水平和政府支出的间接效应都不显著，表明邻近地区对本地区的溢出效应都不明显。最后，社会资本存量对经济增长的间接效应为负值且显著，但直接效应为负且不显著，表明抑制本区域经济增长效果不显著。

表 9-26　市场一体化对经济增长的影响时间固定效应 SDM 空间效应分解

变量	直接效应	间接效应	总效应
Intet	0.0366** (1.96)	0.082 (1.03)	0.119 (1.41)
ln*Open*	0.257*** (9.62)	−0.158 (−1.03)	0.099 (0.60)
ln*Pers*	0.110*** (3.97)	0.308** (2.12)	0.418*** (2.65)
Con	−0.552** (−2.08)	−0.413 (−0.33)	0.965 (−0.70)
Gov	−0.961** (−2.16)	1.583 (0.78)	0.622 (0.30)
Fixed	−0.002 (−0.01)	−0.703** (−2.02)	−0.705** (−2.01)

（五）稳健性检验

为了检验长三角城市群市场一体化对经济增长影响的模型设计是否具有稳健性，本书利用时间固定效应空间杜宾模型对三省一市进行实证分析，因单一的城市不能设置地理权重，借鉴王立平等人（2014）的做法，将上海市纳入江苏省，实证结果如表 9-27 所示，并与表 9-25 进行比较分析，同时将效应分解的结果表 9-28 与表 9-26 进行对比分析，我们发现在分区域的实证分析中，三个层次分样本回归结果与城市群总样本实证结果一致，表明长三角城市群市场一体化对经济增长影响的回归结论，具有较强的稳健性。

表 9-27　分区域时间固定效应 SDM 空间效应估计

	沪江	浙江	安徽
Main			
Intet	0.035*	0.035*	0.038**
	(1.92)	(1.93)	(2.02)

	沪江	浙江	安徽
控制变量	......		
Wx			
Intet	0.111	0.128	0.123
	(1.06)	(1.23)	(1.15)
控制变量	......		
$sigma^2$	0.0786***	0.0782***	0.081***
R^2	0.9486	0.9525	0.9462
Log-likehood	42.8832	42.1427	46.6523

表 9-28　分区域时间固定效应 SDM 空间效应分解

区域	变量	直接效应	间接效应	总效应
沪江	Intet	0.033*	0.053	0.086
		(1.76)	(0.85)	(1.34)
	控制变量	......		
浙江	Intet	0.033*	0.066	0.099
		(1.74)	(1.04)	(1.50)
	控制变量	......		
安徽	Intet	0.036*	0.068	0.103
		(1.87)	(0.99)	(1.46)
	控制变量	......		

六、主要结论与讨论

本书基于 2010—2019 年长三角城市群 27 个城市面板数据，运用空间计量模型对市场一体化经济增长的空间效应展开分析，得出如下主要结论，并展开讨论。

首先，研究结果表明，一方面，长三角城市群市场一体化显著促进本地区经济发展，同时效应分解结果显示直接效应显著为正。原因可能是，区域市场一体化实质上是破除壁垒，加强彼此间的联系，实现要素自由流动，从而扩大市场规模，加强市场竞争，同时也增强区域合作，提高区域间整体福利水平，具体体现在以下几点：一是在市场一体化进程中，市场规模不断扩大，市场竞争程度提高，企业不得不进行技术创新，同时可以优化资源配置，从而促进经济发展。二是市场一体化不断深化发展的过程中，区域间合作拓宽了要素资源，地区间各类要素的合理配置能有效促进经济发展；同时区域合作也促进内贸增长，贸易是区域间避免重复投资、发挥自身优势、形成高效共同体的过程，因此，区域的内贸活动能够有效促进经济更高质量发展。另一方面，本地区市场一体化进程对周边地区经济增长的促进作用不明显，同时效应分解结果显示间接效应也不显著，即市场一体化对经济增长的空间溢出效应并不明显。其中的原因可能有以下几点：一是地区间仍存在行政、技术等壁垒，不利于市场一体化进程，主要是由于市场主体在交易过程中会受到非公平性壁垒限制。一方面，现有的行政区划设置，使得企业在跨省、跨市业务中面临各种政府主体、不同的交接流程和手续，增加了企业行政成本，也降低了企业跨区域合作积极性。另一方面，不同地区的技术水平存在差异，掌握核心技术的能力也存在差距，这必然导致地方技术标准不同，同时各地方政策多是根据自身发展来制定，存在政策标准、规范不一致现象。二是在长三角一体化进程中，不难发现某些领域缺乏完善的协调体制机制。一方面，协调的体制机制不完善，往往会导致各地区"各自为政"，从本地区利益出发参与市场竞争，从而导致"囚徒困境"局面。另一方面，协调的体制机制，主要作用在于更为合理地调配区域内资源，而协调机制的缺位必然会导致资源浪费，不利于区域资源利用效率提高，难以提升区域一体化水平。

总体上看，这些往往成为区域合作的重要障碍因素，进而出现市场一体化对周边经济增长空间效应发挥不明显的现象。因此，要合理优化市场一体化空间布局，强化空间溢出效应。第一，要不断完善市场体系，深化要素配置市场化改革，发展紧密的产业链关系，避免政府体制过强进而对资源配置产生干扰，进而推进长三角区域市场一体化建设。第二，深入分析城市群内各区域优势产业，错位扶持主导产业，优化产业空间布局，为一体化发展注入新活力。例如，以上海为中心，协同江苏南部地区和浙江等地区积极拓展总部经济、研发设计等核心产业链，向大数据、人工智能、大飞机等产业技术前沿靠拢；苏北、皖北等地区充分利用农业主产区优势，大力发展如大健康等特色产业或配套产业。第三，打破阻碍市场发展的行政、技术壁垒，突破边界约束，促进要素自由流动。市场一体化的内涵实质上就是实现要素的无障碍流动和区域间的全方位开放合作，而长三角一体化的最终目标是让各类要素突破现有的行政、技术壁垒，促进要素自由流动，进而实现效益最大化。因此，在推进长三角市场一体化进程中，要建立统一的市场准入标准、产品质量标准、计量标准等，同时要着力破除行政壁垒，让各城市的资源充分发挥作用，协同促进发展。

其次，研究结果表明，人力资本水平的提升不仅对本区域的经济增长具有推动作用，而且对相邻区域的经济发展也具有显著的促进作用，同时效应分解结果显示直接效应和间接效都应显著为正，即呈现显著的正向溢出效应。根据卢卡斯内生经济增长理论，在市场一体化进程中不断破除壁垒，带来了跨区域的商品流动，劳动力也在区域间流动得更加迅速，人力资本作用于其他生产要素，进而影响经济增长，例如，促进生产率提升、技术进步，间接地推动经济发展。此外，市场一体化促进区域经济发展过程中，地方政府财政收入持续增加，政府将更加重视教育和科技，教育支出和人力资本投资规模将随着区域经济增长而增加，培养更多高素质、适用型人才，提高区域人力资本水平，进一步促进经济增长。因此，长三角城市群政府要不断提升人力资本水平，加强人力资本的区域流动性、外溢性。例如，推动创新平台开放合作，围绕重点发展领域，开展基础科学问题研究，集聚一批世界级领军人才；发挥上海全球科创中心等高能级平台的辐射带动作用，支持各地平台设立"人才飞地"，鼓励通过共建等方式深化合作。

最后，研究结果表明，对外开放对本地区的经济发展存在显著的正向影响，而对周边地区的带动作用不明显，同时效应分解结果显示直接效应正向显著，而间接效应不显著。其中的原因可能是，在长三角城市群内，对外开放程度差异明显，其中沪浙苏的对外开放程度较高，而皖对外开放程度较低。这种差异化的对外开放水平也加剧了资源流动的两极分化，从而引起发达地区和落后地区所吸引外资的结构也存在差异，外资对落后地区的投资更倾向于劳动密集型产业，而对发达地区的投资则会注重技术研发，这将进一步加剧产业布局不合理、经济发展差距扩大等问题，有碍于市场一体化发展。同时回波效应指出，在区域经济发展不平衡初期，发展较好的地区对附近地区的影响更多时候表现的是负面的。例如，上海自贸区的建立对其他地区产生了双面的影响，挑战与机遇并存。一方面，会吸引大量的外资集聚，导致其他地区招商引资困难；另一方面，还可能会造成其他区域内优质企业的流失等问题。为此，长三角城市群要依托现有的基础设施和经济发展优势，在建设开放新高地进程中，可在上海自贸区率先探索实施大宗商品、数字贸易等国际贸易新模式，促进劳动力、资本的自由流动，不断改善营商环境，并逐步在浙江、江苏和安徽等自贸区推广，最终实现开放与高质量融合发展的战略目标。

第十章 结论

第一节 主要结论

一、文献综述

区域市场一体化研究脉络与述评。研究表明，区域经济一体化测量方法主要分为单指标评价和多指标综合评价；影响因素主要包括经济、交通地理、制度、信息等因素；效应研究主要包括技术创新效应、经济增长效应和环境效应等，其结论未得出一致，呈现出线性或"U"形、倒"U"形关系，并从区域经济一体化的研究理论、研究内容和研究方法等方面展开讨论与展望。其中从研究内容看，将文化、习俗等社会因素纳入影响因素，同时探讨各变量的空间效应，以及区域经济一体化发展效应研究进行空间计量检验等将是值得探讨的重点方向。

经济一体化研究热点与趋势比较分析——基于 CiteSpace 的文献计量研究。发文数量和质量方面，近年来该领域年均发文量国内多于国外，但研究水平和质量上国外明显高于国内；发文作者和机构合作情况方面，国内外核心作者群都未形成、不同机构学者间的合作都较少、合作强度都不大等；研究热点与趋势方面，从研究细分领域、研究内容、研究区域和研究方法等比较分析国内外异同点，并对其研究进行展望：进行一体化与投资、贸易等关系研究，展开资本市场一体化、金融市场一体化细分领域方向研究，以及凸显对长江经济带、长江三角洲、一带一路及东亚国家或区域经济一体化研究。

二、流通体系与商品市场一体化

长三角区域商品流通发展呈现典型特征与主要瓶颈。研究结果表明，市场规模呈现扩大且分散状态演变、市场结构相似度高、市场交易活跃、物流基础设施投入增长、信息流动增强、人力资源发展滞后于服务业整体人力资源发展状况等。为此，提出加强市场集聚效应和特色市场发展、加强顶层制度设计和打破区域间壁垒、基于"互联网+"模式加快信息流通、加强人力资源发展规划等应对策略。

长三角区域商品市场一体化发展特征、问题与对策。研究结果表明，长三角区域市场一体化发展呈现的主要特征为商品市场规模呈现扩大态势、电子商务业发展态势良好、市场监管一体化机制初步形成、统一的服务制度逐渐完善和一体化的流通体系建设稳步推进等；但也存在经济发展不平衡、交易市场同质化竞争现象明显、行政技术壁垒阻碍一体化进程、缺乏完善的协调体制机制、对外开放水平不平衡等问题。为此，本书提出要缩小经济差距、优化产业结构、打破壁垒、设立服务机构等策略。

三、劳动力市场一体化

长三角区域劳动力市场一体化发展现状、问题与对策。长三角区域劳动力市场一体化发展明显滞后于商品市场一体化，呈现出劳动力市场"招工难"与"就业难"矛盾并存、流动人口的人力资本存量省市间差异明显、劳动力工资水平总体上扩散等主要态势，同时也存在差异化的经济发展水平、不合理的产业结构、歧视性的户籍制度、分割的就业壁垒、不同的社会保障体系、不健全的服务体系等。为此，提出缩小经济发展差距，完善区域产业体系，改善人力资本质量，完善社会保障体系等重要举措。

长三角城市群劳动力价格扭曲程度与影响因素分析。研究结果表明：①从绝对价格扭曲来看，国有单位劳动力价格扭曲为正向扭曲，集体单位和其他单位均为负向扭曲，同时绝对价格扭曲呈现出区域聚集的空间态势。②从相对价格扭曲来看，其他—国有单位劳动力相对价格扭曲程度最大，集体—国有单位次之，其他—集体单位最小，同时其他—国有单位、其他—集体单位劳动力相对价格扭曲呈现出聚集与分散并存的空间态势，而集体—国有单位呈现出分散的空间态势。③从影响因素分析来看，所有制分割对劳动力价格扭曲影响显著，其中国有单位劳动力禀赋对劳动力价格扭曲的抑制作用呈现"V"形特征；集体单位劳动力禀赋对劳动力价格扭曲的加剧作用呈现倒"N"形特征；其他单位劳动力禀赋对劳动力价格扭曲的抑制作用主要呈现逐渐减弱趋势。

劳动力市场一体化发展的时空演变、区域差异及分布动态演进。研究发现：①长三角城市群劳动力市场一体化水平呈现"逐渐上升—波动下降"的非线性特征，且呈现"'浙江9市'>'江苏9市'>'安徽8市'>上海市"的分布特征。②劳动力市场一体化发展具有较强的空间集聚态势，热点区域由江苏城市逐渐向上海、浙江城市扩散，而冷点区域主要集聚于安徽城市。③区域差异总体上呈现"缩小—扩大"的演进态势，其中上海区域内差距最大，"浙江9市"区域内差距最小，且区域间差异是区域差异的主要来源。④长三角城市群劳动力市场一体化水平演变呈现明显的"俱乐部趋同"与"马太效应"，同时处于高水平地区的劳动力市场一体化发展具有正向空间溢出效应。

劳动力市场分割的经济效应：研究综述与展望。研究发现，劳动力市场分割会加剧工资扭曲、妨碍社会充分就业，不利于经济平稳运行；劳动力市场分割也会削弱人力资本存量、减缓企业技术创新进程，不利于经济可持续发展；劳动力市场分割还会降低企业出口竞争力、抑制高质量 FDI 流入，不利于经济内外联动发展，最终有碍于经济迈入高质量发展阶段。后续研究可从劳动力异质性、不同要素市场分割的交叉性、数字经济情境等方面做进一步拓展。

四、资本市场一体化

长三角区域资本市场一体化发展现状、问题与对策。研究结论表明，长三角区域资本市场一体化发展存在协调机制不完善、现有的银行管理体制不健全、政府竞争与行政壁垒并存等问题，并提出建立完善的制度化协调机构、健全银行管理模式、完善政府相关政策、优化投资环境、推动上市公司发展等政策建议。

长三角城市群资本流动水平分析。研究结果表明，①储蓄率对投资率的影响系数总体上呈现波动上升态势，表明长三角城市群资本流动程度减弱，资本市场分割呈现加剧态势。②储蓄率对投资率的影响呈现非线性，具有显著的门槛特征，且表现为倒"U"形曲线形态。③各城市储蓄水平呈现明显的不均衡，储蓄率对投资率的影响表现出一定的差异性，表明各城市资本流动水平具有异质性。这些结论对制定推动长三角城市群资本流动及其一体化进程政策，以及对促进长三角城市群经济的可持续发展具有重要的指导作用。

五、技术市场一体化

长三角技术市场一体化发展现状、问题与对策建议。随着长三角一体化不断推进，区域技术市场一体化也得到较快发展，但也存在市场化程度较低、信息沟通不畅、法律法规不完善、服务企业综合实力不强等问题，为此，提出完善科技政策和创新环境，不断激活市场主体创新活力；加强科技服务业发展，不断提升专业服务能力；加强培育技术创新多元主体，不断增加技术创新成果有效供给等对策建议。

基于 Ism 模型的技术市场一体化影响因素与运行机理研究。研究表明，技术市场一体化影响因素可划分为八个层级结构、三个因子群，各层级因素自下而上影响技术市场一体化进程，各因子群间相互影响、相互作用；然后从提高技术商品供给效能、提升技术供需匹配有效性、增强外部环境保障能力等方面提出推进技术市场一体化建议。

国外市场一体化典型经验与启发。一是国外市场一体化一般都依托于建立高级别的协调机构来实现；二是国外区域一体化一般以立法形式来保障一体化的合法性；三是国外的市场一体化一般都建立区域协调制度来保障一体化发展；四是国外一体化建设都兼顾了地方发展和区域一体化融合，一方面通过细分地方政府权责来鼓励地方经济发展，另一方面则借助区域协调机构来整合区域要素，建设一体化大市场。

六、长三角城市群市场一体化与边界效应

长三角城市群市场一体化水平测度与时空演变特征研究。研究结果表明，2010—2019 年，长三角城市群商品市场一体化指数呈现波动上升趋势，资本市场一体化指数和市场一体化指数都呈现"M"形波动上升态势，而劳动力市场一体化指数总体上呈现下降态势；2019 年较于 2010 年，长三角城市群商品市场一体化、资本市场一体化和市场一体化指数呈现空间集聚效应，而劳动力市场一体化空间集聚效应不明显。这些结论对加快推进长三角城市群市场一体化，具有重要的指导意义和参考价值。

长三角城市群经济地理特征与市场一体化影响因素研究。结果表明，①城市群"3D+T"特征演化表明，高密度、高技术的城市主要集中在上海、杭州、南京等核心城市及其周边城市，而远距离、高分割的城市主要集中在边缘地区，呈现出"极点"和"洼地"现象。②长三角城市群市场一体化空间效应不明显，而密度、距离、分割与技术因素空间效应显著。③密度因素对市场一体化的影响为负值但不显著，而技术因素对市场一体化的影响为正但不显著；距离因素显著地促进市场一体化水平提升，而分割因素对市场一体化产生了显著的负向影响。根据实证结果分析提出建议，以促进长三角城市群市场一体化高质量发展。

长三角城市群一体化边界效应测度与时空演变特征研究。一是 2010—2019 年长三角城市群经济发展差距减小，经济趋同性明显，一体化发展态势良好。

二是从 2010—2019 年整个阶段看，长三角城市群一体化边界的中介效应显著，但从具体时间阶段看，2016 年已由中介效应转向屏蔽效应。三是 2010—2019 年，上海与江苏 9 市间边界屏蔽效应显著，而上海与浙江 9 市间，以及江苏 9 市与浙江 9 市间边界中介效应显著，安徽 8 市与上海、江苏 9 市及浙江 9 市间边界效应不显著。四是从中心—外围城市分析看，2010—2019 年整个阶段长三角城市群中心城市与外围城市间的边界屏蔽效应显著，而分阶段分析表明这种屏蔽效应自 2017 年后有所弱化。

七、长三角城市群创新联系与科技创新一体化研究

长三角城市群创新能力时空演变与创新都市圈构建研究。研究发现，时间维度上，各城市创新能力水平都呈现提升态势，但提升幅度存在差异，且综合得分排序稳中有变；空间维度上，从城市群整体看，创新能力由高到低依次为上海、江苏 9 市、浙江 9 市和安徽 8 市。从城市个体看，各城市与核心城市越近，其创新能力越强，反之，则越弱，总体上呈现梯度扩散态势；从总体看，创新能力较强的城市，其增速往往较小，而创新能力较差的城市，其增速往往较大。

长三角城市群创新联系网络时空演变特征研究。研究结果表明，一是长三角城市群创新联系总量呈现上升态势，其格局存在明显的"核心"区域与"边缘"区域。二是长三角城市群创新联系网络结构演变存在一定的差异性，具体表现为各城市创新联系的边数呈现显著增加，以及东部城市与西部城市的联结边数也呈现显著增加。三是创新中心城市由 2010 年的 2 个城市增加到 2019 年的 3 个城市，且辐射范围明显扩大。

长三角城市群科技创新一体化水平及其影响因素研究。研究发现，一是 2010—2019 年长三角城市群科技创新一体化及其分维度投入、产出和环境一体化水平都呈现提升态势。二是省内城市群科技创新一体化及其分维度投入、环境和制度一体化水平，由高到低依次都是浙江、江苏和安徽，但安徽一体化水平提升幅度最大。三是科技创新一体化及其分维度产出、环境一体化水平，长三角城市群低于江苏、浙江和安徽省内城市群；分维度科技创新投入一体化水平，长三角城市群低于江苏和浙江省内城市群。四是社会资本存量、工业化水平和经济开放程度显著影响城市群科技创新一体化水平。

八、长三角城市群市场一体化经济增长效应研究

长三角城市群市场一体化对技术创新影响的门槛效应研究。研究结果表明，

从长三角城市群整理看，商品市场一体化有促进作用，但不存在门槛效应；劳动力市场一体化与资本市场一体化存在单门槛效应；市场一体化总体，在静态分析中存在双门槛效应，而在动态分析中存在单门槛效应。从省内城市群看，江苏9市的市场一体化及商品市场一体化存在单门槛效应；浙江9市的劳动力市场一体化存在单门槛效应；安徽8市的资本市场一体化存在单门槛效应。这些结论对有效提升长三角城市群市场一体化水平及区域技术创新能力有着重要的参考价值和指导意义。

长三角城市群市场一体化对经济增长的影响与传导路径研究。回归结果表明，一是市场一体化及其细分类型资本市场一体化对经济增长的影响呈现倒"U"形，商品市场一体化对经济增长影响呈现正向显著，而劳动力市场一体化对经济增长影响不显著。二是经济开放、消费水平显著正向影响经济增长，而人力资本、政府支出规模和社会资本存量对经济增长并不产生影响。三是传导路径分析表明，市场一体化及其细分类型商品市场一体化，分别通过对经济开放程度和消费水平的影响，进而影响经济增长；资本市场一体化通过对经济开放程度的影响，进而影响经济增长。

长三角城市群市场一体化对经济增长影响空间计量研究。结果表明，一是长三角城市群经济增长呈显著的空间自相关，而市场一体化空间相关性不显著，但也出现"极点"和"洼地"现象。二是长三角城市群市场一体化显著促进本地区经济发展，而本地区市场一体化进程对周边地区经济增长的促进作用不明显；经济开放与人力资本都有效促进本地区经济增长，且人力资本呈现显著的正向溢出效应。三是效应分解模型分析结果显示，长三角城市群市场一体化、人力资本、对外开放的直接效应都显著为正，同时人力资本的间接效应也显著为正。因此，长三角城市群要充分发挥市场一体化在经济增长上的"加速器"作用，提升地区整体经济实力。

要素价格扭曲对劳动力市场一体化影响的空间效应与门槛效应研究。研究结果表明，①劳动力价格扭曲和资本价格扭曲对本地区劳动力市场一体化具有显著的抑制作用，而其溢出效应促进了周边城市劳动力市场一体化水平的提升。②要素价格扭曲对劳动力市场一体化的影响存在区域异质性。③要素价格扭曲对劳动力市场一体化的影响具有明显的门槛特征，其中劳动力价格扭曲和资本价格扭曲对劳动力市场一体化存在显著的单门槛效应，交互项对劳动力市场一体化存在显著的双重门槛效应。

要素价格扭曲对劳动力市场一体化的影响与传导机制。研究发现，①要素价格扭曲对劳动力市场一体化具有明显的抑制效应。②中介效应检验结果表明，要素价格扭曲主要通过降低人才集聚水平、减缓城市化进程和阻碍产业结构升级，对劳动力市场一体化产生负向影响。③分区域看，劳动力市场一体化高水平地区和低水平地区的要素价格扭曲都对劳动力市场一体化产生抑制效应，且高水平地区受影响的程度要小于低水平地区；人才集聚、城市化和产业结构升级的中介效应存在明显的区域异质性。

要素市场扭曲形成逻辑及其对企业创新的影响——基于文献综述的视角。研究结果表明，我国要素市场扭曲的产生归咎于持久且深度的制度性安排，并且将通过资源错配效应、寻租效应、需求抑制效应以及低端技术锁定效应等渠道，形成对企业技术创新影响机制。具体来看，要素市场扭曲所导致的资源错配效应阻碍了创新资源的优化配置；所产生的寻租效应虽利于企业跨越政策障碍，但过度寻租挤占了创新投入；所造成的需求抑制效应削弱了企业创新意愿；所引起的低端技术锁定效应限制了企业技术进步。

第二节　研究展望

一、已有的研究理论有待进一步充实

区域经济一体化发展的新区域主义特征与机制研究。现有的对新区域主义理论已展开一定程度的探讨，但在实际中仍存在许多问题，例如，多元主体的代表性与合法性该如何保证？区域性协议的效力如何保证？这些现实问题将推动新区域主义理论进一步发展。从现有的文献看，学术界对区域经济一体化的研究焦点主要是从经济发展战略、地缘经济与政治、自由化改革更高层次和更宽的视野来审视区域经济整合。这种实践上的发展与新区域主义理论演变相吻合。因此，进一步完善新区域主义理论，以及基于新区域主义理论的区域经济一体化发展特征、机制和实践，也将成为重要的研究方向。

一体化的边界屏蔽效应和中介效应研究。边界的屏蔽效应强化了区域间的关税和非关税壁垒对区域经济一体化的发展起到阻碍作用；而边界的中介效应则是通过发挥边界在区域之间的连接作用，促进地区间的经济交流。那么，一体化的边界屏蔽效应如何向中介效应转化？其转化的理论基础和转换路径将是值得研究的重要方向。

二、已有的研究内容有待进一步深化

市场一体化及其细分类型商品市场一体化和劳动力、资本、技术等要素市场一体化研究。从市场一体化研究概念内涵看，已有研究往往只对商品市场一体化或劳动力市场一体化等单一市场问题展开讨论，难以揭示市场一体化总体情况及不同类型市场一体化发展比较分析。因此，依据市场一体化内涵，将其细分为商品市场一体化、要素市场一体化和服务市场一体化，对市场一体化总体及其细分市场一体化展开比较分析，将是值得探讨的研究方向。

关于市场一体化及其细分类型商品市场一体化与劳动力、资本、技术等要素市场一体化影响因素研究。现有的研究较多关注制度、经济和自然等因素，但仍存在以下几点不足：一是对制度因素的研究，多为定性研究，而定量研究不足；二是对经济因素的研究，多涉及对外开放对市场一体化的影响，较少考虑对内开放的替代效应；三是从文化及语言等社会因素着手，探讨对区域市场一体化影响较少。因此，将文化、习俗等社会因素纳入影响因素，同时探讨对内外开放的替代效应，以及各变量的空间效应、交互效应和滞后效应，也将是值得进一步探讨的方向。

关于市场一体化及其细分类型商品市场一体化与劳动力、资本、技术等要素市场一体化协调发展研究，现有的研究存在的主要不足有以下几点：一是现有的研究多是研究其中两个或三个市场的协同发展，鲜有研究四个子系统间的耦合协同发展，且现有文献中研究四个子系统间的协同发展多是定性研究，定量研究甚少。二是鲜有从区域空间视角对城市群商品市场一体化及劳动力、资本和技术等要素市场一体化各子系统间的耦合协调发展进行探讨，忽略各子系统间耦合协调发展的空间相关性、空间异质性以及空间溢出效应等。鉴于此，将构建四个子系统耦合协调度模型，综合测度商品市场一体化、劳动力市场一体化、资本市场一体化和技术市场一体化各子系统间的耦合协调度，并基于 GIS 技术和探索性数据，分析商品市场一体化、劳动力市场一体化、资本市场一体化和技术市场一体化各子系统间耦合协调发展的时空演变特征。这值得进一步探讨。

关于劳动力、资本等要素价格异质性扭曲程度研究。我国市场经过四十余年渐进式改革，产品市场价格机制市场化指数已较高，反观要素市场，价格市场化指数较低，政府仍是定价主导者，定价范围广泛，要素市场半市场化、非市场化特征鲜明（金晓梅，2020）。要素有效配置作为经济学的首要研究对象，而价格机制又是决定要素有效配置的关键，因此纠正要素价格扭曲以减少要素

配置失当是打造高质量要素市场体系的要点。为此，展开劳动力、资本等要素价格异质性扭曲程度相关研究，值得进一步探讨。

关于技术要素市场一体化研究。现有的对要素市场一体化的研究，较多涉及对劳动力市场一体化、资本市场一体化的研究，而缺乏对技术市场一体化方面的探讨，目前仍停留在对技术市场方面。因此，借鉴技术市场、劳动力与资本等要素市场一体化研究思路，展开对技术要素市场一体化相关问题的研究，值得进一步探讨。

三、已有的研究方法有待进一步完善

关于市场一体化及其细分类型劳动力、资本等要素市场一体化水平的分析，现有的研究主要集中于时间尺度上的静态研究，从时序和空间视角动态研究城市群市场一体化及其细分类型劳动力、资本、技术等要素市场一体化水平则较为缺乏，即缺乏对劳动力、资本、技术等要素市场一体化程度的动态演进分析，难以全面反映其发展趋势与特征。因此，运用 Kernel 密度估计、空间 Markov 链等非参数估计方法和 ArcGIS 软件分析其动态演进情况，并展开时空演变特征分析，值得进一步探讨。

运用空间计量面板模型实证分析市场一体化及其细分类型劳动力、资本、技术等要素市场一体化影响因素。现有的对市场一体化及其细分类型劳动力、资本等要素市场一体化影响因素的研究方法，多为建立面板计量经济模型，但随着全球化和区域一体化的快速发展，相邻区域间相互影响，单纯地采用面板计量经济模型对其影响因素进行研究，得出的结果往往忽略了相关因素的空间相关性、空间异质性以及空间溢出效应等。因此，运用空间探索性数据和空间计量模型分析城市群市场一体化及其细分类型劳动力、资本、技术等要素市场一体化影响因素，值得进一步探讨。

四、已有的研究对象有待进一步拓展

关于一体化的研究对象，现有的研究多以国家或省域或城市为研究对象，而以城市群一体化为研究对象较少，尤其以具有代表性的我国东部三大城市群为对象的比较研究较少。

第三节　加快推进长三角区域市场一体化
进程的总体思路与重点任务

一、总体思路

以习近平新时代中国特色社会主义思想和党的二十大精神为引领，全面贯彻新发展理念，加快构建新发展格局，全面深化改革开放，坚持创新驱动发展，推动高质量发展，坚持以供给侧结构性改革为主线，以满足人民日益增长的美好生活需要为根本目的，以"立足内需、畅通循环，立破并举、完善制度，有效市场、有为政府，系统协同、稳妥推进"为原则，加快建立长三角区域统一的市场制度规则，打破地方保护和市场分割，打通制约经济循环的关键堵点，促进商品要素资源在更大范围内畅通流动，加快建设高效规范、公平竞争、充分开放的区域一体化大市场，全面推动长三角区域市场由大转变到强，为全国建设高标准市场体系、构建高水平社会主义市场经济体制提供坚强支撑。

二、重点任务

着力推动体制机制改革。重点是弱化地方建立市场壁垒和形成市场保护的动力及能力。深化财税体制改革，优化央地税收结构和分享比例，促进地方事权财权合理匹配；切实改进政绩考核指标体系，稳定干部任免及调动周期，强化干部决策与经济发展的激励兼容性；加快转变政府职能，厘清政府和市场的边界，弱化各级政府对微观经济进行不当干预的能力。

破立并举，事实上确立国有经济与民营经济间的平等关系。破除新二元经济结构，是加快建设区域一体化大市场的前提，就是要对不同所有制企业的产权界定和保护做到一视同仁。一是完善统一的产权保护制度，事关市场主体；二是实行统一的市场准入制度，事关市场开放；三是维护统一的公平竞争制度，事关市场监管和秩序。只有这样，才可以为包括民营企业在内的不同所有制企业打造一种法治化、国际化、便利化的营商环境。

明确推进区域一体化大市场的主要发力点。一是推动劳动力、资金、技术等要素市场实现自由有序流动和优化配置，加快技术和数据等要素统一市场建设，探索建立数据资源产权、交易流通、跨境传输和安全等的基础制度和标准规范等。二是在完善公平竞争规则上发力，强化相关部门反垄断和公平竞争监管职能，全面清理废除地方妨碍依法平等准入和退出的规定做法等。三是在加快统一市场监管规则上发力，实行统一的市场准入制度，建立统一的监管执法标准规定；强化统一市场监管执法，避免多头执法、重复监管和一事多罚；加快消除行政性垄断，加快自然垄断行业中可竞争业务的剥离。四是在完善统一市场建设相关法规及标准体系上发力。加快完善国家标准体系，建议将基础性、通用性和安全性标准上升为国家标准，增强企业标准功能。加强地方法律法规的沟通和融合，应该加强地方立法之间的融合，缩小差异性，为一体化大市场发展提供便利。当下各地区的管理标准存在较大差异，应当设置统一的行业标准，并参考国际组建标准委员会经验。

大力推动电子商务发展，构建融合线上、线下资源的新型发展模式。一是加快建设品类完整、体系健全的电子商务平台体系。重点推动生产资料、工业消费品、农副产品等电子商务平台建设。二是健全商品物流网络。加快电子商务线下基础设施建设，支持电子商务公司组建物流基础设施，加大对资金、用地、税费等方面的支持。三是加快内外贸市场信息服务一体化建设。可通过"互联网+"平台，实现行政管理方式信息化；构建起一套"互联网+"商品检疫监管系统等。四是完善电子商务的法律环境。应针对"互联网+"与内外贸市场的融合建立起一套相对完善且统一的标准体系。

从总体上看，就是要强化产权保护制度、市场准入制度、公平竞争制度、社会信用制度等市场基础制度规则统一，推进现代流通网络、市场信息交互渠道、交易平台等市场设施高标准联通，打造土地、劳动力、资本、技术、数据、能源等统一的要素和资源市场，推进商品和服务市场高水平统一，推进市场监管公平统一，进一步规范不当市场竞争和市场干预行为；引导劳动力要素合理畅通有序流动，推进资本要素市场化配置，加快发展技术要素市场，加快培育数据要素市场；加快要素价格市场化改革，健全要素市场运行机制等。

总之，推进长三角区域一体化大市场建设的核心在于规范、约束和管控政府行为，通过有为政府来保障有效市场，从而把握好政府与市场之间的辩证关系，为完善我国现代商品流通体系，深化要素市场化改革，建设高标准市场体系提供经验借鉴。

参考文献

一、中文文献

（一）专著类

［1］格里高利·曼昆. 经济学原理: 英文版［M］. 机械工业出版社, 1998.

［2］汪应络. 系统工程理论方法与应用［M］. 北京: 高等教育出版社, 1992.

［3］张五常. 经济解释［M］. 北京: 商务印书馆, 2000.

［4］中国科技发展战略研究小组, 中国科学院大学中国创新创业管理研究中心. 中国区域创新能力评价报告［M］. 北京: 科学技术文献出版社, 2016.

［5］中国人民大学金融与证券研究所课题组. 亚洲金融一体化研究［M］. 北京: 中国人民大学出版社, 2006.

［6］亚当·斯密. 国富论: 下［M］. 杨敬年, 译. 北京: 华夏出版社, 2006.

［7］斋滕优. 技术转移的理论与方法［M］. 谢燮正, 丁朋序, 译. 北京: 中国发明创造者基金会, 中国预测研究会, 1985.

（二）期刊类

［1］安孟, 张诚. 劳动价格扭曲抑制了中国区域创新效率的提升吗?［J］. 财贸研究, 2020, 31 (6).

［2］安玉琢. 国外技术市场运行机制研究［J］. 科学管理研究, 2000 (3).

［3］白俊红, 卞元超. 要素市场扭曲与中国创新生产的效率损失［J］. 中国工业经济, 2016 (11).

［4］周经, 王尵. 国内市场分割影响了中国对外直接投资吗: 基于企业微观数据的实证研究［J］. 国际贸易问题, 2019 (11).

［5］卜茂亮, 高彦彦, 张三峰. 市场一体化与经济增长: 基于长三角的经验研究［J］. 浙江社会科学, 2010 (6).

[6] 蔡昉, 都阳, 高文书. 实现经济与就业同步增长的政策建议 [J]. 中国党政干部论坛, 2005 (1).

[7] 蔡峰, 匡绪辉, 倪艳, 等. 区域技术转移服务体系建设研究: 以湖北省技术转移服务体系为例 [J]. 科技进步与对策, 2015, 32 (24).

[8] 蔡海亚, 赵永亮, 顾沛. 互联网发展促进了居民消费趋同吗? [J]. 哈尔滨商业大学学报 (社会科学版), 2020 (6).

[9] 曹春方, 张婷婷, 范子英. 地区偏袒下的市场整合 [J]. 经济研究, 2017, 52 (12).

[10] 曹广忠, 陈思创, 刘涛. 中国五大城市群人口流入的空间模式及变动趋势 [J]. 地理学报, 2021, 76 (6).

[11] 曹吉云, 佟家栋. 影响区域经济一体化的经济地理与社会政治因素 [J]. 南开经济研究, 2017 (6).

[12] 曾湘泉, 李智, 王辉. 官员晋升机制与经济社会发展 [J]. 劳动经济研究, 2020, 8 (6).

[13] 曾艺, 韩峰, 刘俊峰. 生产性服务业集聚提升城市经济增长质量了吗? [J]. 数量经济技术经济研究, 2019, 36 (5).

[14] 常林朝, 户海潇, 高亚辉, 等. 河南省技术转移市场体系现状、问题及对策研究 [J]. 科技管理研究, 2019, 39 (6).

[15] 陈博文, 陆玉麒, 柯文前, 等. 江苏交通可达性与区域经济发展水平关系测度: 基于空间计量视角 [J]. 地理研究, 2015, 34 (12).

[16] 戴魁早. 地方官员激励、制度环境与要素市场扭曲——基于中国省级面板数据的实证研究 [J]. 经济理论与经济管理, 2016 (8).

[17] 邓峰, 杨婷玉. 市场分割对省域创新效率的空间相关性研究——基于创新要素流动视角 [J]. 科技管理研究, 2019, 39 (17).

[18] 邓丽, 陈喜强. 政府主导型区域经济一体化水平差异影响因素初探——基于省区内部和跨省区两个层次的考察 [J]. 区域金融研究, 2018 (6).

[19] 邓文博, 宋宇, 陈晓雪. 区域一体化带动长三角欠发达地区经济增长效应评估——基于 DID 模型的实证研究 [J]. 华东经济管理, 2019, 33 (7).

[20] 董洪超, 蒋伏心. 交通基础设施对中国区域市场一体化的影响研究——基于动态面板模型的实证分析 [J]. 经济问题探索, 2020 (5).

[21] 付尧, 赖德胜. 劳动力市场分割对区域经济增长的影响——以广东、上海为例 [J]. 北京师范大学学报 (社会科学版), 2007 (2).

[22] 高传伦. 我国资本市场分割与资本扩张的经济增长效应 [J]. 商业研

究，2017（8）.

［23］高云虹，周晴. 基于专业市场的西部欠发达地区追赶效应研究［J］.区域经济评论，2020（1）.

［24］桂琦寒，陈敏，陆铭，等. 中国国内商品市场趋于分割还是整合：基于相对价格法的分析［J］. 世界经济，2006（2）.

［25］郭金龙，王宏伟. 中国区域间资本流动与区域经济差距研究［J］. 管理世界，2003（7）.

［26］郭新茹，陈天宇. 高质量发展背景下我国区域创新能力比较研究——基于省际面板数据的实证［J］. 江西社会科学，2019，39（9）.

［27］郭勇. 国际金融危机、区域市场分割与工业结构升级——基于1985—2010年省际面板数据的实证分析［J］. 中国工业经济，2013（1）.

［28］国务院发展研究中心课题组. 国内市场一体化对中国地区协调发展的影响及其启示［J］. 中国工商管理研究，2005（12）.

［29］韩庆潇，杨晨. 地区市场分割对高技术产业创新效率的影响——基于不同市场分割类型的视角［J］. 现代经济探讨，2018（5）.

［30］韩帅帅，孙斌栋. 中国劳动力市场分割的时空演化［J］. 人口与经济，2019（2）.

［31］周正柱，李瑶瑶. 长三角市场一体化经济增长效应及路径——基于长三角27个城市的考察［J］. 华东经济管理，2021，35（8）.

［32］朱一鸣，潘奇. 资本账户开放、短期资本流动和金融稳定性［J］. 上海金融，2020（5）.

［33］祝志勇，刘昊. 市场分割、地区异质性与经济增长质量［J］. 改革，2020（4）.

（三）论文类

［1］曹肖婷. 成渝经济发展中的资本流动问题研究［D］. 成都：西南交通大学，2007.

［2］曹亚丽. 中国市场分割与区域自主创新［D］. 南京：南京大学，2012.

［3］柴用栋. 社会融资规模及融资方式对经济增长的影响研究［D］. 北京：中央财经大学，2015.

［4］高景楠. 京津冀区域市场一体化研究［D］. 天津：天津财经大学，2009.

［5］胡菲菲. 我国政府间税收竞争对资本流动的影响分析［D］. 济南：山

东大学, 2012.

[6] 李兰兰. 京津冀与长三角区域金融一体化比较研究 [D]. 石家庄: 河北经贸大学, 2015.

[7] 李聆佳. 中国地方政府间税收竞争策略及其效应 [D]. 上海: 复旦大学, 2008.

[8] 李庆芳. 长江经济带市场一体化及影响因素研究 [D]. 杭州: 浙江财经大学, 2020.

[9] 李蔚蔚. 资本流动对山东省区域经济发展差异的影响研究 [D]. 青岛: 中国海洋大学, 2009.

[10] 刘芳超. 基于资本流动视角的京津冀经济一体化研究 [D]. 天津: 河北工业大学, 2014.

[11] 苏春子. 东亚金融一体化的经济效应研究 [D]. 沈阳: 辽宁大学, 2018.

[12] 吕典玮. 京津冀区域一体化中市场一体化研究 [D]. 上海: 华东师范大学, 2011.

[13] 马金金. 山东省资本流动对区域经济差距影响的研究 [D]. 昆明: 云南财经大学, 2018.

二、英文文献

（一）专著类

[1] ANSELIN L, FLORAX R, REY S J. Advances in Spatial Econometrics: Methodology, Tools and Applications [M]. Berlin: Springer, 2004.

[2] ARORA A, GAMBARDELLA A. The Market for Technology [M]. Amsterdam: Elsevier, 2010.

[3] BALASSA B. The Theory of Economic Integration [M]. London: Allen and Unwin, 1962.

[4] HELPMAN E. The Mystery of Economic Growth [M]. Cambridge: Harvard University Press, 2004.

[5] LESAGE J P, PACE R K. Introduction to Spatial Econometrics [M]. Boca Raton: CRC Press , 2009.

（二）期刊类

[1] ACEMOGLU D. Chapter 6 Institutions as a Fundamental Cause of Long-Run

Growth [J]. Handbook of Economic Growth, 2005 (1).

[2] ADAIR P, BELLACHE Y. Labor Market Segmentation and Occupational Mobility in Algeria: Repeated Cross Sectional and Longitudinal Analyses (2007 to 2012) [J]. Review of Development Economics, 2018, 22 (4).

[3] AGHION P, ASKENAZY P, BERMAN N, et al. Credit Constraints and The Cyclicality of R&D Investment: Evidence from France [J]. Journal of the European Economic Association, 2012, 10 (5).

[4] ANDRABI T, KUEHLWEIN M. Railways and Price Convergence in British India [J]. Journal of Economic History, 2010, 70 (2).

[5] BANERJEE A, DUFLO E. Growth Theory Through the Lens of Development Economics [J]. Social Science Electronic Publishing, 2005, 1 (5).

[6] BRUNT L, CANNON E. Measuring Integration in the English Wheat Market, 1770–1820: New Methods, New Answers [J]. Explor Econ Hist, 2014 (52).

[7] BRUSZT L, CAMPOS N. Economic Integration and State Capacity [J]. Journal of Institutional economics, 2019, 15 (3).

[8] BRUSZT L, MCDERMOTT G. Leveling the Playing Field: Transnational Regulatory Integration and Development [J]. Oup Catalogue, 2014 (4).

[9] CEFALO R, et al. Youth Labor Market Integration in European Regions [J]. Sustainability, 2020, 12 (9).

[10] CELBIS M, WONG P, GUZNAJEVA T. Regional Integration and the Economic Geography of Belarus [J]. Eurasian Geography and Economics, 2018, 59 (3–4).

[11] CHILOSI D, FEDERICO G. Early Globalizations: The Integration of Asia in the World Economy, 1800–1938 [J]. Explorations in Economic History, 2015 (57).

[12] COOPER C, MASSELL B. Toward a General Theory of Customs Unions for Developing Countries [J]. The Journal of Political Economy, 1965, 73 (5).

[13] DAVID D, JOSEF Z. Migration and Labor Market Integration in Europe [J]. Journal of Economic Perspectives, 2021, 35 (2).

后 记

2022 年 3 月 25 日，中共中央、国务院发布《关于加快建设全国统一大市场的意见》，引起社会广泛关注。构建全国统一大市场关系到我国现代市场经济体系构建、高质量发展、双循环新发展格局形成等系列重大发展战略目标的顺利实现。而加快推进全国统一大市场建设，就是要优先开展区域市场一体化建设工作，建立健全区域合作机制，积极总结并复制推广典型经验和做法。目前条件最适宜的就是长三角区域——无论是历史和文化的相似性，还是经济发展条件的均等性，长三角区域都应该承担起先行先试的重任。构建区域一体化大市场，形成有利于要素资源有序自由流动的制度体系，是长三角一体化的重要内容。

突出城市群对区域市场一体化建设的功能引领。《关于加快建设全国统一大市场的意见》明确指出，建设全国统一大市场是一项系统性工程，不会一蹴而就，鼓励有限推进区域协作，结合区域重大战略、区域协调发展战略实施，在京津冀、长三角、粤港澳大湾区等城市群优先开展区域市场一体化建设工作，建立健全区域合作机制，积极总结并复制推广典型经验和做法。这表明东部先发地区的城市群应主动作为，率先开展区域市场一体化推进工作，建立健全区域合作机制，服务构建新发展格局，主动为国家层面的区域协调发展注入新的动力机制与制度保障。因此，本书以世界六大城市群之一的长三角城市群为主要研究对象，探寻长三角区域市场一体化进程中存在的主要瓶颈与缘由，提出区域市场一体化完成突破的主要路径，进而提出推进长三角区域市场一体化进程的总体思路与重点任务，以达到用长三角区域"小循环"来促进国内"大循环"，进而达到国内国际双循环相互促进的新发展格局目标，同时为我国深化要素市场化改革，建设高标准市场体系提供经验借鉴。

本书是在深刻理解区域市场一体化内涵基础上，将其细分为商品市场一体化及劳动力、资本、技术等要素市场一体化，展开长三角区域商品市场一体化及要素市场一体化发展现状调查研究，并运用理论规范及实证研究相结合方法，系统梳理区域市场一体化最新研究动态，深入分析长三角区域现代商品流通体系、商品市场一体化及劳动力、资本、技术等要素市场一体化发展现状、存在的主要瓶颈及应对策略，全面探讨长三角城市群市场一体化及其边界效应、创新联系网络时空演变特征与影响因素，深刻揭示长三角城市群市场一体化对技术创新、经济增长影响的非线性效应、空间效应及传导机制，最后对促进长三角区域市场一体化提出总体思路与重点任务。

本书获得国家社科基金面上"长三角城市群市场一体化多维测度与经济增长效应路径研究"（20BJY059）及上海市科委软科学研究领域重点项目"一体化背景下长三角城市群创新联系与边界效应研究"（21692107700）、"长三角城市群市场一体化技术创新效应研究"（20692104600）等项目资助。这些项目研究取得了系列阶段性成果，20余篇学术论文先后在《软科学》《重庆大学学报（社会科学版）》《苏州大学学报（哲学社会科学版）》《统计与信息论坛》《劳动经济研究》《工业工程与管理》《华东经济管理》《科技管理研究》《解放日报（理论版）》及学习强国平台发表，还完成4份研究报告和获得6项专利，其中研究报告《长三角城市群市场一体化技术创新效应研究》获得2022年度全国商业科技进步奖三等奖、论文《我国劳动力要素扭曲测算、时空演变特征及区域差异研究》获2023年中国人事科学研究院全国人才与人事研究论文一等奖。

本书在撰写中得到了王云云、刘庆波、李瑶瑶、冯加浩、张泽安、周鹃、许理、杨静、张明、冯博文、戴大鹏、马婷婷、石葳等人的大力支持，在此一并表示感谢！同时感谢光明日报出版社编辑等为本书顺利出版付出艰辛劳动！

由于作者水平有限，书中难免有疏漏或不当之处，希望专家、学者、读者给予批评指正！在撰写本书中，参考了不少文献，作者已尽可能在参考文献中列出，在此深表感谢，但也可能由于疏忽没有列出个别文献，在此深表歉意！

应该说，本书的完成，仅仅是对区域市场一体化和全国统一大市场建设深入研究的开端。笔者愿与从事区域市场一体化和全国统一大市场建设研究与实践的专家、学者共勉，希望继续深入推进这一重大问题的研究和实践探索。